國家社科基金重大項目（10&ZD104）

上海師範大學古籍整理研究所編
項目首席專家、主編　戴建國
主編　朱易安　傅璇琮　周常林

国家出版基金项目
NATIONAL PUBLICATION FOUNDATION

全宋筆記

第八編 五

大象出版社

顧　　問　王水照　朱瑞熙　徐　規　李裕民

項目首席專家、主編　戴建國

主　　編　朱易安　傅璇琮　周常林

編纂委員會（以姓氏筆畫爲序）

王劉純　朱易安　李亞娜　周常林　俞　鋼　查清華

徐時儀　陳　新　張劍光　傅璇琮　虞雲國　戴建國

目録

⊙耐得翁撰

都城紀勝

湯勤福　整理

點校説明

《都城紀勝》又稱《古杭夢游録》，一卷，前有自序，稱「宋端平乙未元日，寓灌圃耐得翁序」，成書於宋端平二年（一二三五）。然其真姓實名及生平行事則已無法了解。

其書僅七千餘字，記南宋國都臨安瑣事，分十四門，對臨安的風俗民情有詳略不等的記載，故四庫館臣稱是書「舊迹遺聞，尚足以資攷核」。其内容亦可與吴自牧《夢粱録》、西湖老人《繁勝録》、周密《武林舊事》等書相參照。

《都城紀勝》除《永樂大典》所録外，最早刻本是明人徐一夔編《藝圃蒐奇》本，然今未見流傳。康熙四十五年（一七〇六），曹寅據《藝圃蒐奇》刊入《楝亭藏書十二種》，此爲傳世最早的刻本。民國時期，上海古書流通處借南陵徐氏所藏楝亭原刻本影印，於揚州詩局重刊。此次整理以揚州詩局本爲底本，參校《永樂大典》本、《四庫全書》本和《武林掌故叢書》本。

目録

序

聖朝祖宗開國，就都於汴，而風俗典禮，四方仰之爲師。自高宗皇帝駐蹕於杭，而杭山水明秀，民物康阜，視京師其過十倍矣。雖市肆與京師相侔，然中興已百餘年，列聖相承，太平日久，前後經營至矣，輻輳集矣，其與中興時又過十數倍也。且《洛陽名園記》後論有云「園囿之興廢者，洛陽盛衰之候也」，況中興行都，東南之盛爲今日四方之標準。車書混一，人物繁盛，風俗純厚【一】，市井駢集，豈昔日洛陽名園之比？僕遭遇明時，寓遊京國，目覩耳聞殆非一日，不得不爲之集録，其已於圖經、志書所載者，便不重舉。此雖不足以形容太平氣象之萬一，亦髣髴《名園記》之遺意焉。但紀其實，不擇其語，獨此爲媿爾。時宋端平乙未元日寓灌圃耐得翁序。

校勘記

【一】純厚　「純」，原作「繩」，據《永樂》、《武林》改。

校勘記

【一】今修内司　「今」，《癸辛雜識·别集》卷上作「令」。

井市

自大内和寧門外，新路南北，早間珠玉珍異及花果、時新、海鮮、野味、奇器，天下所無者，悉集於此。以至朝天門清河坊、中瓦前、灞頭、官巷口、棚心、衆安橋食物店鋪，人煙浩穰。其夜市除大内前外，諸處亦然，惟中瓦前最勝，撲賣奇巧器皿、百色物件，與日間無異。其餘坊巷市井，買賣關撲、酒樓歌館，直至四鼓後方静；而五鼓朝馬將動，其有趁賣早市者復起開張，無論四時皆然。如遇元宵猶盛，排門和買，民居作觀玩幕次，不可勝紀。隆興間高廟與六宫等在中瓦相對，今修内司染坊看位觀【一】。孝宗皇帝孟享迴，就觀燈買市，簾前排列内侍官帙行，堆垛見錢，宣押市食歌叫，支賜錢物，或有得金銀錢者。是時尚有京師流寓經紀人，市店遭遇者如李婆婆羹、南瓦子張家糰子。若遇車駕行幸，春秋社會等，連簷竝壁，幕次排列。此外如執政府牆下空地，舊名南倉前。諸色路岐人在此作場，尤爲駢闐。又皇城司馬道亦然。候潮門外殿司教場，夏月亦有絶伎作場。其他街市如此空隙地段，多有作場之人。如大瓦肉市、炭橋藥市、橘園亭書房、城東菜市、城北米市。其餘如五間樓福客糖果所聚之類，未易縷舉。

諸行

市肆謂之「行」音杭。者，因官府科索而得此名，不以其物小大，但合充用者皆置爲行，雖醫卜亦有，職醫尅擇之差占，則與市肆當行同也。内亦有不當行而借名之者，如酒行、食飯行是也。又有名爲「團」者，如城南之花團【二】、泥路之青果團、江下之鮝團【三】、後市街之柑子團是也。其他工伎之人或名爲「作」，如篦刀作、腰帶作、金銀鍍作、鈒作是也。又有異名者，如七寶謂之「骨董行」、浴堂謂之「香水行」是也。大抵都下萬物所聚，如官巷之花行，所聚花朵、冠梳、釵環、領抹，極其工巧，古所無也。都下市肆名家馳譽者，如中瓦前皂兒水、雜賣場前甘豆湯，如戈家蜜棗兒、官巷口光家羹、大瓦子水果子、壽慈宫前熟肉、錢塘門外宋五嫂魚羹、湧金門灌肺、中瓦前職家羊飯、彭家油靴、南瓦宣家台衣、張家糰子、候潮門顧四笛、大瓦子丘家篳篥之類。

酒肆

除官庫、子庫、脚店之外，其餘皆謂之「拍户」；有茶飯店，謂兼賣食次下酒是也。但要索唤及時食品，知處不然，則酒家亦有單子牌麵點選也【四】。包子酒店，謂賣鵝鴨包

【二】如城南之花團　「南」，《武林》作「西」。

【三】江下之鮝團　「下」，《武林》作「干」。

【四】則酒家亦有單子　「子」，原作「于」，據《武林》改。

子、四色兜子、腸血粉羹、魚子、魚白之類，此處易爲支費。宅子酒店，謂外門面裝飾如仕宦宅舍，或是舊仕宦宅子改作者。花園酒店，城外多有之，或城中倣學園館裝折。直賣店，謂不賣食次也。散酒店，謂零賣百單四、七十七、五十二、三十八，并折賣外坊酒。門首亦不設油漆杈子，多是竹栅布幕，謂之「打椀頭」【五】，言只一杯也。却不甚尊貴，非高人所往。菴酒店，謂有娼妓在内，可以就懽，而於酒閣内暗藏卧牀也。門首紅梔子燈上，不以晴雨，必用箬䕩蓋之，以爲記認。其他大酒店娼妓只伴坐而已，欲買懽則多往其居。羅酒店，在山東、河北有之，今借名以賣渾頭，遂不貴重也。酒家事物，門設紅杈子、緋緣簾、貼金紅紗梔子燈之類。舊傳因五代郭高祖遊幸汴京潘樓，至今成俗。酒閣名爲廳院，若樓上則又或名爲山一、山二、山三之類。牌額寫「過山」，非特有山，謂酒力高遠也。大凡入店，不可輕易登樓上閣，恐飲燕淺短。如買酒不多，則只就樓下散坐，謂之門牀馬道。初坐定，酒家人先下看菜，問買多少，然後别换菜蔬。亦有生踈不慣人，便忽下筯，被笑多矣。大抵店肆飲酒，在人出著如何，只如食次，謂之「下湯水」，其錢少，止百錢五十者【六】，謂之「小分下酒」。若命妓，則此輩多是虚駕驕貴，索唤高價細食，全要出著經慣，不被所侮也。如煮酒，或有先索到十瓶，逐旋開飲【七】，少頃只飲五六瓶佳者，其餘退回，亦是搜獘之一訣。

官庫，則東酒庫曰大和樓，西酒庫曰金文庫，有樓曰西樓，舊有樓攻媿書榜，後爲好奇

【五】打椀頭　「頭」，原作「遂」，據《夢粱録》卷十六《酒肆》改。

【六】五十者　「十」，原作「千」，據《永樂》改。

【七】逐旋開飲　「旋」，《武林》作「漸」。

者取去。南酒庫曰昇暘宮，樓曰和樂樓。北酒庫曰春風樓。正南樓對吴越兩山，南上酒庫曰和豐樓【八】。西子庫曰豐樂樓，在今湧金門外，乃舊楊和王之聳翠樓，後張定叟兼領庫事取爲官庫，正跨西湖，對兩山之勝。西子庫曰太平樓，中酒庫曰中和樓。南外庫在便門外，東外庫在崇新門外。北外庫在湖州市【九】，有樓曰春融樓。其他則有西溪、并赤山、九里松酒庫，其中和、和樂、和豐竝在御街，其太平、大和因回禄，後其樓悉廢。若欲賞妓，往官庫中點花牌，其酒家人亦多隱庇推托，須是親識其妓，及以利委之可也。

天府諸酒庫，每遇寒食節前開沽煮酒，中秋節前後開沽新酒。各用妓弟【一〇】，乘騎作三等裝束：一等特髻大衣者，二等冠子裙背者，三等冠子衫子襠袴者。前有小女童等及諸社會動大樂，迎酒樣，赴府治，呈作樂，呈伎藝雜劇。三盞退出，於大街諸處迎引歸庫。

食店

都城食店多是舊京師人開張，如羊飯店兼賣酒。凡點索食次，大要及時：如欲速飽則前重後輕，如欲遲飽則前輕後重。重者如頭羹、石髓飯、大骨飯、泡飯、軟羊、淅米飯。輕者如煎事件、托胎、䏰房、肚尖、肚胘、腰子之類。南食店謂之南食，川飯分茶。蓋因京師開此店，以備南人不服北食者。今既在南，則其名誤矣。所以專賣麵食魚肉之屬。如鋪羊麵、盦生麵、虀撥刀、

【八】南上酒庫 「上」，《武林》作「山」。

【九】北外庫 「北」，原作「此」，據《永樂》、《武林》改。

【一〇】各用妓弟 「弟」，《武林》作「女」。

鹽煎麵、鮓魚桐皮麵、抹肉淘、肉虀淘、棊子、䱐燥子麵、帶汁煎，下至撲刀雞鵞麵、家常三刀麵，皆是也。若欲索供，逐店自有單子牌面。飥饄店專賣大燠【一一】、燥子飥饄并餛飩。菜麵店專賣菜麵、虀淘、血臟麵、素棊子、經帶，或有撥刀、冷淘。此處不甚尊貴，非待客之所。素食店賣素簽、頭羹、麵食、乳壐、河鯤、脯烍、元魚。凡麩筍乳蕈飲食，充齋素筵會之備。衢州飯店又謂之悶飯店，蓋賣盦飯也。專賣家常䱐魚粉羹、魚麵蝴蝶之屬。欲求麤飽者可往，惟不宜尊貴人。

市食點心，涼暖之月，大槩多賣豬羊雜煎㷸【一二】、鍬𠜂子、四色饅頭、灌肺【一三】、灌腸、紅燠薑豉【一四】、蹄子肘件之屬。夜間頂盤挑架者，如鵪鶉餶飿兒、焦䭔、羊脂韮餅、餅餤、春餅、旋餅、澄沙糰子、宜利少、獻餈糕、炙犯子之類，遍路歌叫。都人固自爲常，若遠方僻土之人乍見之，則以爲稀遇。其餘店鋪夜市不可細數，如豬胰胡餅，自中興以來只東京臟三家一分，每夜在太平坊巷口，近來又或有傚之者。大抵都下買物多趨有名之家，如昔時之内前卞家從食【一五】、街市王宣旋餅、望仙橋糕糜是也【一六】。如酪面，亦只後市街賣酥賀家一分，每箇五百貫【一七】，以新樣油餅兩枚夾而食之，此北食也。其餘諸行百户亦如此。市食有名存而實亡者，如瓠羹是也。亦有名亡而實存者，如甕羹今號虀麵是也。又有誤名之者，如呼熟肉爲白肉是也，蓋白肉别是砧壓去油者【一八】。

又有專賣小兒戲劇糖果，如打嬌惜、蝦鬚糖、宜娘打鞦韆、稠餳之類。

【一一】專賣大燠　「燠」，《武林》作「爊」。

【一二】豬羊雜煎㷸　「雜」，原作「雞」，據《永樂》改。

【一三】灌肺　「肺」，原作「脯」，據《永樂》、《武林》改。

【一四】紅燠薑豉　「燠」，《武林》作「爊」。

【一五】卞家從食　「卞」，原作「下」，據《永樂》、《武林》改。

【一六】糕糜是也　「糜」，《永樂》作「糜」。

【一七】五百貫　「貫」，《永樂》作「省」。

【一八】白肉别是砧壓去油者　「别」，原作「白」，據《武林》改。

茶坊

大茶坊張挂名人書畫，在京師只熟食店挂畫，所以消遣久待也。今茶坊皆然。冬天兼賣擂茶，或賣鹽豉湯，暑天兼賣梅花酒。紹興間用鼓樂吹梅花酒曲【一九】，用旋杓如酒肆間，正是論角，如京師量賣。茶樓多有都人子弟占此會聚，習學樂器，或唱叫之類，謂之「挂牌兒」。人情茶坊，本非以茶湯爲正，但將此爲由，多下茶錢也。又有一等專是娼妓弟兄打聚處，又有一等專是諸行借工賣伎人會聚行老處，謂之「市頭」。水茶坊，乃娼家聊設桌凳，以茶爲由，後生輩甘於費錢，謂之「乾茶錢」。提茶瓶，即是趁赴充茶酒人，尋常月旦、望每日與人傳語往還，或講集人情分子。又有一等是街司人兵，以此爲名乞見錢物【二〇】，謂之「齪茶」。

四司六局

官府貴家置四司六局，各有所掌，故筵席排當，凡事整齊，都下街市亦有之。常時人户每遇禮席，以錢倩之，皆可辦也。帳設司專掌仰塵、繳壁、桌幃、搭席、簾幕、罘罳、屏風、繡額、書畫、簇子之類。廚司專掌打料【二一】、批切、烹炮、下食、調和節次。茶酒司專掌賓客茶湯、暖盪、篩酒、請坐、諮席、開盞、喝坐【二二】、揭席【二三】、迎送應干節次。臺盤司專

【一九】梅花酒曲　《武林》「曲」前有「引」字。

【二〇】乞見錢物　「見」，《武林》作「覓」。

【二一】廚司　原無，據《武林》補。

【二二】喝坐　原作「歇坐」，據《武林》改。

【二三】揭席　《武林》作「喝揖」。

掌托盤、打送、齎擎、勸酒、出食、接盞等事。果子局專掌裝簇、盤飣、看果、時果、準備勸酒。蜜煎局專掌糖蜜、花果、鹹酸、勸酒之屬。菜蔬局專掌甌飣、菜蔬、糟藏之屬。油燭局專掌燈火照耀、立臺剪燭、壁燈燭籠、裝香簇炭之類。香藥局專掌藥楪、香毬、火箱、香餅，聽候索喚諸般奇香及醒酒湯藥之類。排辦局專掌掛畫、插花、掃灑、打渲、拭抹、供過之事。凡四司六局人祇應慣熟，便省賓主一半力，故常諺曰：「燒香點茶，掛畫插花，四般閑事，不許戾家【二四】。」若其失忘支節，皆是祗應等人不學之過。只如結席喝犒，亦合依次第，先廚子，次茶酒，三樂人。

瓦舍衆伎

瓦者，野合易散之意也，不知起於何時。但在京師時，甚爲士庶放蕩不羈之所，亦爲子弟流連破壞之地。散樂，傳學教坊十三部，唯以雜劇爲正色。舊教坊有篳篥部、大鼓部、杖鼓部、拍板色、笛色、琵琶色、箏色、方響色、笙色、舞旋色、歌板色、雜劇色、參軍色，色有色長，部有部頭。上有教坊使、副、鈐轄、都管掌儀範者，皆是雜流命官【二五】。其諸部分紫、緋、緑三等寬衫，兩下各垂黄義襴。雜劇部又戴諢裹，其餘只是帽子、幞頭。以次又有小兒隊，并女童採蓮隊。又別有鈞容班【二六】，今四孟隨在駕後，乘馬動樂者是其故事也。紹興三十一年省廢教坊之後，每遇大宴則撥差臨安府衙前樂等人充應，屬修内司

【二四】不許戾家　「許」，原作「訐」，據《永樂》、《武林》、《四庫》改。

【二五】雜流　原無，據《武林》補。

【二六】鈞容　原作「鈞客」，據《永樂》、《武林》改。

教樂所掌管。教坊大使，在京師時有孟角毬曾撰雜劇本子。又有葛守成撰四十大曲詞。又有丁仙現捷才知音。紹興間亦有丁漢弼、楊國祥。雜劇中末泥爲長，每四人或五人爲一場，先做尋常熟事一段，名曰豔段，次做正雜劇，通名爲兩段。末泥色主張，引戲色分付，副淨色發喬，副末色打諢，又或添一人裝孤。其吹曲破斷送者，謂之把色。大抵全以故事、世務爲滑稽，本是鑒戒，或隱爲諫諍也，故從便跣露，謂之「無過蟲」。

諸宮調，本京師孔三傳編撰傳奇、靈怪、八曲、説唱。細樂，比之教坊大樂，則不用大鼓、杖鼓、羯鼓、頭管、琵琶、箏也。每以簫管、笙、篳篥【二七】、稽琴、方響之類合動。小樂器，只一二人合動也，如雙韻合阮咸、稽琴合簫管、鍫琴合葫蘆琴，彈撥十四弦【二八】，吹賺動鼓板，渤海樂一拍子至於十拍子；又有拍番鼓子【二九】、敲水盞、鑼板和鼓兒皆是也。今街市有樂人三五爲隊，專趕春場、看潮、賞芙蓉及酒坐祇應，與錢亦不多，謂之荒鼓板。清樂，比馬後樂，加方響、笙、笛，用小提鼓，其聲亦輕細也。

淳熙間，德壽宮龍笛色使臣四十名，每中秋或月夜，令獨奏龍笛，聲聞於人間，真清樂也。唱叫：小唱。謂執板唱慢曲、曲破，大率重起輕殺，故曰淺斟低唱。與四十大曲、舞旋爲一體，今瓦市中絶無。嘌唱：謂上鼓面唱令曲小詞，驅駕虛聲，縱弄宮調。與叫果子、唱耍曲兒爲一體，本只街市，今宅院往往有之。叫聲，自京師起，撰因市井諸色歌吟、賣物之聲，採合宮調而成也。若加以嘌唱爲引子，次用四句就入者謂之「下影帶」。無影

【二七】篳篥　原作「篆」，據《武林》改。

【二八】彈撥十四弦　「彈」，原作「單」，據《武林》改。

【二九】至於十拍子又有拍番鼓子　原作「至於拍番鼓子」，據《武林》補。參見《夢粱録》卷二十《妓樂》：「渤海樂一拍子至十拍子。又有拍番鼓」云云。

帶者名「散叫」； 若不上鼓面，祇敲盞者謂之「打拍」。 唱賺，在京師日有纏令【三〇】、纏達： 有引子、尾聲爲纏令，引子後只以兩腔遞互循環間用者【三一】，爲纏達。中興後，張五牛大夫因聽動鼓板中，又有四片太平令，或賺鼓板，即今拍板大篩揚處是也。遂撰爲「賺」。賺者，悞賺之義也，令人正堪美聽，不覺已至尾聲，是不宜爲片序也。今又有「覆賺」，又且變花前月下之情及鐵騎之類。凡賺最難，以其兼慢曲、曲破、大曲、嘌唱、耍令、番曲、叫聲諸家腔譜也。

雜扮，或名雜旺，又名紐元子，又名技和，乃雜劇之散段。在京師時，村人罕得入城，遂撰此端，多是借裝爲山東、河北村人以資笑。今之打和鼓、撚梢子、散耍皆是也。百戲，在京師時各名左右軍，竝是開封府衙前樂營。相撲、爭交，謂之角觝之戲。別有使拳，自爲一家，與相撲曲折相反，而與軍頭司大士相近也。踢弄，每大禮後宣赦時，搶金雞者用此等人，上竿、打筋斗、踏蹺、打交輥、脱索、裝神鬼、抱鑼、舞判、舞斫刀、舞蠻牌、舞劍、與馬打毬，并教船水鞦韆、東西班野戰、諸軍馬上呈驍騎、北人乍柳。街市轉焦餡爲一體。雜手藝皆有巧名： 踢瓶、弄椀、踢磬、弄花鼓搥、踢墨筆、弄毬子、㨾築毬、弄斗、打硬、教蟲蟻及魚、弄熊、燒煙火、放爆仗、火戲兒、水戲兒、聖花、撮藥、藏壓、藥法傀儡、壁上睡，小則劇術射穿、弩子打彈、攢壺瓶、即古之投壺。手影戲、弄頭錢、變線兒、寫沙書、改字。弄懸絲傀儡、起於陳平六奇解圍。杖頭傀儡、水傀儡、肉傀儡。以小兒、後生輩爲之。凡傀儡敷演煙粉、靈怪

【三〇】在京師日　「日」，原作「口」，據《武林》改。

【三一】兩腔遞互　「遞互」，原作「遞且」，據《永樂》改，《武林》作「迎互」。

故事、鐵騎公案之類，其話本或如雜劇，或如崖詞，大抵多虚少實，如巨靈神、朱姬大仙之類是也。影戲，凡影戲乃京師人初以素紙雕鏃，後用彩色裝皮爲之。其話本與講史書者頗同，大抵真假相半，公忠者雕以正貌，姦邪者與之醜貌，蓋亦寓褒貶於市俗之眼戲也。

説話有四家：一者小説，謂之銀字兒，如煙粉、靈怪、傳奇。説公案皆是搏刀【三二】、桿棒【三三】，及發跡變泰之事。説鐵騎兒，謂士馬金鼓之事。説經，謂演説佛書。説參請，謂賓主參禪悟道等事。講史書，講説前代書史文傳，興廢爭戰之事。最畏小説人，蓋小説者能以一朝一代故事，頃刻間提破。合生與起令、隨令相似，各占一事。商謎，舊用鼓板吹《賀聖朝》，聚人猜詩謎、字謎、戾謎、社謎，本是隱語。有道謎、來客念隱語説謎，又名打謎。正猜、來客索猜。下套、商者以物類相似者譏之。又名對智【三四】。貼套、貼智思索。走智、改物類以困猜者。横下、許旁人猜。問因、商者喝問句頭。調爽。假作難猜以定其智。

社會

文士，則有西湖詩社，此社非其他社集之比，乃行都士夫及寓居詩人。舊多出名士。隱語，則有南北垕齋、西齋，皆依江右謎法、習詩之流，萃而爲齋。又有蹴鞠打毬社、川弩射弓社。奉佛，則有上天竺寺光明會，皆城内外富家助備香花燈燭，齋襯施利，以備本寺一歲之用。又有茶湯會，此會每遇諸山寺院作齋會，則往彼以茶湯助緣，供應會中善人。

【三二】搏刀　「搏」，《武林》作「扑」。

【三三】桿棒　「桿」，原作「赶」，據《武林》改；「棒」，原作「捧」，據《永樂》改。

【三四】又名對智　「又」，原作「人」，據《永樂》改。「對」，《永樂》作「時」。

城中太平興國傳法寺淨業會，每月十七日則集男士，十八日則集女人，入寺諷經聽法。歲終則建藥師會七晝夜。西湖每歲四月放生會，其餘諸寺經會各有方所日分。每歲行都神祠誕辰迎獻，則有酒行。錦體社、八仙社、漁父習閑社、神鬼社、小女童像生叫聲社、遏雲社、奇巧飲食社、花果社。七寶考古社，皆中外奇珍異貨。馬社，豪貴緋緑清樂社，此社風流最勝。

園苑

在城則有萬松嶺内貴王氏富覽園、三茅觀、東山梅亭、慶壽菴、褚家塘、御東園、係瓊華園。清湖北慈明殿園、楊府秀芳園、張府北園、楊府風雲慶會閣。城東新開門外，則有東御園、今名富景園。五柳御園。城西清波錢湖門外聚景御園、舊名西園。張府七位曹園。南山長橋則西有慶樂御園、舊名南園。淨慈寺前屏山御園、雷峰塔前張府真珠園、内有高寒堂極華麗。塔後内貴甘氏湖曲園、羅家園、白蓮寺園【三五】、霍家園、方家峪劉園【三六】。北山則有集芳御園、四聖延祥觀御園【三七】、西湖勝地，惟此爲最。下竺寺御園。錢塘門外則有柳巷楊府雲洞園、西園、劉府玉壺園、四并亭園、楊府水閣。又具美園、又飲緑亭、裴府山濤園、趙秀王府水月園、張府凝碧園。孤山路口，内貴張氏總宜園、德生堂放生亭、新建白公竹閣。袁樞尹天府就寺重建。沿蘇堤新建先賢堂園、本裴氏園，袁樞新建。又有三賢堂園、本新亭子，袁樞於水

【三五】塔後内貴甘氏湖曲園羅家園白蓮　原脱，據《永樂》補。《武林》僅有「白蓮」兩字。

【三六】方家峪　「峪」，原作「谿」，據《永樂》、《武林》改。

【三七】延祥觀御園　「觀」，原無，據《武林》補。

仙王廟移像新建。九里松嬉遊園。天府酒庫【三八】。湧金門外則有顯應觀西齋堂、張府泳澤園、慈明殿環碧園、舊是清暉御園。大小漁莊，其餘貴府富室大小園館，猶有不知其名者。城南嘉會門外，則有玉津御園。虜使時射弓所。又有就包山作園以植桃花，都人春時最爲勝賞，惟内貴張侯壯觀園爲最。城北北關門外，則有趙郭家園。東西馬塍諸園【三九】，乃都城種植奇異花木處。

舟船【四〇】

行都左江右湖，河運通流，舟船最便。而西湖舟船，大小不等：有一千料，約長五十餘丈，中可容百餘客；五百料，約長三二十丈，可容三五十餘客。皆奇巧打造，雕欄畫棟，行運平穩，如坐平地。無論四時，常有遊玩人賃假。舟中所須器物一一畢備，但朝出登舟而飲，暮則徑歸，不勞餘力，惟支費錢耳。其有貴府富室自造者，又特精緻耳。西湖春中、浙江秋中皆有龍舟爭標，輕捷可觀，有金明池之遺風。而東浦河亦然。惟浙江自孟秋至中秋間，則有弄潮者持旗執竿，狎戲波濤中，甚爲奇觀，天下獨此有之。

鋪席

都城天街，舊自清河坊南則呼南瓦，北謂之界北，中瓦前謂之五花兒中心。自五間樓

【三八】天府酒庫　「天」，原作「大」，據《永樂》、《武林》、《四庫》改。

【三九】東西馬塍諸園　「塍」，原作「城」，據《武林》改。

【四〇】舟船　「船」原無，據目録及《武林》補。

北至官巷南御街，兩行多是上户，金銀鈔引交易鋪僅百餘家，門列金銀及見錢，謂之「看垛錢」。此錢備入納算請鈔引，并諸作匠爐鞴紛紜無數。自融和坊北至市南坊，謂之珠子市頭，如遇買賣，動以萬數。間有府第富室質庫十數處，皆不以貫萬收質。其他如名家綵帛鋪堆上細疋段，而錦綺縑素皆諸處所無者。又如廂王家絨線鋪，自東京流寓。今於御街開張，數鋪亦不下萬計。又有大小鋪席，皆是廣大物貨，如平津橋沿河布鋪、扇鋪、温州漆器鋪、青白碗器鋪之類。且夫外郡各以一物稱最，如撫紗【四一】、洪扇、吴錢之類。都會之下，皆物所聚之處，况夫人物繁夥，客販往來。至於故楮羽毛扇牌，皆有行鋪，其餘可知矣。

坊院

柳永詠錢塘詞云「參差十萬人家【四二】」，此元豐以前語也。今中興行都已百餘年，其户口蕃息僅百萬餘家者。城之南西北三處，各數十里，人煙生聚，市井坊陌，數日經行不盡，各可比外路一小小州郡，足見行都繁盛。而城中北關水門内，有水數十里，曰白洋湖。其富家於水次起造塌坊十數所【四三】，每所爲屋千餘間，小者亦數百間，以寄藏都城店鋪及客旅物貨。四維皆水，亦可防避風燭，又免盜賊，甚爲都城富室之便，其他州郡無此。雖荆南、沙市、太平州、黄池皆客商所聚，亦無此等坊院。

【四一】撫紗　「撫」，原作「無」，據《永樂》改。

【四二】參差十萬人家　「十」，原作「一」，據《永樂》改。

【四三】造塌坊十數所　「造」，原作「迭」，據《永樂》改。

閑人

本食客也，古之孟嘗門下中下等人，但不著業次，以閑事而食於人者。

有一等是無成子弟失業次，人頗能知書、寫字、撫琴、下碁及善音樂，藝俱不精，專陪涉富貴家子弟遊宴，及相伴外方官員到都幹事。其猥下者，爲妓家書寫簡帖、取送之類。

又有專以參隨服事爲生，舊有百事皆能者，如紐元子學像生，動樂器、雜手藝，唱叫白詞，相席打令、傳言送語、弄水使拳之類，竝是本色。

又有專爲棚頭，又謂之習閑，凡擎鷹、架鷂、調鵓鴿、養鵪鶉、鬭雞、賭博、落生之類。

又有是刀鑷手作人，長於此態，故謂之「涉兒」，取過水之意也。此等刀鑷，專攻街市宅院【四四】，取奉郎君子弟、幹當雜事、説合交易等。

又有赶趁唱喏者，探聽妓館人客，及遊湖賞翫所在，專以獻香送勸爲由，覓錢贍家。大抵此輩，若顧之則貪婪，不顧之則强顔取奉，多呈本事，必得而後已。但在出著發放如何也。

三教外地

都城内外自有文武兩學，宗學、京學、縣學之外，其餘鄉校、家塾、舍館、書會，每一里

【四四】宅院 「宅」，原作「皁」，據《永樂》改。

巷須一二所，弦誦之聲往往相聞。遇大比之歲，間有登第補中舍選者。

凡佛寺自諸大禪刹，如靈隱、光孝等寺；律寺如明慶、靈芝等寺；教院如大傳法、慧林、慧因等，各不下百數所。之外又有僧尼廨院、菴舍、白衣社會、道場奉佛處所，不可勝紀。若大寺院有所營修，則於此地招集前去助緣，其間有精修能事者。

凡道流，自御前香火太乙宫、延祥觀等，及諸宫觀道館之外，則有諸府第道堂。如靈應、希夷之類。道院皆係捨俗道人，及接待外路名山洞府往來高士，而時有神仙應緣，現跡異人，自有紀載爾。

就日録

⊙趙　□撰
湯勤福　整理

點校説明

《就日録》，原題「宋趙□撰」。關於作者，諸書記載不一。明《文淵閣書目》卷二載「耐得翁《就日録》一部一册」，《説郛》署作者爲「宋趙□□」，其下小註稱「灌園耐得翁撰」。陸楫《古今説海》有「《就日録》一卷，宋趙□撰」，方以智《物理小識》卷二論「潮汐」時説「明叔傳墨卿《高麗録》與姚寬、耐得翁《就日録》，皆主元氣呼吸之説」，《叢書集成》則稱「元虞集撰」。雖衆説紛紜，《説郛》等書「灌園耐得翁」實由《都城紀勝》序「寓灌圃耐得翁」而來，作者決非元人虞集，當依《古今説海》作趙□爲是。另，《文獻通考》卷二一七載有《山齋愚見十書》一卷，下注爲「陳氏曰：『稱灌圃耐得翁，不知何人』」，顯然以「灌圃」爲是。

是書並不完整，今存不過數條而已，内容感今懷昔而蕪雜。

這次整理以《廣百川學海》本爲底本，校以《説郛》本、《涵芬樓叢書》本、《學海類編》本等。另，又從《説郛》本《就日録》、《席上腐談》各輯得佚文一條，附録於後。

唐人著夢書言：「夢有徵夫？夢者何也？釋氏以四法判之：一曰無名薰習，二曰舊識巡遊，三曰四大偏增，四曰善惡先兆。《周官》筮人掌占六夢，一曰正夢，二曰噩夢，三曰思夢，四曰寤夢，五曰喜夢，六曰懼夢。」《造化權輿》曰：「神遇爲夢，形接爲事。浮虚夢揚，沉實夢溺。寢藉帶夢蛇，鳥銜髮夢飛，將雨夢水，將晴夢火，將病夢食，將憂夢歌舞，此《列子》之論也。」李泰伯《潛書》云：夢者之在寢也，居其傍者無異見。耳目口鼻手足，皆故形也。魂之所遊，則或羽而仙，或冠而朝，或宫室、輿馬、女婦、奏舞興乎其前【一】，忽富驟榮，樂無有限極。及其覺也，撫其躬，無毛髮之得，於是始知其妄而笑。此無他，獨其心之溺焉耳。嗚呼！將幸而覺邪？抑將冥冥遂至於死邪？前者諸説，各有所見，且《周官》載之甚悉，而《列子》之神遇、李泰伯之魂遊心溺，果然哉！然有二説，如夜夢得金寶覺而無所獲；若夢與女人交，覺而失精，此非心溺乎！如夏月露卧，偶夜露下而失覆，則夢雪降、冬月擁被，衾多則夢火熾，此非神遇乎？夫至人無夢者，緣無想念。蓋恐此路頭熟著其所好而往，則將冥冥没没而不知返者。有之，要在平昔學力，讀者當察之。

校勘記

【一】奏舞興乎其前　「舞」，《説郛》作「樂」。

孔子曰：「道之將行也歟，命也！道之將廢也歟，命也！」是聖人素其位而行，所遇不可必，故歸之於命。先言道而後言命，天之有命，聖人依命而行道。所以嚴君平西蜀設肆，爲人臣者勉之以忠，爲人子者勸之以孝，是亦行道爾。後世不知斯理，礴於書傳，自立一家，或以五行支干，或以二元九氣，或專取於日，或寓於星禽，或依於易數【二】，立説紛紛，徒惑聞見爾。如漢高帝入關三百人皆封侯，趙括四十萬衆悉坑死，豈漢兵無一人行衰絶運限者，趙兵無一卒在生旺日時者？此理可見。近東淮岳總卿刊江西廖君所類諸家命書爲《五行精紀》，其集録備載，而無去取，亦不勉拘於五行之内言之。且造物者惡得以甲乙數語而窺之，且夫人事未盡焉。盡天理，故與人同，即爲合德；知過再犯，即爲轉趾；聞焉不信，即爲孤神；財不儉用，即爲耗宿。昔有軍校與趙韓王同年月日時生，若韓王有一大遷除，軍校則有一大責罰，其小小升轉，則軍校微有譴訶，此又不知於命以何而取焉。大抵燭理明之人，五行神鬼皆不能拘繫。陶淵明有云：「癡人前不宜説夢，而達人前不可言命。」至急則無陰陽，凡有妄心則被五行所惑，一有私心則爲鬼神所制。況天道福善禍淫，鬼神禍盈福謙。以命取斷於卜師，彼以糊口之迫而藉此術以度日，欲決行藏，一以爲貴，一以爲賤，轉爲之惑。以事求用於神，彼以幽沉之後，户其享祭，焉敢以無作有，以曲爲直，私之於人！且人事之公行未有詢神者【三】，惟有私求則往祈禱之。夫神鬼本畏人，而人一有妄心求彼，即彼得以肆欺於其間也。近時有一内貴官，以門下人命

【二】或依於易數　「依」，原作「寓」，據《學海》、《説郛》改。

【三】詢神者　「神」，原作「人」，據《説郛》改。

使術者議之，若言命佳則必以奇禍擾之，言命窮則必以好爵榮之。此是特與造物爭功【四】，畧舉此以少釋其惑。

錢唐江潮之説，前後紀録不一。《山海經》以爲海鰌出入穴之度。佛書以爲神龍之變化。葛洪《潮記》謂天河激湧。《洞冥正一經》云地機翕張。盧肇論曰：激水而潮生，天地噓氣有呼吸，晝夜成候而爲潮。封演云月周天而潮應【五】。王充《論衡》謂：水者地之血脉，隨氣進退而爲潮。竇叔蒙《海濤志》以潮汐作濤必待于月，月與海相推，海與月相明。東海漁翁《海潮論》云：地浮，與大海隨氣出入上下。地下則滄海之水入於江，謂之潮；地上則江河之水歸於滄海，謂之汐。浙江發源最近，江水少，海水多，其潮特大。潘洞《浙江論》曰：海門有二山，曰龕、曰赭夾岸【六】。潮之初來亦慢【七】，將近是山，岸狹勢逼如湧而爲濤。姚令威《聚語》載《會稽石碑》：大率元氣噓翕，天隨氣而漲斂，潰滓往來，潮順天而進退者也。浙江南自纂風，北自嘉興，夾山而水潤，下有沙潬【八】，徒旱切。南北亙之，隔礙洪波，蹙遏潮勢，非江山淺逼使之然也。雲麓趙景安《漫抄》載徐明叔等《高麗録》云：天包水，水承地，而元氣升降於太空之中。地乘水力以自持，且與元氣升降互爲抑揚而人不覺。衆家之議海潮，潘洞之論勢，頗爲當理，而止云勢逼而爲濤。東海漁翁之論源近遠而分大小，理亦近似，而云地浮於水，其理間斷。不若徐明叔等《高麗録》云天包水，水承地【九】，而元氣升降。竇叔蒙之論濤符于月，此説正與《會稽石碑》及趙景安

【四】此是特與造物爭功　「特」，原作「時」，據《説郛》改。

【五】地機翕張盧肇論曰激水而潮生天地噓氣有呼吸晝夜成候而爲潮封演云　此三十字原無，據《説郛》補。

【六】曰赭夾岸　「赭」，原作「頳」，據《學海》、《説郛》改。

【七】初來亦慢　「慢」，《學海》作「漫」。

【八】下有沙潬　「潬」，原作「潭」，據《説郛》改。

【九】水承地　「承」，原作「乘」，據《説郛》改。

所議相合。且月，陰也。潮，水也。皆應於《易》之《坎卦》爲用，故《易·説卦》曰坎爲水爲月，於此可見。是以三家之論爲得焉。

焚紙錢之説，《唐·王璵傳》曰「漢以來葬者皆有瘞錢，後世里俗稍以紙寓錢爲鬼事，至是璵乃用爲禳祓」，則是喪葬之焚紙錢起於漢世之瘞錢也，其禱神而用寓錢，則自王璵始矣。康節先生春秋祭祀，約古今禮行之，亦焚楮錢。程伊川怪問之曰：「冥器之義也，脱有益，非孝子順孫之心乎？」徽廟朝高峯、廖用中奏乞禁焚紙錢，有云：「甞怪世俗鑿紙爲錢，焚之以徼福於鬼神者，不知何所據依？非無荒唐不經之説，要皆下俚之所傳耳。使鬼神而有知，謂之慢神欺鬼可也。」李珂《松牕百記》云：「世既是妄，人死而爲鬼，其妄又可知。無身心耳目口鼻之實，而六習常不斷，顛倒沉迷，豈復覺悟？方其具酒殽、列冥器、鑿楮象錢、印繪車馬而焚之，以妄塞妄也。」蓋嘗原其本初，恐瘞錢爲死者之禍，及世艱得錢，易以紙錢。自後沿襲至唐而焚之，其來久且遠。而廖、高峯遽欲絶之，以塞妄費。且夫子謂「死，葬之以禮」，又曰「敬鬼神而遠之」，是夫子不欲遽絶，而以有無之中言之。惟邵康節云「脱有益，非孝子順孫之心」，最爲通議。

《夷堅志》載路真官行持【一〇】，靈驗處極多，且行持符法自虚靖、正一二天師傳度符籙于世，亦是運自己精神、真氣，正心而驅除妖邪。若自己神靈、氣清、心正之人，鬼神亦自畏之，況受正法符籙乎！上帝好生，慮有邪魔爲下方之患，遂以天神應化人世，用此符

【一〇】路真官行持　「路」原無，據《説郛》補。

籙而餓除之，實於助國行化不爲無補，猶於自己積功立行，可以超登仙列。今也不然，有無事取罪者，妄意傳授符籙，假此以苟衣食，行持治病則自帶親僕，專備附體，仍呼神叱鬼，又且召役嶽帝、城隍。且嶽帝、城隍可比人間監司、郡守，謂如人役僕隸受其利養，處之無法，尚不服使令【一一】，不知汝有何功德，有何神通以動監司、郡守，況嶽帝、城隍乎？豈不自招陰譴！而又要求財物，作爲淫亂，動違天律。生不免於雷震，則死墮於風刀幽沉，是誰之過歟？

舊傳不肖子有三變：其初變爲蝗蟲，謂鬻田園而食；次變爲蠹蟲，謂貨書而食；又變爲大蟲，謂賣人而食。此切當其理。今之不肖子，謂之三蟲恐未足以盡其實。初，父母未亡也，憑藉父祖門蔭聲勢，在外無所不爲，朝去暮歸，盜竊財物，恣情爲非。父兄以内有所主，及持父兄家私事【一二】，逼其婢妾至於掣肘，或恐玷己，遂爲掩蔽，付之無可奈何。及託前世，甚至在外指屋起錢，高價賒物，低價出賣，謂之「轉肩」。人皆指而目之「爺健大郎」，父有因此淹抑成疾【一三】。又增利貸錢【一四】，候父母死還錢，謂之「下丁錢」。其或母先父亡，猶且庶幾者，若或父亡而母存，其爲害特甚。初，父亡得財産入手，豈顧其母；及財散而母存，甘旨不具，展轉孤苦，親戚兄弟有不忍者携歸奉養。則往彼爭喧取擾，謂母有挾藏之物，反爲求索；其親厭煩，則付母還之，復受岑寂。或有兄弟麤給，則興訟索分。亦自有此等人資給以導其爲訟，既訟畢，得錢浪費，無歲月間又已空虛。連及

【一一】不服使令　「服」，原作「伏」，據《説郛》改。

【一二】及持父兄家私事　「持」，原作「特」，據《學海》、《説郛》改。

【一三】淹抑成疾　「疾」，原作「病」，據《學海》、《説郛》改。

【一四】增利貸錢　「貸」，原作「貨」，據四庫本《古今説海》卷一百八《就日録》改。

妻室，而妻室及姊妹少艾，素非役使，焉能事人？遂以妻或姊妹，覓人蓄養，詐爲親戚【一五】，出入閨門，分甘忍耻，食殘衣弊。而妻輩以饑寒所困【一六】，初似羞澁，終則願爲。間有妻輩家以力奪去，及妻子輩鬻身事人，或與所事者厚愛，從彼棄此。不肖子俱無所施，則思舊所交遊者及父兄朋友而求索度日。如此，又不知以何等蟲處之矣。

【一五】詐爲親戚　「詐」，原作「作」，據《説郛》改。

【一六】饑寒所困　「饑寒」，原作「寒饑」，據《説郛》乙。

校勘記

佚文

諺傳古語有云：世上好言佛説盡，天下名山僧占多。此雖重佛教者語，亦未通理。其間雖有然而《大藏經》千百億佛，無非皆欲教人律身行己、坐脱立亡、超脱輪迴之道。僕於《金剛經》本冥漠無稽之語，而於大明瞭、大通澈處，有無兼遣、清心釋累之論多矣。其徒自叛其師，而依權傍勢，自違其教，而飲酒食肉何哉？非佛原通義備言之已。然而其徒自叛其師，而依權傍勢，自違其教，而飲酒食肉何哉？非佛語之不足信，蓋人易惑耳。朝爲田夫，暮爲緇徒，但知袖手端坐吃飯，不問賢否，便尊大至於造罪作業過於常人。而又有此等愚庸，假此以求衣食，以希進達。有號賣佛牙郎，彼謂佛語爲何如哉？且僧占名山，世人不知。當求孝子立意蘆墓之心惰，而守墳功德起；鬼神祈禱之意興，而崇奉香火盛。又如福州雪峰、温州江心、京口金山、餘杭徑山之類，每週迴數百里，高千百尺，若非以寺僧及徒衆守之，必爲盜賊之區。須當設數警司，養兵數百人巡捕，重費縣官。與其聞鉦鑼之聲，使人畏懼；不若聞鍾梵之音，俾生善念。所以其他大小山麓，即以大名刹鎮之，是不重費於官，而又得此曹爲官看守山林，豈不陰有所利哉！而此曹亦不宜少縱，恐生他患爾。《説郛》本《就日録》

紹興間，淮埂有一道人求乞，手持一鐵牛，高呼「鐵牛道人」。在浮光數月，忽一日入富家典庫乞錢，主人問鐵牛究意。對曰：「能糞瓜子金。」主人欲以資財易之，道人堅不肯。後議止賃一宿，令置密室。來早開視，果糞瓜子金數星。道人至，取鐵牛去。主人妄想心熾，尋訪道人，欲買此牛。道人不從，百色宛轉，方允。議以日得金計之，償以一歲金價。在家數日，糞金如前金，自後更不糞。視牛尾後有一竅，無他異。忽家中一婢暴疾，召其夫贖去。迹其所之，乃道人預買此婦人，密持其金在其家，前後糞金皆此婦人潛置之。候計成而取去，繼尋之，已逃矣。《席上腐談》卷下

⊙范晞文撰

對牀夜語

湯勤福　整理

點校説明

《對牀夜語》五卷，一作《對牀夜話》，范晞文撰。晞文字景文，號藥莊，錢塘人，太學生。咸淳二年（一二六六），同葉李、蕭規等上書劾賈似道，竄瓊州。元世祖時，程鉅夫薦范晞文及趙孟頫於朝。然范晞文是否應召則有二説，一説晞文迄不受職，流寓無錫以終，一説應召，擢江浙儒學提舉，後轉長興丞。范晞文有詩名，宋人林希逸《竹溪鬳齋十一藁續集》卷三《題范晞文詩稿》稱：「年翫新編比碎金，知君風月滿清襟。才高欲進竿頭步，興到還磨盾鼻吟。字有三千何日奏，稿留五七已年深。漢廷射策無蘇李，千載河梁是正音。」除有《對牀夜話》外，還有《藥莊廢稿》。《藥莊廢稿》今未見。

《對牀夜語》前有馮去非序，稱范氏于景定三年（一二六二）贈此書於他，則知書當成於此前。四庫館臣稱范氏「當南宋季年詩道陵夷之日，獨能排習尚之乖……于詩學多所發明。」他的思想傾向比較接近嚴羽，强調詩作必須領悟在先，要志存高遠。推尊《詩》、《騷》、漢魏古詩及李、杜，以憂思深遠，含蓄渾厚爲宗旨，反對淺易造作。但此書也存在一些缺陷，正如四庫館臣所言：其「論杜甫律詩拗字，謂執以爲例則盡成死法，不知唐律雙拗單拗，平仄相救，實有定規，非以意爲出入。論古人某句本某句，而於劉灣《雲南行》『妻行求死夫，父行求死子』句，不知本漢

《華容夫人歌》，亦或不盡得根源。」總之，瑕瑜並存，有一定的學術借鑒價值。

《對牀夜語》有《學海類編》本、《知不足齋叢書》本、《四庫全書》本、《武林往哲遺著》本。本次整理以《武林往哲遺著》爲底本，校以《知不足齋叢書》本、《學海類編》本和《四庫全書》本等。

序

景定三年十月，予友范君景文授以所著書一編，語甚綺而交甚高。時夜將半，翦燭夜讀，不能去手，大類葛常之《韻語陽秋》，雞戒晨而畢。株連節解，激發人意，作而曰：美哉此書也！杜子美詩，王介甫談經以爲優於經，其爲史學者又視爲史，無他，事覈而理勝也。韓退之謂李長吉歌詩爲騷，而進張籍詩於道。楊大年唱「西崑體」，一洗浮靡，而尚事實，至送王欽若行，君命有所不受，其名節有如此者。若論詩而遺理，求工於言辭而不及氣節，予竊惑之。輒序於《對牀夜語》之首，以補其遺，景文然之不？深居之人馮去非可遷甫。

附書

良月二日，去非頓首再拜景文詩盟，省幹契友。去非老矣，興懷姜堯章同遊時，又高髯葉靜逸輩日夜釣遊時，又近與孫道子、張宗瑞輩謔浪笑傲於閒，今不能復遊。從一二老友栩栩然夢遊，合眼欹枕，能在目中，是亦遊也。舊交新貴，往者不我思，來者不我即，雖夢中亦不復得見，得見景文斯可矣，況《對牀夜語》可與晤語耶。序文不敢以不能辭，惡詩謾以求教，其間有一聯云「讀書祇爲聲名計，亦恐廬山解笑人」，不直作者一笑，姑以侑空書。惶恐之深，不宣。去非頓首再拜。

卷之一

「羔羊之皮，素絲五紽」，詩人美在位之辭也。「充耳琇瑩，會弁如星」，又「駟馬既閑，輶車鸞鑣」之類，皆借服御以美其君也。若《楚詞》：「高余冠之岌岌兮，長余佩之陸離」，是亦以服御自美也。

《古詩十九首》有云：「冉冉孤生竹，結根泰山阿，與君爲新婚，兔絲附女蘿。兔絲生有時，夫婦會有宜。千里遠結婚，悠悠隔山陂。思君令人老，軒車來何遲。」言妻之於夫，猶竹根之於山阿，兔絲之於女蘿也，豈容使之獨處而久思乎！《詩》云：「葛生蒙楚，蘞蔓于野。予美亡此，誰與獨處！」同此怨也。又「涉江采芙蓉，蘭澤多芳草。采之欲遺誰，所思在遠道」，又「庭中有奇樹，緑葉發華滋。攀條折其榮，將以遺所思。馨香盈懷袖，路遠莫致之」，亦猶詩人「籊籊竹竿，以釣于淇。豈不爾思，遠莫致之」之辭，第反其義耳。前輩謂《古詩十九首》可與三百篇並驅者，亦此類也。

霍去病志得意憒，作歌曰：「四夷既獲，諸夏康兮。國家安寧，樂未央兮。載戢干戈，弓矢藏兮。麒麟來臻，鳳凰翔兮。與天相保，永無疆兮。親親百年，各延長兮。」去病非以文章名者，乃知西漢時言語，自非後世可企。

《詩》曰：「山有漆，隰有栗。子有酒食，何不日鼓瑟？且以喜樂，且以永日。宛其死矣，他人入室。」悲其君有酒食不能樂，猶有國而弗治，則將爲他人之所有也。曹子建樂府云：「置酒高殿上，親友從我遊。秦箏何慷慨，齊瑟和且柔。主稱千金壽，賓奉萬年酬。」又，「盛時不可再，百年忽我遒。生存華屋處，零落歸山邱」，有詩人爲樂之意而無其諷。又《詩》曰：「蟋蟀在堂，歲聿其莫。今我不樂，日月其除。無已太康，職思其居。好樂無荒，良士瞿瞿。」既欲其樂，又慮其荒，此詩人憂深思遠之意。陸士衡云：「來日苦短，去日苦長。今我不樂，蟋蟀在房」，「我酒既旨，我肴既臧。短歌可詠，長夜無荒。」全是詩人之體。

《七哀》詩，曹子建云：「君行逾十年，孤妾常獨棲」，怨游子之未返也。王仲宣云：「路有飢婦人，抱子棄草閒」，歎時世之喪亂也。又，「方舟溯大江，日暮愁我心」，感羈旅之多憂也。張孟陽云：「毁壞過一抔【一】，便房啟幽户」，傷漢殿之發掘也。又，「白露中夜結，木落柯條森【二】」，慨秋氣之可悲也。哀之雖同，而意各異。初不解《七哀》義，或謂病而哀、義而哀、感而哀、悲而哀、耳目聞見而哀、口歎而哀、鼻酸而哀，所哀雖一事而七者具也。

子建《公讌》詩云「清夜遊西園，飛蓋相追隨。明月澄清景，列宿正參差。秋蘭被長坂，朱華冒緑池。潛魚躍清波，好鳥鳴高枝。」讀之猶見其景也。是時，劉公幹、王仲宣亦

【一】毁壞過一抔　「抔」，原作「坏」，據《學海》改。《六臣註文選》卷二三作「抔」。

【二】木落柯條森　「柯」，原作「何」，據《昭明文選》改。

有詩。劉云：「月出照園中，珍木鬱蒼蒼。清川過石渠，流波爲魚防。芙蓉散其華，菡萏溢金塘。靈鳥宿水裔，仁獸游飛梁。」王云：「涼風撤蒸暑，清雲卻炎暉。高會君子堂，並坐蔭華榱。嘉肴充圓方，旨酒盈金罍。管絃發徽音，曲度清且悲。」皆直寫其事。今人雖畢力竭思，不能到也。

蔡琰雖失身，然詞甚古，如「不謂殘生兮卻得旋歸，撫抱胡兒兮泣下沾衣。漢使迎我兮四牡騑騑，胡兒號兮誰得知。與我生死兮逢此時，愁爲子兮日無光輝，焉得羽翼兮將汝歸。一步一遠兮足難移，魂消影絶兮恩愛遺」，此將歸別子之時，身歷其苦，辭宣乎心，怨而怒，哀而思，千載如新，使經聖筆，亦必不忍删之也。劉商雖竭力擬之，終不似，蓋不當擬也。

子建：「明月照高樓，流光正徘徊。上有愁思婦，感歎有餘哀。」結句云：「願爲西南風，長逝入君懷。君懷良不開，賤妾當何依。」解韻者謂哀叶於希反，且引《毛詩》「山有蕨薇，隰有杞桋。君子作歌，維以告哀」。又謂懷叶胡威反，及引《離騷》「載雲旗兮委蛇」，「心低徊兮疲懷」等語爲證。辨則辨矣，如不通何！且子建此篇，既押徊，又押哀，乃一韻耳。及懷字之上亦有「會合何時諧」，諧懷亦一韻也，何必强爲引證。蓋古未拘音韻，旁入他聲者亦奚疑焉？若魏文帝「漫漫秋夜長」，皆押十陽，獨一句云「三五正縱横」。又阮籍「登高臨四野」皆押七歌【三】，獨一句云「豈復歎咨嗟」。不知解者又當如何？苟

【三】登高臨四野　「野」，原作「海」，據《知不足齋》、《四庫》、《學海》改。

謂後世亦有如此押者，則擬古者倣之耳，非古人作古之意也。

張茂先：「穆如灑清風，焕若春華敷【四】。」又「屬耳聽鶯鳴【五】，流目翫儵魚。」以對言之，則當曰「清風灑」、「聽鳴鶯」也。古對閒當如此，亦《楚詞》「蕙肴蒸兮蘭藉，奠桂酒兮椒漿」。

謝惠連：「屯雲蔽層嶺，驚風涌飛流。零雨潤墳澤，落雪灑林邱。浮氛晦崖巘，積素惑一作感，非。原疇。曲汜薄停旅，通川絶行舟。」連四韻句法皆相似，古詩正不當以此拘也。

魏文帝：「西北有浮雲，亭亭如車蓋。惜哉時不遇，適與飄風會。吹我東南行，行行至吴會。吴會非我鄉，安能久留滯。棄置勿復陳，客子常畏人。」子建「轉蓬離本根，飄颻隨長風。何意迴飈舉，吹我入雲中。高高上無極，天路安可窮。類此游客子，捐軀遠從戎。毛褐不掩形，薇藿常不充。去去莫復道，沈憂令人老。」此結句换韻之始。

《楚詞》「沅有芷兮澧有蘭，思公子兮未敢言」，又「望美人兮未來，臨風怳兮浩歌」，又「王孫遊兮不歸，春草生兮萋萋」，又「惟草木之零落兮，恐美人之遲暮」，皆愛君惜時之辭。後世擬之者，不過徒法其句耳，非其意也。江文通云：「日暮碧雲合，佳人殊未來」，又「黄雲蔽千里，遊子何時還」。謝靈運云：「圓景早已滿，佳人猶未適。」惠連云：「紈素既已成，君子行未歸。」玄暉云：「春草秋更緑，公子未西歸。」劉休玄云：「芳年有華月，

【四】焕若春華敷　「焕」，原作「涣」，據《學海》、《藝文類聚》卷三十一改。

【五】屬耳聽鶯鳴　「鳴」原作「聲」，據《知不足齋》、《四庫》、《學海》改。

佳人無還期。」陸士衡云：「芳草久已茂，佳人竟不歸。」《古詩》亦有「浮雲蔽白日，遊子不顧返」。

古《塘上曲》有云：「莫以賢豪故，棄捐素所愛。莫以魚肉賤，棄捐葱與薤。莫以桑麻賤，棄捐菅與蒯。」前云：「衆口鑠黄金，使君生别離。」或謂甄后爲郭后所譖，遂作此，觀其辭，殆亦是也。陸士衡云：「男歡智傾愚，女愛衰避妍。不惜微軀退，惟懼蒼蠅前。願君廣末光，照妾薄暮年。」則爲甄后作無疑矣。劉休玄《擬古》云：「顧垂薄暮景，照妾桑榆時。」適與士衡末句同。

《詩》曰：「昔我往矣，楊柳依依。今我來思，雨雪霏霏。」東坡謂韓退之「始去杏飛蜂，及歸柳嘶蜩」，與《詩》意同。子建云：「昔我初遷，朱華未希。我今旋止，素雪雲飛。」又「始出嚴霜結，今來白露晞」。王正長云：「昔往倉庚鳴，今來蟋蟀吟。」顔延年云：「昔辭秋未素，今也歲載華。」退之又居其後也。

子建詩：「朱華冒緑池」。古人雖不於字面上著工，然「冒」字殆妙。陸士衡云：「飛閣纓虹帶，層臺冒雲冠。」潘安仁云：「川氣冒山嶺，驚湍激巖阿。」顔延年云：「松風遵路急，山煙冒隴生。」江文通云：「涼葉照沙嶼，秋華冒水潯。」謝靈運云：「蘋藻泛沈深，菰蒲冒清淺。」皆祖子建。

張平子詩云：「我聞其聲，載坐載起。」王仲宣云：「我思弗及，載坐載起。」劉公幹云：「思子沈心曲，長歎不能言。起坐失次第，一日三四遷。」懷人之意，盡於此矣。

左太沖《詠史》云：「濟濟京城内。赫赫王侯居。冠蓋蔭四術，朱輪竟長衢。朝集金張館，暮宿許史廬。南鄰擊鐘磬，北里吹笙竽。寂寂揚子宅，門無卿相輿。」鮑明遠《詠史》云：「京城十二衢，飛甍各鱗次。仕子飄華纓，游客竦輕轡。明星晨未稀，軒蓋已雲至【六】。賓御紛颯沓【七】，鞍馬光照地。君平獨寂寞，身世兩相棄。」江文通《詠史》亦云：「金張服貂冕，許史乘華軒。王侯貴片議，公卿重一言。太平多歡娱，飛蓋東都門。顧念張仲蔚，蓬蒿滿中園。」三詩一軌也。

子建云：「朝游江北岸，日夕宿湘沚。」潘安仁云：「朝發晉京陽，夕次金谷湄。」劉越石云：「朝發廣莫門，暮宿丹水山。」謝靈運云：「旦發清溪陰，暝投剡中宿。」鮑明遠云：「朝游雁門山，暮還樓煩宿。」皆本《楚詞》「朝發軔於蒼梧兮，夕余至於玄圃」。若陸士衡「朝採南澗藻，夕息西山足。」又江文通「朝食琅玕實【八】，夕飲玉池津」，則亦本《楚詞》【九】「朝飲木蘭之墜露兮，夕餐秋菊之落英」。

傅玄辭云：「美人一何麗，韻若芙蓉花。一顧亂人國，再顧亂人家。未亂猶可，既亂奈何」，全是倣李延年。延年歌云：「北方有佳人，絶世而獨立。一顧傾人城，再顧傾人國。寧不知傾城與傾國，佳人難再得。」

石季倫《王昭君詩序》云：「匈奴請婚於漢，元帝以後宫良家子昭君配焉。昔公主嫁

【六】軒蓋已雲至　「軒」，原作「冠」，據《知不足齋》、《昭明文選》卷二十一改。

【七】賓御紛颯沓　「颯」，原作「雜」，據《知不足齋》、《四庫》、《學海》改。

【八】息西山足又江文通朝食琅玕實　十三字原無，據《知不足齋》、《四庫》、《學海》補。

【九】則亦本楚詞　「本」，原無，據《知不足齋》、《四庫》、《學海》補。

烏孫，令琵琶馬上作樂，以慰其道路之思。其送昭君，亦必爾也。」熟參此序，乃知昭君出嫁之時未必以琵琶寄情，特後人想像而賦之耳。

王景玄詩：「詎憶無衣客，但知狐白温」，用子建「狐白足禦冬，焉念無衣客」之語。謝玄暉亦云：「誰規鼎食盛，寧要狐白鮮。」

靈運詩：「初篁包緑籜【一〇】，新蒲含紫茸。」邱希範詩：「巢空初鳥飛，荇亂新魚戲。」綽有流麗之風，視小謝「魚戲新荷動，鳥散餘花落」之句，亦無愧。

「一身事關西，家族滿山東。二年從車駕，齋祭甘泉宫。三朝國慶畢，休沐還舊邦。四牡躍長路，輕蓋若飛鴻【一一】。五侯相餞送，高會集新豐。六樂陳廣坐，祖帳揚春風。七盤起長袖，庭下列歌鐘。八珍盈雕俎，綺肴紛錯重。九旅共瞻遲，賓客仰徽容。十載覺無就，善宦一朝通。」鮑明遠《數詩》也。卦名、人名及建除等體，世多有之，獨無以此爲戲者。

鮑明遠詩：「朱脣動，素腕舉，洛陽少童邯鄲女。古稱《渌水》【一二】今《白紵》，催弦急管爲君舞。窮秋九月荷葉黄，北風驅雁天雨霜，夜長酒多樂未央。」全類張籍、王建。

韓非子曰：「六國時，張敏與高惠二人爲友，每相思不能得見，敏便於夢中往尋之，但行至半道即迷，不知路。」沈休文云：「神交疲夢寐，路遠隔思存。」又「夢中不識路，何以慰相思？」用前事也。古辭云：「遠道不可思，夙昔夢見之。」又「獨宿累長夜，夢想見

【一〇】包緑籜　「包」，原作「抱」，據《知不足齋》、《四庫》、《學海》改。

【一一】輕蓋若飛鴻　「蓋」，原作「車」，據《知不足齋》、《四庫》、《學海》改。

【一二】古稱渌水　「渌」，原作「緑」，據《知不足齋》、《四庫》、《學海》改。

容輝」，皆沿韓非之微意而變之耳。

陸士衡《吴趨行》云：「楚妃且莫歎，齊娥且莫謳。四坐並清聽，聽我歌《吴趨》。」《吴趨》自有始，請從閶門起。」謝靈運《會吟行》云：「六引緩清唱，三調佇繁音。列筵皆静寂，咸共聽《會吟》。《會吟》自有初，請從文命敷。」蓋踵其步驟。

蘇子卿詩：「俯觀江海流，仰視浮雲翔。」魏文帝云：「俯視清水波，仰看明月光。」曹子建云：「俯降千仞，仰登天阻。」何敬祖云：「仰視垣上草，俯察階下露。」又「俯臨清泉淵，仰觀嘉木敷【一三】」。謝靈運云：「俯濯石下潭，仰看條上猿。」又「俯視喬木杪，仰聽大壑灇」。辭意一也。古人句法極多，有相襲者，如前所議「日暮碧雲合」及「朝遊江北岸」之類皆是。若嵇叔夜「目送歸鴻，手揮五絃。俯仰自得，游心泰玄」，則運思寫心夐不同矣。

宋袁淑有詩云：「種蘭忌當門，懷璧莫向楚。楚少別玉人，門非植蘭所。」蓋淑爲彭城王府祭酒，王不好文學，故云。

薛道衡「空梁落燕泥」之句，人多不見其全篇，蓋題是《昔昔鹽》。其辭云：「垂柳覆金隄，蘼蕪葉復齊。水溢芙蓉沼，花飛桃李蹊。採桑秦氏女，織錦竇家妻。關山別蕩子，風月守空閨。常斂千金笑，長垂雙玉啼。盤龍隨鏡隱，綵鳳逐雲低。飛魂同夜鵲，倦寢憶晨雞。暗牖懸蛛網，空梁落燕泥。前年過代北，今歲往遼西。一去無消息，那能惜馬

【一三】仰觀嘉木　「木」，原作「禾」，據《知不足齋》、《四庫》、《學海》改。

蹄。」無非閨中懷遠之意，但不知立題之義如何。趙嘏乃廣爲二十章，以一句爲一題，亦復綺麗。其中有云：「良人猶遠戍，寂寞夜閨空。繡户流春月，羅帷坐曉風。魂飛沙帳北【一四】，腸斷玉關中。尚自無消息，錦衾那得同。」又「雲中路杳杳，江畔草萋萋。妾久垂珠淚，君何惜馬蹄。邊風悲曉角，營月怨春鼙。未道休征戰，愁眉又復低。」

【一四】魂飛沙帳北 「帳」，《學海》作「漠」。

校勘記

卷之二

嚴滄浪羽云：「禪道惟妙悟，詩道亦在妙悟。」惟悟乃爲當行，乃爲本色。然悟有淺深；有分限之悟，有透徹之悟，有但得一知半解之悟。漢、魏尚矣，不假悟也。陶、謝至盛唐諸公，透徹之悟也。他雖有悟者，皆非第一義也。姜白石夔亦有云：「文以文而工，不以文而妙。然捨文無妙，聖處要自悟。」蓋文章之高下，隨其所悟之深淺，若看破此理，一咏妙悟，則徑超直造，四無窒礙，古人即我，我即古人也。

嚴滄浪又云：「詩有别材，非關書也；詩有别趣，非關理也。」而古人未嘗不讀書，不窮理，所謂不涉理路，不落言筌者，上也。詩者，吟詠情性也。盛唐詩人惟在興趣，羚羊挂角，無跡可尋。故其妙處，瑩徹玲瓏，不可湊泊。如空中之音，相中之色，水中之月，鏡中之影，言有盡而意無窮。近代諸公作奇特解會，以文字爲詩，以議論爲詩，以才學爲詩。以是爲詩，夫豈不工，終非古人之詩也。蓋於一唱三歎之音，有所歉焉。然則近代之詩無取乎？曰：有之。吾取其合於古人者而已。

蕭千巖德藻云：「詩，不讀書不可爲，然以書爲詩，不可也。」老杜云：「讀書破萬卷，下筆如有神。」讀書而至破萬卷，則抑揚上下，何施不可，非謂以萬卷之書爲詩也。

劉後村克莊云：「唐文人皆能詩，柳尤高，韓尚非本色。迨本朝，則文人多，詩人少，三百年間，雖人各有集，集各有詩，詩各自爲體，或尚理致，或負才力，或逞辨博」，要皆文之有韻者爾，非古人之詩也。

周伯弜弼云：「言詩而本於唐，非固於唐也。自河梁之後，詩之變至於唐而止也。謫仙號爲雄拔，而法度最爲森嚴，况餘者乎？」立心不專，用意不精，而欲造其妙者，未之有也。元和蓋詩之極盛，其實體製自此始散，僻事險韻以爲富，率意放辭以爲通，皆有其漸，一變則近五代之陋矣【一】。」

「兩句三年得，一吟雙淚流。知音如不賞，歸臥故山秋。」島之詩未必盡高，此心亦良苦矣。信乎非言之難，其聽而識之者難遇也。雖然，馬非伯樂而不鳴，琴非子期而不調，果不吾遇也，則困鹽車、焦爨下，吾寧樂之。後世復有揚子雲，必好之矣。

四靈，倡唐詩者也，就而求其工者，趙紫芝也。然具眼猶以爲未盡者，蓋惜其立志未高而止於姚、賈也。學者闖其閫奥，闢而廣之，猶懼其失。迺尖纖淺易，相煽成風，萬喙一聲，牢不可破，曰此乃「四靈體」也。其植根固，其流波漫，日就衰壞，不復振起。吁！宗之者反所以累之也！

「樹摇幽鳥夢，螢入定僧衣。」「勁風吹雪聚，渴鳥啄冰開。」「古廳眠易魘，老吏語多虚。」「坡暖冬生筍，松涼夏健人。」「林花埽更落，徑草踏還生。」「垂枝松落子，側頂鶴聽

【一】一變則近五代之陋　「近」，《知不足齋》、《四庫》、《學海》作「成」。

棋。」「古塔蟲蛇善，陰廊鳥雀癡。」「病嘗山藥遍，貧起草堂低。」「廢巢侵燒色，荒冢入鋤聲。」「地古多生藥，溪靈不聚魚。」「隴狐來試客，沙鶻下欺人。」「遠鐘驚漏壓，微月被燈欺。」「古壁燈薰畫，秋琴雨慢弦。」「草礙人行緩，花繁鳥度遲。」右數聯，亦晚唐警句，前此少有表而出者，蓋不獨「雞聲」「人跡」「風暖」「日高」等作而已。情景兼融，句意兩極，琢磨瑕垢，發揚光彩，殆玉人之攻玉，錦工之機錦也。然求其聲諧《韶》、《濩》，氣泐金石則無有焉，識者口未誦而心先厭之矣。今之以詩鳴者，不曰「四靈」則曰晚唐，文章與時高下，晚唐爲何時耶！放翁云：「文章光燄伏不起，甚者自謂宗晚唐。」

老杜詩云：「天高雲去盡，江迴月來遲。衰謝多扶病，招邀屢有期。」上聯景，下聯情。「身無卻少壯，跡有但羈棲。江水流城郭，春風入鼓鼙」。上聯情，下聯景。「水流心不競，雲在意俱遲，」景中之情也。「捲簾惟白水，隱几亦青山」，情中之景也。「感時花濺淚，恨別鳥驚心」，情景相觸而莫分也。「白首多年疾，秋天昨夜涼」，「高風下木葉，永夜攬貂裘」，一句情一句景也。固知景無情不發，情無景不生，或者便謂首首當如此作，則失之甚矣。如「淅淅風生砌，團團月隱牆。遥空秋雁滅，半嶺暮雲長。病葉多先墜，寒花只暫香。巴城添淚眼，今夕復清光」，前六句皆景也。「清秋望不盡，迢遞起層陰。遠水兼天淨，孤城隱霧深。葉稀風更落，山迴日初沈。獨鶴歸何晚，昏鴉已滿林」，後六句皆景也，何患乎情少？

五言律詩，固要妥貼，然妥貼太過，必流於衰。苟時能出奇，於第三字中下一拗字，則妥貼中隱然有峻直之風。老杜有全篇如此者，試舉其一云：「帶甲滿天地，胡爲君遠行？親朋盡一哭，鞍馬去孤城。草木歲月晚，關河霜雪清。别離已昨日，因見古人情。」散句如「乾坤萬里眼，時序百年心」，「梅花萬里外，雪片一冬深」，「一逕野花落，孤村春水生」，「蟲書玉珮蘚，燕舞翠帷塵」，「村春雨外急，鄰火夜深明」，「山縣早休市，江橋春聚船」，「老馬夜知道，蒼鷹饑著人」，用實字而拗也。「行色遞隱見，人煙時有無」，「蟬聲集古寺，鳥影度寒塘」，「簷雨亂淋幔，山雲低度牆」，「飛星過水白，落月動沙虚」，用虚字而拗也。其他變態不一，卻在臨時斡旋之何如耳。苟執以爲例，則盡成死法矣。

虚活字極難下，虚死字尤不易。蓋雖是死字，欲使之活，此所以爲難。老杜「古牆猶竹色，虚閣自松聲」，及「江山有巴、蜀，棟宇自齊、梁」，人到於今誦之。予近讀其《瞿塘兩崖》詩云：「入天猶石色，穿水忽雲根。」「猶」「忽」二字如浮雲著風，閃爍無定，誰能跡其妙處。他如「江山且相見，戎馬未安居」，「故國猶兵馬，他鄉亦鼓鼙」，「地偏初衣袷，山擁更登危」，「詩書遂牆壁，奴僕且旌旄」，皆用力於一字。

「仰看明星當空大，無處告訴只顛狂」，「但使殘年飽喫飯，案頭乾死讀書螢」，「卻似春風相欺得，更接飛蟲打著人」，「堂上不合生楓樹」，「不分桃花紅似錦」，「惜君只欲苦死留」，「數日不可更禁當」，皆化俗爲雅，靈丹點鐵矣。又「王孫若箇邊」，「若箇」猶「那箇」。「遮莫鄰雞報五更」，「遮莫」猶「儘教」。若「爺娘妻子走相送」，則本《木蘭》「不聞爺娘喚女聲【二】」。又「昏黑應須到上頭」，乃是常琮全語。

數物以箇，俗語也。老杜有「峽口驚猿聞一箇」，「兩箇黃鸝鳴翠柳」。雙字有「樵聲箇箇同」，「箇箇五花文」，「漁舟箇箇輕」，「卻遶井欄添箇箇」。司空圖：「鶴羣長遶三株樹，不借閒人一隻騎。」「隻」亦箇字之類【三】。

老杜《偪仄行》：「自從官馬送還官，行路難行澀如棘。」《泛江夜宴》：「燈前往往大魚出，聽曲低昂如有求。」退之《曲江荷花》「大明宮中給事歸，走馬來看立不正」。《謁衡嶽廟》：「手持杯珓導我擲，云此最吉餘難同」，下三字似乎趁韻，而實有工於押韻者。「汲黯匡君切，廉頗出將頻，直辭才不世，雄略動如神」，以下聯貼上聯也。「神女峯娟妙，昭君宅有無。曲留明怨惜，夢盡失懽娱」，猶前格也，特倒置下句耳。若「羣盜哀王粲，中年召賈生。登樓初有作，前席竟爲榮。宅入先賢傳，才高處士名。異時懷二子，春日復含情」，未見其全篇如此，亦又一格也。

雙字用於五言視七言爲難，蓋一聯十字耳，苟輕易放過，則何所取也。老杜雖不以此見工，然亦每加之意焉。觀其「納納乾坤大，行行郡國遥」，不用「納納」則不足以見乾坤之大；不用「行行」則不足以見道路之遠。又「寂寂春將晚，欣欣物自私」，則一氣轉旋之妙，萬物生成之喜，盡於斯矣。至若「汀煙輕冉冉，竹日淨暉暉」，「湛湛長江去，冥冥細

【二】喚女　原作「哭子」，據《學海》改。

【三】隻亦箇字之類　「隻」原無，據《知不足齋》、《四庫》、《學海》補。

雨來」，「野徑荒荒白，春流泯泯清」，「地晴絲冉冉，江碧草纖纖」，「急急能鳴雁，輕輕不下鷗」，「簷影微微落，津流脈脈斜」，「相逢難袞袞，告別莫悤悤」等，語俱不泛。若「霽潭鱣發發【四】，春草鹿呦呦」，則全用《詩》語也。

老杜詩「兩邊山木合，終日子規啼」，以「終日」對「兩邊」。「不知雲雨散，虛費短長吟」，以「短長」對「雲雨」。「桑麻深雨露，燕雀半生成」，以「生成」對「雨露」。「風物悲游子，登臨憶侍郎」，以「登臨」對「風物」，句意適然，不覺其爲偏枯，然終非法也。柳下惠則可，吾則不可。

詩在意遠，固不以辭語豐約爲拘。然開元以後，五言未始不自古詩中流出，雖無窮之意，嚴有限之字，而視大篇長什，其實一也。如「舊里多青草，新知盡白頭」，又「兩行燈下淚，一紙嶺南書」，則久別乍歸之感，思遠懷舊之悲，隱然無窮。他如詠閒適，則曰「坐歇青松晚，行吟白日長」。狀景物則曰「雲霞出海曙【五】，梅柳渡江春」，似此之類，辭貴多乎哉？劉後村有云：「言意深淺，存人胸懷，不繫體格。若氣象廣大，雖唐律不害爲黄鐘大吕。否則手操雲和，而驚飈駭電，猶隱隱弦撥閒也。」

周伯弜選唐人家法，以四實爲第一格，四虛次之，虛實相半又次之。其說「四實」，謂中四句皆景物而實也。於華麗典重之中，有雍容寬厚之態，此其妙也。昧者爲之，則堆積窒塞【六】，而寡於意味矣。是編一出，不爲無補後學，有識高見卓不爲時習薰染者，往往

【四】發發　原作「潑潑」，據《知不足齋》、《四庫》、《學海》改。

【五】狀景物則曰　「狀」，原作「壯」，據《知不足齋》改。「物」原無，據《知不足齋》、《四庫》、《學海》補。

【六】則堆積窒塞　「則」原無，據《知不足齋》、《四庫》、《學海》補。

於此解悟。閒有過於實而句未飛健者，得以起或者窒塞之譏。然刻鵠不成尚類於鶩，豈不勝於空疏輕薄之爲。使稍加探討，何患不古人之我同也。

《四虚序》云：「不以虚爲虚，而以實爲虚，化景物爲情思，從首至尾，自然如行雲流水，此其難也。否則偏於枯瘠，流於輕俗，而不足採矣。姑舉其所選一二云：「嶺猿同旦暮，江柳共風煙。」又「猿聲知後夜，花發見流年。」若猿、若柳、若花、若旦暮、若風煙、若夜、若年，皆景物也。化而虚之者一字耳，此所以次於四實也。

「故人江海别，幾度隔山川。乍見翻疑夢，相悲各問年。孤燈寒照雨，深竹暗浮煙。更有明朝恨，離杯惜共傳。」「暮蟬不可聽，落葉豈堪聞。共是悲秋客，那知此路分。荒城背流水，遠雁入寒雲。陶令門前菊，餘花可贈君。」前一首司空曙，後一首郎士元，皆前虚後實之格，今之言唐詩者多尚此。及觀其作，則虚者枯，實者塞，截然不相通，徒駕宗唐之名而實背之也。其前實後虚者，即前格也，第反景物於上聯，置情思於下聯耳。如劉長卿「楚國蒼山古，幽州白日寒。城池百戰後，耆舊幾家殘」，則始可以言格。若劉商「晚晴江柳變，春夢塞鴻歸。今日方知命，前年自覺非」，則下句爲上句壓倒。

李、杜之後，五言當學劉長卿、郎士元，下此則十才子。盧綸、吉中孚、韓翃、錢起、司空曙、李端、苗發、崔峒、耿湋、夏侯審也。

七言律詩極不易，唐人以詩名家者，集中十僅一二，且未見其可傳。蓋語長氣短者易流於卑，而事實意虛者又幾乎塞。用物而不爲物所贅，寫情而不爲情所牽，李、杜之後，當學者許渾而已。周伯弜以唐詩自鳴，亦惟以許集諄諄誨人。今摭其警句可以爲法者書於後云：「風傳鼓角霜侵戟，雲卷笙歌月上樓」，「山殿日斜喧鳥雀，石潭波動戲魚龍」，「潮寒水國秋砧早，月暗山城夜漏稀」，「日照蒹葭明楚塞，煙分楊柳見隋隄【七】」，「潮生水國蒹葭響，雨過山城橘柚疏」，「野蠶成繭桑柘盡，溪鳥引雛蒲稗深」。《淩歊臺》云【八】：「湘潭雲盡暮山出，巴蜀雪消春水來」，《洛城》云：「水聲東去市朝變，山勢北來宫殿高」，《金陵》云：「石燕拂雲晴亦雨，江豚吹浪夜還風」，《書所見》云：「五夜有情隨暮雨，百年無節待秋霜」，《衛將軍廟》云：「漢業未興王霸在，秦軍才散魯連歸」，皆妙。其起結，尤非中唐人可及。

趙嘏、劉滄七言，閒類許渾，但不得其全耳。

古樂府當學王建，如《涼州行刺促詞》、《古釵行精衛詞》、《老婦歎鏡》、《短歌行》、《渡遼水》等篇，反覆致意，有古作者之風，一失於俗則俚矣。

或問放翁曰：「李賀樂府極今古之工，巨眼或未許之【九】，何也？」翁曰：「賀詞如百家錦衲，五色眩耀，光奪眼目，使人不敢熟視，求其補於用，無有也。杜牧之謂稍加以理，奴僕命騷可也，豈亦惜其詞勝！若《金銅仙人辭漢》一歌，亦傑作也。然以賀視温庭筠輩，則不侔矣。

【七】見隋隄　「見」，原作「入」，據《知不足齋》、《四庫》、《學海》改。

【八】淩歊臺云　「云」原無，據《知不足齋》、《四庫》、《學海》補。

【九】未許之　「許之」，《學海》作「之許」。

卷之三

李太白《北上行》，即古之《苦寒行》也。《苦寒行》首句云「北上太行山，艱哉何巍巍」，因以名之也。太白辭有云：「磴道盤且峻，巉巖凌穹蒼。馬足蹶側石，車輪摧高岡。」又「殺氣毒劍戟，嚴風裂衣裳」，此正古辭「羊腸坂詰屈，車輪爲之摧。樹木何蕭瑟，北風聲正悲。」太白又有「奔鯨夾黄河，鑿齒屯洛陽。猛虎又掉尾，磨牙皓秋霜」，亦古辭「熊羆對我蹲，虎豹夾路嘷」。又，「汲水澗谷阻，採薪隴坂長。草木不可餐，飢飲零露漿」，是亦古辭「行行日已遠，人馬同時飢。擔囊行取薪，斧冰持作糜」，特詞語小異耳。陸士衡、謝靈運諸作，亦不出此轍。若老杜則不然，曰：「漢時長安一丈雪，牛馬毛寒縮如蝟。」又，「凍埋蛟龍南浦縮，寒刮肌膚北風利」，一空故習矣。

老杜詩：「重露成涓滴，稀星乍有無。」前輩謂此聯能窮物理之變，探造化之微。又有句云：「久露清初溼【一】，高雲薄未還。」又，「晚照斜初徹，浮雲薄未歸」，雖不迨前作，然含悠揚不迫之意，他人未易及也。若「塞雲多斷續，邊日少光輝」，又「蜀星陰見少，江雨夜聞多」，則又於前所稱者不同也。

老杜多欲以顔色字寘第一字，卻引實字來，如「紅入桃花嫩，青歸柳葉新」是也【二】。

【一】久露清初溼　「清」，原作「晴」，據《知不足齋》、《四庫》、《學海》改。

【二】是也　「也」原無，據《知不足齋》、《四庫》、《學海》補。

不如此，則語既弱而氣亦餒。他如「青惜峯巒過，黃知橘柚來」，「碧知湖外草，紅見海東雲」，「綠垂風折筍，紅綻雨肥梅」，「紅浸珊瑚短【三】，青懸薜荔長」，「翠深開斷壁，紅遠結飛樓」，「翠乾危棧竹，紅膩小湖蓮」，「紫收岷嶺芋，白種陸池蓮」，皆如前體。若「白摧朽骨龍虎死，黑入太陰雷雨垂」，益壯而險矣。

老杜詩：「冬温蟲蚋在【四】，人遠鳧鴨亂」，詩意謂因冬之温，故尚有蟲蚋，因人之遠，故鳧鴨得恣其亂，默有所寓也。韓子蒼乃謂人遠如鳧鴨之亂，恐非公意。況此十字正是五言句法。

「牽牛出河西，織女處其東，萬古永相望，七夕誰見同。神光竟難候，此事終朦朧。」觀此，則老杜不取世俗説也。然又有詩云：「牛女年年渡，何曾風浪生。」

「無貴賤不悲，無富貧亦足。萬古一骸骨，鄰家遞歌哭。」又，「禍首燧人氏，厲階董狐筆。君看燈燭張，轉使飛蛾密。」達道之言也，詩云乎哉！

《自京赴奉先》有云【五】：「入門聞號咷，幼子飢已卒。吾寧捨一哀，里巷猶嗚咽。所愧爲人父，無食致夭折。豈知秋未登【六】，貧窶有倉卒。」舐犢之悲，流出胸臆，故《彭衙行》云：「衆雛爛漫睡，喚起沾盤飧，」《赴王十五會》云：「病身虛俊味，何幸飫兒童。」

「寄書問三川，不知家在否。比聞同罹禍，殺戮到雞狗。幾人全性命，盡室豈相偶。自寄一封書，今已十月後。反畏消息來，寸心亦何有！」亂離之後，殺戮殆盡，其能全家

【三】紅浸珊瑚短　「浸」，原作「漫」，據《知不足齋》、《四庫》、《學海》改。

【四】冬温蟲蚋在　「在」，原作「存」，據《四庫》改。

【五】有云　「有」，原作「又」，據《知不足齋》、《四庫》、《學海》改。

【六】秋未登　「未」，原作「禾」，據《知不足齋》、《四庫》、《學海》改。

生免者幾希矣，故反畏其消息之回。《憶昔》云：「洛陽宫殿燒焚盡，宗廟新除狐兔穴。傷心不忍問耆舊，復恐初從亂離説」，亦慮其動懷舊之悲也。

「干戈猶在眼，儒術豈謀身」，「紈袴不餓死，儒冠多誤身」，感憤之作也，曾何傷。若「儒術於我何有哉，孔丘盜跖俱塵埃」，叱聖人之名，而使之與盜賊同列。嘻，得罪於名教亦甚焉。或謂孟子曰舜、跖之徒，舜與跖豈可徒耶？然爲利爲善之别，亦昭然矣。

《寄岑參》云：「沈吟坐秋軒，飯食錯昏晝」，謂懷人之深，至忘昏晝也。《夔府詠懷》云：「奴僕何知禮，恩榮錯與權」，謂小人之譖不可假借也。《至日》云：「何人錯憶窮愁日，愁日愁隨一綫長」，《堂成》云：「何人錯比揚雄宅，懶惰無心作《解嘲》」，《呀鶻》云【七】：「清秋落日已側身，過雁歸鴉錯迴首」，他如「尚錯雄鳴管」，「錯揮鐵如意」及「舉目貪看鳥，回頭錯應人」，「江邊老翁錯料事，眼暗不見風塵清」，雖出一手，而用之工拙亦甚易辯。

《漢書》：「大兒孔文舉，小兒楊德祖。」《最能行》云：「小兒學問止《論語》，大兒結束隨商旅。」《徐卿二子歌》：「大兒九齡色清澈，秋水爲神玉爲骨。小兒五歲氣食牛，滿堂賓客皆回頭。」《劉少府畫山水歌》：「大兒聰明到，能添老樹巔崖裏。小兒心孔開，貌得山僧及童子。」本漢語也。

子厚：「西岑極遠目，豪末皆可了。」杜有「齊魯青未了」。劉禹錫「一方明月可中

【七】呀鶻云　「呀」，《學海》作「詠」。

庭」，老杜有「清池可方舟」。退之有「緑淨不可唾」，老杜「自爲青城客【八】，不唾青城地」，乃知老杜無所不有。

高適《九日》詩云：「縱使登高祇斷腸，不如獨坐空搔首」，老杜有「羞將短髮還吹帽，笑倩傍人爲整冠」，亦反其事也。結句云：「明年此會知誰健，醉把茱萸仔細看」，與劉希夷「今年花落顔色改，明年花開復誰在」之意同。氣長句雅，俱不及杜。戴叔倫《對月》云：「明年此夕遊何處，縱有清光知對誰【九】」，欲脱其胎而不可，蓋才力不逮也。東坡用其意，作《中秋月》詩云：「此生此夜不長好，明月明年何處看」，遂成絶句。

高適詩云：「林稀落日行人少，醉後無心怯路歧」，老杜有「前村山路險，歸醉每無愁」，辭簡意工，孰臻其妙，學造語者宜知之。又如楊衡詩云：「正是憶山時，復送歸山客」，張籍云：「長因送人處，憶得别家時」，盧象《還家》詩云：「小弟更孩幼，歸來不相識」，賀知章云：「兒童相見不相識，笑問客從何處來」，語益换益佳，善脱胎者宜參之。近時嚴坦叔《還家》詩亦有「舊時巷陌渾忘記，卻問新移來住人」，頗得知章之遺意。

老杜得弟信詩云：「浪傳烏鵲喜，深負鶺鴒詩」，《喜觀即到》詩云：「待爾嗔烏鵲，拋書示鶺鴒」，是皆用「鶺鴒」寓兄弟事。其憶之則云：「百戰今誰在，三年望汝歸」，别之則云：「數杯巫峽酒，百丈内江船」，又止於盡憶别之意，未嘗用事也，亦何害其不爲憶弟别弟之詩。其他與子姪之詩亦然。近因舉許渾《示弟》詩有云：「家貧爲客早，路遠得書

【八】自爲青城客　「青」，原作「清」，據《知不足齋》、《四庫》、《學海》改。

【九】縱有清光知對誰　「對」，原作「見」，據《知不足齋》、《四庫》、《學海》改。

稀」，或謂不見示弟之意，不足爲佳，似未嘗讀杜詩也。

好句易得，好聯難得。如「池塘生春草」之類是也。唐人「天勢圍平野，河流入斷山」，「朽關生溼菌，傾屋照斜陽」，「風兼殘雪起，河帶斷冰流」，「興闌嘑鳥換【一〇】，坐久落花多」，「客尋朝磬至，僧背夕陽歸」，「廢巢侵燒色，荒冢入鋤聲」，「石梯迎雨潤，沙井帶潮鹹」，「迸筍侵窗長，驚蟬出樹飛」，下句皆勝於上。老杜固不當以此論其工拙，然亦時有此作。如「地卑荒野大，天遠暮江遲」，「亂雲低薄暮，急雪舞回風」，「深山催短景，喬木易高風」，「岸風翻夕浪，舟雪灑寒燈」，「風箏吹玉柱，露井凍銀牀」，「薄雲巖際宿，孤月浪中翻」，「遠鷗浮水淨，輕燕受風斜」等句，皆不免此病。

「一日君家把酒杯【一一】，六年波浪與塵埃。不知烏石岡邊路【一二】，到老相尋得幾回」，人謂此詩本顧況「一別二十年，人堪幾回別」之句。予讀老杜《別唐十五》詩云：「九載一相逢，百年能幾何。」顧之意或原於此【一三】。張籍有絶句云：「山東二十餘年別，今日相逢在上都。說盡向來無限事，相看磨捋白髭鬚」，句不同而意極長。使後人能於其中易以一字，則不足以爲絶句。賈島亦有「舊國別多日，故人無少年」，與張意同。

韓偓《落花》詩：「縱得苔遮猶慰意，便教泥污更傷心」，弱甚。老杜有「從教醉裏風吹盡，可待醒時雨打稀」，去偓輩遠矣。王建亦有「且願風留著，唯愁日炙銷」，正堪與偓詩上下。

【一〇】興闌嘑鳥換　「換」，原作「喚」，據《知不足齋》、《樂府詩集》卷八十、《文苑英華》卷一百七十九改。

【一一】一日君家把酒杯　「一」，《知不足齋》、《四庫》、《學海》均作「十」。

【一二】不知烏石岡邊路　「岡」，原作「江」，據《知不足齋》、《四庫》、《學海》、《王荊公詩注》卷四十四改。

【一三】顧之意或原於此　「顧」原無，據《知不足齋》、《四庫》、《學海》補。

詩用古人名，前輩謂之「點鬼簿」，蓋惡其爲事所使也。如老杜「但見文翁能化俗，焉知李廣不封侯」，「今日朝廷須汲黯，中原將帥憶廉頗」等作，皆借古以明今，何患乎多？李商隱集中半是古人名，不過因事造對，何益於詩。至有一篇而疊用者，如《茂陵》云：「玉桃偷得憐方朔，金屋妝成貯阿嬌【一四】。誰料蘇卿老歸國，茂陵松柏雨蕭蕭」，此猶有微意。《牡丹》詩云：「錦幃初卷衛夫人【一五】，繡被猶堆越鄂君。石崇蠟燭何曾翦，荀令香爐可待薰」，不切甚矣。

詩人形容新臺之事，不過曰：「新臺有泚，河水瀰瀰。燕婉之求，籧篨不鮮。」形容公子頑之事，不過曰：「牆有茨，不可埽也。中冓之言，不可道也。所可道也，言之醜也。」如是而已。李商隱詠真妃之事，則曰：「平明每幸長生殿，不從金輿唯壽王」，彰君之惡也。聖人答陳司敗知禮之問，恐不爾也。又「未免被他褒女笑，只教天子暫蒙塵」，又，「君王若道能傾國，玉輦何由過馬嵬」，又，「如何四紀爲天子，不及盧家有莫愁」，皆有重色輕天下之心，大抵商隱之詩類如此。如《東阿王》云：「君王不得爲天子，半爲當時賦洛神。」《曼倩詞》云「如何漢殿穿鍼夜，又向窗中覷阿環。」至有「趙后樓中赤鳳來」之句，發乎情，止乎禮義之意安在？

人知許渾七言，不知許五言亦自成一家。知劉長卿五言，不知劉七言亦高。許五言如「樹色隨山迴，河聲入海遙」，「月高花有露，煙合水無風」，「別馬嘶營柳，驚烏散井

【一四】金屋妝成貯阿嬌　「妝」，《知不足齋》、《四庫》、《學海》均作「修」。

【一五】錦幃初卷衛夫人　「幃」，原作「屏」，據《知不足齋》、《四庫》、《學海》改；「卷」，原作「見」，據《知不足齋》、《四庫》、《李義山詩集》卷上改。

桐」，「海風聞鶴遠，潭日見魚深」。全篇如《示弟》云：「自爾出門去，淚痕長滿衣【一六】。家貧爲客早，路遠得書稀。文字誰人識，煙波幾日歸。秋風正搖落，孤雁又南飛。」長卿七言《登餘干古城》云：「孤城上與白雲齊，萬古蕭條楚水西。官舍已空秋草緑，女牆猶在夜烏啼。平沙渺渺來人遠，落日亭亭向客低。沙鳥不知陵谷變，朝來暮去弋陽溪。」其他散句如「漢口夕陽斜渡鳥，洞庭秋水遠連天」，「江上月明胡雁過，淮南木落楚山多【一七】」，「細雨溼衣看不見，閒花落地聽無聲」，措思削辭皆可法。餘則珠聯玉映，尤未易遍述也。

許渾絶句亦佳，但句法與律詩相似，是其所短耳。《學仙》云：「聞有三山不知處，茂陵松柏滿西風」，《緱仙廟》云：「曲終飛去不知處，山下碧桃空自開」，《秋思》云：「高歌一曲掩明鏡，昨日少年今白頭」，皆無衰靡之氣。若《旌儒廟》云：「廟前亦有商山路，不學老翁歌紫芝」，《四皓廟》云：「山酒一巵歌一曲，漢家天子忌功臣」，則雄拔藻麗之中有一段議論在，又與前作不侔矣。其《始皇墓》云：「一種青山秋草裏，路人惟拜漢文陵。」曹鄴亦有「行人上陵過，卻拜扶蘇墓。」扶蘇，非有德於人者，意亦不如許。

「風定花猶落，鳥鳴山更幽」，前輩謂上句置靜意於動中，下句置動意於靜中，是猶作意爲之也。劉長卿「片雲生斷壁，萬壑徧疏鐘」，其體與前同，然初無所覺，咀嚼既久，乃得其意。

【一六】淚痕長滿衣　「長」，《知不足齋》作「常」，《丁卯詩集》卷下作「長」。

【一七】淮南木落楚山多　「楚」，原作「遠」，據《知不足齋》、《四庫》、《學海》改。

《有所思》，古樂府云：「有所思，思昔人，曾、閔二子善養親。和顏色，奉昏晨【一八】，至誠烝。烝通神明。」傳者一失於正，遂致庾肩吾有「拂匣看離扇，開箱見別衣」，吴均有「春風驚我心，秋露傷君髪」，至盧仝則云「當時我醉美人家，美人顏色嬌如花。今日美人棄我去，青樓珠箔天之涯。」豈亦傳習之誤耶！或謂仝此詩自有所寓云。

崔豹《古今注》曰：「杞梁妻者，杞殖妻妹朝日所作也【一九】。殖戰死，妻曰：『上無父，中無夫，下無子，人生之苦至矣。』乃抗聲長哭，杞都城感之而穨，遂投水死。其妹悲姊之貞【二〇】，乃作歌名曰《杞梁妻》焉。」梁，殖之字也。《列女傳》曰：「齊莊公襲莒，殖戰而死。」僧貫休乃云：「秦之無道兮四海枯，築長城兮遮北胡。築人築土一萬里，杞梁貞婦啼嗚嗚。上無父兮中無夫，下無子兮孤復孤。一號城崩塞色苦，再號杞梁骨出土。疲魂飢魄相逐歸，陌上少年毋相非。」味其詞，則杞梁乃秦之築城卒，其妻亦未嘗死也。

吴融「見多鄰犬遥相認，來慣幽禽近不驚」，與雍陶「初歸山犬翻驚主，久別江鷗卻避人」之句同。白樂天「想得家中夜深坐，還應説著遠行人」，語頗直，不如王建「家中見月望我歸，正是道上思家時」，存曲折之意【二一】。劉商《柳》詩「幾回離別折欲盡，一夜春風吹又長」，卻不如樂天《草》詩【二二】：「野火燒不盡，春風吹又生」語簡而思暢。或又謂樂天此聯，不如「春入燒痕青」之句。

吴融《秋樹》詩云：「曉煙散去陰全薄，明月臨來影半空」，姚倫「亂聲千葉下，寒影一

【一八】昏晨　原作「晨昏」，據《知不足齋》、《四庫》、《學海》、《樂府詩集》卷十九乙改。

【一九】妻妹　「妹」，原作「姊」，據《四庫》、《知不足齋》改。

【二〇】其妹悲姊　「妹」「姊」，原作「姊」「妹」，據《四庫》、《知不足齋》改。

【二一】存曲折之意　「存」，《知不足齋》、《四庫》、《學海》作「有」。

【二二】卻不如樂天　「卻」，《知不足齋》無。

巢孤」，或許其有摹寫之工。劉方平有「萬影皆因月，千聲各爲秋」，亦佳，但不題樹。然起句云：「林塘夜汎舟，蟲響荻颼颼」，引帶而下，頓覺精彩。盧綸《山中古木》云：「墜葉鳴荒竹，斜根擁斷蓬。半侵山影裏，長在水聲中」，思致亦不淺。

卷之四

唐人絶句，有意相襲者，有句相襲者。王昌齡《長信宮》云：「玉顔不及寒鴉色，猶帶昭陽日影來」，孟遲《長信宮》亦云：「自恨身輕不如燕，春來還繞御簾飛」，王建《綺岫宮》云：「武帝去來紅袖盡，野花黄蝶領春風」，鮑溶《隋宮》云【一】：「煬帝春遊古城在，壞宮芳草滿人家」，張喬《寄維揚友》云：「月明記得相尋處，城鎖東風十五橋」，杜牧《懷吴中友》云：「惟有别時今不忘，暮煙秋雨過楓橋」，韋應物《訪人》云：「怪來詩思清人骨，門對寒流雪滿山」，王涯《宮詞》云：「共怪滿衣珠翠冷，黄花瓦上有新霜。」又，杜牧《沈下賢》云：「一夕小敷山下路，水如環珮月如襟」，白樂天《暮江吟》云：「可憐九月初三夜，露似真珠月似弓」，劉長卿《送朱放》云：「莫道野人無外事，開田鑿井白雲中」，韓偓《即目》云：「須信閒中有忙事，曉來衝雨覓漁師」，此皆意相襲者。又，杜牧《送隱者》云：「公道世間惟白髮，貴人頭上不曾饒」，高蟾《春詩》云：「人生莫遣頭如雪，縱得春風亦不消【二】」，賀知章《還家》云「兒童相見不相識，笑問客從何處來」，雍陶《過故宅看花》云：「今日主人相引看【三】，誰知曾是客移來」，賈島《渡桑乾》云：「客舍并州二十霜【四】，歸心日夜憶咸陽。無端更渡桑乾水，卻指并州是故鄉【五】」，李商隱《夜雨寄人》

校勘記

【一】鮑溶　「溶」，原作「容」，據《知不足齋》、《四庫》、《學海》改。

【二】縱得春風亦不消　「得」，《學海》作「有」。

【三】今日主人相引看　「引」，原作「别」，據《知不足齋》、《四庫》、《學海》改。

【四】客舍并州二十霜　「二」，《知不足齋》、《四庫》、《學海》作「已」。

【五】卻指并州是故鄉　「指」，《知不足齋》、《四庫》、《學海》作「望」。

云：「君問歸期未有期，巴山夜雨漲秋池。何當共翦西窗燭，卻話巴山夜雨時。」此皆襲其句而意別者。若定優劣，品高下，則亦昭然矣。

七言仄韻，尤難於五言。長孫佐輔有詩云：「獨訪山家歇還涉，茅屋斜連隔松葉。主人聞語未開門，遶籬野菜飛黃蝶」，好事者或繪其圖。柳子厚云：「南州溽暑醉如酒，隱几熟眠開北牖【六】。日午獨覺無餘聲，山童隔竹敲茶臼」，言思爽脱，信不在前詩下。高駢云：「清溪道士人不識，上天下天鶴一隻。洞門深鎖碧窗寒，滴露研朱點《周易》。」駢爲呂用之等所給，至於殺身亡家而不悟【七】，固無足取。然此等辭語，決非塵埃人可道。

唐人五言四句，除柳子厚《釣雪》一詩之外，極少佳者。今偶得四首，謾録於此。《玉階怨》云：「玉階生白露，夜久侵羅韈。卻下水晶簾，玲瓏望秋月。」《拜月》云：「開簾見月時，便即下階拜。細語人不聞，北風吹裙帶。」《蕪城懷古》云：「風吹城上樹，草没城邊路。城裏月明時，精靈自來去。」《秋日》云：「反照入閭巷，憂來與誰語？古道無人行，秋風動禾黍。」前二篇備婉戀之深情，後兩首抱荒寂之餘感。

王昌齡《從軍行》云：「百戰苦風塵，十年履霜露。雖投定遠筆【八】，未坐將軍樹。早知行路難，悔不理章句。」怨其功未報也。岑參云：「早知逢世亂，少小漫讀書。悔不學彎弓，向東射狂胡【九】。」悲其所遇非時也。意雖反而實同。

【六】隱几熟眠　「眠」，原作「睡」，據《知不足齋》、《四庫》、《學海》改。

【七】至於殺身亡家　「至」，原作「致」，據《知不足齋》、《四庫》、《學海》改。

【八】雖投定遠筆　「筆」，原作「策」，據《知不足齋》、《四庫》、《學海》改。

【九】向東　《學海》作「東向」。

岑參詩：「疲馬卧長坂，夕陽下通津。山風吹空林，颯颯如有人。」賈島云：「數里聞寒水，山家少四鄰。怪禽嘯曠野，落日照行人【一〇】。」遠途淒慘之意，畢見於此。

王維《寄崔鄭二山人》云：「鄭生老泉石，崔子老邱樊。賣藥不二價，著書仍萬言。息陰無惡木，飲水必清泉【一一】。余賤不及議，斯人竟誰論。」是時維官必未顯也。《送邱爲》云：「知爾不能薦，羞稱獻納臣」，則可言而不言。綦毋潛之落第，孟浩然之斥還，豈亦維謀之薦之不力也。

詩人發興造語，往往不約而合。如「雨中山果落，燈下草蟲鳴」，王維也。「樹初黃葉日，人欲白頭時」，樂天也。司空曙有云：「雨中黃葉樹，燈下白頭人」，句法王而意參白，然詩家不以爲襲也。

楊衡詩云：「落葉寒擁壁，清霜夜沾石。正是憶山時，復送歸山客【一二】。殷勤一樽酒，曉月當窗白。」語意清脫，略無塵土紛華之氣。及讀其《白紵詞》有云：「躡珠履，步瓊筵，輕身起舞紅燭前。」又，「涼風瀟瀟漏水急，月華汎灩紅蓮溼，牽裾攬帶翻成泣。」又，「金壺半傾芳夜促【一三】，梁塵霏霏暗紅燭。」全類李長吉。謂與前詩同出一喙，吾不信也。其《看花》小句亦佳，詩云：「都無看花意，偶到樹邊來。可憐枝上色，一一爲愁開。」

蘇涣有變律詩二首，其一云：「養蠶爲素絲，葉盡蠶不老。傾筐對空林，此意向誰道。一女不得織，萬夫受其寒。一夫不得意，四海行路難。」言語如此，則涣亦非尋常之

【一〇】落日照行人　「照」，《知不足齋》、《四庫》、《學海》作「恐」。

【一一】飲水必清泉　「泉」，《知不足齋》、《四庫》、《學海》、《王右丞集箋注》作「源」。

【一二】復送歸山客　「送」，原作「近」，據《知不足齋》、《四庫》、《學海》改。

【一三】金壺半傾芳夜促　「芳」，原作「方」，據《知不足齋》、《四庫》、《學海》改。

盜也。

高適詩：「二月猶北風，天陰雪冥冥。寥落一室中，悵然慚百齡。苦愁正如此，門柳復青青。」皇甫冉云：「岸有經霜草，林有故年枝。俱應待春色，獨使客心悲。」不如適氣長而有生意。淵明《歸去詞》云：「木欣欣以向榮，泉涓涓而始流。善萬物之得時，感吾生之行休。」冉述之也【一四】。

老杜《入六弟宅》詩云：「令弟雄軍佐【一五】，凡才污省郎。」李嘉祐云：「故鄉那可到，令弟獨能歸。」初謂唐人自有此稱，及讀謝靈運《酬惠連》詩云：「末路值令弟，開顏披心胸」，乃知不始唐人也。

老杜《螢火》詩：「幸因腐草出，敢近太陽飛。未足臨書卷，時能點客衣。隨風隔幔小，帶雨傍林微。十月清霜重，飄零何處歸。」韓退之云：「朝蠅不須驅，暮蟁不可拍。蠅蟁滿八區，可盡與相格。得時能幾時，與汝恣唼咋。涼風九月到，埽不見蹤跡。」疾惡之意一也。然杜微婉而韓急迫【一六】，豈亦目擊伾文輩專恣而惡之耶？

退之《南山》詩云：「延延離又屬，夬夬叛還遘。喁喁魚闖萍，落落月經宿。誾誾樹牆垣，巘巘架庫廐。參參削劍戟，焕焕銜瑩琇。敷敷花披萼，闟闟屋摧霤。悠悠舒而安，兀兀狂以狃。超超出猶奔，蠢蠢駭不懋。」連十四句皆用雙字起，蓋亦古詩「青青河畔草，鬱鬱園中柳」之意。

【一四】冉述之也　「冉」，原作「再」，據《知不足齋》、《四庫》改。

【一五】令弟雄軍佐　「佐」，原作「壯」，據《知不足齋》、《四庫》、《學海》改。

【一六】杜微婉而韓急迫　「婉」，原作「緩」，據《知不足齋》、《四庫》、《學海》改。

退之《序孟東野》詩云：東野之詩，「其高出魏、晉，不懈而及於古，其他浸淫乎漢氏矣。」又薦之以詩云：「有窮者孟郊，受材實雄鷙。冥觀洞古今，象外逐幽好。橫空盤硬語，妥帖力排奡。敷柔肆紆餘，奮猛卷海潦。榮華肖天秀，捷疾逾響報。」東坡《讀東野詩》乃云：「孤芳擢荒穢，苦語餘《詩》《騷》。水清石鑿鑿，湍急不受篙。初如食小魚，所得不償勞。又如煮彭越，竟日嚼空螯。要當鬭僧清，未足當韓豪。人生如朝露，日夜火消膏。何苦將兩耳，聽此寒蟲號。」退之進之如此，而東坡貶之若是，豈所見有不同耶？然東坡前四句，亦可謂巧於形似。

東野《長安道》詩云：「胡風激秦樹，賤子風中泣。家家朱門開，得見不可入。長安十二衢，投樹鳥亦急。高閣何人家，笙簧正喧吸。」氣促而辭苦，亦可憐也。退之有贈孟之詩云：「長安交遊者，貧富各有徒。親朋相過時，亦各有以娱。陋室有文史，高門有笙竽。何能辨榮悴，且欲分賢愚。」亦廣其意而使之安其貧也。

退之誌虢州司户韓岌墓，止稱其父祖之能。太學博士李于墓，惟辨其服藥之誤。若殿中少監馬繼祖墓，則哀其四十年閒哭三世耳。子厚亦然。祕書姜蕚墓，謂其生三日即授六品官【一七】，及嗜音畜妓。襄陽丞趙公矜墓，亦獨記其子求銘之事。又温縣主簿韓慎之墓【一八】，不過曰「生也以其弟之恭，知君之爲友；没也，以其弟之戚，知君之爲愛。」古人誌實不少假，今則不然，真諛墓也。

【一七】即授六品官　「授」，原作「受」，據《知不足齋》、《四庫》、《學海》改。

【一八】韓慎之墓　「慎」，原作「恒」，據《知不足齋》、《四庫》、《學海》改；「之」，《知不足齋》無。

退之銘墓，其辭約；　子厚銘墓，其辭豐，各炫其長也。子厚獨銘覃季子墓云：「困其獨，豐其辱」，兩句而已。

子厚《與李睦州論服氣書》末云：「願椎肥牛，擊大豕，刲羣羊，以爲兄饌。窮隴西之麥，殫江南之稻，以爲兄壽。鹽東海之水以爲鹹，醯敖倉之粟以爲酸，極五味之適，致五臟之安，心恬而志逸，貌美而身胖。」退之，李博士服丹致斃，志其墓云：「五穀三牲，鹽醯果蔬，人所常御。今惑者皆曰五穀令人夭，當務減節。鹽醯以濟百味，豚魚雞三者古以養老，反曰是皆殺人，不可食。不信常道，臨死乃悔。」子厚戒之於其生，退之誌之於其死，服丹與氣，誠不若飲食之常也。古詩云：「服藥求神仙，多爲藥所誤。不如飲美酒，被服紈與素。」此二文之本。

退之《紀夢》云：「我能屈曲自世間，安能從汝巢神山」，《遊青龍》云：「忽驚顔色變韶穉【一九】，卻信靈仙非怪誕」，又《謝自然》云：「簷楹氣明滅，五色光屬聯。須臾自輕舉，飄若風中煙」，信且見矣。《華山女》云：「豪家少年豈知道，來繞百帀脚不停。雲窗霧閣事恍惚，重重翠幔深金屏。仙梯難攀俗緣重，浪憑青鳥通丁寧」，又《誰氏子》云：「或云欲學吹鳳笙，所慕靈妃媲蕭史」，非不信且見，故從而斥之也。

聯句，或二人三人，隨其數之多寡不拘也。其法則不同：有跨句者，謂連作第二第三句，《城南》等作是也；　有一人一聯者，《會合》《遺興》等作是也；　有一人四句者，《有

【一九】變韶穉　「穉」，原作「雅」，據《四庫》、《學海》改。

所思》等作是也。《遺興聯句》，東野云：「我心隨月光，寫君庭中央」，退之云：「月光有時晦，我心安所忘【二〇】」，辭貫意串，如同一喙。不然，則真四公子棋耳。

東野詩云：「靜木有恬翼，潛波無躁鱗。乃知喧競場，莫處君子身。」蓋謂君子之立身，不容不擇其所。《寓言》云：「誰謂碧山曲，不廢青松直。誰謂濁水污，不污明月色。」是又欲和光而同塵也。下句本太白「獨漉水中泥，水濁不見月」，第反其意耳【二一】。

王荆公謂老杜「暝色赴春愁」，下得「赴」字大好，若下「見」字、「起」字，即小兒言語。予觀唐詩，知此句乃皇甫冉詩，荆公誤記也。其詩云：「暝色赴春愁，歸人南渡頭。渚煙空翠合，湖月碎光流」云云。王昌齡亦有「寒鳥赴荒園」之句，似不逮前。雖句中不可無好字，亦看人用之如何耳。岑參有句云：「愁雨懸空山」，「懸」字不易及。裴説用之云：「嶽面懸青雨」，點化既工，尤勝於岑。李嶠有「星月懸秋漢」，唐僧有「雪溜懸南嶽」，又「懸燈雪屋明」，皆於「懸」字上見工。

老杜《泉》詩有云：「明涵客衣淨，細蕩林影趣」，「涵」、「蕩」二字，曲盡形容之妙。嚴維《詠泉》亦云：「獨映孤松色，殊分衆鳥喧」，頗得老杜活法。又張鼎《詠僧舍小池》云：「冷光摇砌錫，疏影露枝猿」，人皆知其「摇」、「露」二字有功，殊不知其用心實在「砌」字、「枝」字之上，熟參者始知之【二二】。唐人又有「映地爲天色，飛空作雨聲」，「窺魚光照鶴，洗鉢影摇僧」，皆詠泉之作也。

【二〇】我心安所忘　「忘」，原作「望」，據《知不足齋》、《四庫》、《學海》、《孟東野詩集》卷十改。

【二一】第反其意　「第」原闕，據《知不足齋》、《四庫》、《學海》補。

【二二】始知之　「之」原闕，據《知不足齋》、《四庫》、《學海》補。

前輩云，詩家病使事太多，蓋皆取其與題合者類之，如此乃是編事，雖工何益。李商隱《人日》詩云：「文王喻復今朝是，子晉吹笙此日同。舜格有苗旬太遠，周稱流火月難窮。縷金作勝傳荆俗，翦彩爲人起晉風。獨想道衡詩思苦，離家恨得二年中」，正如前語。若《隋宮》詩云：「玉璽不緣歸日角，錦帆應是到天涯」，又《籌筆驛》云：「管、樂有才真不忝，關、張無命欲何如」，則融化斡旋如自己出，精粗頓異也。

商隱又有題新創河亭詩云：「河蛟縱翫難爲室，海蜃遥驚恥化樓」，不過「蛟室蜃樓」耳，而點化如此。世稱王禹玉「鳳輦鼇山」之句本斯意也。

「虹收青嶂雨，鳥没夕陽天」，「月澄新漲水，星見欲銷雲」，「池光不受月，野氣欲沈山」，「城窄山將壓，江寬地共浮」，「秋應爲紅葉，雨不厭蒼苔」，皆商隱詩也，何以事爲哉。又《落花》云：「落時猶自舞，埽後更聞香」，《梅花》云：「素娥惟與月，青女不饒霜」，尤妙。若「江海三年客，乾坤百戰場」，則絶類老杜。

李商隱《賈誼》詩云：「可憐夜半虚前席，不問蒼生問鬼神。」韓偓云：「如今冷笑東方朔，惟用詼諧侍漢皇。」又，「長卿祇爲《長門賦》，未識君臣際會難。」皆反其事而言之。是時韓在翰林，故出此語，視李爲工【一三】。

韓偓在唐末粗有可取者，如「沙頭有廟青林合，驛步無人白鳥飛」，「細水浮花歸别浦，斷雲含雨入孤村」，「白髭兄弟中年後，瘴海程途萬里長。」五言如「鳥嚦深不見，人語

【一三】視李爲工　「工」，《知不足齋》、《四庫》、《學海》作「切」。

靜先聞」，雖神氣短緩，亦微有深致。其《秋夜憶家》絶句云：「垂老何時見兄弟，背燈悲泣到天明。不知短髮能多少，一滴秋霖白一莖」，悽楚可悲，亦善於辭者。若「挾彈少年多害物，勸君莫近五陵飛」，又「蕭艾轉肥蘭蕙瘦，可能天亦妒馨香【二四】」，是直訕耳，詩人比興埽地矣。

【二四】可能天亦妒馨香　「能」，原作「憐」，據《知不足齋》、《四庫》、《學海》、《韓内翰别集》改。

卷之五

阮嗣宗《詠懷》云：「開軒臨四野，登高望所思。邱墓蔽山岡，萬代同一時。千秋萬歲後，榮名安所之！」可謂混貴賤之殊，盡死生之變。老杜云：「王侯與螻蟻，同盡隨邱墟」，則簡而妙矣。又劉越石《答盧諶》云：「何以贈子，竭心公朝。」老杜《送嚴武》云：「公若登台輔，臨危莫愛身。」鮑照《東武吟》云：「將軍既下世，部曲亦罕存。」老杜《哭嚴僕射》云：「素幔隨流水，歸舟返舊京。老親如夙昔，部曲異平生。」善用古者自不同。若「丈人試靜聽，賤子請具陳」，則又用鮑明遠「主人且勿諠，賤子歌一言」之句。又，「身輕一鳥過」，亦用張景陽詩。張詩云：「人生瀛海内，忽如鳥過目。」

左太沖《詠史》云：「吾希段干木，偃息藩魏君。吾慕魯仲連，談笑卻秦軍。」皮日休《七愛》云：「吾愛房與杜，貧賤共聯步」；又云：「吾愛李太尉，崛起定中原」，倣前詩也。

羅隱《隴頭水》云：「借問隴頭水，年年恨何事？全疑嗚咽聲，中有征人淚。」于濆云：「借問隴頭水，終年恨何事？深疑嗚咽聲，中有征人淚。」所賦同，造語同，未有議其非者，今人則豈無剽竊之疑。又如皇甫冉詩云：「巫峽見巴東，迢迢出半空。雲藏神女館，雨到楚王宮。朝暮泉聲落，寒暄樹色同。清猿不可聽，偏在九霄中。」李端云：「巫山十二峯，皆在碧虛中。回合雲藏日，霏微雨帶風。猿聲寒過水，樹色暮連空。愁向高唐望，清秋見楚宮。」句意亦同。

宋玉《高唐賦》云：「昔楚襄王與玉遊於雲夢之臺，望高唐之觀，其上獨有雲氣。王曰：『此何氣也？』玉對曰：『昔先王嘗夢見一婦人曰：妾巫山之女也，聞君游高唐，願薦枕席。』王因幸之。」又《神女賦》云：「襄王使玉賦高唐之事，其夜王寢，夢與神女遇。」詳其所賦，則神女初幸於懷，再幸於襄，其誣蔑亦甚矣。流傳未泯，凡此山之片雲滴雨，皆受可疑之謗，神果有知，則亦必抱長憤於沈冥恍惚之閒也。于濆有詩云：「何山無朝雲，彼雲亦悠揚。何山無暮雨，彼雨亦蒼茫。宋玉恃才者，憑虛構高唐。自重文賦名，荒淫歸楚襄。峨峨十二峯，永作妖鬼鄉。」或可以泄此憤之萬一也。

常建《弔王將軍墓》云：「嫖姚北伐時，深入强千里。戰餘落日黃，軍敗鼓聲死。嘗聞漢飛將，可達單于壘。今與山鬼鄰，殘兵哭遼水。」哀之至矣，第二聯尤妙。祖詠有《夕次圃田店》詩，亦與前格相類，詩云：「前路入鄭郊，向經百餘里。馬煩時欲歇，客歸程未已。落日桑柘陰，遥村煙火起。西還不遑宿，中夜渡京水。」秀整而韻不緩，且曲盡行旅之意。詠又有「風簾摇燭影，秋雨帶蟲聲」；又「遠樹低蒼壘，孤山出草城」，亦錢郎之亞也。

「既老又不全，始得離邊城。一枝假枯木，步步向南行。去時日一百，來時一月程。常恐道路旁，掩棄孤兔塋。所願死鄉里，到日不願生。聞此哀怨詞，念念不忍聽。惜無異人術，倏忽具爾形。」右趙微明《回軍跛者》之詩，只讀起句，不必看題目，亦必知爲此詩矣。所謂「去時日一百，來時一月程」，則前日行軍之速，今日被疾而歸，曲見於此。又「所願死鄉里，到日不願生」，百世之下，誦之又慘然【一】，其時可知也。結句用事尤著題，且有不盡之哀。盧綸《逢病軍人》詩云：「行多有病住無糧，萬里還鄉未到鄉。蓬鬢哀吟古城下，不堪秋氣入金瘡。」驅駕雖未及前，而悽苦之意殆無以過，起句亦盡。

劉滄《咸陽》云：「渭水故都秦二世，咸陽秋草漢諸陵。」唐彦謙《蒲津河亭》云：「煙橫博望乘槎水，日上文王避雨陵」，論句法則劉不及唐，然叙懷感之意，得諷興之體，則劉詩勝。若崔曙《登望仙臺》云：「三晉雲山皆北向，二陵風雨自東來」，思優柔而語益健矣。劉滄下聯云：「天空絶塞聞邊雁，葉盡孤村見夜燈。」視許渾「高樹有風聞夜磬，遠山無月見秋燈」，尤爲工妥。王荆公「已無船舫猶聞笛【二】，遠有樓臺祇見燈」之句，必自此聯出也。

劉灣《雲南行》云：「妻行求死夫，父行求死子」，且喪亂之世，妻倚夫而苟生，父恃子而送死者，今皆先其身而夭，則鰥寡孤獨失其所矣。但辭傷於直。潘安仁《關中》詩云：「肝腦塗地，白骨交衢。夫行妻寡，父出子孤」，亦欠包涵之工。

潘安仁《悼亡》云：「望廬思其人，入室想所歷」，悲有餘而意無盡。江文通擬之云：「明月入綺窗，髣髴想蕙質」，工於述者也。白樂天用之云：「手攜稚子夜歸院，月冷空房

【一】又慘然　「又」，《知不足齋》作「猶」。

【二】猶聞笛　「猶」，原作「尤」，據《知不足齋》、《四庫》、《學海》改。

不見人。」又任彦昇《哭人》云：「寧知安歌日【三】，非君撤瑟晨【四】」，樂天亦用之云：「當君白首同歸日，是我青山獨往時。」

白樂天《楊柳枝》云：「陶令門前四五樹，亞夫營裏百千條。何似東都正二月，黄金枝映洛陽橋。」劉禹錫云：「金谷園中鶯亂啼，銅駝陌上好風吹。城東桃李須臾盡，爭似垂楊無限時。」張祜云：「凝碧池邊斂翠眉，景陽樓上綰青絲。那勝妃子朝元閣，玉手和煙弄一枝。」薛能云：「和風煙樹九重城，夾路春陰十萬營。惟向邊頭不堪望，一株憔悴少人行。」三詩皆倣白，獨薛能一首變爲悽楚耳。李商隱亦有二絶，立意頗新。其辭云：「暫憑樽酒送無聊，莫損愁眉與細腰。人世死前惟有别，春風爭擬惜長條」，「含煙惹霧每依依，萬緒千條拂落暉。爲報行人休盡折，半留相送半迎歸。」

商隱别有《柳枝詞》，味其序，柳枝乃商隱從昆讓山鄰家之女，因悦商隱《燕臺詩》，遂通其約，且以後三日爲期。會友人盗商隱卧裝先去，不果留，嗣後竟爲他人所有。詩中所謂「嘉瓜引蔓長，碧玉冰寒漿。東陵雖五色，不忍值牙香」，非不忍也，不果也。若「玉作彈棋局，中心亦不平」，又「如何湖上望，只是見鴛鴦」，亦惜其不終遇之意。

商隱詩：「鬬雞回玉勒，融麝暖金釭。瑇瑁明珠閣，琉璃冰酒缸【五】。」七言云：「不收金彈拋林外，卻惜銀牀在井頭。綵樹轉燈珠錯落，繡檀迴枕玉雕鎪【六】。」金玉綵繡，排比成句，乃知號「至寶丹」者，不獨王禹玉也。

【三】安歌日　「安」，《學海》作「按」。

【四】非君撤瑟晨　「晨」，《知不足齋》作「辰」。

【五】冰酒　《學海》作「碧玉」。

【六】繡檀迴枕　「迴」，原作「爲」，據《知不足齋》、《四庫》、《學海》改。

劉長卿有《湘中紀行》十詩，《花石潭》有云：「水色淡如空，山光復相映」，《浮石瀨》云：「秋色照瀟湘，月明聞盪槳」，《横龍渡》云：「亂聲沙上石，倒影雲中樹」，皆勝語也。他如「天光映波動，月影隨江流」，又「入夜翠微裏【七】，千峯明一燈」，又「潮氣和楚雲【八】，夕陽映江樹」，又「捲簾高樓上，萬里看日落」，辭妙氣逸，如生馬駒不爲繮絡所縶，讀之使人飄飄然有憑虚御風之意【九】。

劉長卿《王昭君歌》云：「自矜嬌豔色，不顧丹青人。那知粉繪能相負，卻使容華翻誤身。上馬辭君嫁驕虜，玉顔對君啼不語。北風雁急浮雲秋，萬里獨見黄河流【一〇】。纖腰不復漢宫寵，雙娥長向胡天愁【一一】。琵琶絃中苦調多，蕭蕭羌笛聲相和。誰憐一曲傳樂府，能使千秋傷綺羅。」《銅雀臺》尾句云：「春風不逐君王去，草色年年舊宫路。宫中歌舞已浮雲，空指行人來往處。」皆反覆包蓄，得古風體。他如「朔風蕭蕭動枯草，旌旗獵獵榆關道。漢月何曾照客愁，胡笳只解催人老。」又，「横笛能留孤客愁，緑波澹澹如不流。商聲寥亮羽聲苦，江天寂歷江楓秋。」如此等作，尤不可以五言掩其美。

鄭谷《鷓鴣》詩云：「雨昏青草湖邊過，花落黄陵廟裏啼」，不用鉤輈格磔等字，而鷓鴣之意自見，善詠物者也。人惟傳其《海棠》一聯耳。又有句云【一二】：「潮來無別浦，木落見他山。」李洞有「棲高驚雨闊，木落覺城空」，非不佳，但「驚」「覺」兩字失於有意，不若谷詩之自在。然谷他作多卑弱無氣。

【七】入夜翠微裏　「入夜」，原作「夜入」，據《知不足齋》、《四庫》、《學海》、《劉隨州集》卷四乙改。

【八】潮氣和楚雲　「潮」，原作「朝」，據《知不足齋》、《四庫》、《學海》、《劉隨州集》卷六改。

【九】飄飄然有　原作「有飄飄然」，據《知不足齋》、《四庫》、《學海》改。

【一〇】黄河流　「河」，原作「沙」，據《知不足齋》、《四庫》、《學海》、《劉隨州集》卷十改。

【一一】胡天愁　「天」，原作「人」，據《知不足齋》、《四庫》、《學海》、《劉隨州集》卷十改。

【一二】又有句云　「句」原無，據《知不足齋》、《四庫》、《學海》增。

張祜《公子》詩云：「紅粉美人擎酒勸，錦衣年少臂鷹隨」，公子之富貴可知也。顧況云：「雙鐙懸金縷鶻飛，長衫刺雪生犀束」，不過形容其車馬衣服之盛耳。然末句云：「入門不肯自昇堂，美人扶踏金階月」，氣象不侔矣。雍陶云：「金鞭留當誰家酒，拂柳穿花信馬歸」，公子豈空囊而出耶？若改「留」字爲「戲」字，猶可也。

唐人詠太和公主還宫詩極多，惟李頻一聯最佳，辭云：「禁花半老曾攀樹，宫女多非舊識人。」其他五言如「河聲入峽急，地勢出關低」，「秋盡蟲聲急，夜深山雨重」，可與十才子並驅。

李贊皇《桂花曲》云：「仙女侍，董雙成，桂殿夜涼吹玉笙。曲終卻從仙官去，萬户千門空月明。」錢起云：「曲終人不見，江上數峯青。」雖詞約而深，不出前意也。贊皇詩，人少知之，而錢以此名世，亦可見幸不幸耳。

「馬上相逢久，人中欲認難」，「問姓驚初見，稱名憶舊容」，「乍見翻疑夢，相悲各問年」，皆唐人會故人之詩也。久别倏逢之意，宛然在目，想而味之，情融神會，殆如直述。前輩謂唐人行旅聚散之作，最能感動人意，信非虚語。戴叔倫亦有「歲月不可問，山川何處來」，意稍露而氣益暢，無愧於前也。

詩用生字，自是一病，苟欲用之，要使一句之意盡於此字上見工，方爲穩帖。如唐人「走月逆行雲」，「芙蓉抱香死」，「笠卸晚峯陰」，「秋雨慢琴絃」，「松涼夏健人」，「逆」字、

「抱」字、「卸」字、「慢」字、「健」字，皆生字也，自下得不覺。

戎昱詩云：「遠客歸去來，在家貧亦好」，樂天云：「始知爲客苦，不及在家貧」，唐僧善生云：「縱然爲客樂，爭似在家貧」，皆本古詩「客行雖云樂，不如早旋歸」。太白亦有「錦城雖云樂，不如早還家」。

唐僧澹交《寫真》詩云：「圖形期自見，自見卻傷神。已是夢中夢，更逢身外身。水花凝幻質，墨彩聚空塵。堪笑予兼爾，俱爲未了人。」或稱其了死生、齊物我。予謂此詩謂之不著題，不可也。若論見識，則譬猶盲者之捕蟬耳，求其聲尚不可得，況其形乎？清尚《哭僧》詩云：「水流元在海【一三】，月落不離天」，斯可以言悟。

張喬多有好絶句，《河湟舊卒》云：「少年隨將討河湟，白首清時返故鄉。十萬漢軍零落盡，獨吹邊曲向殘陽。」《漁父》云：「首戴圓荷髮不梳【一四】，葉舟爲宅水爲居。沙頭聚看人如市，釣得澄江一尺魚。」不獨「城鎖東風十五橋」之句也。又，「兄弟江南身塞北，雁飛猶自半年餘【一五】。夜來因得還鄉夢，起讀前秋轉海書」，亦籍、牧之亞。

「情新因意勝，意勝逐情新」，上官儀詩也。王駕有「雨前初見花間蕊，雨後全無葉底花」，脱胎工矣。人以爲此格自駕始，非也。或又謂爲荆公所作，亦非也。

「鴿墜霜毛落定僧」，「寒螿發定衣」，「坐石鳥疑死」，又「螢入定僧衣」，非衲子親歷此境，不能道也。若「萬里八九月，一身西北風」，「七千里外一家住，十二峯前獨自行」，

【一三】水流元在海　「流」，原作「荒」，據《知不足齋》改。

【一四】首戴圓荷　「圓」，原作「員」，據《知不足齋》改。

【一五】雁飛猶自半年餘　「自」，原作「是」，據《知不足齋》、《四庫》改。

行脚之作也。上聯則沈佺期「五湖三畝宅，萬里一歸人」，下聯則柳子厚「一十年前南渡客，四千里外北歸人。」

「楓根支酒甕，鶴蝨落琴牀」，貫休詩也。「鶴蝨」兩字，未有人用。又，「童子念經深竹裏，獼猴拾蝨夕陽中」，亦生。

唐僧詩，除皎然、靈徹三兩輩外，餘者率皆衰敗不可救，蓋氣宇不宏而見聞不廣也。今擇其稍勝者數聯於後。清塞云：「叢桑山店迥，孤燭海船深」，「寒扉關雨氣，風葉隱鐘音」，「飢鼠緣危壁，寒狸出壞墳。」齊己云：「只有照壁月，更無吹葉風。」聽泉。「湘水瀉秋碧，古風吹太清。」聽琴。貫休云：「好山行恐盡，流水語相隨」，「壑風吹磬斷，杉露滴花開」。子蘭云：「疏鐘搖雨脚，積水浸雲容。」懷浦云：「月没栖禽動，霜晴凍葉飛。」亦足以見其清苦之致。

⊙吴自牧撰

夢粱録

黄純豔　整理

點校説明

《夢粱録》二十卷，南宋吴自牧撰。吴自牧在該書序言中自署「甲戌歲中秋日，錢塘吴自牧書」。知其爲錢塘人，生平不詳。該書多次引《咸淳臨安志》，可知成書在咸淳四年（一二六八）之後，若所言甲戌歲在宋，則爲咸淳十年，但四庫館臣認爲既在宋，則序言不當有「時異世殊」、「緬懷往事，殆猶夢也」等語，疑甲戌爲傳寫之誤。錢大昕疑甲戌歲爲元順帝元統二年，吴自牧乃入元之宋朝遺民，則其人其時已九十高齡，亦似不確。李裕民在《四庫提要訂誤》中根據該書所載宋代歷科狀元最晚爲咸淳七年狀元張鎮孫，而不載咸淳十年九月二十六日狀元王龍澤，且該書出現咸淳十年七月九日宋度宗廟號，推測吴自牧所言「甲戌中秋日」應爲咸淳十年中秋，頗合理。

該書仿《東京夢華録》、《武林舊事》，記載了南宋臨安（杭州）節令風俗、市井交易、娱樂消費、宫觀祠宇、坊巷橋道，以及官僚機構、朝會活動、官私祭祀、教育科舉、人物事蹟等内容，對研究宋代城市史、經濟史、社會史，乃至政治史等皆有參考價值。

本次整理，以《知不足齋》本爲底本，校以《學津討原》、《學海類編》、文淵閣《四庫全書》本、《咸淳臨安志》及相關文集。該書有上海古典文學出版社一九五六年據《知不足齋叢書》本校點排印本，浙江人民出版社一九八四年再據同一版本校點排印。本次整理對兩書多有參考。

序

昔人卧一炊頃，而平生事業歷皆徧，及覺則依然故吾，始知其爲夢也，因謂之「黄粱夢」。矧時異事殊，城池苑囿之富，風俗人物之盛，焉保其常如疇昔哉！緬懷往事，殆猶夢也，名曰《夢粱録》云。脱有遺闕，識者幸改正之，毋哂。甲戌歲中秋日，錢塘吴自牧書。

目録

校勘記

卷一

正月

正月朔日，謂之元旦，俗呼爲新年。一歲節序，此爲之首。官放公私僦屋錢三日，士夫皆交相賀，細民男女亦皆鮮衣往來拜節。街坊以食物、動使、冠梳、領抹、緞匹、花朵、玩具等物沿門歌叫關撲。不論貧富，遊玩琳宫梵宇，竟日不絶。家家飲宴，笑語諠譁，此杭城風俗，疇昔侈靡之習，至今不改也。

元旦大朝會

元旦侵晨，禁中景陽鐘罷，主上精虔炷天香，爲蒼生祈百穀于上穹。宰執百僚待班于宫門之次，猶見踈星遶建章。但禁門未啓，而蝦蟆梆鼓並作，攢點即放魚鑰，閶闔門下方啓龍闈。執梃人傳呼，頭帽號紛然，衛士雜廷紳報到。闈開，「百僚聯轡入宫城，簇擁皆從殿廡行」。遇大朝會，駕坐大慶殿，有介胄長大武士四人立於殿陛之角，謂之「鎮殿將軍」。殿西廡皆列法駕、鹵簿、儀仗，龍墀立青涼繖十把，效太宗朝立諸國王班次，如錢武肅、孟蜀王等也。百官皆冠冕朝服，諸州進奏吏各執方物之貢。諸外國正副賀正使隨班入賀。百僚執政俱於殿廊待班，而閤門催班吏高唤云「那行！」吏進序班立畢【一】，内侍當殿厲聲問【二】「班齊未？」禁衛人員隨班奏「班齊！」千官聳列朝儀整，「龍章已見轉御屏。日表纔瞻臨玉座，連聲清蹕震班庭」。上御正衙，有緑衣吏執儀劍突趨殿前，聲辞厲不可曉，乃大璫走辨耳。宰執百僚聽召宣【三】，領班蹈舞，皆稱壽再拜，聲傳折檻邊。禁衛人高聲嵩呼，聲甚震，名爲「繞殿雷」。樞密臣候稱壽畢，登殿，立折檻側。百僚俱鞠躬聽制。宣制曰「履兹新慶，與卿等同」。朝賀畢，就殿賜燕宰執百僚。外國正副使人次日就館賜宴，使副及三節人俱與焉。翼日，至明慶、靈隱等寺燒香。次至玉津御園射弓。朝家選能射武臣伴射，就園賜宴。先列招箭班士十餘人于垜子前，使人多用弩子射，其班士裹無脚小帽子、錦襖子，踏開弩子【四】，舞旋搭箭，過與使人，彼窺得端正，止令使人發牙。例朝廷差來伴射武臣，用弓箭中的，則得捷，上賜鬧裝銀鞍馬匹、衣帛、金銀器物有差。迎迓還舍，觀者紛然。如朝使入朝辭，賜宴餞行，仍賜馬匹、銀帛禮物甚盛。三節人依例給賜而去。

【一】吏進序班立畢　「進」《學津討原》、《學海類編》本作「追」。

【二】内侍當殿厲聲問　「侍」原作「待」，據《四庫全書》本改。

【三】聽召宣　「召」《學津討原》、《學海類編》、《四庫全書》本均作「名」。

【四】踏開弩子　「踏」原作「路」，據《學津討原》本改。

立春

臨安府進春牛于禁庭。立春前一日，以鎮鼓鑼吹妓樂迎春牛，往府衙前迎春館内。至日侵晨，郡守率僚佐以綵仗鞭春，如方州儀。太史局例于禁中殿陛下奏律管吹灰，應陽春之象。街市以花裝欄坐乘小春牛，及春幡、春勝各相獻遺于貴家宅舍，示豐稔之兆。宰臣以下皆賜金銀幡勝，懸于幞頭上，入朝稱賀。

元宵

正月十五日元夕節，乃上元天官賜福之辰。昨汴京大内前縛山棚，對宣德樓，悉以綵結，山呇上皆畫羣仙故事，左右以五色綵結文殊、普賢跨獅子、白象，各手指内五道出水。其水用轆轤絞上燈棚高尖處，以木櫃盛貯，逐時放下，如瀑布狀。又以草縛成龍，用青幕遮草上，密置燈燭萬盞，望之蜿蜒如雙龍飛走之狀。上御宣德樓觀燈。有牌曰「宣和與民同樂」，萬姓觀瞻，皆稱萬歲。今杭城元宵之際，州府設上元醮，諸獄修淨獄道場，官放公私僦屋錢三日，以寬民力。舞隊自去歲冬至日便呈行放。遇夜，官府支散錢酒犒之。元夕之時，自十四爲始，對支所犒錢酒。十五夜，帥臣出街彈壓，遇舞隊照例特犒。街坊買賣之人並行支錢散給。此歲歲州府科額支行，庶幾體朝廷與民同樂之意。姑以舞隊言之，如清音、遏雲、掉刀、鮑老、胡女、劉衮、喬三教、喬迎酒、喬親事、焦鎚架兒、仕女、杵歌、諸國朝、竹馬兒、村田樂、神鬼、十齋郎，各社不下數十。更有喬宅眷、浮龍船、踢燈、鮑老、駝象社，官巷口、蘇家巷二十四家傀儡，衣裝鮮麗，細旦戴花朵肩，珠翠冠兒，腰肢纖裊，宛若婦人。府第中有家樂兒童，亦各動笙簧琴瑟，清音嘹喨，最可人聽。攔街嬉耍，竟夕不眠。更兼家家燈火，處處管絃。如清河坊蔣檢閱家，奇茶異湯隨索隨應，點月色大泡燈，光輝滿屋，過者莫不駐足而觀。及新開門裡牛羊司前有内侍蔣苑使家，雖曰小小宅院，然裝點亭臺，懸挂玉栅，異巧華燈，珠簾低下，笙歌並作，遊人玩賞，不忍捨去。諸酒庫亦點燈毬，喧天鼓吹，設法大賣【五】，妓女羣坐喧嘩，勾引風流子弟買笑追歡。諸營班院于法不得與夜遊，各以竹竿出燈毬于半空，遠覩若飛星。又有深坊小巷，繡額珠簾，巧製新裝，競誇華麗。公子王孫、五陵年少更以紗籠喝道，將帶佳人美女，遍地遊賞。人都道玉漏頻催，金雞屢唱，與猶未已。甚至飲酒醺醺，倩人扶著，墮翠遺簪，難以枚舉。至十六夜收燈，舞隊方散。

車駕詣景靈宫孟饗

十六夜收燈畢，十七早五更二點禁中催班，從駕官僚入殿起居訖，出殿門外，俱立馬于學士院，恭候駕興【六】。而殿東折檻下快行家皆執金蓮燭炬以俟登輦。駕出和寧門，

【五】設法大賣　「賣」原作「賞」，據《四庫全書》本改。

【六】恭候駕興　「候」原作「俟」，據《學津討原》、《學海類編》、《四庫全書》本改。

詣景靈宫行春孟朝饗禮，前後兩行絳燭燈籠導引駕行。向有寶謨學士趙師䍐詩：「風傳御道蹕聲清，兩道紗籠列火城。雲護帝尊天未曉，衆星環拱極星明。」駕近景靈宫前，撤去黄蓋，方入宫門。此見君王虔孝之忱。至宫幄少歇，奉常更奏行禮。内侍捲簾班導上御黄道，步至殿前。崇禋館道士二十四員在殿墀下叙立，舉玉音法事。上登殿行禮，自西至東步而入。内侍下簾，先自前殿、中殿、次後殿，虔恭行禮，以遵奉先思孝之家法。禮畢，外廊賜從駕官食，而後對宣引宰臣以下入行殿，賜茶。駕還内。其親從官皆頂毬頭大帽、紅纈錦團搭、戲獅子衫、鍍金天王腰帶，各執骨朵。文武官皆頂雙卷脚幞頭、紅上大搭、天鵝結帶寬衫。輦官頂雙曲脚幞頭、紅纈團花衫、鍍金束帶。殿前班直頂兩脚屈曲幞頭，著緋結帶望仙花衫，跨弓劍乘馬，一扎鞍轡，執纓紼前導。數内有東三班，謂之「長入祗候」，幞頭後各以青紅頭鬚繫之，以表忠節之意。御龍直幞頭一脚指天，一脚曲，著方勝纈衫、花看帶、鍍金束帶。執從物如校椅、金花、唾盂、水罐、次鑼、乘壘、龍鳳掌扇纓紼之類，及執黄羅珠子、蹙百花背座御椅子并脚踏。快行家頂短小帽子、露半青頭巾、帶金巾環繡體腰紅纈衫、金束帶、懸花看帶。手執御校椅、金花瓶、獸鑪、香座、御靴、纓紼玉拄杖、小黄羅繖、御扇等物，俱搭步行，俱口鳴打打頭起之。昔諸司庫藏各用金刻字紅牌前執，後以黄羅罩籠扛擡前導，有本庫官乘馭掌其職分。如諸司庫藏等司屬並衫帽隨號。幕士頂帽、紅羅纈衫、金帶懸黄帛。御馬、騏驥等院亦金字紅牌呵喝，牽轡馬匹導引。親事官各頂帽、纈衫、鍍銀帶【七】，執紅紗貼金燭籠二百對，左右導行。駕將至，左右首各一員。閤門官屬乘馬，執絲鞭。天武官前導，引至官寮起居亭，高聲喝曰：「躬身不要拜，唱喏直身立，奏聖躬萬福。」嵩呼而行。次有一員紫裳官係閤門寄班，乘馬捧月樣繡兀子覆於馬上，天武官一作「天武中官」。十餘簇擁扶策而行，衆喝曰「駕頭」。次以近侍諸司官俱乘馭前後導從。三衙太尉、御帶、環衙、知閤、内侍、都知皆乘馭駕前導引。更有内等子即御前忠佐軍頭引見司人員等，各頂帽，鬢髮蓬鬆，著紅纈衫，兩手握拳，顧望導行。或有攔駕人，捶之流血。駕近，則列横門，數十人繫鞭視從，圍子三五重，皆執骨朵。諸親從等都管人員並執骨朵，列行導引。駕前有執金香座、玉斧、玉拂及水精珠杖迎駕，高低弄把引行，如龍弄珠也。上升平頭輦，御龍直擎黄羅雙蓋，後握雙黄羅扇。駕近太廟，則蓋撤開，前行數步，上畧擡身而過，此見尊祖敬宗之意。駕後圍子亦數重，衛從諸班直馬隊從于駕後。左有宰執、侍從官僚，右有親王、南班，俱從行。駕後有曲柄紅繡繖、紅繡日扇，命寄班官執馭而從。次日，駕再詣，行後殿禮，幸太乙宫、景陽宫，行款謁禮。其日，用教樂所樂部，駕前作樂導引。駕後以鈞容直乘馬作樂而從。駕出景靈宫，至回龍橋，教樂所人員攔駕奏致語，雜劇色打和和來，及奏《禮成回鑾曲》。快行先奏報禁中，使内侍排班迎駕起居。前人有詩曰：「簾捲天街看駕回，錦身捷足走能齊。聯聲快報還宫後，扈從歸來日未西。」若次日出，則後宫后妃嬪侍皆詣景靈宫，以半帳鸞儀從而行。皇太后、皇后乘

【七】鍍銀帶　「銀」，《學津討原》本作「金」。

輿比檐子稍增廣花樣，皆織龍簟。輿上皆立金龍，護之剪鬉。妃則用金鳳，嬪妤止用欆檐耳。次日，或遇泥濘，委宰執分詣行事矣。

二月

二月朔，謂之中和節。民間尚以青囊盛百穀、瓜果子種互相遺送，爲獻生子。禁中宫女以百草鬭戲。百官進農書，以示務本。上丁日，國學行釋奠禮，祭交宣王。以祭酒、司業爲獻官，州縣學宫以帥宰奉行。立春後五戊日爲社。州縣祭社稷，朝廷亦差官祭于太社、太稷壇。州府自收燈後，例於點檢酒所開支關會二十萬貫，委官屬差吏倅雇唤工作，修葺西湖南北二山堤上亭館、園圃、橋道，油飾裝畫一新，栽種百花，映掩湖光景色，以便都人遊玩。

八日祠山聖誕

初八日，錢塘門外霍山路有神，曰祠山正祐聖烈昭德昌福崇仁真君，慶十一日誕聖之辰。祖廟在廣德軍，敕賜廟額「廣惠」，自梁至宋，血食已一千三百餘年矣。凡邦國有禱，士民有告，感通即應。其日，都城内外詣廟獻送繁盛，最是府第及内官迎獻，馬社儀仗整肅，裝束華麗。又有七寶行，排列數卓珍異寶器、珠玉殿亭，悉皆精巧。後苑諸作呈獻盤龍走鳳、精細靴鞋、諸色巾帽獻貢。下俗各以綵旗、鼓吹、妓樂、舞隊等社奇花異果、珍禽水族、精巧面作、諸色鍮石車駕迎引，歌叫賣聲，效京師故體，風流錦體，他處所無。臺閣巍峩，神鬼威勇，並呈于露臺之上。自早至暮，觀者紛紛。十一日，廟中有衙前樂、教樂所人員部領諸色樂部，詣殿作樂呈獻。命大官排食果二十四盞，各盞呈藝，守臣委佐官代拜。初八日，西湖畫舫盡開，蘇隄遊人來往如蟻。其日，龍舟六隻戲于湖中，其舟俱裝十太尉、七聖、二郎神神鬼。快行錦體，浪子黄胖，雜以鮮色旗繖、花籃、鬧竿、鼓吹之類，其餘皆簪大花捲脚帽子、紅緑戲衫，執棹行舟，戲遊波中。帥守出城往一清堂彈壓，其龍舟俱呈參州府，令立標竿于湖中，挂其錦綵、銀椀、官楮，犒龍舟快捷者賞之。有一小節級披黄衫，頂青巾，帶大花，插孔雀尾，乘小舟抵湖堂，横節杖，聲諾，取指揮。次以舟回朝諸龍，以小綵旗招之，諸舟俱鳴鑼擊鼓，分兩勢划棹旋轉，而遠遠排列成行，再以小綵旗引之。龍舟並進者二，又以旗招之。其龍舟遠列成行，而先進者得捷取標賞，聲喏而退。餘者以錢酒支犒也。湖山遊人至暮不絶。大抵杭州勝景全在西湖，他郡無此。更兼仲春景色明媚，花事方殷，正是公子王孫、五陵年少賞心樂事之時，詎宜虚度。至如貧者亦解質借兑，帶妻挾子，竟日嬉游，不醉不歸。此邦風俗從古而然，至今亦不改也。

二月望

仲春十五日爲花朝節。浙間風俗以爲春序正中，百花爭放之時最堪遊賞。都人皆往錢塘門外玉壺、古柳林、楊府雲洞、錢湖門外慶樂小湖等園，嘉會門外包家山王保生、張太尉等園玩賞奇花異木。最是包家山桃開，渾如錦障，極爲可愛。此日，帥守、縣宰率僚佐出郊，召父老賜酒食，勸以農桑，告諭勤劭，奉行虔恪。天慶觀遞年設老君誕會，燃萬盞華燈，供聖修齋，爲民祈福。士庶拈香瞻仰，往來無數。崇新門外長明寺及諸教院僧尼建佛涅槃勝會，羅列幡幢，種種香花異果供養，挂名賢書畫，設珍異玩具，莊嚴道場。觀者紛集，竟日不絶。

卷二

三月 佑聖真君誕辰附

三月三日上巳之辰，曲水流觴，故事起于晉時。唐朝賜宴曲江，傾都禊飲踏青，亦是此意。右軍王羲之《蘭亭序》云「暮春之初修禊事」，杜甫《麗人行》云「三月三日天氣新，長安水邊多麗人」，形容此景，至今令人愛慕。兼之此日正遇北極佑聖真君聖誕之日，佑聖觀侍奉香火。其觀係屬御前去處，内侍提舉觀中事務，當日降賜御香，修崇醮録。午時，朝賀排列威儀，奏天樂于墀下，羽流整肅，謹朝謁于陛前，吟咏洞章陳禮。士庶燒香，紛集殿庭。諸宫道宇，俱設醮事。上祈國泰，下保民安。諸軍寨及殿司衙奉侍香火者皆安排社會，結縛臺閣，迎列于道觀。睹者紛紛。貴家士庶亦設醮祈恩。貧者酌水獻花。杭城事聖之虔，他郡所無也。

諸州府得解士人赴省闈

三月上旬，朝廷差知貢舉、監試、主文、考試等官，并差監大中門官諸司、彌封、謄録等官，就觀橋貢院，放諸州府郡得解士人并三學舍生得解生員、諸路運司得解士人、有官人及武舉得解者盡赴院，排日引試。及諸州郡諸路寓試試得待補士人並排日引試，國子監牒試中解者並行引試。如有避親者，就别院引試。朝廷待士之重，差官之際，並令快行宣押所差官員入内，到殿聽敕。其知貢舉、監試、主文並帶羞帽，穿執乘馭，同諸考試等官迎引下貢院，然後鎖院，擇日放試。諸州士人自二月間前後到都，各尋安泊待試，遂經部呈驗解牒，陳乞納卷用印，并收買試籃桌椅之類。試日已定，隔宿于貢院前賃房待試，就看坐圖。其士人各引試三場，正日本經，次日論，第三日策。預試人照合試日分集于貢院竹門之外，伺候開門放試。士人各入院内，依坐位分廊占坐訖，知貢舉等官於廳前備香案，穿秉而拜，諸士人皆答拜，方下簾幙，出示題目于廳額。題中有疑難處，聽士人就簾外上請，主文于簾中詳答之，訖則各就位作文。隨手上卷，至晡後開門，放士人出院，納卷于中門外，書知姓氏試卷入櫃而出。其士人在貢院中，自有巡廊軍卒齎硯水、點心、泡飯、茶酒、菜肉之屬貨賣，亦有八廂太保巡廊事。所納卷子徑發下彌封所封卷頭不要試官知士人姓名，恐其私取故也。卻于每卷上打號頭，三場共一號，方發往謄録所謄録，卷子依字號書寫，對讀無差，方納入考試官各房考校。如卷子考中，發過别房覆考，如稱衆意，方呈主文，卻于謄録所弔取真卷，點對批取，定奪魁選。伺候申省，奏號揭榜取旨差官下院，拆號放榜。中省魁者殿試陞甲恩例，前十名亦如之。補試中榜者參【二】太、宗、武三學爲生

【二】補試中榜者參　「參」原作「三」，據《學津討原》、《四庫全書》本改。

員、舉人。中省闈者俟候都堂點請覆試，不過一論冒而已。覆試畢，然後到殿也。此科舉試三年一次，到省士人不下萬餘人，駢集都城。鋪席買賣如市，俗語云「赶試官生活」，應一時之需耳。

蔭補未仕官人赴銓

每歲三月上旬，應文武官蔭授子弟、宗子蔭補者並赴銓闈就試出官。朝廷差監試、主文、考試等官就禮部貢院放試。試中者三名取一名。文臣試兩場：本經及刑統義，第三日願試法科者聽。武臣試七書義。三學生員入試中榜者陞内舍。其時亦有試宏詞、法科、館職、賢良方正。三省堂後官及六部吏並試法科，陞補額名。並是排日放試，合差外諸司等官吏，並循諸試例。如省闈年分移于八月放試，中榜者赴吏部伺候簾試過，參注差遣。武選中者就兵部右選廳銓量讀法，注授出官。其文武銓魁特轉一資。恩例，銓魁仍置局，造題名集，設同年宴于西湖，帥、運諸司俱有送助以爲局費。蓋臨安輦轂之下，中榜多是府第子弟，報榜之徒皆是百司衙兵，謂之喜蟲兒。其報榜人獻以黄絹旗數面，上題中榜新恩銓魁姓名，插于門左右以光祖宗而耀閭里，乞覓搔攬酒食、豁湯錢會外，又以一二千緡犒之，此其常例也。

清明節

清明交三月，節前兩日謂之寒食。京師人從冬至後數起，至一百五日便是此日。家家以柳條插于門上，名曰「明眼」。凡官民不論小大家，子女未冠笄者以此日上頭。寒食第三日即清明節，每歲禁中命小内侍于閤門用榆木鑽火，先進者賜金碗、絹三匹，宣賜臣僚巨燭，正所謂「鑽燧改火」者即此時也。禁中前五日發宫人車馬往紹興攢宫朝陵，宗室南班亦分遣諸陵，行朝享禮。向者從人官給紫衫、白絹、三角兒、青行纏，今亦遵例支給。至日，亦有車馬詣赤山諸攢并諸宫妃、王子墳堂行享祀禮。官員士庶俱出郊省墳，以盡思時之敬。車馬往來繁盛，填塞都門。宴于郊者則就名園芳圃奇花異木之處，宴于湖者則綵舟畫舫款款撑駕，隨處行樂。此日又有龍舟可觀，都人不論貧富傾城而出，笙歌鼎沸，鼓吹喧天，雖東京金明池未必如此之佳。殢酒貪歡，不覺日晚。紅霞映水，月挂柳稍，歌韻清圓，樂聲嘹喨，此時尚猶未絶。男跨雕鞍，女乘花轎，次第入城。又使童僕挑著木魚、龍船、花籃、鬧竿等物，歸家以餽親朋隣里。杭城風俗侈靡相尚，大抵如此。

諸庫迎煮

臨安府點檢所管城内外諸酒庫。每歲清明前開煮，中前賣新迎年，諸庫呈覆本所，擇日開沽呈樣。各庫預頒告示。官私妓女新麗妝著，差雇社隊鼓樂，以榮迎引。至期，侵晨各庫排列整肅，前往州府教場伺候點呈。首以三丈餘高白布寫「某庫選到有名高手酒匠醖造一色上等醲辣無比高酒，呈中第一」，謂之「布牌」，以大長竹挂起，三五人扶之而行。次以大鼓及樂官數輩，後以所呈樣酒數擔。次八仙道人諸行社隊，如魚兒活擔、糖糕、麪食、諸般市食、車架、異檜奇松、賭錢行、漁父、出獵、臺閣等社，又有小女童子執琴瑟，妓家伏役婆嫂喬妝繡體，浪兒手擎花籃、精巧籠仗。其官私妓女擇爲三等，上馬先以頂冠、花衫子、襠袴，次擇秀麗有名者，帶珠翠朵玉冠兒、銷金衫兒、裙兒，各執花斗鼓兒，或捧龍阮琴瑟，後十餘輩著紅大衣，帶早時髻，名之「行首」。各雇賃銀鞍鬧妝馬匹，借倩宅院及諸司人家虞候押番，及喚集閒僕浪子引馬隨逐，各青絹白扇馬兀供值。預十日前，本庫官小呈，五日前點檢所僉廳官大呈。雖貧賤潑妓亦須借備衣裝首飾，或託人雇賃，以供一時之用，否則責罰而再辦。妓女之後，專知大公皆新巾紫衫，乘馬隨之。州府賞以綵帛、錢會、銀碗，令人肩馱于馬前，以爲榮耀。其日，在州治呈中祗應訖，各庫迎引出大街，直至鵞鴨橋北酒庫，或俞家園都錢庫納牌放散。最是風流少年沿途勸酒，或送點心，間有年尊人不識羞恥，亦復爲之旁觀哂笑。諸酒肆結綵歡門，遊人隨處品嘗，追歡買笑，倍于常時。

州府節制諸軍春教

帥守銜帶節制軍馬之職，每歲春秋二教，三月正當春閲時候，擇日告報本州所統軍馬、諸縣巡尉兵卒，及節制殿、步兩司軍馬，並赴蒲橋下後軍教場教閲軍伍，以備起發防秋。至期，浙西路鈐轄并節制諸軍統制等官屬帶領各部軍馬詣教場【二】，伺候教閲，鳴鑼擊鼓，試砲放烟。诸軍排陣作迎敵之勢。將佐呈比體挑戰之風，試弩射弓，打毬走馬，武藝呈中，賞犒有差。軍卒勞績，給以錢帛。午後放散，迎回府治，伺候帥座回衙，方行逐便回軍寨。其帥首馬前排列軍仗、八卦、辰宿、諸色旗隊甚夥，轅門、帳門界限嚴肅，人不敢視。親從對對，衫帽新鮮。士卒威風，凜凜可畏。使馬牽控，寶裝鮮新，黄轎前引，幟旗後隨，樂騎擁後，威聲震懾。佐官彈壓以警無良，觀者如堵，至暮方歸。向有端明厲尚書諱文翁開閫于杭，儀仗異于帥守甚夥，旗幟多用斧鉞之器。御馬苑諸營教閲，傳旨宣押禁中教場，呈試武藝，飛鎗斫柳，走馬舞刀，百藝俱呈。使臣奏樂，聲徹九霄。提點以下錫予甚隆。使臣兵車頒降從例。殿、步司所隸將佐軍伍俱出郊合教于欏木教場之上。賜帥將金器、綵匹，加之食品、御酒。主兵官卒俱沾雨露之恩也。

【二】浙西路鈐轄　「轄」原缺，據《學津討原》、《四庫全書》本補。

二十八日東嶽聖帝誕辰

三月二十八日乃東嶽天齊仁聖帝聖誕之日。其神掌天下人民之生死，諸郡邑皆有行宫奉香火。杭州有行宫者五，如吴山、臨平、湯鎮、西溪、曇山奉其香火。惟湯鎮、臨平殿廡廣潤，司案俱全。吴山廟居輦轂之下，人烟稠密，難以開拓，亦勝。曇山，梵宫内一小殿耳。都城士庶自仲春下澣，答賽心愫，或專獻信香者，或答重囚帶枷者，或諸行鋪户以異果名花、精巧麪食呈獻者，或僧道誦經者，或就殿廡舉法音而上壽者。舟車道路絡繹往來，無日無之。又有丐者于吴山行宫獻彩畫錢幡，張挂殿前。其社尤盛。聞之此幡錢屬後殿充脂粉局收管，其殿下有佐神，敕封美號曰「協英靈顯安鎮忠惠王」。其神姓劉，父子俱爲神，靈顯感應，人皆皈依。五月二十九日誕日，諸社獻送亦復如是。姑書以記之耳。

暮春

是月春光將暮，百花盡開，如牡丹、芍藥、棣棠、木香、酴醿、薔薇、金紗、玉繡球、小牡丹、海棠、錦李、徘徊、月季、粉團、杜鵑、寶相、千葉桃、緋桃、香梅、紫笑、長春、紫荆、金雀兒、笑靨、香蘭、水仙、映山紅等花，種種奇絶。賣花者以馬頭竹籃盛之，歌叫于市，買者紛然。當此之時，雕粱燕語，綺檻鶯啼，静院明軒，溶溶洩洩，對景行樂，未易以一言盡也。

校勘記

卷三

四月

四月謂之初夏，氣序清和，晝長人倦，荷錢新鑄，榴火將燃，飛燕引雛，黄鶯求友。正宜涼亭水閣圍棊投壺，吟詩度曲，佳賓勸酬，以賞一時之景。上旬之内，車駕詣景靈宫行孟夏禮，駕過處，公私僦舍官放三日。第二日爲新暑初回，令宰執分詣。

皇太后聖節

初八日，壽和聖福皇太后聖節。前一月，尚書省、樞密院文武百僚詣明慶寺啟建祝聖道場，州府教集衙前樂、樂部及妓女等，州府滿散進壽儀範。向自紹興以後，教坊人員已罷，凡禁庭宣唤，徑令衙前樂充條内司教樂所人員承應。初四日，樞密院率修武郎以上，初六日，尚書省宰執率宣教郎以上，並詣明慶寺滿散祝聖道場，次赴貢院齋筵。帥臣與浙西倉、憲及兩浙漕率州縣屬官并寄居文武官就千頃廣化寺滿散祝聖道場，出西湖德生堂放生，然後回府治。錫宴簪花，其禮儀盞數與御宴同也。

宰執親王南班百官入内上壽賜宴

初八日，宰執、親王、南班百官入内起居，邀駕過皇太后殿上壽起居，舞蹈嵩呼，回詣紫宸殿，宴。樂未作，殿前山棚綵結飛龍舞鳳之形，教樂所人員等傚學百禽鳴。内外肅然，止聞半空和鳴，鸞鳳翔集。閤門東班引平章、宰執、親王以下起居，上殿賜坐，謝恩坐訖。賜平章、宰執、侍從、親王、南班武臣觀察使以上坐于殿上，餘卿、監、郎、丞及武臣防禦使以下坐于殿廡間，軍校排在山樓之後。殿上坐杌依品位高低坐【一】。第三四行黑漆矮偏欑坐物，每位列環餅、油餅、棗塔爲看盤。若向者高宗朝有外國賀生辰使副朝賀赴筵，于殿上坐使副，餘三節人在殿廡坐，看盤如用猪、羊、雞、鵞、連骨熟肉，并葱、韭、蒜、醋各一楪，三五人共漿水飯一桶而已。所有知閤門事官與御帶、環衛等官及閤門職事官俱立殿陛之下也。上公稱壽，宰以尚書執注碗斟酒進上，其教樂所色長二人上殿于闌干邊立，皆諢裹紫寬袍、金帶、黄義襴，謂之「看盞」。如斟御酒，看盞者舉其袖，引白綏御酒進畢，拂雙袖於闌干而止。主上以寶卮先從東後西宣示宰執、親王以下及外國使副。閤門宣贊分班躬身齊傳宣，飲盡酒者三。群臣拜于坐次，後捧卮飲而再拜，坐。宰臣酒色長則白綏酒如前。教樂所樂部例于山樓上綵棚中，皆裹長脚幞頭，隨樂部色服紫、緋、緑三色寬衫、黄義襴、鍍金凹面腰帶【二】，前列拍板，次畫面琵琶，又列箜篌兩座，高三尺許，形如

【一】依品位高低坐　「依」原作「係」，據《學津討原》、《四庫全書》本改。

【二】鍍金凹面腰帶　「凹」原作「四」，據《學津討原》、《四庫全書》本改。

半邊木梳，黑漆鏤花金裝畫臺座，張二十五絃。一人跪而交手擘之。次高架畫花地金龍大鼓二面，擊鼓人皆結寬袖，别套黄窄袖，垂結帶金裹，鼓棒兩條，高低互擊，宛若流星。後有羯鼓，如尋常番鼓子，置之小桌上，兩手皆執杖擊之。次中間列鐵石方響，用明金綵畫架子，雙垂流蘇。次列簫、笙、塤、箎、觱篥、龍笛之類，兩旁對列杖鼓，皆長脚幞頭，紫繡抹額，皆繫紫寬袍、黄窄袖、結帶黄義襴。諸雜劇色皆諢裹，各服本色紫、緋、緑寬衫、義襴、鍍金帶，自殿陛對立，直至樂棚，每遇供舞戲則排立义手，舉左右肩，動足應拍，一齊羣舞，謂之「挼曲子」【三】。第一盞進御酒，歌板色一名，唱中腔一遍訖，先笙與簫、笛各一管和之。又一遍，衆樂齊和，獨聞歌者之聲。宰臣酒，樂部起傾盃。百官酒，三臺舞旋，多是諢裹寬衫，舞曲破攧。前一遍舞者入，至歇拍續一人入，對舞數拍，前舞者退，獨後舞者終其曲，謂之「舞末」。

第二盞再進御酒，歌板色唱和如前式。宰臣慢曲子，百官舞三臺。

第三盞進御酒，宰執、百官酒如前儀。進御膳，御廚以繡龍袱蓋合上，進御前珍饈，内侍進前供上食，雙雙奉托，直過頭。凡御宴至第三盞方進下酒鹹豉、雙下駝峯角子。宰執、百官以殿侍側身跪傳酒饌，即茶酒班仗役也。蓋謂：「殿侍高高捧盞行，天廚分臠極恩榮。傍筵拜起嘗君賜，不請微聞匙筯聲。」百戲呈拽，乃上竿、跳索、倒立、折腰、弄碗、踢磬瓶、筋斗之類。藝人皆紅巾綵服。

【三】挼曲子　「挼」，《學津討原》、《四庫全書》本作「按」。

第四盞進御酒，宰臣百官各送酒，歌舞並同前。教樂所伶人以龍笛、腰鼓發譚子。參軍色執竹竿拂子，奏俳語口號，祝君壽。雜劇色打和畢，且謂「奏罷今年新口號，樂聲驚裂一天雲」。參軍色再致語，勾合大曲舞。下酒盃：炙子骨頭、索粉、白肉、胡餅。

第五盞進御酒，琵琶色長上殿奏喏【四】，獨彈玉琵琶。前輩有詩詠曰：「寶軸琵琶奏上歡，玉鈎珠結響珊珊。羣臣傾聽天朝樂，卻笑烏孫馬上彈。」宰臣酒，方響色長上殿奏喏，獨打玉方響。亦有詩詠之：「垂珠寶架玉牌方，催送黄金萬壽觴。疑是飛仙朝帝闕，玲瓏環珮互宫商。」凡色長獨奏玉樂器，例有宣賜。其彈玉琵琶者賜五兩五匹，打玉方響者賜三兩三匹。樂伶當殿謝恩祇受訖。百官酒，樂部起三臺舞，參軍色執竿奏數語，勾雜劇入場，一場兩段。是時，教樂所雜劇色何雁喜、王見喜、金寶、趙道明、王吉等俱御前人員，謂之「無過蟲」。再下酒，羣仙炙、天仙餅、太平畢羅乾飯、縷肉羹、花肉餅。前筵畢，駕興，少歇，宰臣以下退出殿門幕次伺候，須臾傳旨追班，再坐後筵，賜宰臣、百官及衛士、殿侍、伶人等花，各依品位簪花。上易黄袍小帽兒，駕出，再坐，亦簪數朵小羅帛花帽上。宰臣以下起居坐，有詩詠曰：「玉帶黄袍坐正衙，再頒花宴侈恩華。近臣拜舞瞻龍表，絳蕊高籠壓帽紗。」樂伶色長看盞。

第六盞再坐，斟御酒，笙起慢曲子。宰臣酒，龍笛起慢曲子。百官酒，舞三臺，蹴毬人爭勝負，且謂「樂送流星度彩門，東西勝負各分番。勝賜銀碗並綵緞，負擊麻鞭又抹鎗」。

【四】上殿奏喏　「上」原作「土」，據《學津討原》、《學海類編》本改。

下酒供假黿魚、蜜浮酥、捺花。

第七盞進御酒，箏色長上殿奏喏，七寶箏獨彈，宣賜謝恩。有詩詠曰：「雁行飛入玉琮琤，滿殿齊看七寶箏。彈到急催花片處，春聲依約上林鶯。」宰臣酒，慢曲子。百官酒，舞三臺。參軍色作語，勾雜劇入場三段。下酒供排炊羊、胡餅、炙金，賜御前宣勸殿上。宰執、親王、使相、侍從、外國使副畢，中使二員至御座前奏過，分東西殿廡，傳宣臺官、卿、監、郎、丞、簿飲，盡酒者三，拜而飲之。並傳宣外國使副、下三節官屬，皆厲聲喏三聲，拜而飲。有詩詠曰：「内臣拱立近天光，奏罷傳宣下御廊。來聽番官三節喏，不須重譯盡來王。」

第八盞進御酒，歌板色長唱踏歌。宰臣酒，慢曲子。百官酒，舞三臺。衆樂作合曲破舞旋。下酒供假沙魚、獨下饅頭、肚羹。

第九盞進御酒、宰臣酒，並慢曲子。百官酒【五】，舞三臺。左右軍即内等子相撲。下酒供水飯、簇飣下飯。宴罷，羣臣下殿謝恩，退。前輩有詩云：「宴罷隨班下謝恩，依然騎馬出宮門。歸來要侈需雲棧，留得天香袖上存。」

皇帝初九日聖節

四月初九日，度宗生日。尚書省、樞密院官僚詣明慶寺如前開建滿散。至日侵晨，平

【五】百官酒　「酒」原缺，據《學津討原》本補。

章、宰執、親王、南班百官入内大起居，舞蹈稱賀，隨班從駕過皇太后殿起居畢，回集英殿賜宴。儀式不再述。其賜宴殿排辦事節云：儀鑾司預期先于殿前絞縛山棚，及陳設幃幕等。前一日，儀鑾司、翰林司、御廚宴設庫應奉司屬人員等人並于殿前直宿。至日侵晨，儀鑾司排設御座龍牀，出香金獅蠻火鑪子、桌子、衣幃等，及設第一行平章、宰執、親王座物，係高座錦褥，第二、第三、第四行侍從、南班、武臣觀察使以上並矮坐紫褥。東西兩朵殿廡百官，係紫沿席就地坐。翰林司排辦供御茶牀上珠花看果，並供細果。及平章、宰執、親王、使相高坐果桌上第看果。殿上第二行、第三、第四行侍從等平面桌子，三員共一桌。兩朵殿廊卿監以下並是平面矮桌，亦三員共一桌。果桌于未開内門時預行排辦。御前頭籠燎鑪、供進茶酒器皿等于殿上東北角陳設，候駕御玉座應奉。其御宴酒盞皆屈卮，如菜碗樣，有把手，殿上純金，殿下純銀，食器皆金稜漆碗楪。御廚製造宴殿食味，並御茶牀上看食、看菜、匙筯、鹽楪、醋鐏，及宰臣、親王看食、看菜，并殿下兩朵廡看盤、環餅、油餅、棗塔，俱遵國初之禮，在累朝不敢易之。故禮，其宴設庫提點監造五局宴食、常行油撒。百官食味秤盤觔兩毋令闕少。御酒庫排辦前後御宴酒，及宣勸御封酒。

僧寺結制

四月十五日結制，謂之「結夏」。蓋天下寺院僧尼菴舍設齋供僧，自此僧人安居禪教律寺院，不敢起單雲遊。自結制後，佛殿起楞嚴會。每日晨夕合寺僧行持誦經咒，燃點巨燭，焚爇大香。或有寺院朝廷降賜錢會、匹帛、金銀錢，啟建祈懺會四十九晝夜，每日六時修懺，祈國安民。其僧人一刻不敢妄出，齋戒嚴肅，不敢觸犯，神天報應在目前。大刹日供，三日或五日換堂，俱都寺主辦，皆十方檀信施助耳。蓋孟夏望日乃法王禁足，釋子護生之日，自此有九十日可以安單辦道。是月園圃瓜茄初生，禁中增價市之進以賞時新。內侍之家及府第富室亦如此。

五月重午附

仲夏一日，禁中賜宰執以下公服羅衫。五日重午節，又曰「浴蘭令節」。內司意思局以紅紗彩金盝子，以菖蒲或通草雕刻天師馭虎像于中，四圍以五色染菖蒲，懸圍于左右，又雕刻生百蟲鋪于上，卻以葵、榴、艾葉、花朵簇擁，內更以百索綵線、細巧鏤金花朵及銀樣鼓兒、糖蜜韻果、巧粽、五色珠兒結成經筒、符袋。御書葵榴畫扇、艾虎、紗匹段，分賜諸閣分、宰執、親王。兼之諸宮觀亦以經筒、符袋、靈符、卷軸、巧粽、夏橘等送饋貴宦之家。如市井看經道流亦以分遺施主家。所謂經筒、符袋者，蓋因《抱朴子》問辟五兵之道，以五月午日佩赤靈符，挂心前，今以釵符佩帶，即此意也。杭都風俗，自初一日至端午日，家家買桃、柳、葵、榴、蒲葉伏道，又并市茭粽、五色水糰、時果、五色瘟紙，當門供養。自隔宿及五更，沿門唱賣聲滿街不絶。以艾與百草縛成天師，懸于門額上，或懸虎頭白澤，或士宦等家以生硃于午時書「五月五日天中節，赤口白舌盡消滅」之句。此日採百草或修製藥品，以爲辟瘟疾等用，藏之果有靈驗。杭城人不論大小之家，焚燒午香一月，不知出何文典。其日正是葵榴鬭豔，梔艾爭香，角黍包金，菖蒲切玉，以酬佳景。不特富家巨室爲然，雖貧乏之人亦且對時行樂也。

士人赴殿試唱名

諸路舉人到者排日赴都堂簾引訖，伺候擇日殿試。前三日，宣押知制誥詳定考試等官，赴學士院鎖院，命御策題，然後宣押赴殿。士人詣集英殿起居，就殿廡賜坐引試，依圖分廡坐定，各賜印刊策題。其士人止許帶文房及卷子，餘皆不許挾帶文集。士人入東華門，各行搜檢身内有無繡體私文，方行放入。午則賜食與士人。其硯水之類皆殿直祇直供辦。午後納卷而出。舊制，士人卷子仍彌封，卷頭打號，然後納初放官，次下覆考，考定次第，後送定參詳一同，方定甲名資次，而定奪三魁。伺候上御文德殿臨軒唱名，進呈三魁試卷，天顔親覩。三魁排定姓名資次，然後宣喚三魁姓名。其三魁聽快行宣喚數次，方敢應名而出。扣問三代鄉貫、年甲同，方請入狀元待班處更換所賜緑襴靴簡。第一名狀元及第，第二名榜眼，第三名探花。其狀元官授承事郎職，除上郡簽判，榜眼授承奉郎，探花授承務郎職，注中郡或下郡簽判，或無見闕，則節推、察推之職。三魁進詩謝恩，上賜御筵，賜詩與狀元。以下第一甲舉人賜進士及第，第二甲賜進士出身，第三至第五甲並賜同進士出身。如有魁及前下名太、宗學内舍生員，並陞甲恩例。其老榜者謂之特奏名，爲魁者附第五甲補廸功郎，餘皆授諸州文學助教。武舉進士前三名照文科爲狀元、榜眼、探花恩例，各賜紫囊、金帶、靴笏，狀元授秉義郎，榜眼授從義郎，探花授保義郎，俱殿、步司正副將之職。除武舉進士皆循文科例，賜進士及第出身。如進士欲赴御教場内射弓陞甲，聽從其便。蓋招箭班祗直也。帥、漕二司于未唱名前差人吏客司官等項行排辦，禮部貢院充文科狀元局，或别院，或借祥符寺充武科狀元局，以伺唱名。帥、漕與殿、步司排辦鞍馬儀仗迎引，文武三魁各乘馬，帶羞帽，到院安泊欵待。每日祗直皆兩司給官錢供應。及于諸州府守臣、諸路三司及制閫、殿、步三司等官俱有餽送助局錢酒。兩狀元差委同年進士充本局職事官，措置題名登科録。帥司差撥六局人員，安撫司關借銀器等物，差撥妓樂，就豐豫樓開鹿鳴宴。同年人俱赴，團拜於樓下。文武狀元注授畢，各歸鄉里。本州則立狀元坊額牌所居之側，以爲榮耀。州縣亦皆迎迓，設宴慶賀。如遇龍飛年分，則三魁黄甲及其餘進士皆倍加恩例，卻與常年不同，則狀元可除下通判。於此可見士子讀書之貴，而朝家待士之厚，不可不知也。故書以記，爲士者察之。

卷四

六月崔真君誕辰附

六月季夏，正當三伏炎暑之時。内殿朝參之際，命翰林司供給冰雪，賜禁衛、殿直、觀從以解暑氣。六月初六日，敕封護國顯應興福普佑真君誕辰，乃磁州崔府君，係東漢人也。朝廷建觀在閶門外聚景園前靈芝寺側，賜觀額名曰「顯應」。其神于靖康時高廟爲親王日出使到磁州界，神顯靈衛駕，因建此宫觀，崇奉香火，以褒其功。此日内庭差天使降香設醮，貴戚士庶多有獻香化紙。是日，湖中畫舫俱艤堤邊，納涼避暑，恣眠柳影，飽挹荷香，散髮披襟，浮瓜沈李。或酌酒以狂歌，或圍棊而垂釣，遊情寓意不一而足。蓋此時爍石流金，無可爲翫，姑借此以行樂耳。

七月立秋附

七月秋孟，例于上旬内車駕詣景靈宫，行孟享之禮。以秋陽正炎，上命宰執分詣。立秋日，太史局委官吏于禁廷内以梧桐樹植于殿下，俟交立秋時，太史官穿秉奏曰「秋來」。

其時梧葉應聲飛落一二片，以寓報秋意。都城内外，侵晨滿街叫賣楸葉，婦人女子及兒童輩爭買之，剪如花樣，插于鬢邊，以應時序。

七夕

七月七日，謂之七夕節。其日晚晡時，傾城兒童女子，不論貧富皆著新衣。富貴之家于高樓危榭安排筵會，以賞節序，又于廣庭中設香案及酒果，遂令女郎望月瞻斗列拜，次乞巧于女牛。或取小蜘蛛，以金銀小盒兒盛之，次早觀其網絲圓正，名曰「得巧」。内庭與貴宅皆塑賣磨喝樂，又名「摩睺羅孩兒」。悉以土木雕塐，更以造綵裝襴座，用碧紗罩籠之，下以桌面架之，用青緑銷金桌衣圍護，或以金玉珠翠裝飾尤佳。又于數日前以紅熝雞果食、時新果品互相餽送。禁中意思蜜煎局亦以鵲橋仙故事，先以水蜜木瓜進入。市井兒童手執新荷葉，效摩睺羅之狀。此東都流傳，至今不改，不知出何文記也。

解制日中元附

七月十五日，一應大小僧尼寺院設齋解制，謂之「法歲周圓之日」。自解制後，禪教僧尼從便給假起單，或行脚或歸受業，皆所不拘。其日，又值中元地官赦罪之辰，諸宮觀設普度醮，與士庶祭拔。宗親貴家有力者于家設醮，飯僧薦悼，或拔孤魂。僧寺亦于此日建盂蘭盆會，率施主錢米，與之薦亡家。市賣冥衣，亦有賣轉明菜花、花油餅、餕餡、沙餡、乳糕、豐糕之類。賣麻穀窠兒者，以此祭祖宗，寓預報秋成之意。雞冠花供養祖宗者，謂之「洗手花」。此日，都城之人有就家享祀者，或往墳所拜掃者。禁中車馬出攢宮以盡朝陵之禮，及往諸王、妃嬪等墳行祭享之誠。後殿賜錢，差內侍往龍山放江燈萬盞。州府委佐官就浙江稅務廳設斛，以享江海鬼神。是月，瓜、桃、梨、棗盛有，雞頭亦有數品。若揀銀皮子嫩者爲佳。市中叫賣之聲不絕，中貴戚里多以金盒絡繹買入。禁中如宅舍市井欲市者，以小新荷葉包裹，摻以麝香，用紅小索繫之。

八月

八月上旬丁日，太、宗、武、府庠、縣學俱行秋丁釋奠禮。秋社日，朝廷及州縣差官祭社稷于壇，蓋春祈而秋報也。秋社日，有士庶家妻女歸外家回，皆以新葫蘆、棗兒等爲遺，俗諺云謂之宜良外甥兒之兆耳。中秋前，諸酒庫申明點檢所，擇日排辦迎新。帥府率本州軍伍及九縣場巡尉軍卒，並節制殿、步兩司軍馬，往蒲橋教場教閱。都人觀睹，尤盛于春季也。

中秋

八月十五日中秋節，此日三秋恰半，故謂之「中秋」。此夜，月色倍明于常時，又謂之「月夕」。此際金風薦爽，玉露生涼，丹桂香飄，銀蟾光滿。王孫公子、富家巨室莫不登危樓，臨軒玩月，或開廣榭，玳筵羅列，琴瑟鏗鏘，酌酒高歌，以卜竟夕之懽。至如鋪席之家亦登小小月臺，安排家宴，團圞子女，以酬佳節。雖陋巷貧窶之人解衣市酒，勉强迎懽，不肯虛度此夜。天街賣買直至五鼓。翫月遊人婆娑于市，至曉不絕。蓋金吾不禁故也。

解闈

三年一次，八月十五日放貢舉應試，諸州郡縣及各路運司並于此日放試。其本州貢院止放本州諸縣應舉士人，運司放一路寓居士人，及有官文武舉人并宗女夫等。本州貢院在錢塘門外王家橋，運司貢院在湖州市。三學生員就禮部貢院赴解試。宰執、侍從、在朝文武官子姪等併于國子監牒試，則就州縣。並于十五日爲頭排日，試三場。若諸州府及各漕司亦于十五日放試。其諸處貢院前賃待試房舍，雖一榻之屋賃金不下數十楮。親朋餽送赴解士人點心，則曰「黃甲頭魁雞」，以德物稱之，是爲佳讖。杭城輦轂之地，恩例特優。本州元解額七十名，今增作八十九名。諸州各有定額。兩浙運司寓試士人約一百名取一名。有官文武人及登仕郎皆十人取一人。國子牒試則五人取一名。太、宗、武學士人約四五人取一名。舉州貢院放榜之際，帥臣親往院中開折一銀牌，親書得解人姓名，付捷音往報。諸路州郡供設鹿鳴宴，待貢士，又取程文。次者爲待補，名數無定額，伺來歲朝廷放補，諸州路得補士人皆到都就試。中榜者則入太學爲生員，免三學。得補者經吏部給授綾緡，然後參學。此朝廷待士之重，功名皆自此發軔也。

觀潮

臨安風俗，四時奢侈，賞翫殆無虚日。西有湖光可愛，東有江潮堪觀，皆絶景也。每歲八月，内潮怒勝于常時，都人自十一日起便有觀者，至十六、十八日傾城而出，車馬紛紛，十八日最爲繁盛，二十日則稍稀矣。十八日蓋因帥座出郊，教習節制水軍，自廟子頭直至六和塔，家家樓屋盡爲貴戚、内侍等僱賃，作看位觀潮。向有白樂天《詠潮》詩曰：「早潮纔落晚潮來，一月周流六十迴。不獨光陰朝復暮，杭州老去被潮催。」又蘇東坡《詠中秋觀夜潮》詩：「定知玉兔十分圓，已作霜風九日寒。寄語重門休上鑰，夜潮留向月中看。」「萬人鼓譟駭吴儂，猶似浮江老阿童。欲識潮頭高幾許，越山渾在浪花中。」「江邊身世兩悠悠，人與滄波共白頭。造物亦知人易老，故教江水更西流。」「吴兒生長狎濤瀾，冒利輕生不自憐。東海若知明主意，應教斥鹵變桑田。」「江神河伯兩醯雞，海若東來氣吐霓。安得夫差水犀手，三千强弩射潮低。」林和靖《詠秋江》詩云：「蒼茫沙嘴鷺鷥眠，片水無痕浸碧天。最愛蘆花經雨後，一篷烟火飯魚船。」治平郡守蔡端明詩：「天捲潮迴出海東，人間何事可爭雄。千年浪説鴟夷怒，一信全疑渤澥空【一】。浪靜最宜聞夜枕，崢嶸須待駕秋風。尋思物理真難到，隨月虧圓亦未通。」其杭人有一等無賴不惜性命之徒，以大綵旗或小清涼繖、紅緑小繖兒，各繫繡色緞子滿竿，伺潮出海門，百十爲羣，執旗泅水上，以迓子胥弄潮之戲。或有手脚執五小旗，浮潮頭而戲弄。向于治平年間，郡守蔡端明內翰見其往往有沉没者，作《戒約弄潮文》云：「斗牛之外，吴越之中，惟江濤之最雄，乘秋風而益怒，乃其俗習于此觀遊。厥有善泅之徒，競作弄潮之戲，以父母所生之遺體，投魚龍不測之深淵。自謂矜誇，時或沉溺，精魄永淪于泉下，妻孥望哭于水濱。生也有涯，盍終于天命，死而不弔，重棄于人倫。推予不忍之心，伸爾無家之戒。所有今年觀潮並依常例，其軍人百姓輒敢弄潮，必行科罰。」自後官府禁止，然亦不能遏也。向有前輩作《看弄潮》詩云：「弄罷江潮晚入城，紅旗颭颭白旗輕。不因會喫翻頭浪，爭得天街鼓樂迎。」且帥府節制水軍，教閱水陣，統制部押，于潮未來時下水打陣展旗，百端呈拽。又于水中動鼓吹，前面導引，後攂將官于水面，舟楫分布左右，旗幟滿船上等，舞鎗飛箭，分列交戰，試炮放烟，捷追敵舟，火箭羣下，燒燬成功，鳴鑼放教，賜犒等差。蓋因車駕幸禁中觀潮，殿庭下視江中，但見軍儀于江中整肅部伍，望闕奏喏，聲如雷震。余扣及內侍，方曉其尊

【一】一信全疑渤澥空　「信」原作「汐」，據上海古籍出版社點校本《蔡襄集》改。

君之禮也。其日帥司備牲禮、草履、沙木板，于潮來之際俱祭于江中。士庶多以經文投于江内。是時正當金風薦爽，丹桂飄香，尚復身安體健，如之何不對景行樂乎？

卷五

九月重九附

日月梭飛，轉盼重九。蓋九爲陽數，其日與月並應，故號曰「重陽」。是日，孟嘉登龍山落帽，淵明向東籬賞菊，正是故事。今世人以菊花、茱萸浮于酒飲之，蓋茱萸名「辟邪翁」，菊花爲「延壽客」，故假此兩物服之，以消陽九之厄。年例，禁中與貴家皆此日賞菊。士庶之家亦市一二株玩賞。其菊有七八十種，且香而耐久，擇其尤者言之，白黄色蕊若蓮房者名曰萬齡菊，粉紅色者名曰桃花菊，白而檀心者名曰木香菊，純白且大者名曰喜容菊，黄色而圓名曰金鈴菊，白而大心黄者名曰金盞銀臺菊，數本最爲可愛。兼之此日都人店肆以糖麪蒸糕，上以猪、羊肉、鴨子爲絲簇飣，插小綵旗，名曰「重陽糕」。禁中閤下及貴家爲饋送。蜜煎局以五色米粉壕成獅蠻，以小綵旗簇之，下以熟栗子肉杵爲細末，入麝香糖蜜和之，捏爲餅糕小段，或如五色彈兒，皆入韻果糖霜，名之「獅蠻栗糕」，供襯進酒，以應節序。其日，諸寺院設供衆僧。頃東都有開寶、仁王寺院設獅子會，諸佛菩薩皆馭獅子，則諸僧亦皆坐獅子上作佛事。杭都卻無此會也。

校勘記

明禋年預教習車象

明堂大祀，三年一次。春首頒詔天下明禋，以九月逢上辛日大饗天地，侑以祖宗，咨爾百官各揚乃職。此循隋、唐制也。夏首修築泥路，「選差三衛羽林兵，營築天街砥様平。黄道中間明日月，備嚴法駕欲安行」。預于兩月前教習車象，其車每日往來歷試于太廟前，至麗正門，回車輅院一次。若僅閱車，每車須用鐵千斤壓之。如郊禋之歲以車五乘教習，正謂「輅馬儀車五色輪，雙扶綵索稔擎雲。遥知帝勢巍巍重，精鐵應須壓萬斤」。其明禋年止一車以代玉輅。儀注車上置青旗二面、鼓一面，駕以數馬，挾車衛士皆紫衫帽子，車前數人擊鞭行，車前列朱旗數十面、銅鑼鼙鼓十數面，執旗鼓人俱服紫衫帽子，後以大象二頭，每一象用一人裹交脚幞頭紫衫，跨象頭而馭，手執短柄銀钁，尖其刃，象有不馴者擊之。至太廟前，及麗正門前，用钁使其圍轉行步數遭，成列，令其拜，亦令其如嗚喏之勢。御街觀者如堵，市井撲賣土木粉捏妝綵小象兒，并紙畫者。外郡人市去，爲土宜遺送。

明堂差五使執事官

明禋差大禮使、禮儀使、儀仗使、鹵簿使、橋道頓遞使，及差攝侍中、大宗伯、太常少卿進接大圭，進爵、進牲、進册、捧册、讀册官、太常丞、協律郎、光禄卿丞、捧幣官、諸百執陪祀官、分獻功臣官、九宫貴神、十二宫神、諸星陪祀分祀社稷官、執綏官、總務官及巡警、都巡檢使及諸執事官，俱敕牒差。候禮成日，各推賞錫，賜分銀絹匹有差，仍轉行宫。而其總務官職任甚繁，皆親歷壇壝事務，事無大小俱親點視也。如擦祭器，滌濯無垢，以奉粢盛。次視滌官得其牲牢，豢養肥豐，以嚴薦饗。繼往文思、軍器、法物等庫點視儀仗，整備無缺，法物頓增光彩，以表虔恭。「前期修奉卜剛辰，役使太匠方興作，修整壇堂十分新。」點察帥府，嚴差官史，監造醞五齊。「須用黄幄嚴圍護，誠心供饗薦馨香。」修視太常旂裳组繡之具，琴瑟鐘磬之樂，監督「寶裝鑾輅欲增明，例耗黄金數百星。」躬督工程無斁蠹，不惟省費又晶熒。聒天雅奏隨品節，節止毋令亂舊章」。五使以下集于貢院，「笙鏞琴瑟按工師，八音競奏無違節，想像靈壇率鳳儀」。五使集百僚及執事官于尚書省，集習景靈、太廟明堂儀。若郊祀，習郊壇儀于郊壇。「奉璋秉德如神在，匪事儀刑欲可觀。敕差太社令積薪。」掃設神席，升壇束茅，當「仰止宸衷嚴祀事，掃清壇壝不留塵」。總務官拱立于龍墀，「秉輅進呈入正闕，歷試御路止廟宫，都人觀瞻稱萬歲」。五使百僚赴都堂受誓戒，「秋卿儀立凛冰霜，森列朝班政事堂。祀事旨嚴須誓戒，聳聽誰敢不齋莊。」宿齋之日，宣押國戚入禁中，守護内鑰事務。晡時，平章率百官及陪祀官等入内奏請主上，致齋于大慶殿。

「衛士鐵衣官結佩，帷宫齋潔于儀刑。」

駕出宿齋殿

明禋行禮前三日，平章、宰執率百官恭請主上宿大慶殿，致齋寄班，「舍人殿上親警蹕，要知不是御常朝」。上御駕出，繡錦包兀子安于殿中御榻上。蓋太祖受位之初，累帝明禋郊祀俱坐之，三年一次，增錦包一層耳。法駕儀仗鹵簿俱列龍墀之左右。禁廷鐘鼓樓上有太史局生員官測驗刻漏，每刻作雞鳴，擊鼓一下，則服緑者一人執牙牌至殿下奏曰「某時幾刻」，或曰「某時正也」。宰執百僚皆服法服，環珮、法履、頭冠。其頭冠各有品從，宰執、親王九梁，加貂蟬籠巾，侍從官七梁，餘官六梁至二梁有差，臺諫官增豸角耳。所謂梁者，則冠前額梁上排金銅葉是也。俱服絳袍，阜緑方心曲領、中單環珮、雲頭履鞋，隨執簡笏。餘執事人皆介幘緋袍，亦有等差，惟閤門御史臺諸吏加方心曲領。後堂官俱依品位服入殿。祗應人服色依法定色服，各給黄方號，餘黄長號、緋方長號，各有入殿宫壇門去處。如無號妄入者，准違制論也。奏請致齋日，殿門内外及麗正門外皆禁衛羽林兵，俱全裝鐵騎數萬圍繞大内。是夜，殿前儀衛之外，左右六軍儀仗鹵簿分列于麗正、和寧，更有裹緑小帽、服錦絡縫寬衫兵士十餘人，作一隊，各執銀裹頭、黑漆杖子，謂之「喝探」，兵士聚首而立，凡十數隊，各隊一名喝曰「是與不是」，衆聲答曰「是」。又曰「是甚人」，衆聲應曰「殿前都指揮使某人」。及喝五使姓名，更互喝叫不停聲，或作雞鳴，是衆人一同喝道。自初更至四更一點方止。此謂之「禁更」。前人詩詠之曰：「將軍五使欲來時，停著更籌問是誰。審得姓名端的了，齊聲喝道不容遲。」又置警場于麗正門外，名爲「武嚴兵士」。以畫鼓畫角二百，其角皆以綵帛如小旗脚結其上。兵士皆小帽、黄繡抹額、黄繡寬衫、青窄襯衫。日晡及三更時各奏嚴也。每奏，先鳴角二聲罷，一軍校執一長軟籐條，上繫朱拂子。擂鼓時，衆鼓手覩其拂子，隨其高低，以拂子應其鼓聲高下。宿太廟，宿郊壇青城行宫，俱用嚴更警場也。

五輅儀式

明禋止用玉輅，郊祀用五輅，俱頓于太廟側輅屋下。玉輅，按《周禮·春官》：「巾車，掌王之玉輅，錫繁音「盤」。纓十有再就，建太常十有二斿以祀。」康成注曰：「玉輅，以玉飾諸末。」今玉輅頂耀葉三層，凡八十一葉，皆鏤金間真玉龍，大蓮葉攢簇，四柱欄檻鏤玉盤花龍鳳，懸挂照山河社稷大鏡，及懸纓旂珮。御座後，真錦繡圍之，後出青繡山河龍鳳旗二面。有詩詠曰：「鏤瓊雲朵貼瑶箱，珠網雕檀七寶牀。首建太常鳴大珮，玉龍耀葉發祥光。」餘金、象、木、革四輅俱鍍金耀葉簇之，俱按《周禮》「巾車職」篇曰：「金輅，鉤繁纓九就。」康成注曰：「金輅以金飾輅。」製以「五鳳升龍間火珠，黄衣黄弁駕黄車。

畫輪金輅旂裳裏，鈴響螭頭震九衢」。「象輅，朱繁纓七就。」康成注曰：「象輅，以象飾輅。」製以「銅葉金塗燦有光，貼牙櫝軾坐龍牀。赤號六駕繁纓七，旗繡紅羅鳥集翔」。「革輅，龍勒條纓五就。」康成注曰：「革輅，輓之以革而漆之，無他飾。」製以「赤白飛銅六駕馳，聯翩龍虎淺黄旂。「龍虎」當作「熊虎」。革輓漆製條纓五，戎弁寬裁對鳳衣」。「木輅，前繁鵠纓建大麾。」康成注云：「木輅，不輓以革，漆之。前讀爲鏂剪之剪，淺黑。」製以「鳳銜鈴珮響交加，御座華裀織百花。十六金龍齊夾轂，皁羅麾上繡龜蛇」。

差官軷祭及清道

禋祀與郊祀俱差祠官軷祭。按《周禮》：「大馭，掌玉輅，以祀及犯軷。」注曰：「行山曰軷，犯者封土爲山象，以菩芻棘柏爲神主。既祭，以車轢之而去，喻無險難也。」清道之神乃三重。王出入，則八人夾道行，服武弁緋袍繡衫，執黑漆杖。按《周禮·秋官》【一】，「條音滌狼氏，掌執鞭以趨避」之義也。愚詳之，即半夜而過，連聲告報兩街看位，俱令滅燈燭者是也。

駕詣景靈宫儀仗

主上宿大慶殿致齋，次早五更，攝大宗伯詣殿前，執牙牌奏中嚴外辦，護衛鐵騎自四

【一】秋官 「秋官」原作「祀」，據《學海類編》本改。

更時接續番裏導行諸司局分、内侍人員司屬前往宫闈排班。百官各法服冠珮，入朝起居畢，各出殿門轡馭，在學士院伺候。快行、衛士各執蓮炬在檻下，伺駕登逍遥輦，從駕詣景靈宫，行奏告禮。次第朱旗數十面，鑼鼓隊引驅象二頭，各以宫錦爲衾披之，以金裝蓮花寶座安于背中，金轡籠絡其首體。寶座前，衣錦袍人執銀钁，跨頸驅行。按《晉書·輿服志》及《漢鹵簿》，在前。宋朝開寶初，廣南來貢，吴越王以廣南交趾獻于朝，以備大駕。南渡以後，入貢，南略給錦衾覆之。理廟朝，安南貢至，令備大駕先驅之儀仗鹵簿，有幡幟者，謂之告止、傳教、信幡，各以緋帛雜錯采。告止者，以爲行之節；傳教者，有教令所不及置幡以傳；信幡者，題表官號以爲符信也。蓋謂「教信幡傳告止幡，凌風朱珮錦衣間。一停一舉皆如節，直自圜丘至九關」。鹵簿儀仗有高旂大扇、畫戟長矛，以五色介胄，跨馬之士或小帽錦繡抹額者，或頂黑漆圓頂幞頭者，或以皮爲兜鍪者，或漆皮如戽㪷而籠巾者，或衣紅黄罨畫錦繡服者，或衣純青純皁以至鞋襪皆純青皁者，或裹交脚幞頭，或錦爲繩如蛇繞繫身者，或數人唱引大旗行過，或執大斧膀劍鋭牌持鐙棒者，或持竿上懸豹尾者，持短竿者，于戟上綴五色結帶銅鐸者，又有儀仗内名𧰡步角切。矟小卓切。者。按《開元禮志》：「金吾將軍執𧰡矟以察隊伍，去其非違，形如劍而三刃，以虎豹皮爲袋盛之。其制始于秦、漢。」《爾雅》云：「𧰡矟，牛抵觸，百獸不敢當，故制牛首于上。」正謂「虎劍囊封似劍形，刻成牛首獸皆驚。後先鹵簿彰威德，糾察非違孰敢攖」。或持朱藤結方圓網者，名罼畢密切。罕呼案切。按，徐妥《釋疑》曰：「乘輿黄麾内，左罼右罕，以朱藤結網二螭首，紅絲拂。蓋罼方罕圓，取畢、昴二星象。」又云：「天文畢、昴之中，謂之天街，故以罼罕前導也。」建物旗者，其制有黄龍負圖、君王萬歲、天文綵繡、日月合璧、五星連珠、重輪慶雲、五嶽四瀆、四方祥物、祥光瑞氣、雙蓮秀芝、嘉禾瑞瓜、金牛赤豹、鸞鳳龍麟、白狼鸚鵡、鵾雞番錦、幟罽犀祥、鶴扈君王。執方繖、曲蓋、朱圓扇者。按，張帛避雨謂之繖，赤質紫表，正方四角，有銅螭頭。其曲蓋者，武王時大風折柄，太公用之而制曲。繡團朱扇，按漢制，乘輿用也。法駕鹵簿儀仗隊引者，如「節幢殳戟帶祥烟，角氅弓刀列後先」。五十隊中分六引，設官領袖盡華轙」。有大旗名蓋天旗，立于麗正門外御路中心。又有旗高三四丈，謂之次黄龍旗，往太廟前立。若郊祀，移于青城行宫門外立之，亦名蓋天旗也。更有舍索旗座，以百餘人立之。有天武、金吾、親勳諸班，號奉神隊。「神」作「宸」。「密匝九重環寶輦，繡衣飛采捲香塵。」又有交脚幞頭、胯劍足靴，如四直使者一二百人，不可名狀。諸殿直親從官皆帽衣結帶，紅錦或紅羅上紫團搭戲獅子、短後打甲背子。御龍直裹真珠結絡花兒短巾，衣紫上雜色小繡花衫、鍍金束帶，腰懸花看帶、綵鞋。天武官皆頂朱漆金裝笠兒，衣紅上團花背子。其國朝九寶，如大朝會置于殿陛前，郊明大祀迎于儀仗中。符寶官二員，左右奉寶以從駕，謂之「迎寶輿」也。三衙太尉并御帶、環衛官皆小帽背子，或紫繡戰袍，跨馬前導。内侍亦小帽紫繡袍，從駕導行。千乘萬騎駕到景靈宫，入次少歇，奏請詣聖祖殿行禮，以醪茗、蔬果、麩酪饗之。樂奏《乾安》、《大安》、《靈安》、《興安》、《祖安》、《正安》、《沖安》、《報安》之章。樂舞《發祥》、《流慶》、《降真》、《觀德》之曲，奏告畢，駕回太廟宿齋。

駕回太廟宿奉神主出室

上御平頭輦，回宿太廟齋殿。其禁衛鐵騎盡移至太廟，繞瑞石山前後護衛。天武、金吾、武動、羽林等兵士並列衛。六軍儀仗鹵簿移屯太廟，後夜移麗正，喝探嚴更警惕，並如致齋夕。于黄昏時，鐘鼓院官赴太廟前，報出動更籌，喝過姓名，如前同也。三更行事，大宗伯奏中嚴外辦，上出齋殿，禮直官等導引詣太廟諸室殿庭，行奏告禮。上詣殿上東南隅面西立，行三獻，獻牲牢。宫架樂奏《乾安》、《興安》、《正安》、《禧安》之章，樂舞《文德》、《武功》、《皇武》、《大定》、《昭文》、《美成》、《治隆》、《大明》、《重光》、《承天》、《瑞慶》、《大德》、《大倫》、《大和》之曲。禮畢，奉太祖、太宗、高宗三神主出室。殿下横街之北分設七祀位，如司命、户竈、中霤門、厲、行等神。横街之南設配饗功臣，趙韓王以下二十五位分祀。差南班宗室奉行其三神主。命内侍以儀仗迎往明禋殿。天明時，乘黄令進玉輅，奏請登玉輅。「珠旄牙戟翠流蘇，環珮天香爇寶爐。中敕乘黄親進御，玉虬擁駕下雲衢」。上御冠服如圖畫星官之狀。其通天冠俱用北珠卷結，又名「卷雲冠」，服絳袍玉珮，執玉玄圭，正座玉輅上。左右各一內侍，名「御藥」，冠服執笏侍立左首欄檻邊。一從侍中書宦者曲身冠服，旁立于欄，以紅絲絛繫定，恐致疎失，名爲「執綏官」。以備玉音問顧。「和鸞爭羨侍中裾，玉輅親承接帝俞。儒學已通稽古力，更求民瘼備嘉謨。」駕輅衛士裹漆圓頂、葢耳帽子，著黄生色寬衫、青襯衫、青襪頭袴、青履，繫錦繩輅。後四人攀行，如攀枝孩兒。輅前有服法服朝冠二人，執簡導輅行。輅之左右亦二人，服法服乘馬，從輅行。「辦嚴于輅放行時，參政前遮奏少遲。預飭金吾街仗使，威容浸盛務如儀。」葢奏請少遲，欲令萬騎千官整齊導引。「法儀森嚴按典刑，逍遥平輦小輿輕。金龍閒飾彤霞綵，緩引天街寶輅行。」誕馬六匹。按宋孝武詔，王侯誕馬不得過二匹。誕，散也。舊並施鞍韉。景祐初志令輅前凡六匹誕馬者，正謂之「紅檐誕馬控雙行，項下朱絲繫綵纓。騶士錦衫勤執御，共誇汗血似雲輕」。按，馬者，衣錦寶相花衫也。又御馬常儀外，有甲騎綴以金鈴，在輅前引行。「鑾鈴犀甲控青驄，凡馬俄驚一洗空。御筆賜名猶記得，牙牌金刻草頭風。」此本朝故事，郊禋皆遵制導引矣。

駕宿明堂齋殿行禋祀禮

上自太廟御玉輅入麗正門，宿齋殿，遵先朝親祀明禋故事，明堂殿即文德殿中配饗。太常寺奉常官于殿上立。正配四位皆用黄褥，設板位，居北面南。昊天上帝位居東面西。

太祖、太宗、高宗位惟矮案上設禮物，及殿廡設天星嶽瀆百神版位。推設祭器，設玉册於殿陛之閒，及「玉刻金縢寶册文，鋪張景鑠掩前聞。在天列聖皆欣顧，宜有蕃釐錫聖君」。凡大祀，差太祝一員，進摶黍及肺、祭奠玉册。得其「玉册文章禮極恭。爲民祈福籲蒼穹。憑誰設玉詣祠壇，帝敕清朝小府官。蒼璧黄琮仍瓚爵，靈光下燭寶光寒」。鑊水者，按《周禮・小司寇》：「凡禋祀五帝實鑊水。」今差從官一員奉禮，「滿傾鑊水潔而清，耗試隨時更沃增。腥熟眂來無失節，饌成猶自氣蒸騰。光禄牽牲有舊章，詣廚更復屬丞郎。各供乃職知嚴恪，芳薦豐陳鼎俎香」。薦牲官「繭栗犧牲總用騂，近壇眂宰尚聞聲。須臾玉俎供肥腯，主上躬臨奏薦牲。妙選甘泉侍從臣，列祠太乙九宫神。高禋上錫垂靈貺，同衛宸旒奉帝真」。乃分祀九宫貴神于東青門外祠壇也。「分祀農師重至誠，有司設壝勢巖巖。報崇人主親禋日，不比春祈詠《載芟》。」其夜三更，攝大宗伯執牙牌奏中嚴外辦，奏行事。駕出齋殿，面南設一大幄，次更换祭服，青衮龍服，中單朱舄繩玉珮裹平天冠，二十四旒並大真珠爲旒。知閤、御帶、環衛及大禮使、太常禮直官前導，二内侍御輦扶侍，上自黄道撒瑞腦香而行，至明堂殿小幄，次請上升御座，少歇，伺禮節嚴整。其登歌道士十餘人，列鐘磬二架、歌色琴瑟等。有五七執事人在殿上執役。殿前設宫架樂，在列編鐘、玉磬。其架如方響者同，但增廣而高大，立于地。編鐘形稍褊，玉磬狀似曲尺繫其曲尖處。皆上下四層，挂之架兩角，綴以流蘇。次列數架大鼓，或三、或五，以木穿貫，立于架座上。又有大鐘，曰景鐘，曰節鼓【二】。有如琴而長者，如箏而大者，截竹如簫管，兩頭存節而横吹者，有土燒成如圓彈而開竅者，如笙大者，如簫而增管者，有歌聲則聲清亮。宮架前立兩竿。樂工皆裹介幘如籠巾，著緋寬衫、勒帛。其舞者頂紫色冠，冠上有横板，皁服、朱裙履。樂作，初則文舞，手執小牌，比文舞者加數人，擊銅鐃響環，又擊如鋪竈突者，又兩人共移一銅甕，就地擊者。舞者形如擊刺，如乘雲，如分手，皆舞容矣。「冕旒奕奕接靈光，酌醴惟勤舉祼將。文德武功皆寓舞，自然綴兆合彝章。舞分八佾樂章諧，執羽揚干古意回。莫道縟儀無祖述，兩階曾格有苗來。」樂作，先擊柷，以木造，如方壺，畫山水之狀，每奏樂擊之，内外共九下。樂止，則擊敔，如伏虎形，脊上皆鋸齒，一曲終，以破竹刮之而樂止。明堂樂章奏《乾安》、《景安》、《嘉安》、《廣安》、《化安》、《豐安》、《光安》、《禧安》、《彰安》、《德安》、《正安》、《熙安》之曲。凡樂曲共十九章，明禋祀俱用十二章，景靈宮及太廟四章，互相更易以奏，皆「安」字爲名。「清廟靈宮暨禋壇，伶工總屬奉常官。八音欲格神人悦，樂曲更成十九安。」明堂樂舞，文德武功之舞，凡登歌宮架樂全憑押樂官掌之。凡大祀，用登歌宮架樂，差攝太常丞二員，一則充壇上舉麾，一則充壇下舉麾。又差協律郎二員，一則視壇上舉麾，一則視壇下舉麾。則拜。「宮架登歌屬奉常，舉麾押樂選丞郎。殿堂互奏鈞天樂，亟拜精虔合典章。」一常直官于小幄次奏請行禮，導引上至殿階下。惟有禮直及大禮兩使扶侍上登殿。其知閤、御帶、環衛俱侍立殿檻下伺駕回。上

【二】又有大鐘曰景鐘曰　八字原闕，據《學津討原》本補。

登殿，詣正北一位昊天上帝前拜跪。攝殿中監察東向一拜，進爵，再拜。復次引詣正東太祖、太宗、高宗位拜跪，進爵，並行初獻禮。駕繞升殿，宫架樂止，則殿上登歌樂作。駕降殿，則登歌樂止，宫架樂復作。「龍衮初升殿陛墀，奉天酌祖藏皇儀。虎闕夕啟咸來燕，從坐紛綸衞百祇。」亞獻，差親王代行禮。理廟朝，委皇太子充亞獻。其祭服準制度。按《宋朝會要》：「服衮冕，垂白珠九旒，章大小雙綬，謂之『衮冕』珠旒薦二觴，九章雙綬表儲皇。由來欽若爲家法，嗣服無疆有道長。」亞獻畢，禮直官再奏請駕升殿，詣昊天上帝位前。左右二員奉玉册官登册而跪，上拜跪，奠酒，執玉圭而跪。中書舍人讀玉册。正謂「幣玉高擎授上公，發函讀册頌成功。捧來寶爵親監滌，醴酒浮香琥珀紅」。上復降殿小幄内終獻，差親王行禮。「祇事明禋與几筵，禮成三奠樂重宣。欲令廟祏如磐固，宗祀先來肺腑賢。」終獻畢，禮直官奏請上登殿，飲酒受胙，進玉爵，跪進，上跪受。「穹皇鴻福萬年觴，三咽仍分飲胙香。斂錫庶民皆協極，受元純福喜新嘗。」飲胙畢，送神。「景安樂舞衆靈旋，誠達穹旻徹豆籩。羽葆霓旌回盼獨，福流鴻祉萬斯年。」上降殿，詣小幄前拱立，則望燎。上殿禮科幣帛、玉册竝由右階而下，南去有燎爐上有一人點喝諸物，入爐焚之。殿側與廡廊陪祀天星百神。陪祀官及執事官皆面北而立，班贊者喝「卿拜」衆俱拜而出。上自小次前登小輿，還大次，更服登輦。教樂所伶人在殿門排列，奏《慶禮成》曲。一甲士舞禮成曲破訖，伶人進口號，樂復作。麗正門外諸軍鼓吹俱作，聲振天地。輦入垂拱殿，宰執百官常服入賀大起居，蹈舞，九拜，嵩呼稱壽。樞密宣制曰：「履兹新慶，與卿等同。」攝禮部郎奏解嚴于殿前，宰臣百官出麗正門外幕位伺候。天明，入登門放赦。

明禋禮成登門放赦

宰執百官立班于麗正樓下，駕興，宫架樂作。上升樓，而「扇葢初臨樓檻外，捲簾敞坐正臨軒。要令祭澤該方國，先示堯民肆罪恩」。丈竿尖直上有盤，立金雞銜紅幡，上書「皇帝萬歲」。盤底以紅綵索懸于四角，令四紅巾百戲人爭先沿索而上，先得者執金雞，嵩呼謝恩。前輩有詩曰：「立起青雲百尺盤，文身驍勇上雞竿。嵩呼爭得金幡下，萬姓均歡仰面看。」御樓上以紅錦索引金鳳銜赦文放下，至宣赦臺前，通事舍人接赦宣讀，大理寺、帥、漕兩司等處，以見禁杖罪之囚衣褐衣，荷花枷，以獄卒簪花，跪伏門下，傳旨釋放。「湯網蠲除不任刑，聖心仁恕給民生。傳宣脱去花枷後，萬歲聲連快活聲。」樓上簾已垂，繖扇已入。上回内，伶人樂大震，迎駕入内。「赦頒郡邑急翻行，迎拜宣傳廣聖仁。四海一家沾大霈，盡令黎庶慶維新。」

郊祀年駕宿青城端誠殿行郊祀禮

向於咸淳年間，度宗親饗南郊祀，用正月朔正，係上辛日行事。前三日，致齋于大慶殿内，次日駕詣景靈宫奏告，回太廟致齋，奏請三祖出室。第三日，自太廟升玉輅，其金、象、革、木四輅從行，幸嘉會門外，至郊臺次側青城端誠行殿致齋。「通天冠綴寶珠明，五綵雲中警蹕聲。萬騎千官齊導從，君王今夜幸端誠。」所謂青城，止以青布爲幕，畫甃砌之文，旋結城闕。以淨明院爲行宫，建端誠行殿以備一日之幸。舊，東都宣和間，用土木蓋造行殿，以青布幕圍之，儀仗鹵簿排列至行宫，鐵騎圍繞衛護，分命三衛主管衛兵。「貔貅萬旅護郊坰，特戒都門早放扃。分命三衙親典領，衛嚴行殿悉安寧。」上宿青城行宫，在都城外三里。總務官與殿帥、皇城司提點官遇夜互行，提舉衛兵，謂之「錦韉金勒出宫城，還入龍闈綴殿行。珠帽繡衣提舉處，連營喏震四山聲」。又有紫巾緋衣數隊千餘人，羅布郊野守衛。又差行宫都巡檢使部領甲軍，往來巡邏，至夜嚴更警惕喝探，並如明禋式。行宫前，立蓋天旗于青城御街中。「大旗五丈粲星躔，高揭圓壇八陛前。君德天臨無不蓋，故令備物象純乾。」其夕澄明，天氣清朗，星斗增輝，雲彩繽紛。前人作詩詠曰：「涓選休成舉泰禋，四方冠蓋集都城。格天聖德將何驗，晝日如春夜朗明。」三更時，攝大宗伯奏中嚴外辦，禮直官奏請行事。「烏幘朱衣引近簷，奏知外辦與中嚴。對傳金字牙牌退，帝幄中官喝卷簾。」上出端誠殿，升安輦，南行曲尺，西去百步乃郊壇，入外壝東門，至第二壝裏，面南一大幄次。駕幸大次，更換祭服畢，禮直官、知閤、御帶、環衛、大禮使導引。「天步舒徐曳衮裳，旒珠圭玉儼齋莊。欲騰明德惟馨遠，黄道先揚瑞腦香。」

屬鞬特特選銀璫，班壓朱衣與奉常。前導衮衣親大祀，金槌鐵甲鬬爭光。」上之壇下小幄，謂之「小次」。設御座在内，奏升御座。少歇，禮直官催禮科辦嚴，鳴景陽鐘，其聲甚大且清。鐘如寺觀鐘樓者大，上鑄日月星斗列曜，中鑄五輅儀仗，下鑄六街三市于鐘上。「禮嚴登極享高靈，棗栗牲牢薦德馨。鼖持分切。鼓景鐘催節奏，洪聲考擊徹青冥。」然後宮架樂作，奏請上升郊壇行事。其郊壇「象天立制築圜丘，饗帝于郊法有周。壇陛崇高霄漢近，雲車風馬接靈游」。壇高三層，有七十二級。壇面方圓各三丈。壇有四階，正南曰午階，東曰卯階，西曰酉階，北曰子階。壇上設黄褥四位，大饗蒼穹，奉太祖、太宗，配于高宗。昨孝廟時，按周成宗祀洛中陟配于文王，惟漢武合祠汶上，今推嚴于高宗也。壇龕十二壝，從祀諸神位七百六十有七板位，係朱牌金字，「穹示宗祖萃天星，嶽瀆方維會百靈。金札明標朱板位，傳令放悉饗精誠。雅樂遵堂奏豫和，聲文昭假協登歌。星驅日御均歆顧，天靜無風海不波」。上登壇，登歌樂作，行初獻禮畢，降壇，委親王行亞獻禮。上再登壇，讀玉册，跪奠訖，再降壇。親王行三獻禮畢，升壇，飲福受胙，送神畢，上登壇，立小次前。「邀請君王望燎光，禮嚴燔瘞各隨方。奉常贊引令班退，環珮琮琤夜未央。」其禮科幣帛玉册並由酉階而下，出南壝門外，去壇百步有燎爐，高丈餘，如明禋點喝入爐焚之。其郊壇三層四階，有十二龕燈、十二宫神，内外壝俱設神位，每位一板位、一燭、一爵、一矮桌，置犧牲二、籩豆一、幣各差。陪祀官及奉常吏贊禮焚燎訖，宫架樂止，鼓吹未作，壇下肅然，惟聞輕風環珮聲，恍若天仙下臨，清雅之甚。維時，近侍、禁衛、快行以燈燭二三百枝列成圍子，照如白日。上登安輦，幸大幄更衣，奏請升大安輦。輦如玉輅制度，無輪。「雲龍耀葉叠三層，藤織金花御座新。十四穗毬珠閒結，四垂大帶耀輝人。」此輦按唐制合用五番，輦官四百五十人，服色如挾輅，衛士同。以教樂所伶工在外壝東門排列，奏樂導引。駕回青城殿，受禮成賀。「樺焰光隨萬燭明，大安寶輦入端誠。百僚拜舞丹墀下，震地仙韶賀禮成。」「前後鉦鐃奏禮成，導隨法駕返青城。純音直徹雲霄外，疑是鈞天廣樂聲。」上幸端誠殿，宰執百官拜舞，慶禮成。樞臣「宣制班庭盡鞠躬，履兹新慶與卿同。臣心歸美將何報，願祝君王壽億穹」。百官班退。「法宫邃密護重簾，跪執牙牌奏解嚴。班捲駕行蓮炬煖，禮容猶自聳觀瞻。」天明，儀仗鹵簿甲騎捲班回麗正門。上登大安輦，左右二御藥侍立，前有教樂所伶工作樂，後有鈞容直及部伍鼓吹。後從上升輦。輦前侍中一員，奏升降承旨。「紫壇徹後駕還宫，黄牒前期命侍中。密扆衮衣升降處，輅前承旨示恩隆。」五輅從輦後回麗正門。上至内門裏，降輦。平章、宰執、百官立班于門下伺候。上登樓臨軒，立金雞竿放赦，如明禋禮同。太皇「垂簾設幄内庭旁，慈母親來看嗣皇。忽奉起居仍問勞，往來互遣貴貂璫。欽看回鑾報六宫，内東簾幙舞翔龍。大安輦上瞻天表，熙事圓成尚正容」。

卷六

十月

十月孟冬，正小春之時，蓋因天氣融和，百花間有開一二朵者，似乎初春之意思，故曰「小春」。月中雨謂之「液雨」，百蟲飲此水而藏蟄。至來春驚蟄，雷始發聲之時，百蟲方出蟄。朔日，朝廷賜宰執以下錦，名曰「授衣」。其賜錦花色依品從給賜。百官入朝起居，衣錦襖。三日，士庶以十月節出郊掃松，祭祀墳塋。内庭車馬差宗室南班往攢宫行朝陵禮。有司進煖鑪炭。太廟享新，以告冬朔。諸大刹寺院設開鑪齋供。貴家新裝煖閤，低垂繡幙，老穉團圞，淺斟低唱，以應開鑪之序。

立冬

立冬日，朝廷差官祀神州地祇、天神太乙。十五日，水官解厄之日，宫觀士庶設齋建醮，或解厄，或薦亡。立冬之後，如遇瑞雪應序，朝廷支給雪寒錢關會二十萬，以賜軍民。官放公私僦錢五七十，以示優恤。

孟冬行朝饗禮遇明禋歲行恭謝禮

每歲孟冬，例于上旬行孟冬禮。遇明禋，行恭謝禮。係先一日朝饗，次日方行恭謝。衛軍拱立聽宣輦，華炬金蓮引駕行。」駕前教樂所伶工導引作樂【一】。逍遥輦後，鈞容直動鼓吹從後，詣景靈宫行恭謝禮。禮成，就西齋殿賜平章、執政、親王、百官宴。盞次、食品並如朝會聖節同。凡羣臣飲量，内侍先奏定，酒斟淺深，每盞用平尺量分數，各有定數，不得留殘。前筵畢，上降輦轉御屏，百官小歇，傳宣賜羣臣以下簪花。從駕衛士、起居官、把路軍士人等並賜花。檢《會要》：「嘉定四年十月十九日降旨：遇大朝會、聖節、大宴及恭謝回鑾，主上不簪花。」又條具「遇聖節、朝會、宴賜，羣臣通草花。遇恭謝親饗，賜羅帛花」。其臣僚花朵各依官序賜之：宰臣樞密使合賜大花十八朵、欒枝花十朵；樞密使同簽書樞密使院事賜大花十四朵、欒枝花八朵；敷文閣學士賜大花十二朵、欒枝花六朵；知閤官係正任承宣觀察使賜大花十朵、欒枝花八朵；正任防禦使至刺史各賜大花八朵、欒枝花四朵；横行使副賜大花六朵、欒枝花二朵；待制官大花六朵、欒枝花二朵；横行正使賜大花八朵、欒枝花四朵；武功大夫至武翼賜大花六朵；正使皆欒枝花二朵；帶遥郡賜大花八朵、欒枝花二朵；閤門宣贊舍人大花六朵；簿書官加欒枝

【一】導引作樂　「引」原作「行」，據《學海類編》、《學津討原》、《四庫全書》本改。

花二朵；　閤門祗候大花六朵、欒枝花二朵；　樞密院諸房逐房副使、承旨大花六朵；　大使臣大花四朵；　諸色祗應人等各賜大花二朵。　自訓武郎以下、武翼郎以下並帶職人並依官序賜花簪戴。　快行官帽花朵細巧，並隨柳條。　教樂所伶工雜劇色渾裹上高族花枝，中閒裝百戲行則動轉。　諸司人員，如局幹殿幹及百司下親事等官多有珠翠花朵裝成花帽者。　惟獨至尊不簪花，止平等輦後四黄羅扇影花而已。　都人瞻仰天表，御街遠望如錦。向有朝臣吟二十八字曰：「景靈行駕到和寧，頭上宫花射綵雲。　歸向慈嚴誇盛事，誓殫忠力報吾君。」又有恭謝一二詞詠之，名《滿庭芳》：「鳳閣祥烟，龍城佳氣，明禋恭謝時豐。　綺羅爭看，簾幙捲南風。　十里仙儀寶仗，暖紅翠、玉碾玲瓏。　鑾回也，簫韶緩奏，聲在五雲中。　千官迎萬乘，絲綸叠叠，錦繡重重，聽鳴稍輦路，宴罷鰲宫。　瞻仰天顔有喜，君恩霈，寰宇雍容。　生平願，洪基鞏固，聖壽永無窮。」《慶清朝》：「銀漏花殘，紅消燭淚，九重魚鑰韶聲沸。　奏萬乘，祥曦門外。　葢聖君、恭謝靈休，謹訪景明嘉禮。　天意好，祥風瑞月，時正當、小春天氣。　禁街十里香中，御輦萬紅影裏。　千官花底，控繡勒、寶鞭摇曳。　看萬年，永慶吾皇，撚指又瞻三載。」《御街行》：「時康三載昇平世。　恭謝三朝禮。　羣臣禁衛戴花回，齪巷兒郎精鋭。　戰袍新樣團雕擁，重隘圍子隊。　繡衣花帽挨排砌，錦仗天街裏。有如仙隊玉京來，妙樂鈞天盈耳。　都民觀望時，果是消災滅罪。」《瑞鶴仙》：「歡聲盈萬户。　慶景靈禮畢，鑾輿遊步。　西郊煖風布。　喜湖山深鎖，非烟非霧。　傳收繡羽。　驊騮馳驟絨縷。望彤芳、穩穩金鑾，衮鸞翔舞。雲馭近回天廄，錫宴瓊津，洪恩均顧。霞天向暮。翠華動，舞韶舉。絳紗籠千點，星飛清禁，銀燭交輝輦路。瑞光中，渺祝無疆，太平聖主。」車駕還内，「后妃殿閣蒙頒犒，餅蒇高裝數百重。均給隨鑾禁衛士，狼餐皆有喜歡容」。

十一月冬至

十一月仲冬，正當小雪、大雪氣候。大抵杭都風俗，舉行典禮，四方則之爲師。最是冬至歲節，士庶所重，如餽送節儀，及舉盃相慶，祭享宗禋，加于常節。士庶所重，如晨雞之際，太史觀雲氣以卜休祥，一陽後，日晷漸長，比孟月則添一線之功。杜甫詩曰：「愁日愁隨一線長。」正謂此也。此日，宰臣以下行朝賀禮。士夫庶人互相爲慶。太廟行薦黍之典。朝廷命宰執祀於圜丘。官放公私僦金三日。車駕詣攢宫朝享。

十二月

季冬之月，正居小寒、大寒時候。若此月雨雪連綿，以細民不易，朝廷賜關會，給散軍民賃錢，公私放免不徵。自冬至後戌日數至第三戌便是臘日，謂之「君王臘」。臘月内，可鹽猪羊等肉，或作腊䐗、法魚之類。過夏皆無損壞。惠民局及士庶脩製臘藥，俱無蟲蛀之患。此月八日，寺院謂之「臘八」。大刹等寺俱設五味粥，名曰「臘八粥」，亦設紅糟，以麩乳、諸果、笋、芋爲之，供僧或餽送檀施貴宅等家。二十四日，不以窮富皆備蔬食餳豆祀竈。此日，市間及街坊叫買五色米食、花果、膠牙餳、箕豆。叫聲鼎沸。其夜，家家以燈照於卧牀下，謂之「照虚耗」。二十五日，士庶家煮赤豆粥祀食神，名曰「人口粥」，有貓狗者亦與焉。不知出于何典。考之此月雖無節序，而豪貴之家如天降瑞雪，則開筵飲宴，塐雪獅、裝雪山以會親朋，淺斟低唱，倚玉偎香。或乘騎出湖邊看湖山雪景，瑶林瓊樹，翠峰似玉，畫亦不如。詩人才子遇此景，則以臘雪煎茶，吟詩詠曲，更唱迭和。或遇晴明，則邀朋約友，夜遊天街，觀舞隊以預賞元夕。歲旦在邇，席鋪百貨畫門神桃符、迎春牌兒。紙馬鋪印鍾馗、財馬、迴頭馬等，饋與主顧。更以蒼术、小棗、辟瘟丹相遺。如宫觀羽流以交年疏、仙术湯等送檀施家。醫士亦餽屠蘇袋，以五色線結成四金魚、同心結子或百事吉結子，並以諸品湯劑送與主顧第宅，受之，懸于額上以辟邪氣。街市撲買錫打春旛勝、百事吉斛兒以備元旦，懸于門首，爲新歲吉兆。其各坊巷叫賣蒼术、小棗不絶。又有市爆杖、成架烟火之類。自此入月，街市有貧丐者三五人爲一隊，裝神鬼、判官、鍾馗、小妹等形，敲鑼擊鼓，沿門乞錢，俗呼爲「打夜胡」，亦驅儺之意也。

除夜

十二月盡，俗云「月窮」。歲盡之日，謂之「除夜」。士庶家不論大小，家俱洒掃門閭，去塵穢，淨庭户，换門神，挂鍾馗，釘桃符，貼春牌，祭祀祖宗。遇夜則備迎神香花供物，以祈新歲之安。禁中除夜呈大驅儺儀，並係皇城司諸班直戴面具，著繡畫雜色衣裝，手執金鎗、銀戟、畫木刀劍、五色龍鳳、五色旗幟。以教樂所伶工裝將軍、符使、判官、鍾馗、六丁六甲神兵、五方鬼使、竈君、土地、門户神尉等神。自禁中動鼓吹驅祟，出東華門外，轉龍池灣，謂之「埋祟」而散。是日，内司意思局進呈精巧消夜果子合，合内簇諸般細果、時果、蜜煎、糖煎，及市食，如十般糖、澄沙糰、韻果、蜜姜豉、皁兒糕、蜜酥、小蚫螺酥、市糕、五色萁豆、炒槌栗、銀杏等品，及排小巧玩具，頭兒、牌兒、貼兒。小酒器上插□□□□□□盒子中做造像，生大安輦或玉輅九□□□□□□等。是夜，禁中爆竹、嵩呼聞于街巷。□□□□□□煙火、屏風諸般事件、爆竹及送在□□□□□□爆竹聲震如雷，士庶不以貧富家【二】，□□□□□□如同白日。圍爐團坐，酌酒唱歌，鼓□□□□□□，謂之「守歲」。

【二】士庶不以貧富家　「庶」原作「貪」，「貧」原作「貪」，據《學海類編》本改。

卷七

杭州

杭城號武林，又曰錢塘，次稱胥山。隋朝特刱立此郡城，僅三十六里九十步，後武肅錢王發民丁與十三寨軍卒增築羅城，週圍七十里許。有南城門稱爲龍山。東城門號爲南土、北土、保德。北城門名北關，今在餘杭門外，人家門首有青石甃是也。西城門曰水西關，在雷峰塔前。城中有門者三：曰朝天門，曰啟化門，曰鹽橋門。宋太平興國年間，錢王納土。□□□□安有，號爲寧海軍。高廟於紹興歲南渡，駐蹕於此，遂稱爲「行在所」。其地襟江抱湖，川湊□□□□□衍，民物阜蕃，非殊方下郡比也。自歸宋□□□□□易名。旱門僅十有三，水門者五。城南門者一，曰嘉會，城樓絢綵，爲諸門冠。蓋此門爲御道，遇南郊，五輅從此幸郊臺路。城東南門者七，曰北水門；曰南水門，蓋禁中水從此流出，注鐵沙河及横河橋下。其門有鐵窗栅鎖閉，不曾輒開；曰便門；曰候潮門；曰保安水門，河通跨浦橋，與江相隔耳；曰保安門，俗呼小堰門是也；曰新開門。城東門者三，曰崇新門，俗呼薦橋門；曰東青門，俗呼菜市；曰艮山門。城北門者三：曰天宗水門；曰餘杭水門；曰餘杭門，舊名北關是也。蓋北門浙西蘇、湖、常、秀直至江淮諸道，水陸俱通。城西門者四，曰錢塘門；曰豐豫門，即湧金；曰清波，即俗呼闇門也；曰錢湖門。其諸門内便門，東青、艮山皆甕城，水門皆平屋，其餘旱門皆造樓閣。諸城壁各高三丈餘，横闊丈餘，禁約嚴切，人不敢登，犯者準條治罪。城内元三門俱廢之，獨朝天門止存兩城壁，杭人猶以門稱之。

大河橋道

自和寧門外登平坊内曰登平橋，次曰六部橋，即都亭驛橋。北曰黑橋。在玉牒所對巷曰州橋。執政府大渠南曰安永橋。次曰國清橋。投東轉北曰保安延壽橋。榷貨務東曰阜民橋，不通舟楫。合同場前曰過軍橋。雜賣場西曰通江橋。沿人河直至曰望仙橋。次曰宗陽宫橋。介真道館前曰三聖橋。榮王府前曰佑聖觀橋。沿河看位前曰榮王府橋。常慶坊東北曰太和樓橋，俗名柴垜。富樂坊東曰薦橋，北曰豐樂橋。善履坊東曰油蠟局橋，舊呼新橋。興福坊東曰鹽橋，上奉廣福孚順孚惠孚佑侯蔣相公祠，橋東一直不通水，旱橋名蒲橋。咸淳倉前曰咸淳倉橋，元名東橋。御酒庫東曰塌坊橋。仙林寺東曰仙林寺橋。平糴倉北曰西橋。豐儲倉後曰葛家橋，東曰通濟橋，俗名梅家橋。御酒庫北曰小梅家橋、通濟橋，北曰田家橋，次曰普濟橋。白洋池前曰白洋池橋，次曰方家橋，自大河直通天宗水門，至三閘也。

小河橋道

自宗陽宫橋轉西河曰鍾公橋，次曰清泠橋。南瓦子前曰熙春樓橋【一】。南瓦内投西曰灌肺嶺橋。通和坊東曰金波橋，北曰普濟橋，次曰巧兒橋。寶佑坊曰寶佑橋。五間樓巷東曰亨橋。賢福坊東曰平津橋，俗名猫兒橋，橋北曰舍人橋，次曰永清橋。鐵線巷西曰水巷橋，次曰新橋。義和坊曰芳潤橋，元名炭橋。武志坊東曰李博士橋，次曰棚橋。新安坊東曰新安橋。出御街投北曰衆安橋，投東入延定坊曰鵞鴨橋，次曰安國橋，又名北橋，橋北曰軍頭司橋。懷遠坊出御街投北曰觀橋，橋之西曰貢院橋，次曰藩封酒庫橋。雜作院西曰祥符橋，橋西曰小新莊橋。普寧坊東曰清遠橋。仁和縣衙對巷曰仁和倉橋。縣巷北曰萬歲橋。六部架閣庫前曰天水院橋。淳祐倉前曰倉橋，次曰永新橋。出餘杭水門，亦由于三閘水路也。其衆安與觀橋皆平坦，與御街同。蓋四孟車駕經由此兩橋，轉西禮部貢院路一直過新莊橋，詣景靈宫，行孟饗禮也。

西河橋道

自衆安橋轉西曰衆樂橋，次曰下瓦子橋。沂王府北曰結縛橋。十官宅前曰石灰橋，

【一】熙春樓橋　「樓」原闕，據《學津討原》、《四庫全書》本補。

次曰八字橋，元呼洗麩橋。南曰馬家橋，次曰鞔鼓橋。清河坊東曰洪橋，次曰井亭橋，曰施水坊橋。西横街有橋名曲阜，其橋不通舟楫，水脈自六房院後石橋下，湖水從此流出也。韓府南口軍將橋，次曰三橋子。西樓酒庫前曰惠遷橋，俗呼金叉庫橋。羅漢洞巷對曰侍郎橋，向有侍郎姓廉名郎叔居此，又有賢德及人，里巷賢之以盛名，以橋記之。南真道館前曰施家橋。斷河頭五顯祠後曰普濟橋。再自八字橋轉西曰清湖橋，次曰黑橋。左藏庫前曰左藏庫橋。楊駙馬府前投西曰安濟橋。潘閬巷路通接洋街路曰安福橋，直抵故太學，次曰丁家橋。霍使君廟前曰長生老人橋。錢塘縣巷曰縣橋。跨真珠河曰真珠河橋。此兩橋俱不通舟。國子監前曰紀家橋，監後曰車橋，側曰青龍橋。茶湯巷西曰長壽橋，舊名楊姑橋。萬壽觀前曰新壯橋。景靈宫前曰車馬橋。鎮城倉西曰師姑橋。餘杭門裏曰中正橋，元呼斜橋。水門前曰鈞橋，舊名便橋，水路出餘杭水門，通三閘也。

小西河橋道

自西樓酒庫側三橋南入惠遷橋，西過惠遷井，曰太常寺後小橋，次曰臺官衙後門橋【二】。六房省院對曰如意橋。度牒庫後巷曰永安橋，即五聖廟橋，西曰渡子橋，次曰湧金橋，界于湧金三池之中矣。湧金門北沿城鑷子井東曰鑷子井橋。張府後俞家園東曰永安橋。六房後門曰石橋。此三橋俱不通舟。湖水溢于橋下，暗溝注于曲阜橋下流出西

【二】臺官衙後門橋　「衙」原作「街」，據《學津討原》、《四庫全書》本改。

河。俞家園九官宅曰白蓮花橋，宅北投西巷曰紅蓮花橋。兩橋俱旱橋耳。又自渡子橋轉南轉運司衙前曰普安橋。油車巷對曰德壽橋。府學前曰凌家橋。謝二節使前曰定安橋。慈幼局前曰戒子橋、樓店務橋，次曰流福橋，元呼鬧兒橋。臨安府治前曰州橋，俗名懊來橋，蓋因到訟庭者到此心已悔也，故以此名呼之。

倚郭城南橋道

城南所管地界，自白塔嶺下橋曰進隆兒門裏夏家橋。交木場後曰楊漊洋泮橋，東曰李家橋。本廂治所南曰洋泮橋。馬倉巷口名紅橋子。美政坊前曰美政橋。雪醅庫東曰南新橋，俗呼朱橋。嘉會門外曰利涉橋。酒庫巷内曰上梁家橋。顔家樓對巷曰下梁家橋。浙江亭側跨浦橋。便門外投南横河橋。布行前亦名横河横橋。鰲團前曰渾水閘橋。南外庫南曰蕭公橋。太郎巷口曰上泥橋。南外酒庫對巷曰清水閘橋。候潮門外南曰衆惠橋。護聖步軍南曰下泥橋。候潮門外直東曰上欏木橋，又名普濟。白旗寨對巷曰下欏木橋。護聖上教場門東曰上洪橋。中教場門東曰中教場橋。下教場門東曰柴市橋。盛家衖東曰濟衆橋。妙静寺北曰諸家橋，橋西曰保安閘橋。保安水門外曰保安橋。新門口門外富景園東名昇仙橋。此是旱橋，一直向東曰南新草橋。城東駱家跳曰駱家橋。西首寨前曰馬軍橋。橋東寨前曰步軍橋。善應寺北曰四板橋，橋西曰萬壽橋，又名吕家橋。

景隆觀後曰通利橋，次曰米市橋。老兒營後曰五柳園橋。北曰福濟橋，又名廣澤。崇新門外直東曰章家橋，北曰淳祐橋。拱聖營東曰螺螄橋。小粉場前曰普安橋，又名横河橋，東曰廣濟橋。蒲場巷軍巡鋪前曰安濟橋。遊奕教場門曰教場門橋，橋東横河軍巡鋪前曰報恩橋。螺螄橋北蟹行曰蔡湖橋。遊奕軍佑聖殿後曰遊奕寨橋，橋北曰安榮橋，南路曰小蔡湖橋。殿司雙寨門前曰前軍橋。東青門外直東曰菜市橋。選鋒軍東曰太平橋，北曰端平橋。東青門曰十善橋，次曰黄姑橋。艮山門東曰順應橋，舊名壩子橋。仁和尉司前曰無星橋。法明寺前曰駱駝橋。寺門外走馬塘曰壐橋。尉司後曰龔家橋。沙河角頭水陸寺北曰韋家橋，橋側曰廣度橋。走馬塘東石斗門鋪前曰石斗門橋。尉司側曰木板橋。沙河角頭曰宋家橋。城東鄭家園後曰翁泰橋，次曰馮家橋。章家橋、姚店橋。園後麥莊廟前曰麥莊橋。城東九里松大路曰樟木廟橋。廟前曰江家橋。城東盧家雪窨南曰行人橋。走馬塘范家村曰張娜兒橋。姚斗門鋪曰新塘橋。石斗門鋪前曰蔡家大橋。城東蔡家村曰蔡家小橋。高塘灣横塘路曰姚馬四橋。城東官園裏曰鴨舍橋。橋大路曰李家橋。官園裏北曰孫家橋。金家村曰猪坊橋。姚斗門鋪前唐家村曰資福橋，曰小資福橋。斗門東南陸家村曰陸家橋。沈家塘口曰歐家橋。斗門南大路曰升仙橋。看經寺前曰看經橋。城東胡陳畈等處其橋有九：名曰范家、徐家、李家、陳家、杜家、姚家、仲家橋、普寧橋、下廂等橋。五里塘路口張家橋，橋側曰菩薩橋。殊勝寺前曰殊勝橋。塘大路曰王家橋。行人菴側曰嚴家橋。塘東曰新橋，橋側曰鮑家橋。塘西曰飛家橋。

倚郭城北橋道

城北所管地界，自錢塘尉司西水磨頭曰石函橋，又呼西石頭橋。西湖孤山路曰寶佑橋，俗呼斷橋。孤山路中曰涵碧橋。和靖林處士故居所曰處士橋。延祥四聖觀西曰西林橋。蘇堤南來第一橋曰映波，第二橋曰鎖瀾，第三橋曰望山，第四橋曰壓堤，第五橋曰東浦，第六橋曰跨虹。先賢堂前橋曰袁公橋，蓋府尹袁大資建堂造橋，以名記之。麴院新堤路小橋曰小新堤橋。麴院大路向東曰行春橋。九里松左軍教場大路西有橋亦曰行春橋。飛來峰路口曰合澗橋。龍井路口曰歸隱橋，蓋東坡欲易于過溪，建此橋也。麥嶺西太清宮前曰孝義橋。嶺口寨前曰新河橋。麥嶺至龍井其橋有三：曰善安、永安、永福橋。茆家步至丁家山有橋者三：曰雙井、丁家山、小丁家山橋。高麗寺側曰惠因橋。淨慈寺北慶樂園前曰長橋。錢湖門外沿城海子口隅下曰清化橋。清波門外流福水路橋。聚景園前曰聚景橋。顯應觀前曰顯應觀橋。湧金門外城北水口上曰相國西橋。九曲小渡曰咸淳新建橋，曰九曲昭慶橋。大昭慶寺前曰昭慶廣濟橋。寺西寨前曰策選寨橋。昭慶教場西曰教場橋。教場橋北曰崇福橋。霍山大路口曰羊坊橋。霍山行宮巷口曰保安橋。羊坊巷北曰溜水橋。精進寺北曰小溜水橋。溜水橋西北曰沈家場橋。橋前一帶曰安民橋。

西馬塍觀音菴西曰八字橋。運司竹木場前曰馬軍橋。羊角埂上有橋者四：曰上泥、下泥、崇壽、閻家橋。馬塍烏盆場曰富春橋，又名烏盆橋。羊角埂西雙寨門曰策選馬軍橋。埂西入裏曰神勇步人橋。本州試院前曰大通橋。王家橋試院東曰道姑橋。試院西曰清水橋。石塘東曰西堰橋。古塘橋東曰方公橋，西曰觀音橋。城西銅錢局前曰古塘橋。古塘裏西曰惠安橋。北郭務前曰餘杭橋。天宗水門外曰上堰橋。餘杭橋側曰下堰橋。北郭税務北曰糖餅橋。神勇鋪曰過軍橋。上閘南曰上斗門橋。下斗門西曰永興橋。上閘南曰中斗門橋。上閘東陸家場前曰天宗棧庫橋。餘杭門外上閘頭曰上閘橋。上閘北中閘頭曰中閘橋。中閘西曰唐家橋，又名壽安橋。中閘北下閘頭曰下閘橋。米市橋南曰浴堂橋。下閘西北曰米市橋。米市裏曰黑橋。麻線巷曰採蓮橋。夾城巷口曰袁家橋。德勝橋北曰下斗門橋。舊瓦子後曰鄧家橋，又名廣利橋。石牌頭巷内曰袁公橋。糴場後德勝橋，舊名堰橋，因韓太尉掩擊苗傅，故杭人稱之曰長板橋，曰楊漊橋。下界倉後曰高家、梁漊、張家三橋。五里塘大路曰東新橋。莫家場前曰范漊橋，元係小石橋。魚行裏曰水冰橋。接待寺南曰望佛橋，橋西曰復明橋，一名倪郎中橋，橋東曰雷道橋。魚行裏曰黑橋。接待寺前曰香火橋。北外酒庫南大路曰左家橋。西倉南曰寶慶橋，又名葱版蛳橋。豐儲西倉前曰西倉橋。倉北曰洞霄道院橋。城北廂巷口曰富春橋，一名茆家橋。西倉北醋坊橋。官界巡司東曰吴家橋，司西曰黄家橋。江漲税務東曰江漲橋，橋西南曰歸錦橋。

瓜山涇巷口曰洪橋，巷東曰杜公橋。董家巷北曰獅子橋、喻家橋，橋側葛家、余家二橋。喻家橋西葉家橋。北新東曰費家橋。北新南曰羊棚橋，橋北曰北新橋，元名中興。永安橋北新隅北曰康家橋，橋側曰豐惠橋。正等鋪曰印墓橋。康家橋北塘上曰板橋。

禁城九廂坊巷

在城九廂界，各廂一員小使臣注授，任其烟火盜賊，收解所屬。其職至微，所統者軍巡火下地分，以警其夜分不測耳。曰宫、城、廂、廡、坊、巷。東至嘉會門禁城角，西至中軍壁小寨門，南至八盤嶺，北至便門巡鋪城角矣。左一南廂所管坊巷曰大隱、安榮、懷慶、和豐，並在清河坊内南首一帶。左一北廂所管坊巷曰吴山坊，即吴山井巷；清河坊，與南瓦子相對；融和坊，即灌肺嶺巷新街融和之北；太平坊，通和相對；市南坊，即巾子巷；市西坊，俗呼壩頭，又名三橋街，並在御街西首一帶，南新街御史臺相對；康裕坊，俗呼八作司巷，後市街吴山北坊西相對；泰和坊，俗呼糯米倉巷；天井坊，即天井巷，舊名通淛坊，稍西龍舌頭路；中和坊，元呼樓店務巷，舊名淨因坊；仁美坊，俗呼石坂巷，在通判北廳之東；近民坊，府治東；流福坊，府治前；西豐裕坊，凌家橋西；美化坊，府學西八巷，並在清河坊北首一帶，直至州府沿河至府學前凌家橋西。左二廂所管坊巷曰脩義坊，俗呼菱椒巷，即肉市；富樂坊，俗呼賣馬巷；衆樂坊，俗呼虎跑泉巷；

教睦坊，俗呼狗兒山巷；　積善坊，即上百戲巷；　秀義坊，即下百戲巷；　壽安坊，俗名官巷；　修文坊，即舊將作監巷；　里仁坊，元名陶家巷；　保信坊，俗呼剪刀股巷；　定民坊，即中棚巷；　睦親坊，俗呼宗學巷；　純禮坊，元名後洋街巷；　保和坊，舊稱磚街巷；　報恩坊，俗名觀巷，以上在御街西首一帶；　福德坊在保和坊巷内；　招賢坊，仁和縣前對巷；　登省坊，縣衙相對，係郭宰買民地刱開此坊耳。左三廂所管坊巷：欽善坊，井亭橋南聞扇子巷；　甘泉坊，相國井巷口，與井亭橋對；　清風坊，莊文府南活水巷；　清河坊，洪福橋西楊和王府前；　興慶坊，結縛橋對前洋街；　德化坊，舊木子巷，在潘閬巷口；　字民、平易，俱在錢塘縣前。右二廂所管坊巷：孝仁、登平二坊，和寧門外西；　東壽城坊，太廟南糧料院巷；　天慶坊，即天慶觀巷；　保安坊，元呼廟巷；　懷信坊，俗呼糍糰巷；　長慶坊，入忠清廟路，以上並在大街東西；　新開坊，清平巷轉東上抱劍營路；　常慶坊，都税務南柴垛橋巷；　富樂坊，薦橋西。右二廂所管坊巷：清平坊，即舊沙皮巷；　蘭陵通和坊，金波橋路；　寶佑坊，即福王府看位一直路；　賢福坊，即壩東貓兒橋巷；　蘭陵坊，水巷橋巷；　義和坊，俗呼炭橋巷；　武志坊，元名李博士橋巷；　戒民坊，俗呼棚橋巷，爲市曹行刑之地；　新安坊，名爲新橋樓巷；　延定坊，鵞鴨橋巷；　安國坊，即北橋巷；　懷遠坊，舊呼軍頭司營巷；　普寧坊，在觀橋之北，即清遠橋巷，皆在御街東首一帶；　同德坊，舊呼燈心巷，在大街北；　嘉新坊，北庫東西北，呼七郎堂巷；　教欽坊，俗呼竹竿巷，北酒庫東面南新開南巷薦橋；　富樂坊，對新開北巷曰新橋東。右三廂所管坊巷：　東巷坊，即上中沙巷；　西巷坊，名下中沙巷；　豐禾坊，全皇后府東；　善履坊，即芳潤橋東；　興化坊，鹽橋下西北；　昌樂坊，蒲橋東。右四廂所管坊巷名曰興禮，自宗陽宫牆之東至傳法寺佑聖觀郭謝太后宅福田宫出街，直到寧海坊，俱屬所統也。蓋杭舊有坊巷廢之者七，如羅漢洞舊有坊名美俗，三橋湧金路舊名會昌坊，洪橋楊府巷元作紫雲坊，癸辛街巷爲從訓坊，馬家橋西曾立孝慈坊，洗麩橋南北二岸謂之通寶、豐財二坊，皆後人不可不知，姑並述之。

卷八

大内

大内正門曰麗正，其門有三，皆金釘朱户，畫棟雕甍，覆以銅瓦，鎸鏤龍鳳飛驤之狀，巍峩壯麗，光耀溢目。左右列闕亭【一】，待百官侍班閣子。登聞鼓院、檢院相對，悉皆紅杈子排列森然，門禁嚴甚，守把鈐束，人無敢輒入仰視。至晡時，各門下青布幕護之。麗正門内正衙即大慶殿，遇明堂大禮、正朔大朝會俱御之。如六參起居，百官聽麻改殿牌爲文德殿。聖節上壽，改名紫宸。進士唱名，易牌集英。明禋爲明堂殿，次曰垂拱殿，常朝四參起居之地。内後門名和寧，在孝仁登平坊巷之中，亦列三門，金碧輝映，與麗正同。把守衛士嚴謹。如人出入，守閫人高唱頭帽號，門外列百僚待班閣子，左右排紅杈子，左設閤門，右立待漏院、客省、四方館。入登平坊，沿内城有内門曰東華，守禁尤嚴。沿内城向南，皆殿司中軍將卒立寨衛護，名之中軍聖下寨。寨門外左右俱置護龍水池。沿寨向南，有便門，謂之東便門。禁庭諸殿更有者十，曰延和、曰崇政、曰福寧、曰復古、曰緝熙、曰勤政、曰嘉明、曰射殿、曰選德、曰奉神，御殿名「欽先孝思之殿」。更有天章諸閣，奉藝

校勘記

【一】左右列闕亭　「亭」原闕，據《學津討原》、《四庫全書》本改。

祖至理廟神御御書、圖製之籍。寶瑞之閣建于六部山後，供進御膳，即嘉明殿，在勤政殿之前。勤政即木帷寢殿也。嘉明殿相對東廊門樓，乃殿中省六尚局御廚，祗應内侍人員俱集于此。殿上常列禁衛兩重，時刻提警，出入甚嚴。内皆近侍中貴。殿之廊廡皆知省、御藥、御帶、門司、内轄等官幕次，聽候宣唤。小園子、快行、親從、輦官、黄院子、内諸司司屬人員等上番者俱聚于廊廡，祗候服役。如宫禁買賣進貢，皆由此入。惟此處浩穰，每遇進膳，自殿中省對嘉明殿禁衛成列約欄，不許過往。省門上有一人呼唱，謂之「撥食」。次有紫衣裹捲脚幞頭者，謂之「院子家」，托一合，用黄繡龍合衣籠罩，左手擕一條紅羅繡手巾進入，于此樣約十餘合。繼後又托金瓜各十餘合進入。若非時取唤名曰「汎索」。皇太后殿名曰「坤寧」，皇后殿名曰「和寧」。兩殿各有大官及殿長、内侍及黄院子、幕士、殿屬親從、輦官等人祗候。諸宫妃嬪等位次亦有内侍提舉，各閣分官屬掌箋奏，院子、小園子等人祗直。和寧門外紅杈子早市買賣，市井最盛。蓋禁中諸閣分等位宫娥早晚令黄院子收買食品、下飯于此。凡飲食珍味，時新下飯，奇細蔬菜，品件不缺。遇有宣唤收買，即時供進。如府宅貴家欲會賓朋數十位，品件不下一二十件，隨索隨應，指揮辦集，片時俱備，不缺一味。夏初茄瓠新出，每對可直十餘貫。諸閣分貴官爭進，增價酬之，不較其值，惟得享時新耳。

德壽宫

德壽宫在望仙橋東，元係秦太師賜第，于紹興三十二年六月戊辰高廟倦勤，不治國事，别創宫庭御之，遂命工建宫殿，扁「德壽」爲名。後生金芝于左棟，改殿扁曰「康壽」。其宫中有森然樓閣，扁曰「聚遠」，屏風大書蘇東坡詩：「賴有高樓能聚遠，一時收拾付閒人」之句。其宫籞四面遊翫庭館，皆有名扁。東有梅堂，扁曰「香遠」。栽菊間芙蕖、脩竹處有榭，扁曰「梅坡松菊三徑」。酴醿亭扁曰「新妍」。木香堂扁曰「清新」。芙蕖岡南御宴大堂扁曰「載忻」。荷花亭扁曰「榭香聽臨賦」。金林檎亭扁曰「燦錦」。池上扁曰「至樂」。郁李花亭扁曰「半綻紅」。木樨堂扁曰「清曠」。金魚池扁曰「瀉碧」。西有古梅，扁曰「冷香」。牡丹館扁曰「文杏」，又名「静樂」。海棠大樓子扁曰「浣溪」。北有欏木亭，扁曰「絳葉」。清香亭前栽春桃，扁曰「倚翠」，又有一亭，扁曰「盤松」。高廟雅愛湖山之勝，於宫中鑿一池沼，引水注入，疊石爲山，以像飛來峰之景，有堂扁曰「冷泉」。孝廟觀其景，曾賦長篇咏曰：「山中秀色何佳哉，一峰獨立名飛來。參差翠麓儼如畫，石骨蒼潤神所開。忽聞彷像來宫囿，指顧已驚成列岫。規模絶似靈隱前，面勢恍疑天竺後。孰云人力非自然，千巖萬壑藏雲烟。上有峥嶸倚空之翠壁，下有潺湲漱玉之飛泉。一堂虚敞臨清沼，密蔭交加森羽葆。山頭草木四時春，閲盡歲寒人不老。聖心仁智情幽閒，壺中天地非人間。蓬萊方丈渺空闊，豈若坐對三神山。日長雅趣超塵俗，散步逍遥快心目。山光水色無盡時，長將挹向杯中緑」。高廟覽之，欣然曰：「老眼爲之增明。」後孝廟受禪，議德壽宮改扁曰「重華」御之。次憲明太皇后欲御，又改爲「慈福宮」，壽域皇太后亦改宮，扁曰「壽慈」御之。繼後宮室空閒，因而遂廢。咸淳年間，度廟臨政，以地一半營建道宮，扁曰「宗陽」，以祀感生帝。其時重建，殿廡雄麗，聖真威嚴，宮囿花木靡不榮茂，裝點景界，又一新耳目。一半改爲民居，圃地改路，自清河坊一直築橋，號爲宗陽宮橋。每遇孟享，車駕臨幸，行燒香典禮。橋之左右設帥、漕二司，起居亭存焉。

太廟

太廟在瑞石山，紹興間建，正殿七楹十三室，二車十駕款謁禮後，又幸建康，改爲聖祖殿，復奉神主還杭，仍復奉安于此。禮部太常寺遵典行郊禋禮。前一日，朝饗太廟，仍設七祀板位于殿廡横階之北，又設配饗文武功臣，自韓王趙普以下二十五位于横階之南。後部寺奏請增建廟室，後東西增六楹，通舊十三楹爲一室，東西二楹爲夾室，及增廊廡作通爲一十四室，皆正中。又築二成之臺，爲祠宮升下，以奉神主出入之地。四祖廟在諸室西神門册寶殿、祭器庫屋，建齋殿及致齋閤子四十有四楹。咸淳添置一室，奉理廟神主，之西，奉僖、順、翼、宣四祖神主耳。每遇三年以孟冬祫饗，即廟行禮，次詣諸室恭行祀典。

景靈宫

景靈宫在新莊橋，投北坐西，乃韓蘄王世忠元賜宅基，其子獻于朝，改爲宫。向中興初，高廟鑾輿幸此，四孟朝獻俱于禁中行禮。紹興年間，臣僚奏景靈宫以奉祖宗衣冠之所，即漢享廟也，今就便殿設位以饗，未副廣孝之意。遂詔臨安府同脩内司相度，以蘄王宅基脩蓋宫廟殿門扁曰「思成」，前爲聖祖廟，宣祖至徽宗殿居中，東西廊俱圖配饗功臣像于壁。元天聖后與昭憲太后而下諸后殿居于後。朝家欲再廣殿廡，劉氏餘地，其子孫復獻，遂增建前殿五楹，中殿七楹，後殿十七楹。自是齋殿、進膳、更衣、寢殿次第俱備焉。咸淳年間，再命帥臣重脩各殿。度廟親洒扁目，自聖祖、宣祖、太祖至理廟十六殿，曰天興、天元、宣武、大定、熙文、美成、治隆、大明、重光、承元、瑞慶、皇德、系隆、美明、垂光、章熙之扁。自元天聖后至楊太后十五殿，曰保寧、太始、儷極、煇德、衍慶、繼仁、徽音、坤元、柔儀、順承、纘德、順嗣、徽光、順天、體德之扁。宫後有堂，自東齋殿西循廡而右，爲大堂三，臨池上，左右爲明樓，旁有蟠桃亭。堂南爲西齋殿，遇郊禋恭謝設宴賜花于此。西有流杯堂、跨水堂、梅亭，北爲四并堂，又有橘井、脩竹、四時花果亭宇，不能備載。宫南建崇禋館，命道流以奉洒掃、晨香、夕燈之職。仍設内侍官提舉宫事務，及宫司皇城兵侍衛之。按《朝野雜記》：「太廟以奉神主，一歲五饗，朔祭而月薦新。其五饗，命宗室諸王奉禮，朔祭以太常卿行事。景靈宮以奉褄像，歲行四孟饗，主上親祀之。帝后大忌，宰臣率文武官僚行香，僧道作法事，后妃六宮亦皆繼往。天章閣奉繪像，時節朔望、帝后生忌日，皆徧薦，内臣行禮。内庭欽先孝思殿亦奉神御，主上每日炷香。凡朔望、帝后忌辰節序，皆親行酌獻之禮。太廟之祭，以行俎豆禮。景靈宮祭，以奉牙盤禮。天章閣、欽先孝思殿以奉常饌，行家人之禮。」

萬壽觀

萬壽觀在新莊橋西，紹興閒建殿觀宇，以太霄殿奉昊天，寶慶殿奉聖祖，長生殿奉長生帝，西則純福殿奉元命，後殿十二楹爲二十二室，奉太祖以下。會聖宮、章武殿應天璇運，皆褄像，以存東都遺制。前殿東有圓廟室扁曰「延聖」，章惠后室扁曰「廣惠」，温成后室扁曰「寧華」。四孟廟獻畢，上由御圃詣本觀諸殿行燒香禮。景定改道院齋閣以奉皇太后。元命觀東建神華館，命羽士焚脩。

御前宮觀　東太乙宮

御前宮觀在杭城者六，湖邊者三。多是潛邸改建琳宮，以奉元命，或奉感生帝，屬内侍提舉宮事，設立官司、守衛兵士。凡宮中事務，出納金穀，日膳，道衆脩崇醮款，凡有脩整宫宇及朝家給賜銀帛，殿閣貼齋錢帛，並皆主計給散。羽士俱沾恩甚隆，外觀皆不及也。東太乙宫在新莊橋南，元東都祠五福太乙神也。駐蹕于此，以北隅擇地建宫以奉。禮寺討論，宜設位塐像。按，十神者曰五福、君基、大游、小游、天一、地一、四神、臣基、民基、直符。凡行五宫四十五年一移，所臨之地歲稔無兵疫。紹興間，命浙漕度地建宫，凡一百七十四區。殿門扁曰「崇真」，大殿扁曰「雲休」，挾殿扁曰「瓊章」，寶室元命殿扁曰「介福」，三清殿扁曰「金闕」，寥陽齋殿扁曰「齋明」，火德殿扁曰「明離」。兩廡俱繪三皇五帝、日月星宿、嶽瀆九宫貴神等，與從祀一百九十有五，遵太平興國舊制。每祀，用四立日，設籩豆簠簋尊罍，如上帝禮。兩廡以次降殺。車駕遇四孟朝饗，嘗親詣焉。孝廟又建元命殿，扁曰「崇禧」。淳熙建藏殿，扁曰「瓊章」，寶藏鐘樓，扁曰「瓊音之樓」。理廟建長生殿奉南極。度宗建通真殿以奉佑聖，中祐殿奉元命，順福殿奉太皇元命，蓋易長生名改爲延壽，俱宸翰也。又北辰殿奉北斗。崇真館在宫南，有齋八，曰觀妙、潛心、泰定、集虚、頤真、集真、洞微、虚白。館有小圃，亭扁「武林」，山在宫後小坡。山乃杭之主山也。

西太乙宫

西太乙宫在西湖孤山。淳祐間，太史奏太乙臨梁益分，請用天聖故事，於國城西南别建新宫，以順方向。于是擇八角鎮地建宫奉安，遂析延祥觀地爲宫，以涼堂建正殿，扁曰

「黄庭之殿」。殿門扁曰「景福之門」。安奉太乙十神帝像。東有延祥殿，以備臨幸。其外扁曰「福祥之門」。凡宮之事儀、四立、祀典皆如東太乙例遵行。咸淳間，以德輝堂爲元命殿，明應堂爲太皇元命殿。迎真殿在宮之右，有齋者二，曰通真、養素。宮中舊有陳朝檜，至今七百五十餘年矣。蘇東坡嘗爲僧志詮作詩以記。側有小亭。孝廟宸翰其詩，石刻于亭下，曰：「道人手種幾生前，鶴骨龍姿尚宛然。雙幹一先神物化，九朝三見太平年。忽驚華表依巖出，乞與佳名到處傳。此柏未枯君記取，灰心聊伴小乘禪」。

佑聖觀

佑聖觀在端禮坊西，元孝廟舊邸。紹興間，以普安外第設立光廟。乾道年間，又開甲觀之祥。淳熙歲，詔改爲道宮，以奉真武。紹定重建觀門，曰「佑聖之觀」，殿曰「佑聖之殿」。藏殿扁曰「瓊章」，寶藏御製《真武贊》及宸翰《黄庭經》，皆刻之石以賜。後殿奉元命，西奉孝廟神御，即明遠樓舊址也。孝廟少年時題杜甫詩曰：「富貴必從勤苦得，男兒須讀五車書。」理廟又書全篇，録于東宮廳屏風上，曰：「碧山學士焚銀魚，白馬却走深巖居。古人已用三冬足，年少今開萬卷餘。晴雲滿户團傾蓋，秋水浮堦溜決渠。富貴必從勤苦得，男兒須讀五車書。」延真館在觀之右，命道流脩晨香夕炬之供，館有道紀堂、虚白齋。

顯應觀

顯應觀在豐城門外，聚景園之北，處湖之東。水四面遶觀。觀額宣和所賜。靖康年間，高廟爲康邸，出使至磁州，神馬引而南。建炎初，秀邸妻夢神指一羊，謂曰：「以此爲識。」遂誕毓孝廟，由是累朝祠祀彌謹。殿中爲顯應之殿，其神位曰「護國顯應興聖普佑真君」。高廟爲書殿扁，且揭以御名，昭其敬也。孝廟宸書「瓊章寶藏」之扁。理廟書洞古經以賜刻石。寧廟御題觀碑其額，以表功忠。觀之東有崇佑館。

四聖延祥觀

四聖延祥觀在孤山，舊名四聖堂。《道經》云：「四聖者，紫微北極大帝之四將，號曰天蓬、天猷、翊聖、真武大元帥真君。」元是顯仁韋太后繪像，奉事甚謹，朝夕不忘香火。高廟爲康邸，出使將行，見四金甲神人執弓劍以衛。紹興間，慈寧殿出財建觀侍奉，遂于孤山古刹徙之爲觀。次年，内庭迎四聖聖像奉安此觀。觀額詔復東都延祥舊名，殿扁曰「北極四聖之殿」，殿門扁曰「會真之門」，三清殿扁曰「金闕寥陽」，法堂扁曰「通真」，元命閣扁曰「清寧」，皆理廟奎墨。藏殿扁曰「瓊章寶藏」，孝廟親墨。有堂扁曰「瀛嶼」，元是涼堂扁，建西宮以堂爲黄庭殿，别創新堂，以此扁奉之。觀有瑞真道館，即延祥觀門也。

三茆寧壽觀

三茆寧壽觀在七寶山，元三茆堂，因東都三茆寧壽之名賜觀額。寧壽觀殿扁曰「太元」，奉三茆真君像。觀中有三神御殿，觀中曾蒙賜三古器玩，皆希世之珍。一曰宋鼎，乃宋孝武帝之牛鼎，以祀太室之鼎。二曰唐鐘，係大唐常州澄清觀舊物，内庭出内帑金帛易以賜之，禁中每聽鐘聲以奉寢興食息之節。三曰褚遂良書小字《陰符經》，此物宣取復賜賈秋壑。觀之外曰東山，爲殿以奉元命。有亭扁曰「賓日」，俯見日出。又有庵，扁曰「仁壽」。

開元宫

開元宫在太和坊内，秘書省後，元寧廟潛邸，爲道宫。向東都有開元陽德觀以奉火德。嘉泰年，詔以嘉邸改充開元宫，儀制皆視佑聖觀，扁曰「明離之殿」。祀以立夏。又詔臨安府即殿左别建皇伯宣明王殿，遂徙大宗正司他所，悉以址爲宫，作寧廟神御殿。又有璇璣殿奉北斗，易扁曰「北辰」。衍慶殿以奉真武。順福、神佑二殿奉元命。皆嘉明殿奎畫。宫北建陽德館，以存脩真之道侶。

龍翔宫

龍翔宫在後市街，元理廟潛邸，舊沂靖惠王府。詔建道宫，賜名「龍翔」，以奉感生帝。大門扁曰「龍翔之宫」，中門扁曰「昭符之門」，殿扁曰「正陽之殿」。禮官討論祀典，以正月上辛日差侍從、三獻官等升爲上祀行禮，備牲牢禮料，用十二籩豆，設祭歌宫架樂舞，受誓戒，望祭齋宫行事。内牲牢依祀天地禮例，用羊豕。所有儀像服色制度有靈體殿廡下畫像可遵。朝議以龍翔宫奉感生帝，既屬羽流，合用齋醮之法。其正月上辛日望祭，自如其舊，奉旨從之。宫之左曰福慶殿，以待車駕款謁，改爲神御殿。正陽之後殿爲醮殿。宫西奉南真館，門曰「南真之館」，中門曰「啓晨之門」，三清殿扁曰「三境儲祥」，後殿扁曰「申佑」，以奉元命。西曰順福殿，以奉太皇元命。壽元殿奉南斗。景緯殿奉十一曜，鐘樓扁曰「和應之樓」，經樓扁曰「凝真之章」，藏殿扁曰「琅函寶藏」。小位次以備車駕宴坐，扁曰「仙源」。羽士之室扁曰「澄虚」。内侍之舍扁曰「泉石」。有高士三齋，曰履和、頤正、全真。

宗陽宫

宗陽宫在三聖廟橋東，以德壽宫地一半建宫，賜名以奉感生帝。蓋此地前後環建王邸，又建廟毓聖之所，天瑞地符，益大彰顯。詔兩司相度建宫，大門扁曰「宗陽之宫」，中門扁曰「開明之門」，正殿扁曰「無極妙道之殿」，以奉三清。三清殿後爲虚皇之殿，直北有門，扁曰「真應之門」。中建毓瑞之殿，以奉感生帝。順福殿奉太皇元命。後爲申佑殿奉元命，通真殿奉佑聖。自開明門内，左有玉籁之樓、景緯之殿、壽元之殿，右有鑾簡之樓、瓊章寶書、北辰之殿。規制祀典並視龍翔宫，行常以原饗回歸行欵謁禮。有降輦殿曰「福臨之殿」，門曰「福臨殿門」。進膳殿曰「端拱」，後有軒，扁曰「勁霜」，有圃，建堂二，曰志敬，曰清風。亭扁曰「丹邱元圃」。亭之北鑿石池，堂扁曰「垂福」，後曰「清境」。圃内四時奇花異木、脩竹松檜甚盛。宫西有介真館，堂曰「大範」。觀後觀妙齋曰「會真」、「澄妙」、「常淨」，俱度廟奎藻。

校勘記

卷九

三省樞使諫官

三省，即尚書省、中書省、門下省。樞密院，國初循唐舊制置院于中省之北，今在都堂東，上爲樞屬列曹之所。蓋樞密使率以宰臣兼領，自知院以下皆聚丁都堂治事。省院在和寧門北首，舊福寧寺也。樞密院後建經武閣，係藏經武要署之文。中省、門下後省在都堂後。諫院在後省之西。檢正左右司在諫院之右向東。承旨檢詳編脩在樞密院三省樞密院監門大門之南。三省、樞密院架閣在制勑院後。御史臺在清河坊内北向，蓋取嚴肅之義，内有朝堂，即臺廳也。自紹興來未嘗置對。有屬臺臣讞問，則刑察就聽于大理寺問罪矣。

六部

六部，在三省、樞密院之南。部之中堂名曰「論思獻納之堂」。史部掌天官，依唐制，以文武有官人分左右銓選名之：尚左、尚右、侍左、侍右、司封、司勳、考功，凡七司以掌文武注授、到部推賞等事。

户部名爲地官，又稱民部，掌天下州郡財賦，得財用耗而復衍，倉廩虚而復實之事。

禮部謂之春官，掌禮儀，討論典故，講習典禮，大朝聘禮、慶賀朝儀、生辰聖節、元旦冬至朝會郊祀明堂合祀天地、祖宗、典策秋享、祭祀社稷、封賜祀典、祠廟、功臣勳烈配享及賜家廟祭器等事。

兵部謂之夏官，掌兵伍、廂軍、武舉投試武藝、金吾街仗人司兵及大將出征告廟、破賊露布、鹵簿字圖，若番夷屬户授官封爵等事，及天下地圖、堡寨、烽堠、番夷歸服内附，皆掌之。又稱駕部，掌輦輅車乘、廄牧雜畜、乘具傳驛之政，令辨其出入之數。再名庫部，掌軍器儀仗、鹵簿法式，隨軍攻城什物及供帳之事，是爲四司主掌也。

刑部謂之秋官，掌邦典之重輕、民訟之疑惑、重刑之出入、官僚之憲讞，皆主之。蓋民不問大小生死事體所係，四方訟刑得其平直，發于天庭，以稱其職。唐制，刑部分爲四司：曰刑部、曰都官、曰比部、曰司門是也。

工部謂之冬官，掌工役程式及天下屯田、文武官職田、京都衢關、苑囿、山澤、草木、畋獵、漁捕、運漕、碾磑之事。唐制名爲四司：曰工部、曰屯田、曰虞部、曰水部，一皆所總也。

六部監門

六部監門在六部大門之左，凡所掌之事隸于六部。部門受其出入之時，以聽上稽訪，門之司存蓋至是而愈重矣。奉行列曹之命，以正胥吏之失，贊長貳之懲決，以遵長官之意耳。六部架閣其庫在天水院橋，掌六曹之文書，主二十四司之案牘，故官置庫掌其架閣，皆無失誤矣。

諸寺

太常寺在羅漢洞，掌奉常禮儀、討論典故、祭器、太常樂器等事。寺内有昭勳崇德閣，閣上繪像文武功勳大臣，自忠獻趙韓王普以下二十五人于其上也。

宗正寺玉牒所在太廟南，玉牒建局以宰臣提舉，從官兼脩撰。宗正卿少以下悉預脩《宗藩慶系録》、《仙源積慶圖》等書。檢討官亦以他職兼耳。

大理寺在仁和縣西，設卿、少、丞、簿、評事、司直之官，及治獄、都轄、推吏等，家屬皆居于寺内，以嚴出入之禁。掌朝廷刑棘廷尉之職，按法、斷刑、治獄、推劾等事。

司農寺在保民坊内。國制以户部掌國計而司農列卿、少、丞、簿贊之。如諸州府縣道每年上供，及宰執百官軍糧宣限米斛，皆委專官吏卒下各路州縣坐徵，以應宣限支用也。

太府寺在保民坊内，係《周官》職，總局二十有四，如諸軍、諸司、糧、審四院，左藏二庫，買務、賣場及編、奎兩司，和劑、惠民四局，祗候鈔引院，皆屬掌矣。

秘書省國史勅令附

秘書省在天井坊之左。東都建于禁中。紹興閒，以殿司寨基建，省有殿，扁曰「右文之殿」。祕閣在殿後，專奉御書、制書、畫、古器等。兩廡列累朝制書石刻。國史實録院在殿東，提舉官閣在殿西。道山堂在閣後。東、西二閣，監、少之位，丞、簿館職閣列于兩廊堂之前。著作之庭在堂後，有小軒，置石刻、東坡畫竹于中。西有四閣，著作著佐之位。國史日歷所在著作庭東廡，有汗青軒。編纂會要所在著作庭西廡。《日歷》、《會要》庫、經、史、諸子書籍庫共七庫，俱列于殿外東西兩廡。書列庫在著作庭之右。後圃有羣玉堂，以東坡畫竹真蹟爲屏。有蓬萊亭，前爲鑿池，度以石橋。池上疊石爲山，又有亭者六，扁曰「芸香」、「席珍」、「方壺」、「含章」、「茹芝」、「繹志」。次有射圃矣。含章亭後有渾儀基，乃太史推占星象之用也。勅令所在侍郎橋南，專爲詳定編脩諸司勅令。蓋謹法度、廣賢才耳。

諸監

國子監在紀家橋太學之側，設祭酒、司業、丞、簿等官，專掌天子之學校，訓導生員之職，總掌國子、太學事務。生員出入規矩、考課試、遵訓導。天子視學、皇太子齒胄，則講議釋奠等禮也。監廳繪魯國圖，東西爲丞、簿位，後有書庫官位，中爲堂，繪三禮圖于壁。用至道故事，有圃亭，扁曰「芳潤」，丞錢聞詩扁以隸古。書板庫在中門内。

將作監在保民坊，設監、少、丞、簿，掌計料監造官司營房舍屋皆隸焉。蓋漢制將作大匠沿襲秦官，亦少皥氏以五雉爲五工正以利器用，唐、虞、共工、《周官》考工之職也。

軍器監在保民坊，監有長、貳、丞、簿之官，率屬治與《唐六典》建官不殊，掌製造御前軍器，别置提舉、提轄等官涖其役。近年專委殿巖而監製，本監益以省也。

大宗正司

大宗正司在天慶坊内，以魏憲惠王府舊址築之。掌親屬宗廟之事，自漢、魏、隋、唐迄于宋，因而不改，以皇族官位高有德望者領之。又以本族尊屬爲判本司，又增同知以爲之輔。宗司有閣，扁曰「屬籍之閣」，于以見宗屬蕃衍盛大而已。

省所

茶鹽所、會子所、公田所、封椿安邊所並在三省大門内。職以都司官兼提領。舊有安邊所，創于嘉定初，專充拘推簿録家産。更有市榷所、牙契所，後因吏胥蠹弊，走卒繁擾，遂廢其名，撥入封椿所以併掌之。今又創市舶所，官府察見吏姦，亦行省罷矣。

六院四轄

登聞檢院、鼓院始建于和寧，繼移于麗正，左右闕庭「庭」作「亭」。之南，左檢院，右鼓院。按唐舊制，設四匭以通下情，名曰崇仁、司諫、申明、招賢。遵體以使四方賢才便其上達。

都進奏院在朝天門外，掌邦國傳送之事，以鈐轄諸道傳遞官兵，則《周官》行夫其職也。

官告院在部門之北，士大夫自一命以上至於公卿王爵、軍卒一資以上至於節鉞告命，皆隸院給之。如文則吏部，武則兵部，宗戚及命婦、司封屬之考校勳績，司勳掌之，凡四司，皆集本部出誥耳。元豐改制，俱悉吏部行文武告命鈔，而蕃官隸兵部，自後皆歸吏部右選。

文思院在北橋，東京都舊制，監官分兩界：曰上界，造金、銀、珠、玉；曰下界，造銅、鐵、竹、木、雜料。然兩界監官廨舍毋得近本院鄰牆並壁居所，以防弊欺也。但金、銀、犀、玉工巧之制，綵繪裝鈿之飾，若輿輦、法物、器具等皆隸焉。

諸司諸軍糧料院在洋沙坑七官宅廢屋。諸司諸軍察計院在保民坊内，舊馬軍教場基置院。且如糧料院者，乃諸司諸軍仰上之禄均也，尤不可不嚴設官置吏，欲其專心致意，支撥無差失。

審計院者，自宫禁朝廷百僚以下至于内侍御士及于諸軍兵卒，凡賦禄者以式法審其名數。而其辟召者，惟郊祀賜犒已乃審禄，有疑予則詔以法。凡四方之計籍上于大農則逆其會。凡有司議調度會賦出則諏焉。

榷貨務、都茶場通在橋東。蓋國初循唐制，舊以九路之漕自達于淮，去則貨茶，回則轉鹽。諸路留而庾之，官納鈔引以便商賈。但鈔引之法通行，則設官專職主之。課衍事繁，官曹之選于斯重矣。

雜買務、雜賣場在榷貨務内，唐制謂之宫市，宋初爲市買司，太平興國年方更名雜買務。奉禁中買賣而平其直，南渡後合局于此。凡宫禁月料、朝省紙劄、文思製造、和劑脩合、封椿所積，編估以時其直，打套以籍其數而就售焉。又置提轄以總其務耳。

左藏庫有東西二庫，在清湖橋，又韓蘄王所獻賜第基建庫。東庫則掌幣帛絁紬之屬，西庫則掌金銀泉券綵纊之屬。蓋朝廷用度多靡于贍兵，蜀湖之餉、江淮之賦則歸于四總領，餉諸屯軍。則東西兩庫歲入絹計者率百四十萬，以緡計之率一千萬，給遣大軍居什之七，宫禁百司禄賜裁三。有非泛浩繁之費則請于朝，往往出内帑樁以補其闕耳。

封樁上庫在三省大門内，封樁下庫在左藏庫中門，安邊太平庫在下庫南。蓋封樁上庫肇于孝廟之時，以備緩急支撥，又徙户部錢物隸本所，則有上、下庫之别。上庫窠名者曰折帛、總制、增鹽三分、鹽袋、增額不排辦人使。下庫窠名者曰煮酒、酒息、營田、鹽場、蘆柴、坍江、江沙田額、五釐鬮子，爲數五夥。中因文移緩弊鋳多，諸郡綱額虧數甚矣哉。

三衙

殿前司在鳳凰山八盤嶺中置衙，有御書閣、凝香堂、整暇堂。山之上爲月巖，有亭，扁曰「延桂」。最高處曰介亭，崖石嶙峋。亭之後爲沖天樓，極高，江海湖山奇偉之觀。

侍衛馬軍司移屯建康，以行司邊帥兼領。元有帥衙在保民坊内，改爲寺監公宇。

侍衛步軍司在鐵冶嶺西衙，有御書閣、湖山堂、錦繡樓、相公井。

閤職

閤門在和寧門外，掌朝參、朝賀、上殿、到班官等儀範。上有知閤、簿書、宣贊及閤門祇候、寄班等官。

四方客省館在東華門北。客省者，掌收接聖節建奉香及賀表，外國使人往來接伴之禮。

四方館者，掌收接諸州府郡朔望正冬賀表及大禮賀表等事。

御前忠佐軍頭引見司在文思院後。有内等子營，以正廳知閤提點幕官，以大使臣爲幹辦司官。

監當諸局

車輅院在嘉會門外。置庫安玉輅及平等車。

製造御前軍器所在禮部貢院之西。改隸殿司。所管工役，每季所製器納内庫。萬全三指揮、東西作兩營在所之東北。編估打套局在左藏庫門内。

惠民利劑局在太府寺内之右。製藥以給惠民局，合暑臘藥以備宣賜。

太平惠民局置五局以藏熟藥，價貨以惠民也。南局在三省前，西局衆安橋北，北局市西坊南，南外局浙江亭北，外二局以北郭税務兼領，惠民藥局收贖。

草料場在天水院橋西，有廒十眼，受畿内所輸稻麥豆以給騏驥、御馬二院及宰執三衙之馬。

合同場在過軍橋之下。掌茶鹽鈔引合同。

會子庫在榷貨務置隸都茶場。悉視川錢法行之。以務門兼職，以都司官提領。日以工匠二百有四人，以取於左帑而印會歸庫矣。

造會紙局在赤山湖濱。先造於徽城，次成都以蜀紙起解，後因路遠而弗給。詔杭州置局於九曲池，遂徙於今。安溪亦有局，仍委都司官屬提領，但工役經定額見役者曰以一千二百人耳。

交引庫在太府寺門内。專印造茶鹽鈔引，遂請丞薄僉押。

法物庫在梅家橋北。掌祭祀法服、朝服、冠珮帶舄及大禮明禋旗旛、衫袍等，内侍領其職。

度牒庫在油車巷。掌僧道二流承恩勅牒。

市舶務在保安門外瓶場河下。凡海商自外至杭，受其劵而考驗之。又有新務在梅家橋北。

司農排岸司在前洋街。掌拘卸諸州郡宣限綱運，檢察搜空而縶其不登數者。

三省樞密院激賞錢庫在俞家園。激賞酒庫在錢塘縣南。

左、右騏驥二院在漾沙坑。兩院以馬二十四匹爲額。每月朝參，各院以御馬三匹至和寧門立于南向，朝罷回院。

象院在嘉會門外御馬院。養餵安南王貢至象三豢。

左右騎御直在七官宅山上。

左、右教騎營在麗正門。左、右御馬院使臣營在嘉會門外。

牛羊司在榷貨務後。掌御膳及祭之牲，有滌宫在六和塔之南。

諸倉

省倉上界在天水院橋北。其廒有八眼，受納浙右米以充上貢。及宰執、百官、親王、宗室、内侍，仍支給王城班直省部職員。

省倉中界在東青門外菜市塘。有廒三十七眼，皆受納浙右苗綱、經常和糴、公田樁積等米，以供朝家科支、農寺宣限。凡諸軍、諸司、三學及百司顧券諸局工役等人皆給焉。

省倉下界在東倉鋪，剏于舊址。極廣袤，朝家更脩，乃折三之二，建廒廳八十眼。

豐儲倉在仁和縣側倉橋東，以公田浩瀚，諸倉不足以受納，以豐儲增剏，成廒百眼。

豐儲西倉在餘杭門外佐家橋北。其廒五十九眼。

端平倉在餘杭門外德勝橋東。元儲漕糴，後歸農寺，涖以京局官而領之。咸淳重脩，有木榭，扁曰「介然」，蓋取太倉箴語而并箴刻于石，有廒五十六眼。

淳祐倉在餘杭門内斜橋南。元剏以儲米，糶于帥司。其後朝家撥支賑糶百姓，自後付農寺以給諸軍、諸司，有厫一百眼。

平糶倉在仙林寺東。糴以儲臨安米，今農米皆入焉。

咸淳倉在東青門内後軍寨北。議增建廪以儲公田歲入之米。買瓊華廢圃及以内酒庫柴炭屋，掌于帥司，建倉厫一百眼，歲貯公田米六百餘萬石。凡諸倉支納下卸，自有下卸指揮兵士，遇月分支遣皆至祇役。又袋自有賃者應辦。如遇支界日，倉前成市，水陸壅塞，諸軍校給打諸糧，不許顧人搬擔，須親于厫中肩出倉外，此祖宗立法如此。

内司官

内侍省，知省、都知、御帶、御藥、苑使、門司、殿長、閤長、内轄、内監丞、受隨都知、下都監、儀令、上名、扶持直掌、權苑提舉、提轄、御前諸宫觀提點、皇城司、御輦馬、御馬院兼提舉、諸内司、庫藏司所等處，更有聽唤一百員、團練四員。兩攢宫宫使、隨父指教小直殿一百員，内宫散祇候不記多數，各有所轄職名，主管事務。

内諸司奉安

皇城司，禁衛所、符寶所、主管大内鑰匙庫、御藥院、内東門司、内通進司、御前軍器庫、睿思殿庫、内藏庫、奉宸庫、内軍器庫、南廊庫、安放庫、生料庫、果子庫、香藥庫、進奉庫、殿中省後苑御膳所、御廚、六尚局、翰林司、儀鸞司、八作司、脩内司、御前内轄司、東西庫、南北庫、甲仗庫、法物庫、蜜煎庫、内司綱房、青器窑内司、備内庫、御前應奉所、萬壽香一作「宫」。所、御服所、裹御所、絲帛所、腰帶所、八作司、意思房、燈局、御馬院、教樂所、天章閣、樂器庫、翰林書藝局、道場庫、祇候庫、御醋庫、主管往來國信所、東庫、御輦院、車輅院、皇城輦宫營騏驥院、教駿營騎從馬院、象院、大輦院、内轄司、濠寨司、織染所、奉安所、御酒庫、主管翰林醫官局、太醫局、合同憑由司、良馬院、使臣院、快行營、黄院子營、皁院子營、輕鑾庫、外庫、御前諸宫觀官、太廟營、景靈萬壽宫老兒營、慈元殿庫、皇后殿庫、吴益國位庫、淑妃、昭容、脩儀、美人、才人諸位庫，以上並是内侍官兼職提點、提舉等職。外有皇城司御馬院、象院係知閤、御帶、環衛官兼領幹辦之職。其餘外庫院幹辦之官係右選官領其職也。

卷十

諸官舍

左右丞相、參政、知樞密院使簽書府，俱在南倉前大渠口。侍從宅在都亭驛東。臺官宅在油車巷。省府官屬宅在開元宫對墻。卿監郎官宅在俞家園。七官宅在郭婆井。五官宅在仁美坊。三官宅在潘閬巷。十官宅在舊睦親坊。六房院即後省官所居處，在湧金門東如意橋北。五房院即樞密院諸承旨所居處，在楊和王府西也。

府治

臨安府治在流福坊橋右州橋，左首亭扁曰「奉詔亭」，右首亭扁曰「迎春」。左入近民坊巷，節推、察判二廳，次則左司理院。出街右首則右司理院，府院及都總轄房。入府治大門，左首軍資庫與監官衙，右首帳前統制司，次則客將客司房。轉南入簽廳都門，係臨安府及安撫司僉廳，有設廳在内。僉廳外兩側是節度庫、鹽事所、給關局、財賦司、牙契局、户房、將官房、提舉房。投南教場門側曰香遠閣，閣後會茶亭閣之左是見錢庫、分使庫、搭材親兵使馬等房。再出僉廳都門外投西，正衙門俱廊俱是兩司點檢所、都吏、職級、平分、點檢等房。正廳例帥臣不曾坐，蓋因皇太子出判于此，臣下不敢正衙坐。正廳後有堂者三，扁曰「簡樂」、「清平」、「見廉」。堂後曰聽雨亭，左首誦讀書院。正衙門外左首曰「東廳」，每日早晚帥臣坐衙在此治事。廳後有堂者四，扁曰「恕堂」、「清暑」、「有美」、「三柱」。東廳側曰常直司，曰點檢所，曰安撫司，曰竹山閣，曰都錢、激賞、公使三庫。庫後有軒扁，曰「竹林軒」。之後堂扁曰「愛民」、「承化」、「講易」三堂。堂後曰牡丹亭。東廳右首曰客位，左首曰六局房、祇候書表司、親事官虞候授事等房而已。府治外流福井對及仁美坊，三通判安撫司官屬衙居焉。府治前市井亦盈，鋪席甚多。蓋經訟之人往來駢集，買賣耍鬧處也。

運司衙

西浙運司衙舊在雙門北，爲南北二廳。今遷豐豫門南渡子橋西普安橋，爲東西二衙。曰東衙，有寬民堂、福星樓、節愛堂、振襟堂，堂側建別榭。曰西衙，有周洛堂、公生明堂、繡春堂、仁惠堂。堂後栽脩竹而圍之。運司、僉廳、提領、犒賞、酒庫所俱在運司衙門。主管文字幹辦公事在俞家園。主管帳司廳在戒子橋之北。

后戚府

昭慈聖獻孟太后宅在後市街。顯仁韋太后宅在薦橋東。憲節邢皇后宅在薦橋南。憲聖慈烈吴太后宅在州橋東。成穆郭皇后宅在佑聖觀後。成恭夏皇后宅在豐樂橋北。成肅謝皇后宅在豐禾坊南。慈懿李皇后宅在後市街。恭淑韓皇后宅在軍將橋。恭聖仁烈楊太后宅在漾沙坑。壽和聖福謝太后宅在龍翔宫側。全皇后宅坊，賜家廟與祭器，下將作監造以賜。歲時行禮官給廚兵，太常遣贊相以奉常，餘皆如前制行。太傅平章魏國公賈秋壑，按舊典賜第及家廟，在葛嶺集芳園，改建廟，奉五室，同宇以饗。四孟月祭器皆尚方所賜。凡點領官吏、洒掃兵士與花果月頒之，隸版曹及京兆府。如在京賜諸勳功廟儀式奏行。

館驛

樟亭驛即浙江亭也，在跨浦橋南江岸。凡宰執辭免名，出居此驛待報矣。向有白樂天先生往驛訪楊舊，曾賦詩曰：「往恨今愁應不殊，題詩梁下又踟躕。羡君猶夢見兄弟，我到天明睡亦無。」「夜半樟亭驛，愁人起望鄉。月明何處見，潮水白茫茫。」北郭驛亭在餘杭門外北郭税務之右。都亭驛在候潮門裏泥路西侍從宅，側次爲館伴外國使人之地也。

本州倉場庫務

鎮城倉、常平倉、糯米倉俱在餘杭門外師姑橋。鹽事所都鹽倉在艮山門外。天宗鹽倉在天宗水門内。所轄諸鹽場十有二，曰湯鎮、仁和、許村、鹽官、南路、茶槽、錢塘、新在豐禾坊南。其后戚宅元各賜家廟五室及祭器、儀物。每四孟祭享，官給以御廚兵治祭饌，太常寺差奉常官行贊相禮，仍差主管官、影堂使臣及兵級守之，以子孫世領祠事。

諸王宫

吴王府在後洋街。益王府在新橋。秀安僖王府在後洋街。漢王府在西橋。莊文太子府在井亭橋。沂靖惠王府在清湖北。景獻太子府在鐵冶嶺。榮文恭王府在佑聖觀橋東。周漢國瑞孝長公主府在左藏庫西。各賜家廟祭器，歲時祭禮，及影堂使臣、主奉官兵級等，循戚宅前制行之矣。

家廟

忠烈張循王府在清河坊，賜廟祀循王以上五世祖，頒祭器法式，聽其自造。仍差主管一員、影堂使臣二員、兵級二十七名，以子孫帶領祠事。忠武韓蘄王府在前洋街，賜廟祀，頒祭器，惟賜銅爵勺各一，餘竹木頒圖式，聽其自製，一應事儀如前制行。忠勇劉鄜王府在明慶寺南，建廟，賜祭器並如前式。忠烈楊和王府在洪橋清河興、蜀山、巖門、上管、下管等場。又新興以下五場、西興、錢清二場皆隸。

交木場在龍山。抽解竹木場在浙江亭北。又三場在江漲橋南餘杭塘上西溪三路也。城內外場共二十有一處，以便諸官廳及民庶排日發賣。鐵場、炭場、船場、鑄冶場在東青門外北。瓶場、糴場在餘杭門外。賣酒局在豐儲倉邊家渡之東。交錢局在府治後。都錢庫、激賞庫、軍資庫、常平庫、公使錢庫、公使酒庫、甲仗庫、書版庫、公使醋庫俱在州衙內。回易庫在薦橋北。外有公使醋子庫，于城內外十有一庫耳。或自沽賣，止日納息錢于點檢所。樓店務在流福橋北，有官設吏。令宅務合于人員收檢民户，年納白地賃錢。税務凡五處，名曰都税務、浙江税務、龍山税務、北郭税務、江漲税務，但州府雖有税務之名，則朝家多有除放，以便商賈諸貨壅于杭城。其都作院在白魚池之側。運司亦有木税場，在杭城外，共八場也。船場與架閣庫俱在薦橋門外。提領犒賞酒庫所在樓店務之側。

點檢所酒庫

點檢所官酒庫，各庫有兩監官，下有專吏、酒匠掌其役。但新煮兩界係本府關給工本，下庫醖造。所解利息聽充本府贍軍、激賞、公支，則朝家無一毫取解耳。曰東庫，清、煮俱爲一，在崇新門裏，有酒樓，名之曰「太和」，廢之久矣。曰西庫，又名金文正庫，清界庫在三橋南惠遷橋側，煮界庫在湧金門外，有酒樓，扁之曰「西樓」。南庫元名昇陽宫，煮界庫在社壇南，新界庫在清河坊南，酒樓扁之曰「和樂」。北庫煮界庫在祥符橋東，清界庫在鵝鴨橋東，酒樓扁之曰「春風」。曰中庫，在衆樂坊北，造清界，有酒樓，扁之曰「中和」。煮庫在井亭橋北，曰南上庫，呼爲銀甕子庫，煮酒庫在東青門外。造清界庫在睦親坊北，酒樓扁之曰「和豐」。南外庫造清界庫在便門外清水閘，造煮界庫在嘉會門外，名之曰「雪醅庫」。北外庫造煮界庫在江漲橋南，清界庫在左家橋北，酒樓扁之曰「春融」。西溪庫清、煮兩界俱在九里松大路，乃一門分兩庫耳。天宗庫造清界在天宗水門裏，煮界庫在餘杭門外上閘東。赤山庫造清界庫在赤山教場，煎煮庫在左軍教場側。崇新庫清、煮兩界俱在崇新門外。徐村庫在六和塔南徐村市中，其諸庫皆有官名角妓就庫設法賣酒，此郡風流才子欲買一笑，則徑往庫内點花牌，惟意所擇，但恐酒家人隱庇推托，須是親識妓面及以微利啗之可也。又有九小庫，如安溪、餘杭、奉口、解城、鹽官、長安、許村、臨平、湯鎮。更有碧香諸庫，如錢塘門外上船亭南，名爲錢塘正庫，有樓扁曰「先得」。錢塘縣前名錢塘前庫，鵝鴨橋北曰北正庫，正在醋坊巷口也。西橋東曰煮碧香庫。禮部貢院對河橋西曰藩封棧庫，外有藩封正庫，在常州無錫縣，並隸臨安府點檢酒所提領耳。

安撫司酒庫

安撫司所管一道酒庫，如餘杭縣閑林酒庫，石瀨步東、西二酒庫，臨安縣青山、桃源二酒庫。外有安吉州德清縣市名爲德清正酒庫，五林鬧市處曰德清東、西二酒庫，安吉州歸安縣曰璉市東、西二酒庫，嘉興府華亭縣曰上海酒庫。

廂禁軍

臨安居輦轂之下，蓋倚以爲重，武備一日不可弛闕。而守帥所統則建炎之舊制，至防隅一軍又必藉禁衛之士，别爲部伍。三衙之兵亦聽帥臣節制，以倡率之。姑以兵制軍號一一述之，使知兵衛各有所統耳。曰東南第三將，自太祖朝分隸駐劄，寨在東青門内，元管十指揮，後撥威果二十八指揮、雄節九指揮于平江外，見存者威節第一、第四、第五、第六指揮，雄節第八、第十六指揮，全捷第二、第三指揮，共統八指揮軍也。曰京畿第三將，元係東京畿縣陳留、雍邱、尉氏、鄢陵、陽武屯駐兵，後劉俊統率來捕，陳留存留駐劄，營在東青門裏，所統武騎兩指揮、勇廣四指揮、廣捷三指揮、忠節水軍、驍猛、神威、雄勇、雄威各管一指揮、効忠三指揮，共統十七指揮軍也。曰兵馬鈐轄司兵馬，勇節、威果、全捷三指揮、宿州龍騎歸遠二指揮，因討睦寇留屯，隸鈐轄司所管矣。曰廂軍，崇節、捍江、脩江、都作院、小作院、清湖閘、開湖司、北城堰、西河、廣濟、樓店務、長安堰閘秤斗務、北城鼓角匠、横江水軍船務、牢城各指揮兵士，計一萬五百八十七名之額。曰城東、城西、外沙、海外、管界、茶槽、南蕩、東梓、上管、赭山、仁和、鹽官、黄灣、硤石、奉口、許村巡檢司十六寨，計兵卒一千三百四十四名之額。

防隅巡警

臨安城郭廣闊，户口繁夥，民居屋宇高森，接棟連簷，寸尺無空，巷陌壅塞，街道狹小，不堪其行，多爲風燭之患。官府坊巷近二百餘步置一軍巡鋪，以兵卒三五人爲一鋪，遇夜巡警地方盗賊烟火。或有鬧炒不律公事投鋪，即與經廂察覺解州陳訟。更有火下地分，遇夜在官舍第宅、名望之家伏路，以防盗賊。蓋官府以潛火爲重，于諸坊界置立防隅官屋，屯駐軍兵，及于森立望樓，朝夕輪差兵卒卓望。如有烟煺處，以其幟指其方向爲號。夜則易以燈。若朝天門内以旗者三，朝天門外以旗者二，城外以旗者一。則夜間以燈如旗分三等也。曰東隅，有望樓在柴垜橋都税務南。曰西隅，有望樓在白龜池。曰南隅，有望樓在吴山至德觀後。曰北隅，有望樓在潘閬巷内。曰上隅，有望樓在大瓦子後三真君廟前。曰中隅，有望樓在下中沙巷蠟局橋東堍。曰下隅，有望樓在脩文坊内。曰府隅，有望樓在府治側左院牆邊。曰新隅，在長慶坊。曰新南隅，在候潮門裏東。曰新北隅，在餘杭門裏。曰新上隅，在侍郎橋東皮場廟側。曰西南隅，在壽域坊仁王寺前。曰南上隅，在麗正門側儀鸞司相對。曰城西隅，在錢湖門外清化橋。曰城北上隅，在北郭税務橋。曰東北下隅，有望樓在北新橋北。曰錢塘隅，有望樓在水磨頭放生亭後。曰新西隅，在九里松麴院路口。曰海内隅，在浙江亭南油局。曰外沙隅，在候潮門外外沙巡司。曰城東隅，在新門外城東巡司。曰茶槽隅，在東青門外茶槽巡司。如遇烟熼救撲，帥臣出于地分，帶行府治内六隊救撲。將佐軍兵及帳前四隊、親兵隊、搭材隊一併聽號令救撲，並力撲滅，支給犒賞。若不竭力，定依軍法治罪。

帥司節制軍馬

浙西安撫司節制殿、步兩司軍校，雖係帥司節制，元無統屬，遇有速欲調遣及救撲烟熼，須伺朝旨調遣，常不及事。遂請于朝省，得旨行下，殿、步兩司各差官兵千人，各委統制官二員，帶行正任兵馬鈐轄、都監及添差兵馬鈐轄、副都監職任，于城内四壁置隅，以備調遣。復請朝堂，欲再于殿、步二司差軍兵，分任城外四壁防虞之責。遂行下各司再選精軍三百人，各以統制官二員，仍帶本州鈐轄路分之職分任也。並照城内四壁約束，俱隸帥司節制。自後兩浙運司申朝得旨，令分官城内外四壁軍兵通行節制，以便救撲。且如防虞器具、桶索、旗號、斧鋸、燈籠、火背心等器具，俱是官司給支官錢措置，一一俱備。遇有救撲，百司官吏俱整隊伍急行奔馳駐劄遺漏地方，聽行調遣，不勞百姓餘力，便可撲滅。如宰執、帥、漕、殿、步帥臣閒到地面指揮救撲，百司官吏亦各詣所隸官司守局，以備不測。其脩内司搭材等兵級亦同内侍分頭救滅。或火勢侵及官舍、戚里之家，及煨燼畏威有傷百姓屋廬，内庭累令天使馭馬傳宣諸司帥臣，速令將佐兵士撲滅，毋致違慢。如有違誤，定行軍法治之。帥、漕二司遇行救撲官捨錢，買水澆滅。富室豪户亦喝錢助役。軍士盡力撲滅，不致疎虞。若救火軍卒重傷者，所司差官相視傷處，支給犒賞，差醫胗治。

卷十一

諸山巖

大内坐山名鳳凰，即杭客山也。廟巷山名吴山，又曰胥山。上方多福寺，名七寶山。山前連者謂之寶蓮山。進奏院後名石佛山。太廟後名瑞石山。妙果尼寺前名金地山。漾沙坑小山名茆山。淺山寶月寺前名寶月山。八眼井前名峨嵋山。草場山御廚營山謂之寶山。孝仁坊名清平山。府治名竹園山，秀峰諸山一脈耳。豐樂橋南有狗兒山，此古老相傳稱之，而實無山跡。東太乙宫後圃内有小土山，名虎林山，建亭在其上，扁曰「武林」，即杭之主山也。城南冷水峪上名曰包山，有桃花關，多貴官園囿，春閒桃花數里，艷色如錦，杭人遊宴甚夥。嘉會門外洋洋橋南名龍山，又曰天龍山。山西名月輪、大慈二山，低處名馬鞍、五雲等山。鐵井欄謂之定山、秦望山、浮山。范村北鄉名排山。楊村名巙山、巫山頭名廟山，又謂之禄山。水樂洞前名南高峯山。九里松名靈隱山、靈茆山、仙居山。靈隱寺後山名北高峯山。寺前名飛來峯、白猿峯、稽留峯、月桂峯、蓮華峯、漣巖、巉巖。靈鷲寺右青林巖、理公巖。靈隱山南名葛塢、朱墅、女兒山、玉女巖、龍井山、雲栖山。范村諸塢山。西湖堤上名孤山，乃林和靖先生隱居處，其山聳立，傍無聯附，爲湖山之絶勝也。錢塘界有粟山。縣舊治南名巨石山、石甑山。壽星寺後巾子峯山。大佛寺名大佛石山。張真君行宫前名霍山。興教寺後曰南屏山，其山恠石聳秀，中穿一洞，上有石壁如屏障可愛，司馬温公書《家人卦》，刻之于石，見存其跡矣。淨慈寺對山名雷峯寺山。後有慧日峯山。龍井山側名雞籠山。高麗惠因寺前名赤山，更有一峯聳出，衆山繚繞，古木列垂，森翠難描，謂之玉岑山也。報德寺有山，名鵶雞峯。無垢院有一峯如筆，卓然而立，故名卓筆峯。大麥嶺後花家山，又名蛇山。放馬場側靈石山、東山，又名仙姑山。王家橋試院後名西觀音山、秦亭山、石壁山。西溪龍門山。長壽鄉大悲山。塢崇化鄉觀山。黄社茆滁、楊梅等山。城東北山、臨平山、桐扣山、赤岸山、臯亭山、青龍山、母山、佛石山、石膏山、大婆山、白巖山、方山、苧山、楊山、唐峯山、近山、大遮山、鳥尖山、飲馬山、安樂山、石壁山、龍駒山、法華山。仁和縣界東北有黄鶴山。永和等鄉超山。亭市龍珠山、大旗山、南北南鮑山、玉峯山、洛山、蛾眉山、烏頭山、姥獨山、赭石山、馬嘷山。其餘七縣山脈繚複，峯巒巍峩，週圍數百里難以盡述矣。虎頭巖在錢塘門外，介于寶巖定業寺後山。葛澧《錢塘帝都賦》云：「巖則虎頭。」故老傳云：「此山舊有巖石突出，如虎頭形。吴越錢王納土後，奏有望氣云，杭州西湖有虎頭形勝，遂命匠鑿去其形。」兩赤縣有名巖者如連巖、青林巖、理公巖、玉女巖、象鼻巖、佛手巖。

嶺

八蟠嶺在大内後。殿司衙山上萬松嶺在和寧門外孝仁坊西，嶺上夾道栽松。今第宅内官民居高高下下，鱗次櫛比，多居于上。白樂天夜歸賦詩有「萬株松樹青山上，十里沙堤明月中」之句。又東坡《蠟梅》詩有「萬松嶺下黄千葉」之句。鐵冶嶺在步司衙左虎翼營東。紫坊嶺在漾沙坑七官宅之側。駱駝嶺在三茆觀之麓。灌肺嶺在大街清河坊北。狗兒嶺在教睦坊内。此二嶺舊有坡阜，今夷爲坦路，而名存焉。慈雲嶺西在方家峪，東往郊壇路有後唐石刻。風篁嶺在錢塘門外放馬場西，路通龍井，其嶺最高峻，嶺上有亭，名曰「過溪」，又曰「二老」。東坡賦詩紀之。又《探梅》詩有「問訊風篁嶺下梅」，又有《界亭》詩「丹青明滅風篁嶺」之句。分金嶺在錢塘舊治西。狗頭嶺在舊治北。梯子嶺在方家峪南。錢糧司嶺在城西巡司前。五子嶺在龍山之北。白塔嶺在龍山之東。徐村嶺俗呼薑擦子嶺。雷嶺、牛馬頭嶺俱在錢塘定山北鄉。牌山嶺在定山南鄉。五雲山嶺在徐村，及雲栖山俱可往來。大麥嶺、小麥嶺今在高麗寺西，與步司右軍相連。路通坊馬場嶺，嶺有觀音閣，對山有東坡同王瑜、楊傑、張鑄元祐五年三月三日遊三竺過麥嶺題名石刻存焉。南高峯下煙霞嶺、葛嶺在西湖之西，葛仙翁煉丹于此，有初陽臺。高廟即其地創集芳園，理廟以此園賜賈秋壑，建第宅家廟，蓋賈公元有别墅在焉。棲霞嶺又名劍門嶺，亦名劍門關，在錢塘門外顯明院之北，舊多栽桃花，開時爛然如霞，故名之，嶺下岳鄂王墓。馳巘嶺在九里松東。臙脂嶺在九里松麯院路西。石人嶺又名馮公嶺，在靈隱寺西去半里許。又有大青嶺，在東墓嶺南。郎當嶺在大青嶺南。黄泥嶺在行春橋水竹塢步司前軍寨南。胡家嶺在錢塘長壽鄉，其嶺極峻峭，有石井，旱不涸。歌樵嶺在慈山。大石姥嶺在仁和界。

諸洞

杭城内有洞者三。青衣洞在三茅觀之後。曰羅漢洞，在敕令所北，其洞廢塞已久，今仍呼其名。曰金星洞，在鳳凰山介亭下。太廟亦有洞，如其名也。城外有洞者凡一十有七。曰南高峯煙霞洞，下曰水樂洞，其洞前四望，林巒聳秀，巖石笋峙，洞虚窈渟涵如淵，泉味且清甜可掬。洞中水聲如金石之音。頃爲楊和郡王别圃，鑿石築亭，最爲幽雅，歲時都人遊觀集焉。歷年多蕪穢弗治，水樂音聲幾絶。賈秋壑以厚直得之，增葺其景，顧無水音。秋壑俯睨旁聽，悠然有契，曰：「谷虚而後能應，水激而後能有聲。今水瀦其中，土壅其外，欲振聲，得乎？」亟命疏壅導瀦，有聲自洞閒出，節奏自然，二百年勝槩于今如始也。楊村𡾋山慈嚴寺之後名風水洞。郊臺天真院有二洞，扁曰「登雲」、曰「靈化」。東坡、和靖題名刻于石。右赤山殿司左軍寨，尼菴側有洞名鐵窻欞洞。天竺山有二洞：名呼猿、龍泓。煙霞石塢路大仁院有石屋洞，極高大，狀如屋，周圍鐫刻諸佛、菩薩、羅漢之像，其寺正爲佛殿，朝香夕燈之供。烏塢山名煙霞洞。石屋寺側曰棲霞洞。下竺寺内有洞名香林。臨平山有洞名龍洞。尼菴後有洞名蝙蝠洞、細礪洞。錢塘崇化坊有白龍洞，其洞有龍居焉。朝家曾祈雨賜有感，敕封侯爵，爲顯靈孚濟美號，賜廟額曰「敏應」。掃帚塢護國仁王寺有洞，不載其名。仁和界超山有洞名海雲洞，倏時乾濕，建黑龍王祠祀之。古柳林楊和王園内名白雲洞，蓋以坡陁擁土成之，此奪天之奇巧也。

溪潭澗浦

杭郡係南渡駐蹕于此。地倚山林，抱江湖，多有溪潭澗浦，繚繞郡境，實難描其佳處。自武林山之西名曰西溪。頃者，有郭祥正詩題詠曰「西溪在湖外，一派濯殘陽。遊子託漁艇，却愁歸路長」。九溪在赤山煙霞嶺，西南通徐村，出大江，北達龍井。安溪在錢塘，去北關五十里，溪上有大遮山、祠龍山在上。古人相傳風雨之夕龍現珠有光。凌溪在錢塘長壽。奉口溪在錢塘安溪之北十八里。

潭者，寶月山寶月寺之西，曰黑龍潭。其潭莫測深淺，亢旱不竭，一名天井。山下有天井巷，晴則潭水碧色可愛，將雨則水黑，郡民于此候晴雨，多驗。唐守白樂天曾祭龍神，撰祝文曰「惟龍其色玄，其位坎，其神壬癸，與水通靈。日者歷禱四方，寂然無應。今故虔誠潔意，致命于黑龍。龍無水，顧何依？神無靈，將恐竭。澤能救物，我寔有望于龍。物不自神，龍豈無求于我？若三日之内雨一滂沛，是龍之靈，亦人之幸。禮無不報，神其聽之」。仁和臨平鎮東湖曰白龍潭、漁浦潭。按今《輿地志》，在郡西南。龍遊潭在仁和臯亭山。鉢盂潭在南高峯及仁和太平鄉石塘東【一】。玉兒潭在郡西五十里。浣紗潭在仁和臨平鄉。羊鐵潭在艮山門外。西湖三潭，古人相傳在湖中。

浦者，考鳳凰山下有柳浦。《咸淳志》云：「《隋志》置郡。晉吴喜嘗遊軍此地，參之諸文無考。」便門側名鐵幢浦，古人相傳吴越王射潮箭所止處，立鐵幢。又聞錢王築塘時，高下置鐵幢凡三，以爲鎮壓，潮水退則見其幢也。淳祐戊申，帥司買民地置亭其上。王荆公詩云：「憶昨初爲海上行，日斜來往看潮生。如今身是西歸客，迴首山川覺有情。」靈隱浦自靈隱山南徂東臨浙江一派，謂之北浦，今資國院前是也，亦云靈隱步頭。有詩咏曰：「有靈何所隱，深浦老蒹葭。漁父一舟泊，却疑秋漢槎。」白石浦、鮮船渡浦、楊村浦俱仁和臨江鄉。

澗者，如合澗在靈隱、天竺之間。十八澗在龍井山之西步司左軍寨後，路通六和塔寺。石門澗，參軍陸羽《靈隱寺記》：「舊有卧龍石横澗中，有詩咏曰：啓閉何人見，湍流一澗分。仙家無路入，空鎖石樓雲。」金沙澗在靈隱寺側，自合澗橋繞寺山一帶，唐家衕石橋在軍寨門内，至行春橋折入步司前軍寨門，由麴院流入西湖。惠因澗在赤山高麗惠

【一】太平鄉石塘東　「太平」原作「大年」，據《四庫全書》本及《咸淳臨安志》改。

因寺側，秦少游遊龍井，曾濯足于澗，題名記之云：「並湖而行，出雷峯，度南屏，濯足于惠因澗。入靈石塢，得支徑上風篁嶺。憩于龍井亭，酌泉投石而飲之。」呼猿澗在靈隱山呼猿洞之左右也。

井泉

杭城内外民物阜蕃，列朝帥臣常命工開撩井泉，以濟邦民之汲，庶無枯涸之憂。吴山北大井曰吴山井，蓋此井係吴越王時有韶國師始開，爲錢塘第一井，山脈融液，泉源所鍾，不雜江潮之水，遇大旱不涸。天井巷舊有曰天井，舊志云：「寶月山上亦有天井，後廢之久矣。」萬松嶺上沈婆井，嶺下有郭公井。鐵冶嶺北有郭婆井。青平山側有郭兒井。壽域坊仁王院前上四眼井，長慶坊竹竿坊巷曰下四眼井。金地山步司寨前名白鱔井。青沙灣有鰻井。寶月山下上八眼井，祕書省相對下八眼井。後市街大眼井。六部前甜瓜井。四方館北及南倉前各有大井。太學後及市西坊各名沈公井。祥符寺中向吴越王于寺内開井九百九十眼，後改創軍器所湮塞，僅存數井耳。薦橋北有義井，亦呼四眼井。道明橋雙井。豐樂橋西長惠井。棚前亦有雙井。梵天寺靈鰻井。錢王廟前烏龍井。六和塔南沙上曰沙井，上以鐵井欄護之。西溪有井名龜兒井、方井。淨慈寺前四眼井。下竺藏院煉丹井。武林山烹茗井。清湖惠利井。鐵冶嶺相公井。甘泉坊相國井。安國羅漢寺名西井，又名成化井。三省激賞庫名四井，坊俗呼四眼井。裴府前名小方井，俗呼小眼井。惠遷橋西有井一而三名，曰沈公井、曰金牛井、曰惠遷井。州治前流福坊名流福井。湧金門鑷子井。自惠利而鑷子，計八井。于西湖置水口引水歸城便民汲之【二】。孤山有金沙井。風篁嶺龍井，有名賢題詠甚多，秦少游題名石刻，丞相鄭清之跋，東坡之記存焉。治平寺葛公雙井。楊村路上觀音井。小林蓮華院蓮華井。仁和皐亭馮氏井。

泉者，以城外兩赤縣有冷泉、醴泉、温泉，並見武林山。玉泉在錢塘九里松北淨空院，齊末有靈悟大師雲超開山説法，龍君來聽，撫掌出泉。有小方池，深不及丈，水清徹可鑒，異魚游泳其中。池側立祠，祀龍君，朝家封公爵。白樂天有詩云：「湛湛玉泉色，悠悠浮雲身。閒心對定水，清淨兩無塵。手把青藜杖，頭戴白綸巾。興盡下山去，知我是誰人。」真珠泉在大慈崇教院，爲張循王真珠園内也。靈泉在壽星寺，前有亭，而廣福院亦有之。金沙泉在仁和永和鄉，東坡詩有「細泉幽咽走金沙」之句。盃泉詳于壽星寺。卧犀泉見于鄭戩《靈隱天竺詩序》中。蕭公泉在靈隱寺後。歲寒泉在龍井山崇因院。法華泉在南山滿覺寺。參寥泉，元祐年間此僧住上智果寺，寺有泉，東坡以僧之名爲泉名，蓋東坡《應夢記》云：「僕在黄州日，參寥自吴中來訪。一日夢此僧賦詩，覺而記兩句云『寒食清明都過了，石泉槐火一時新』。後七年，僕出守錢塘，此僧始卜居西湖智果院。院有泉出石縫間。寒食之明日，僕與客泛湖自孤山來謁，參寥子汲泉鑽火，烹黄蘗茶。忽悟予

【二】便民汲之　「便」原作「使」，據《學津討原》、《四庫全書》本改。

夢詩兆于七年前，衆客皆嘆。遂書始末，并題之，非虚語也。」潁川泉在南高峯。觀音泉者有三：法通、傳燈、真如三寺也。噴月泉在南山晴竹園廣福院。定光泉在西山長耳僧法相院西定光菴側。白沙泉在靈隱寺西普賢院方丈之西，其泉自白沙中出，有詩詠曰：「不見泉來穴，沙平落細聲。夜高寒月漾，銀漢大分明。」周公泉又名北㴑泉，在湖州市下閘。甘泉在城北童家巷。南惠泉在錢塘長壽鄉大遮山惠泉寺。冰谷泉在臨平山寂光菴側。寒泉舊名薦菊泉，在錢塘門外嘉澤廟。生緑泉在南山福聖院。六一泉、僕夫泉在孤山四聖太乙道館園内。大悲泉在上天竺。茯苓泉在靈隱寺西無垢院。虎跑泉在大慈山。持正泉在六和開化寺。湧泉在霍山行宫西清心院前山坡下。高廟日，遣人汲泉入内瀹茗，寺中以朱欄護之。味極清甘，亢旱不竭。天澤泉在麴院小隱寺前，有亭覆之。安平泉在仁和安仁西鄉安隱院，有池，扁曰「安平泉」，池邊有亭，東坡詩曰：「策杖徐徐步此山，撥雲尋徑興飄然。鑿開海眼知何代，種出菱花不記年。烹茗僧誇甌泛雪，煉丹人化骨成仙。當年陸羽空收拾，遺却安平一片泉。」城内有瑞石泉，在料糧院北瑞石山下。今太廟南有井亭青衣泉，在太廟後三茅觀園内。武安泉在皇城司營，水清甘，有石刻「武安泉」三字。俱按《咸淳志》所載而述之也。

池塘

湧金池在豐豫門裏，引西湖水爲池。吴越王元瓘大書「湧金池」三字，刻石識之。其旁書「清泰三年丙午之歲，建午之月，特開此池」。有前輩賦詩詠曰：「湧金春色晚，吹落碧桃花，一片何人得，流經十萬家。衆沼皆涵碧，斯池獨湧金。寶光終夜見，不是月華深。」聖母池在吴山中興觀側，以石欄護之，上建聖母廟。白龜池在錢塘門裏沿城南。金牛池已廢。仁和倉池在倉南。明清池在大理寺議廳，池畔有潘閬詩刻。白洋池在梅家橋南。鴻雁池在龍山北。龍母池在錢糧司嶺。金魚池在開化寺後，山澗水底有金銀魚。放生亭池在西湖德生堂。瑶池在錢塘門外寶勝寺側，今屬吕氏園，有二飲馬池，一在西溪飲馬山下，一在菜市門外廟子灣。西水池在長橋東錢湖門外。碧沼水池在湖州市左。八郎廟巷池廣三畝，水清甘，人多汲飲，有扁曰「碧沼」。磨劍池，臨平山下有片石，俗傳錢王磨劍于此。宫城外護龍水池二十所，自候潮門裏，南貼中軍寨，壁宫城之東，直至便門裏、南水門北、和寧門外，水池衮一百一十尺。自是近南居民去水絶遠者皆恃此防虞以爲安矣。城内外居民水遠去處，官置防虞水池者二十有二，以便民之利。

塘者，如艮山門外尉司衙側，名五里塘。艮山門外蔡官人塘、月塘，其地宜種瓜，有周姓者擅其利。上人呼月塘周家筭筒瓜是也。上塘在殿司右軍教場側，又在團園頭石塘北。沈塘在北關門外，又名沈家灣。永和塘在仁和永和鄉，地接石鼎湖白龍潭，俗謂之三里陰，水勢漲溢，一遇卯風震蕩，則數百頃瞬息湮没，鄉民患之。後得邑士倡義捐財以助修築，塘成，歲無水患，邑宰范光命名曰「永和堤」。官河塘在北新橋之北，接廣運河大塘。又有一塘，曰西塘，袤一十八里，抵安溪，通四州桥驛路，淳祐並加築治，至今無頽圮之患矣。

堰閘渡

清河堰在餘杭門外税務東裏。沙河堰在餘杭門外仁和橋東。

澄水閘在西湖長橋南，因錢湖門内諸山之水分流爲三道，一以錢湖門外北城下置海子口，流水省馬院後，爲小渠引水，直至澄水閘入湖，又爲三渠出于湖，皆有石橋。後渠爲民居湮塞，然橋猶可記也。西閘在赤山教場側。龍山渾水閘、清水閘在龍山。浙江清水、渾水二閘在便門外。保安閘在小堰門外。清湖上、中、下三閘在餘杭門外。石函橋閘在錢塘門外水磨頭，因湖水漲壅開此，泄水出丁下湖。安溪、化灣二斗門閘在錢塘縣北。

浙江渡在浙江亭江岸，對西興。龍山渡在六和塔開化寺山下，對漁浦。漁山渡在大朱橋及鹽倉前，兩岸相望不遠，江勢可畏。浙東士夫憚于渡，漁浦者多由此渡。船頭渡在通江橋北。周家渡在城内漆木巷。司馬渡在油蠟局橋。蕭家渡在下中沙巷。邊家渡在仁和倉東。睦家渡在豐儲倉西。時家渡在德勝堰南。

卷十二

西湖

杭城之西有湖曰西湖，舊名錢塘湖，週圍三十餘里，自古迄今號爲絶景。唐朝白樂天守杭時再築堤捍湖。宋慶歷間，盡闢豪民僧寺規占之地，以廣湖面。元祐時，蘇東坡守杭，奏陳于上，謂「西湖如人之眉目，豈宜廢之？」遂撥賜度牒易錢米，募民開湖，以復唐朝之舊。紹興間，輦轂駐蹕，衣冠紛集，民物阜蕃，尤非昔比。郡臣湯鵬舉申明西湖條畫事宜于朝，增置開湖軍兵，差委官吏管領任責。蓋造寨屋舟隻，專一撩湖，無致湮塞。修湖六井，陰竇水口增置斗門水閘，量度水勢，得其通流，無垢污之患。乾道年間，周安撫淙奏：「乞降指揮，禁止官民不得拋棄糞土，栽植荷菱等物，穢污填塞湖港。舊召募軍兵專一撩湖，近來廢闕，見存者止三十餘名。乞再填刺補額，仍委尉司官并本府壕塞官帶主管開湖職，專一管轄軍兵開撩，無致人户包占。或有違戾，許人告捉，以違制論。」自後時有禁約，方得開闢。淳祐丁未，大旱，湖水盡涸。郡守趙節齋奉朝命開濬。自六井至錢塘上船亭、西林橋、北山第一橋、蘇堤、三塔、南新路長橋、柳洲寺前等處，凡種菱荷茭蕩一切薙去，方得湖水如舊。咸淳間，守臣潛臯墅亦申請于朝，乞行除拆湖中菱荷，毋得存留穢塞，侵占湖岸之間。有御史鮑度劾奏内臣陳敏賢、劉公正包占水池，蓋造屋宇，濯穢洗馬，無所不施。灌注湖水，一以醞酒，以祀天地，饗祖宗，不得蠲潔而虧歆受之福。次以一城黎元之生俱飲污膩濁水，而起疾疫之災。奉旨降官罷職，令臨安府日下拆毀屋宇，開闢水港，盡于湖中除拆蕩岸，得以無穢污之患。官府除其年納利租官錢，銷滅其籍，絶其所蒔本根，勿復萌蘖矣。且湖山之景四時無窮，雖有畫工莫能摹寫。如映波橋側竹水院，澗松茂盛，密蔭清漪，委可人意。西林橋即裹湖内俱是貴官園圃，涼堂畫閣，高臺危榭，花木奇秀【一】，燦然可觀。有集芳御園，理宗賜與賈秋壑爲第宅家廟，往來遊玩舟隻不敢仰視，禍福立見矣。西泠橋外孤山路有琳宫者二，曰四聖延祥觀，曰西太乙宫。御圃在觀側，乃林和靖隱居之地。内有六一泉、金沙井、閒泉、僕夫泉、香月亭。亭側山椒，環植梅花，亭中大書「踈影横斜水清淺，暗香浮動月黄昏」之句于照屏之上云。又有堂扁曰「挹翠」，蓋挹西北諸山之勝耳。曰清新亭，面山而宅，其麓在挹翠之後。曰香蓮亭，曰射圃，曰瑪瑙坡，曰陳朝檜，皆列圃之左右。舊有東坡菴、四照閣、西閣、鑑堂辟支塔，年深廢久，而名不可廢也。曰蘇公堤，元祐年東坡守杭，奏開浚湖水所積葑草，築爲長堤，故命此名，以表其德云耳。自南迤北【二】，横截湖面，綿亘數里。夾道雜植花柳，置六橋，建九亭，以爲遊人翫賞駐足之地。咸淳間，朝家給錢，命守臣增築堤路，沿堤亭榭再一新，補植花木。向東

【一】花木奇秀　「木」原作「本」，據《學津討原》、《四庫全書》本改。

【二】自南迤北　「南」原作「西」，據《學海類編》、《四庫全書》本改。

坡嘗賦詩云：「六橋横接天漢上，北山始與南屏通。忽驚二十五萬丈，老葑席捲蒼煙空。」曰南山第一橋，名映波橋，西偏建堂，扁曰「先賢」【三】。寶歷年，大資袁京尹歆請于朝，以杭居吴會，爲列城冠，湖山清麗，瑞氣扶輿，人傑代生，踵武相望，祠祀未建，實爲闕文。以公帑求售居民園屋建堂，奉忠臣、孝子、善士、名流、德行、節義、學問、功業。自陶唐至宋，本郡人物許箕公以下三十四人，及孝婦孫夫人等五氏，各立碑刻，表世旌哲而祀之。堂之外堤邊有橋，名袁公橋，以表而出之。其地前挹平湖，四山環合，景象窈深。惟堂濱湖，入其門，一徑縈紆，花木蔽翳，亭館相望，來者由振衣，歷古香，循清風，登山亭，憩流芳，而後至祠下。又徙玉晨道館于祠之艮隅，以奉洒掃，易扁曰「旌德」，且爲門，便其往來。直門爲堂，扁曰「仰高」。第二橋名鎖瀾橋，西建堂，扁曰「湖山」。咸淳間，洪帥燾買民地刱建，棟宇雄傑，面勢端閎，岡巒奔赴，水光滉漾。四浮圖矗四圍，如武士相衛。回眸顧盼，由後而望，則芙蕖菰蒲蔚然相扶，若有遜避其前之意。後二年，帥臣潛皋墅增建水閣六楹，又縱爲堂四楹，以達于閣，環之欄檻，闢之户牖。蓋邇延遠挹，盡納千山萬景，卓然爲西湖堂宇之冠。游者爭趨焉。接第三橋，名望仙橋【四】，側有堂，扁曰「三賢」，以奉白樂天、林和靖、蘇東坡三先生之祠。袁大資請于朝，切惟三賢道德名節震耀今古，而祠附于水仙廟東廡，則何以崇教化、勵風俗。遂買居民廢址，改造堂宇，以奉三賢，實爲尊禮名勝之所。正當蘇堤之中，前挹湖山，氣象清曠，背負長岡，林樾深窈。南北諸峯嵐翠

【三】扁曰先賢　「曰」原闕，據《學津討原》本補。

【四】名望仙橋　「仙」原作「山」，據《學津討原》、《學海類編》、《四庫全書》本改。

環合，遂與蘇堤貫聯也。蓋堂宇參錯，亭館臨堤，種植花竹，以顯清槩。堂扁「水西」、「雲北」、「月香」、「水影」、「晴光」、「雨色」。曰北山第二橋，名東浦橋，西建一小矮橋過水，名小新堤。于淳祐年間，趙節齋尹京之時築此堤。至麴院接靈隱、三竺梵宫，遊玩往來。兩岸夾植花柳，至半堤，建四面堂，益以三亭于道左，爲遊人憩息之所。水緑山青，最堪觀玩。咸淳再行高築堤路，凡二百五十餘丈，所費俱官給其券工也。曰北山第一橋，名涵碧橋，過橋出街東有寺，名廣化。建竹閣，四面栽竹萬竿，青翠森茂，陰晴朝暮，其景可愛。閣下奉樂天之祠焉。曰壽星寺，高山有堂，扁曰「江湖偉觀」。蓋此堂外江内湖一覽目前。淳祐趙尹京重創，廣厦危欄，顯敞虚曠，旁又爲兩亭，巍然立于山峯之頂。遊人縱步往觀，心目爲之豁然。曰孤山橋，名寶祐，舊呼曰斷橋。橋裏有梵宫，以石刻大佛金裝，名曰「大佛頭」，正在秦皇纜舟石山上，遊人爭覩之。橋外東有森然亭，堂名「放生」。在石函橋西。昨於真廟朝天禧年間，平章王欽若出判杭州，請於朝建也。次年，守臣王隨記其事。元祐東坡請浚西湖，謂每歲四月八日，邦人數萬集于湖上，所活羽毛鱗介以百萬數，皆西北向稽首祝萬歲。紹興以鑾輿駐蹕，尤宜涵養，以示渥澤。仍以西湖爲放生池，禁勿採捕，遂建堂，扁「德生」。有亭二：一以「濱湖」，爲祝網縱鱗之所，亭扁「泳飛」；一以「枕山」，凡名賢舊刻皆峙焉，又有奎書《戒烹宰文》刻石于堂上。曰玉蓮，又名一清，在錢塘門外菩提寺南沿城。景定間，尹京馬光祖建，次年魏克愚徙郡治竹山閣改建于此。但堂宇爽闓，花木森森，顧盼湖山，蔚然堪畫。曰豐豫門外有酒樓，名豐樂，舊名聳翠樓。據西湖之會，千峯連環，一碧萬頃，柳汀花塢，歷歷欄檻。間而遊橈畫舫，棹謳堤唱，往往會于樓下，爲遊覽最。顧以官酤喧雜，樓亦臨水，弗與景稱。淳祐年，帥臣趙節齋再撤新創，瓌麗宏特，高接雲霄，爲湖山壯觀。花木亭榭，映帶參錯，氣象尤奇。縉紳士人鄉飲團拜，多集于此。更有錢塘門外望湖樓，又名看經樓。大佛頭石山後名十三間樓，乃東坡守杭日多遊此，今爲相嚴院矣。豐豫門外有望湖亭三處，俱廢之久，名賢遺跡不可無傳，故書之，使後賢不失其名耳。曰湖邊園圃，如錢塘、玉壺、豐豫、漁莊、清波、聚景、長橋、慶樂、大佛、雷峯塔下小湖齋宮、甘園、南山、南屏，皆臺榭亭閣，花木奇石影映湖山。兼之貴宅宦舍，列亭館于水堤；梵刹琳宫，布殿閣于湖山。周圍勝景言之難盡。東坡詩云：「若把西湖比西子，淡妝濃抹總相宜」，正謂是也。近者，畫家稱湖山四時景色最奇者有十，曰：蘇堤春曉、麴院荷風、平湖秋月、斷橋殘雪、柳浪聞鶯、花港觀魚、雷峯夕照、兩峯插雲、南屏晚鐘、三潭映月。春則花柳爭妍，夏則荷榴競放，秋則桂子飄香，冬則梅花破玉，瑞雪飛瑶。四時之景不同，而賞心樂事者亦與之無窮矣。

下湖

下湖在錢塘門外。其源出于西湖。一自玉壺水口流出，九曲沿城一帶，至餘杭門外。

一自水磨頭石函橋閘流出，策選鋒教場、楊府雲洞、北郭税務側，合爲一流。如環帶形。自有二斗門瀦泄之。淳祐年，西湖水涸，城内諸井亦竭。尹京趙節齋給官錢米，命工自錢塘尉廨北望湖亭下鑿渠，引天目山水，自餘杭河經張家渡河口，達于溜水橋斗門。凡作數壩，用車運水，經西湖，庶得流通。城中諸市民賴其利也。林和靖艤舟石函，因過下湖小墅，賦詩曰：「平湖望不極，雲氣遠依依。及向扁舟泊，還尋下瀨歸。青山連石埭，春水入柴扉。多謝提壺鳥，留人到落暉。」《錢塘定山南鄉有名湖，劉道真《錢塘記》云：「明聖湖在縣南一百步。又仁和東十八里，亦有此湖之名。仁和縣東北十八里有湖名曰御息。故老相傳，秦始皇東遊，暫憩于此，故以名之。」縣東長樂鄉曰臨平湖。前輩夜汎湖，賦詩曰：「素彩皓通津，孤舟入清曠。已愛隔簾看，還宜捲簾望。隔簾捲簾當此時，惆悵思君君不知。三月平湖草欲齊，緑楊分映入長堤。田家起處烏龍吠，酒客醒時謝豹啼。山檻正當蓮葉渚，水塍新擘稻秧畦。人閒謾説多岐路，咫尺神仙洞却迷。」仁和永和鄉有湖者二：曰石橋退者也。蓋日者，重陽之母，陰生于陽，故潮附之于日也。月者，太陰之精，水屬陰，故潮依之于月也。是故隨日而應月，依陰而附陽，盈于朔望，消于朏魄，虚于上下弦，息于輝朒。故潮有大小焉。但月朔夜半子，晝則午刻，潮平于地。次日潮信稍遲一二刻，至望日則潮亦如月朔信，復會於子午位。若以每月初五、二十日，此四日則下岸。其潮自此日則漸漸小矣。以初十、二十五日，其潮交澤起水，則潮漸漸大矣。初一至初三，十五至十八，六日之潮最大。銀濤沃日，雪浪吞天，聲若雷霆，勢不可禦。進退盈虚，終不失期。且海門在江之東北，有山曰赭山，與龕山對峙。潮水出其閒也。盧肇《潮論》所謂「夾羣山而遠入，射一帶以中投」者是也。若言狹逼，則東自定海，吞餘姚、奉化二江，侔之浙江，尤甚逼狹，潮未聞其聲。北望嘉興太湖，水闊二百餘里，故商舶船隻怖于上潭。惟泛餘姚小江，易舟而浮運河，達于杭、越。蓋以下有沙潭南北之隔碍洪波蹙遏潮勢矣。

城内外河

茅山河東自保安水門向西，過榷貨務橋，轉北過通江湖、曰丁山湖。天宗門外曰泛洋湖。仁和長樂鄉像光湖，唐時湖中現五色光，掘地得彌勒佛石像，乃建寺，及湖名俱曰像光。仁和桐扣山下名石鼓湖。

浙江

浙江在杭城東南，謂之錢塘江。内有浙山正居江中，潮水投山下，曲折而行，有若反濤水勢者，以錢塘、松江、浦陽爲三，而不知浦陽在何地。今富陽即錢塘江，其江自古曰浙河，見于《莊子》書中。其爲東南巨浸昭昭也。按《吴越春秋·内傳》云：「吴王賜子胥死，乃取其尸，盛以鴟夷之革，浮之江中。子胥因隨流揚波，依潮來往，蕩激堤岸。」又按

《越王外傳》云：「越王賜大夫種死，葬于西山之下。一年，子胥從海上穿山脅而持種去，與之俱浮于海。故前潮水潘侯者，伍子胥也。後重水者，大夫種也。」恐此説荒誕無稽，不敢信。以《忠清廟記》言之，非誕也。然諸家所説甚多，或謂天河激湧，亦云地機翕張，又以日激水而潮生，月周天而潮應。或以挺空入漢，山湧而濤隨；析木大梁，月行而水大。源殊派異，無所適從。索隱探微，宜伸確論。大率元氣嘘吸，天隨氣而張斂；溟渤往來，潮隨天而進橋，一直至梅家橋。舊德壽宮之東，今宗陽宮有茅山河，因展拓宮基填塞，及民户包占，雖存去水大渠流至蒲橋，後被修内司營填塞所不及故道，今廢之久矣。鹽橋運河，南自碧波亭州橋與保安水門裏横河，過望仙橋，直北至梅家橋，出天宗水門。一泒自仁和倉後葛家橋、天水院橋、淳祐倉前出餘杭水門水道。市河，俗呼小河，東自清冷橋西流，至南瓦横河轉北，由金波橋直北，至仁和倉橋轉東，合天水院橋轉北，過便橋，出餘杭水門。清湖河，西自府治前淨因橋過閘轉北，由樓店務橋至轉運司橋轉東，由渡子橋合湧金池水，流至金文庫，與三橋水相合，南至五顯廟後普濟橋水相合，直北由軍將橋至清湖橋投北，由石灰橋至衆安橋，又投北，與市河相合，入鵝鴨橋轉西。一派自洗麩橋至紀家橋轉北，由車橋至便橋出餘杭水門。城外運河，南自浙江跨浦橋，北自渾水閘蕭公橋、清水閘衆惠橋、欏木橋、諸家橋轉西，由保安寨至保安水門入城。士人呼城河曰貼沙河，一名裏沙河。龍山河，南自龍山渾水閘由朱橋至南水門，淤塞年深，不通舟楫。外沙河，南自行車門北去，繞城東過紅亭税務前務已廢圮。螺螄橋，東至蔡湖橋，與殿司前軍寨内河相合，轉西，過游弈寨前軍寨橋，至無星橋壩子橋河相合，入艮山河，沿城至泛洋湖水轉北，至德勝橋，與運河相合。菜市河，南自新門外北沿城景隆觀後至章家橋、菜市塘、壩子橋，入泛洋湖轉北至德勝橋，與運河合流。下塘，自河南天宗水門接沿橋運河，餘杭水門接城中小河、清湖河，兩河合于北郭税務前。由清湖堰閘至德勝橋，與城東外沙河、菜市河、泛洋湖相合，分爲兩派。一由東北上塘過東倉新橋，入大運河，至長安閘，入嘉興路運河。一由西北過德勝橋上北城堰，過江漲橋、喻家橋、北新橋以北，入安吉州界下塘河。新開運河，在餘杭門外北新橋，北通蘇、湖、常、秀、潤等河。凡諸路綱運及販米客舟皆由此達于杭都。下湖河，在溜水橋柴場北，自策選馬軍寨墻八字橋，沿東西馬塍羊角埂上泥下泥橋，直抵步司中軍寨墻北。一派自打水樓南折入左家橋河，入江漲橋河。一派自八字橋西策選軍寨、神勇寨、步人橋至石塘橋下，折入餘杭塘河。一派自西堰橋西溪山一帶至飲馬山，亦折入餘杭塘河。子塘河自北郭税務驛亭下直抵左家橋，係下湖洩水去處。餘杭塘河，在餘杭門外江漲橋投西路，至餘杭縣。奉口河，自北新橋至奉口大溪。前沙河，在菜市門外太平橋外沙河北水陸寺前入港，可通湯鎮赭山巖門鹽場。東坡嘗雨中督役開湯村運鹽河，賦詩曰：「居官不任事，蕭散羨長卿。胡不歸去來，滯留愧淵明。鹽事星火急，誰能恤農耕。鼕鼕曉鼓動，萬指羅溝坑。天雨助官政，泫然淋衣纓。人如鴨與豬，投泥相濺驚。下馬荒堤上，四顧但湖泓。線路不容足，又與牛羊爭。歸田雖賤辱，豈失泥中行。寄語故山友，切勿厭藜羹。」後沙河，在艮山門外壩子橋北。官塘河，在餘杭門外板橋西。蔡官人塘河，在艮山門外九里松塘姚斗門，通河衢店湯鎮赭山。施何村河，在桐扣山水薘堰，東自運河入，通裏外沙河。赤岸河，在赤岸，自運河入，通高塘、横塘諸河。方興河，在臨平鎮東，自運河入，通像光湖、赭山湯鎮。

湖船

杭州左江右湖，最爲奇特，湖中大小船隻不下數百舫。有一千料者，約長二十餘丈，可容百人。五百料者，約長十餘丈，亦可容三五十人。亦有二三百料者，亦長數丈，可容三二十人。皆精巧創造，雕欄畫栱，行如平地。各有其名曰百花、十樣錦、七寶戧金、金獅子、何船、劣馬兒、羅船、金勝、黄船、董船、劉船，其名甚多。姑言一二。更有賈秋壑府車船，船棚上無人撐駕，但用車輪脚踏而行，其速如飛。又有御舟，安頓小湖園水次，其船皆是精巧雕刻創造，俱用香楠木爲之。只是周漢國公主遊翫曾一用耳。靈芝寺前水次，有趙節齋所造湖舫，名曰烏龍。凡遇撐駕，即風波大作，坐者不安，多不敢撐出，以爲棄物。湖中南北搬載小船甚夥，如撐船賣買羹湯、時菓，掇酒瓶，如青碧香、思堂春、宣賜小思、龍游，新煮酒俱有。及供菜蔬、水果船，撲時花帶朵、糖獅兒，諸色千千小段兒糖、小兒家事兒等船。更有賣雞兒、湖瀣、海蜇、螺頭及點茶、供茶果、婆嫂船，點花茶、撥糊盆、潑水棍小船，漁莊岸小釣魚船。湖中有撇網鳴榔打魚船。湖中有放生龜鼈螺蚌船。並是瓜皮船也。又有小脚船，專載賈客、妓女、荒鼓板、燒香婆嫂、撲青器、唱耍令、纏曲及投壺、打彈、百藝等船。多不呼而自來。須是出著發放支犒，不被哂笑。若四時遊翫，大小船隻僱價無虚日，遇大雪亦有富家翫雪船。如二月八及寒食、清明，須先指揮船户僱定船隻，若此日分，舫船非二三百券不可僱賃。至日雖小脚船亦無空閒者。船中動用器具不必帶往，但指揮船主，一一周備。蓋早出登舟，不勞爲力，惟支犒錢耳。更有豪家富宅自造船隻遊嬉，及貴官内侍多造採蓮船，用青布幕撑起，容一二客坐，裝飾尤其精緻。

江海船艦

浙江乃通江渡海之津道。且如海商之艦大小不等，大者五千料，可載五六百人。中等二千料至一千料，亦可載二三百人。餘者謂之「鑽風」，大小八櫓或六櫓，每船可載百餘人。此網魚買賣，亦有名「三板船」。不論此等船，且論舶商之船。自入海門，便是海洋，茫無畔岸，其勢誠險。蓋神龍怪蜃之所宅，風雨晦冥時，唯憑針盤而行，乃火長掌之，毫釐不敢差誤，蓋一舟人命所繫也。愚屢見大商賈人，言此甚詳悉。若欲船泛外國買賣，則是泉州便可出洋。迤邐過七洲洋，舟中測水約有七十餘丈。若經崑崙、沙漠、蛇龍、烏豬等洋，神物多于此中行雨，上畧起朵雲，便見龍現全身，目光如電，爪角宛然，獨不見尾耳。頃刻大雨如注，風浪掀天，可畏尤甚。但海洋近山礁，則水淺撞礁，必壞船，全憑南針，或有少差，即葬魚腹。自古舟人云：「去怕七洲，回怕崑崙。」亦深五十餘丈。又論舟師觀海洋中日出日入則知陰陽，驗雲氣則知風色順逆，毫髮無差。遠見浪花則知風自彼來，見巨濤拍岸則知次日當起南風，見電光則云夏風對閃，如此之類，畧無少差。相水之清渾便知山之近遠，大洋之水碧黑如澱，有山之水碧而緑，傍山之水渾而白矣。有魚所聚，必多礁石。蓋石中多藻苔，則魚所依耳。每月十四、二十八日謂之大等日分。此兩日若風雨不當，則知一旬之内多有風雨。凡測水之時，必視其底，知是何等沙泥，所以知近山有港。若商賈止到台、温、泉、福買賣，未嘗過七洲、崑崙等大洋。若有出洋，即從泉州港口至岱嶼門，便可放洋過海，泛往外國也。其浙江船隻，雖海艦多有往來，則嚴、婺、衢、徽等船，多嘗通津買賣往來，謂之長船等隻。如杭城柴炭、木植、柑橘、乾濕果子等物，多産於此數州耳。明、越、温、台海鮮魚蟹、鮝腊等貨，亦上潬通于江浙。但往來嚴、婺、衢、徽州諸船，下則易，上則難。蓋灘高水逆故也。江岸之船甚夥，初非一色。海舶大艦、網艇、大小船隻、公私浙江漁浦等渡船、買賣客船皆泊于江岸。蓋杭城衆大之區，客販最多，兼仕宦往來，皆聚于此耳。

河舟

杭州裏河船隻皆是落脚頭船，爲載往來士賈諸色等人，及搬載香貨雜色物件等。又有大灘船，係湖州市搬載諸鋪米，及跨浦橋柴炭、下塘甎瓦、灰泥等物及運鹽袋船隻。蓋水路皆便，多用船隻。如無水路，以人力運之，向者汴京用車乘駕運物。蓋杭城皆石版街道，非泥沙比，車輪難行，所以用舟隻及人力耳。若士庶欲往蘇、湖、常、秀、江淮等州，多僱舸船、舫船、航船、飛篷船等。或宅舍府第莊舍，亦自創造船隻，從便撑駕往來，則無官府捉拏差撥之患。若州縣欲差船隻，多給官錢和僱以應用度。杭城乃輦轂之地，有上供米斛，皆辦于浙右諸郡縣，隸司農寺所轄。本寺所委官吏專率督催米斛，解發朝廷，以應上供支用。搬運自有綱船裝載，綱頭管領。所載之船不下運千餘石，或六七百石。官司亦支耗券僱稍船米與之，到岸則有農寺排岸司掌拘卸檢察搜空。又有下塘等處及諸郡米客船隻，多是鐵頭舟，亦可載五六百石者，大小不同。其老小悉居船中，往來興販耳。寺觀菴舍船隻皆用紅油舸灘，大小船隻往來河中，搬運齋糧柴薪。更有載垃圾糞土之船，成羣搬運而去。北新橋外趙十四相公府側，有殿前司紅坐船于水次，管船軍士專造紅醞，在船和沽。官司寬大，並無捉捕之憂。論之杭城輻輳之地，下塘、官塘、中塘三處船隻及航船、魚舟、釣艇之類，每日往返，曾無虚日。緣此是行都，士貴官員往來，商賈買賣駢集，公私船隻泊于城北者夥矣。

卷十三

兩赤縣市鎮

杭州有縣者九，獨錢塘、仁和附郭，名曰赤縣。而赤縣所管鎮市者一十有五，且如嘉會門外名浙江市，北關門外名北郭市，江漲東市、湖州市、江漲西市、半道紅市，西溪謂之西溪市，惠因寺北教場南曰赤山市，江兒頭名龍山市，安溪鎮前曰安溪市，艮山門外名范浦鎮市，湯村曰湯村鎮市，臨平鎮名臨平市，城東崇新門外名南土門市，東青門外北土門市。今諸鎮市，蓋因南渡以來杭爲行都二百餘年，户口蕃盛，商賈買賣者十倍于昔，往來輻輳，非他郡比也。

都市錢會

銅錢乃歷代所用之寶，漢、唐以來天下通行。宋朝開寶中其錢文曰「宋通元寶」。至寶元間則曰「皇宋通寶」。近世錢文皆著年號。景定年鑄文曰「景定元寶」。朝省因錢法不通，杭城增造鑞牌以便行用。元都市錢陌用七十七陌，近來民間減作五十陌，行市通使。官司又印造會、關子，自十五界至十八界行使。至咸淳年閒，賈秋壑爲相日，變法增造金銀關子，以十八界三貫準一貫關子，天下通行。自因頒行之後，諸行百市物貨湧貴，錢陌消折矣。

團行

市肆謂之團行者，蓋因官府回買而立此名。不以物之大小，皆置爲團行。雖醫卜、工役亦有差使，則與當行同也。然雖差役，如官司和僱支給錢米，反勝于民閒僱倩工錢，而工役之輩則歡樂而往也。其中亦有不當行者，如酒行、食飯行，而借此名。有名爲團者，如城西花團、泥路青果團、後市街柑子團、渾水閘鮝團。又有名爲行者，如官巷方梳行、銷金行、冠子行、城北魚行、城東蟹行、薑行、菱行、北猪行、候潮門外南猪行、南上北土門菜行、壩子橋鮮魚行、横河頭布行、雞鵝行。更有名爲市者，如炭橋藥市、官巷花市、融和市、南坊珠子市、修義坊肉市、城北米市。且如橘園亭書房、鹽橋生帛五閒樓、泉福糖蜜及荔枝圓眼湯等物。其他工役之人，或名爲作分者，如碾玉作、鑽捲作、篦刀作、腰帶作、金銀打鈒作、裹貼作、鋪翠作、裱褙作、裝鑾作、油作、木作、甎瓦作、泥水作、石作、竹作、漆作、釘鉸作、箍桶作、裁縫作、脩香澆燭作、打紙作、冥器等作分。又有異名行者，如買賣七寶者謂之骨董行，鑽珠子者名曰散兒行，做靴鞋者名雙線行，開浴堂者名香水行。大抵杭城是行都之處，萬物所聚，諸行百市，自和寧門杈子外至觀橋下無一家不買賣者。行分最多，且言其一二，最是官巷花作，所聚奇異飛鸞走鳳、七寶珠翠、首飾花朵、冠梳及錦繡羅帛、銷金衣裙、描畫領抹，極其工巧，前所罕有者，悉皆有之。更有兒童戲耍物件，亦有上行之所，每日街市不知貨幾何也。

鋪席

杭州大街自和寧門杈子外，一直至朝天門外清和坊，南至南瓦子北，謂之界北。中瓦子前謂之五花兒中心。自五間樓北至官巷南街，兩行多是金銀、鹽鈔引交易鋪。前列金銀器皿及現錢，謂之看垛錢。此錢備準榷貨務算清鹽鈔引。并諸作分打鈒鑪鞲，紛紜無數。自融和坊北至市南坊，謂之珠子市。如遇買賣，動以萬數。又有府第富豪之家質庫，城内外不下數十處，收解以千萬計。向者，杭城市肆名家有名者如中瓦前皁兒水，雜貨場前甘豆湯，戈家蜜棗兒，官巷口光家羹，大瓦子水果子，壽慈宫前熟肉，錢塘門外宋五嫂魚羹，湧金門灌肺，中瓦前職家羊飯、彭家油靴，南瓦子宣家台衣、張家元子，候潮門顧四笛，大瓦子邱家篳篥。自淳祐年，有名相傳者如貓兒橋魏大刀熟肉，潘節幹熟藥鋪，壩頭榜亭安撫司惠民坊熟藥局，市西坊南和劑惠民藥局，局前沈家、張家金銀交引鋪，劉家、吕家、陳家綵帛鋪，舒家紙劄鋪，五間樓前周五郎蜜煎鋪、童家柏燭鋪、張家生藥鋪，獅子巷口徐家紙劄鋪、凌家刷牙鋪，觀復丹室保佑坊前孔家頭巾鋪、張賣食麪店、張官人諸史子文籍鋪、訥菴丹砂熟藥鋪、俞家七寶鋪、張家元子鋪，中瓦子前徐茂之家扇子鋪、陳直翁藥鋪、梁道實藥鋪、張家豆兒水、錢家乾果鋪，金子巷口陳花脚麪食店、傅官人刷牙鋪、楊將領藥鋪，市南坊沈家白衣鋪、徐官人幞頭鋪、鈕家腰帶鋪，市西坊北鈕家綵帛鋪、張家鐵器鋪，脩義坊北張古老胭脂鋪，水巷口戚百乙郎顔色鋪、徐家絨線鋪、阮家京果鋪；　俞家冠子鋪，官巷前仁愛堂熟藥鋪、脩義坊三不欺藥鋪，官巷北金藥臼樓太丞藥鋪、胡家馮家粉心鋪，染紅王家胭脂鋪、淮嶺傾錫鋪，清河坊顧家綵帛鋪、蔣檢閱茶湯鋪，昇陽宫前仲家光牌鋪、季家雲梯絲鞋鋪，太平坊南倪没門麪食店，南瓦子北卓道王賣麪店，腰棚前菜麪店，熙春樓下雙條兒劗子店，太平坊大街東南角蝦蟆眼酒店，漆器墻下李官人雙行解毒丸，抱劍營街吴家、夏家、馬家香燭裹頭鋪、李家絲鞋鋪，許家槐簡鋪，沙皮巷孔八郎頭巾鋪、陳家絛結鋪，朝天門戴家鏖肉鋪，外沙皮巷口雙葫蘆眼藥鋪，朝天門裏大石版朱家裱褙鋪、朱家元子糖蜜糕鋪，太廟前尹家文字鋪、陳媽媽泥面具風藥鋪，大佛寺疳藥鋪、保和大師烏梅藥鋪，三橋街毛家生藥鋪、柴家絨線鋪、姚家海鮮鋪，壩橋榜亭側朱家饅頭鋪，石榴園倪家犯鮓鋪、張省幹金馬杓小兒藥鋪，三橋河下楊三郎頭巾鋪，清湖河下戚家犀皮鋪，里仁坊口游家漆鋪，李博士橋鄧家金銀鋪、汪家金紙鋪，炭橋河下青篦扇子鋪，水巷橋河下針鋪、彭家温州漆器鋪，沿橋下生帛鋪、郭醫産藥鋪，住大樹下橘園亭文籍書房，平津橋沿河布鋪、黄草鋪、温州漆器、青白磁器；鐵線巷籠子鋪、生絹一紅鋪；薦橋新開巷元子鋪，官巷内飛家牙梳鋪，齊家、歸家花朵鋪，盛家珠子鋪，劉家翠鋪，馬家、宋家領抹銷金鋪，沈家枕冠鋪，小市裏舒家體真頭面鋪，周家摺擽扇鋪，陳家畫團扇鋪。自大街及諸坊巷，大小鋪席連門俱是，即無虚空之屋。每日清晨兩街巷門浮鋪上行，百市買賣熱鬧，至飯前，市罷而收。蓋杭城乃四方輻輳之地，即與外郡不同，所以客販往來，旁午于道，曾無虚日。至于故楮、羽毛皆有鋪席發客，其他鋪可知矣。其餘坊巷橋道，院落縱横，城内外數十萬户口，莫知其數。處處各有茶坊、酒肆、麪店、果子、綵帛、絨線、香燭、油醬、食米、下飯魚肉、鮝腊等鋪。蓋經紀市井之家，往往多于店舍旋買見成飲食，此爲快便耳。

天曉諸人出市

每日交四更，諸山寺觀已鳴鐘，庵舍行者、頭陀打鐵板兒或木魚兒，沿街報曉。各分地方若晴，則曰天色晴明。或報大參，或報四參，或報常朝，或言後殿坐。陰則曰天色陰晦。雨則言雨。蓋報令諸百官聽公上番、虞候上名，衙兵等人及諸司上番人知之，趕趁往諸處服役耳。雖風雨霜雪不敢缺此。每月朔望及遇節序，則沿門求乞齋糧。最是大街一兩處麪食店及市西坊西食麪店，通宵買賣，交曉不絶。緣金吾不禁，公私營幹夜食于此故也。御街鋪店聞鐘而起，賣早市點心，如煎白腸、羊鵝事件、糕粥、血臟羹、羊血粉羹之類。

冬天賣五味肉粥、七寶素粥。夏月賣義粥、饊子、豆子粥。又有浴堂門賣面湯者。有浮鋪早賣湯藥二陳湯及調氣降氣並丸劑，安養元氣者。有賣燒餅、蒸餅、糍糕、雪糕等點心者。以趕早市，直至飯前方罷。及諸行鋪席皆往都處侵晨行販。和寧門紅杈子前買賣細色異品菜蔬、諸般嗄飯及酒醋、時新果子、進納海鮮品件等物，填塞街市，吟叫百端，如汴京氣象，殊可人意。孝仁坊口水晶紅白燒酒，曾經宣唤，其味香軟，入口便消。六部前丁香餛飩，此味精細尤佳。早市供膳諸色物件甚多，不能盡舉。自內後門至觀橋下，大街小巷在在有之。不論晴雨霜雪皆然也。

夜市

杭城大街買賣晝夜不絕。夜交三四鼓遊人始稀，五鼓鐘鳴，賣早市者又開店矣。大街關撲，如糖蜜糕、灌藕、時新果子、像生花果、魚鮮、豬羊蹄肉，及細畫絹扇、細色紙扇、漏塵扇柄、異色影花扇、銷金裙段、背心段、小兒銷金帽兒、逍遥巾、四時玩具、沙戲兒。春冬撲賣玉栅小毬燈、奇巧玉栅屏風捧燈毬、快行胡女兒、沙戲走馬燈、鬧蛾兒、玉梅花、元子、槌拍、金橘數珠、糖水魚龍船兒、梭毬香鼓兒等物。夏秋多撲青紗黄草帳子、挑金紗異巧香袋兒、木犀香數珠、梧桐數珠、藏香細扇、茉莉盛盆兒帶朵、茉莉花朵、挑紗荷花滿池嬌背心兒、細巧籠仗、促織籠兒、金桃、陳公梨、炒栗子，諸般果子及四時景物，預行撲賣，以爲賞心樂事之需耳。衣市有李濟賣酸文、崔官人相字攤、梅竹扇面兒、張人畫山水扇，並在五間樓前大街坐鋪。中瓦前有帶三朵花點茶婆婆、敲響盞、掇頭兒拍板。大街遊玩人看了無不哂笑。又有鰕鬚賣糖、福公個背張婆賣糖、洪進唱曲兒賣糖。又有擔水斛兒內魚龜頂傀儡面兒舞賣糖。有白鬚老兒看親箭撥鬧盤賣糖。有標竿十樣賣糖。效學京師古本十般糖。賞新樓前仙姑賣食藥。又有經紀人擔瑜石釘鉸金裝架兒共十架，在孝仁坊紅杈子賣皁兒膏、澄沙糰子、乳糖澆。壽安坊賣十色沙糰。衆安橋賣澄沙膏、十色花花糖。市西坊賣蚫螺滴酥。觀橋大街賣豆兒糕、一作「膏」。輕餳。太平坊賣麝香糖蜜糕、金鋌裹蒸兒。廟巷口賣楊梅糖、杏仁膏、薄荷膏、十般膏子糖。內前杈子裏賣五色法豆，使五色紙袋兒盛之。通江橋賣雪泡豆兒水、荔枝膏。中瓦子前賣十色糖。更有瑜石車子賣糖糜乳糕澆。亦俱曾經宣唤，皆效京師叫聲。日市亦買賣。又有夜市物件。中瓦前車子賣香茶異湯。獅子巷口熝耍魚、罐裏熝雞絲粉、七寶科頭。中瓦子武林園前煎白腸、燴腸。灌肺嶺賣輕餳。五間樓前賣餘甘子、新荔枝、木檐。市西坊賣焦酸餡、千層兒。又有沿街頭盤叫賣薑豉、膘皮、膘子、炙椒、酸犯兒、羊脂韭餅、糟羊蹄、糟蟹。又有擔架子賣香辣罐肺、香辣素粉羹、腊肉細粉、科頭薑蝦海蟄鮓、清汁田螺羹、羊血湯、胡瀣海蟄螺頭、瀣䭔蝕兒、瀣麪等。各有叫聲。大街更有夜市賣卦，蔣星堂玉蓮相花字、青霄三命、玉壺五星、草窻五星、沈南夫五星、簡堂石鼓、野菴五星泰來、心鑑三命。中瓦子浮鋪有西山神女賣卦。灌肺嶺曹德明易課。又有盤街賣卦人，如心鑑及甘羅次、北算子者。更有叫時運來時買庄田、取老婆賣卦者。其餘橋道坊巷亦有夜市，撲賣果子糖等物。亦有賣卦人盤街叫賣，如頂盤擔架賣市食，至三更不絶。冬月雖大雨雪，亦有夜市盤賣。至三更後，方有提瓶賣茶。冬閒，擔架子賣茶饊子、慈茶始過。蓋都人公私營幹，深夜方歸故也。

諸色雜貨

凡宅舍養馬，則每日有人供草料。養犬，則供餳糠。養貓，則供魚鰍。養魚，則供蟣蝦兒。若欲喚錮路釘鉸、脩補鍋銚、箍桶、脩鞋、脩幞頭帽子、補脩魫冠、接梳兒、染紅緑牙梳、穿結珠子、脩洗鹿胎冠子、脩磨刀翦、磨鏡，時時有盤街者，便可喚之。且如供香印盤者，各管定鋪席人家，每日印香而去，遇月支請香錢而已。供人家食用水者，各有主顧供之，亦有每日掃街盤垃圾者，每支錢犒之。其巷陌街市常有使漆修舊人，荷大斧斫柴，閒早脩扇子，打鑞器，脩竈，提漏，供香餅炭墼，并挑擔賣油，賣油苕掃箒、竹箒、筅箒、雞籠擔、聖堂拂子、竹柴、茹紙、生薑、薑芽、新薑、瓜、茄、菜蔬等物，賣泥風爐、小缸、竈兒、天窻砧頭、馬杓，銅鐵器如銅銚、湯餅、銅罐、熨斗、火鍬、火筯、火夾鐵物、漏杓、銅沙鑼、銅匙筯、銅瓶、香爐、銅火爐、簾鉤，鑞器如鑮榼、果盆、果盒、酒盞、注子、偏提盤盂杓。酒市急須馬盂、屈卮、滓斗、筯瓶。家生動事如桌櫈、涼牀、交椅、兀子、長挑、繩牀、竹椅、柎笄、裙廚、衣架、棊盤、面桶、項桶、脚桶、浴桶、大小提桶、馬子桶、架木杓、研槌、食托、青白瓷器、甌碗碟、茶盞、菜盆、油杆杖、榾轆鞋、楦棒槌、烘盤、雞籠、蟲蟻籠、竹笊籬、蒸籠、茳箕、甑箄、紅簾、斑竹簾、酒絡、酒籠、筲箕、瓷甏、炒銼、砂盆、水甌、烏盆、三脚罐、枕頭、豆袋、竹夫人、懶架、涼簟、藁薦、蒲合席子。及文具物件如硯子、筆墨、書架、書攀、裁刀、書翦、簿子、連紙，又有鐃子、木梳、篦子、刷子、刷牙子、減裝墨、洗漱盂子、冠梳、領抹、針線與各色麻線、鞋面、領子、脚帶、粉心、合粉、胭脂、膠煤【一】、托葉墜紙等物。又有挑擔擡盤架買賣江魚、石首、鮚魚、時魚、鯧魚、鰻魚、鱭魚、鯽魚、白鰱魚、白蟹、河蟹、河蝦、田雞等物及生熟豬羊肉、雞鵝鴨，及下飯海臘鮝、膘鴨子炙、鰍糟藏、大魚鮓、乾菜、乾蘿蔔、菜蔬、葱薑等物。又有早間賣煎二陳湯，飯了提瓶點茶，飯前有賣饊子、小蒸糕。日午賣糖粥、燒餅、炙焦饅頭、炊餅、辣菜餅、春餅、點心之屬。四時有撲帶朵花，亦有賣成窠時花、插瓶把花、柏桂羅漢葉。春撲帶朵桃花、四香、瑞香、木香等花。夏撲金燈花、茉莉、葵花、榴花、梔子花。秋則撲茉莉、蘭花、木樨、秋茶花。冬則撲木春花、梅花、瑞香、蘭花、水仙花、臘梅花。更有羅帛脱蠟像生、四時小枝花朵沿街市吟叫撲賣。及買賣品物最多，不能盡述。及小兒戲耍家事兒，如戲劇糖果之類，行嬌惜、宜娘子鞦韆、稠糖葫蘆、火齋郎果子吹糖、麻婆子、孩兒等、糕粉孩兒鳥獸、像生花朵、風糖餅、十般糖、花花糖、荔枝膏、縮砂糖、五色糖、

【一】膠煤　「煤」，《學津討原》、《四庫全書》本作「紙」。

線天戲耍孩兒、雞頭擔兒、罐兒、楪兒、鑯小酒器、鼓兒、板兒、鑼兒、刀兒、鎗兒、旗兒、馬兒、鬧竿兒、花籃、龍船、黄胖兒、麻婆子、橋兒、棒槌兒，及影戲線索傀儡兒、獅子貓兒。又沿街叫賣小兒諸般食件，麻糖、鎚子糖、鼓兒餳、鐵麻糖、芝麻糖、小麻糖、破麻酥、沙團、箕豆、法豆、山黄褐青豆、鹽豆兒、豆兒黄糖、楊梅糖、荆芥糖、榧子、蒸梨兒、棗兒、米食羊兒、狗兒、蹄兒、甖兒、栗㯾豆團、糍糕、麻團、湯團、水團、湯丸、餶飿兒、炊餅、槌栗、炒槌、山裏棗、山裏果子、蓮肉、數珠、苦槌、荻蔗、甘蔗、茅洋、跳山婆、栗茅、蜜屈律等物。並于小街後巷叫賣。遇新春，街道巷陌官府差顧淘渠人沿門通渠，道路污泥，差顧船隻，搬載鄉落空閒處。人家有泔漿，自有日掠者來討去。杭城户口繁夥，街巷小民之家多無坑厠，只用馬桶。每日自有出糞人瀽去，謂之傾脚頭，各有主顧，不敢侵奪。或有侵奪，糞主必與之爭，甚者經府大訟，勝而後已。

卷十四

祠祭

天子祭天地，諸侯祭社稷，大夫祭五祀，上得以兼下，下不得以僭上，古之制也。宋朝自郊祀、宗廟、社稷與大、中、小三祠及土域、山海、江湖之神、先賢、名哲、道德之士，禦災、捍患以死勤事功烈之臣，皆寵以爵命，列于祀典，奉常有司歲時薦饗焉。郊祀在嘉會門外三里、淨明院左右，春首上辛祈穀，四月夏雩、冬至、冬報皆郊壇行禮。惟九月秋饗不壇而屋，設位于淨明齋宫。春、夏、冬遇雨亦望祭于齋宫。差宰執充獻官行事。明堂、郊祀歲則不重舉，饗報之禮也。正月上辛，祀感生帝于宗陽宫齋殿。四立日，祀十神太乙，祀于東西太乙宫。惠昭、昭慶齋宫在淨慈寺對。惠昭有壇殿及燎壇，夏至日祭后土皇地祇。立夏日，祭熒惑。立秋日，祭白帝。昭慶有望祭殿，立夏祭南方岳瀆，立秋祭西方岳瀆。大社大稷壇在觀橋東，以春秋二仲臘前一日，祭皇地祇。九宫貴神壇在東青門外，以春秋二仲壇祭感生帝及九宫貴神。北太乙西南、攝提正東、軒轅東南、招摇中央、天符西北、青龍正東、咸池東北、太陰正南，天一之版位也。藉田先農壇，在玉津園南，祀神農氏，配以后稷氏，以歲時祀之。高禖壇在郊壇東。壇祭設青帝神位于壇上，南向，配伏羲帝、高辛帝于西向北，又設從祀簡狄、姜嫄位于壇下卯陛南西向北。每歲春分日，遣官致祭畢，收徹二從祀饌，弓韣弓矢入禁中，后妃以次行禮。海神壇在東青門外太平橋東，祭江海神。爲太祀，以春秋二仲遣從官行望祭禮。太學，春秋二仲上丁日祭先聖文宣王，配先賢兗國公、鄒國公、沂國公、郕國公及十哲先賢，從祀七十二賢、歷代賢哲、忠孝公卿。武學，祀昭烈武成王，配留侯、歷代忠烈臣子。

山川神

城隍廟在吴山，賜額「永固」。歲之豐凶水旱、民之疾病禍福，祈而必應。朝廷累加美號，曰「輔正康濟明德廣聖王」。昭濟廟在候潮門外渾水閘西，相傳爲吴王夫差廟，加封曰「善應安濟孚祐顯衛侯」。忠清廟在吴山，其神姓伍名員，乃楚大夫奢之子，自唐立祠，至宋亦祀之。每歲海潮大溢，衝激州城，春秋醮祭，詔命學士院撰青詞以祈國泰民安，累錫美號曰「忠武英烈顯聖福安王」，有行祠在仁和縣治東南隅。吴越錢武肅王廟在方家峪寶藏寺及龍山武功堂，爲錢文穆王廟，五王俱祀焉。平濟王廟在浙江廣子灣，累封曰「顯烈廣順王」。順濟廟，元浙江里人馮氏，自侯加至王爵，曰「英烈王」。王封助靈佐順侯，英顯于通應公廟，即廟子頭楊村龍王廟是也。平波祠，賜額「善順廟」，錢塘順濟龍王，賜額「昭應廟」，竝在白塔嶺之原。孚應廟在磨刀坑。廣順廟在龍山。惠順廟在江塘。順濟龍王廟在楊村順濟宫，三侯加王爵美號，曰「廣澤靈應」、曰「順澤昭應」，曰「敷澤嘉應」。自平濟至順濟十廟，俱司江濤神也。嘉澤廟在錢塘門外二里，錢武肅曾封王爵，今改封曰「淵靈普濟侯」。水仙王廟在西湖第三橋。會靈廟在柳洲。五龍王廟在湧金門外上船亭龍井。惠濟廟在風篁嶺，美號王爵曰「嘉應廣濟孚惠王」。南高峯龍王祠在榮國寺後鉢盂潭，累封曰「孚應昭順侯」。玉泉龍王祠在青芝塢淨空寺内，其神加封美號曰「嘉應普澤公」。

忠節祠

旌忠廟在豐樂橋，元在德壽宫基，因建宫徙于此，俗呼三聖廟。按，神姓高名永能，綏州人；姓景名崇儀，字思誼，晉州人；姓程名閤使，字博古，河南人。元豐年間，因統軍戰殁，廟食于鳳翔府和尚原。後方臘寇睦，禱于神，凱奏而還，始封侯爵。後屢有功，賜廟額加號王爵，曰「忠顯靈應孚澤昭祐王」、「忠顯昭應孚濟廣祐王」、「忠惠順應孚佑善利王」，以旌忠觀灑淨，主其朝夕香燈之供。祚德廟在車橋西青蓮寺南，其神忠義，有祠墓，俱在絳州太平縣趙村，因以本州淪陷之久，廟庭存廢不可知，降旨就杭建廟，賜額加美號，陞三侯爲王爵以表忠節。程嬰封忠濟王，杵臼封忠祐王，韓厥封忠利王。靈衛廟在錢塘門側，其神因完顔宗弼犯境，守臣退保赭山，錢塘縣令朱蹕領衛司十將，金勝、祝威，率民兵戰擊，以寡制衆，殁于王事。鄉民感其忠義，葬於近郊，立祠以表死節。鄉民陳于朝省，賜廟額，各加侯爵，曰朱宰封顯忠侯，金勝封忠佐侯，祝威封忠祐侯，以旌忠烈之士。忠勇廟在行春橋寨中，其神姓張名玘，係親衛大夫、果州團練使、御營宿衛、前軍統制，因解海州圍，戰殁于陣中，得旨贈容州觀察使，建廟賜額，海州仍立廟本寨。昭節廟在保民坊廟巷東三班營。按，二神，一姓喬名元，字伯仁，一姓陸名軌，字仲模。皆襄漢人，在周時同爲殿侍，初宋太祖受禪，駕自宣祐門入，守關者施弓箭相向，弗納，移步趨他門而入。既受朝賀畢，顧近侍曰：「適移門守者何人？」奏曰：「散直班。」傳旨降充下班。又問：「宣祐守者何人？」答奏曰：「東三班。」傳旨令宣引。時本班之衆知天命所歸，皆引義自殞。太祖大驚，趣駕臨幸慰問，仍命排陣使党彦進前往救，數十人問得二人不死者，即喬、陸二神，召詰其故，答曰：「臣止事一主，所以乞死。」上慰勞再四，謂：「汝等忠孝。」其班不廢，且賜名曰「長入祗侯」。從其請，所幸臨爲前引，仍賜青、紅二色帛爲帽飾，滿三年授保義郎之職。二神既受誓而退，尋復效死。上憫其忠節，厚加賻恤，聽本班廟祀。南渡初，吴山居民不戒于火揚殿巖，觀緋、緑二旗現于空中，隱隱見喬、陸二字，其火遂熄，皆神之力也。孝廟曾觀本班宿房，以黄羅撲門槩，遂宣問何所始，左右備奏始末上嘉歎忠孝節義如此。乙卯歲，賜廟額。庚申歲，封侯爵。甲子歲，加大字號，曰喬封忠義威福英惠侯，陸封忠烈威德英祐侯。顯功廟在保俶塔下，神姓岳名仲琚，世居霍山，爲臨安府吏。因兀术犯境，輸家資、募勇士，推尉司金祝二十將充首將，領兵迎敵，戰死。合境懷其忠義，祠于延祥四聖觀，號爲保稷山王。鄉民申明于朝，賜廟額「顯功」，封爵曰忠翊侯，以褒忠節。

仕賢祠

靈惠廟在江漲橋化度寺。按，神姓陳名頊，字行嵩，會稽人。仕于東晉，使虜留三年，仗節不屈，拔劍斫羈縶，復命于朝。歷四州刺史，食邑錢塘、海鹽、鹽官三縣之禄，死葬于臯亭山。梁朝封王爵，號崇善。宋朝賜廟額，以禱雨而應，初封侯爵，累加美號，進王爵，曰慈佑福善昭應王。且神生則忠于國，列則佑于民，正謂之武功忠孝節義昭著。有行祠，凡四十餘處矣。嘉澤廟在湧金門西井城下，其神姓李名泌，字長源。唐朝相國鄴侯，曾守杭，有風績。郡城苦于海汲，民食鹹水，侯鑿六井，引西湖清水入城中，郡民始得飲清水。郡人德之，立祠，奉有香火。宋朝賜廟額以褒其德。又三賢堂在西湖蘇隄，奉白樂天、林和靖、蘇東坡三先生之祠。顯慶廟在龍井衍慶寺側，神姓胡名則，婺之永康人。兩曾尹杭，有惠政，在郡無江潮之患，疾告于朝，以兵部侍郎致仕，葬龍井山。其本里方巖山有方寇聚衆，夜夢紫袍金帶神人現赤幟于空中，隨即勦滅。朝省褒嘉，建廟賜額，封爵顯靈侯，仍賜墳額「顯應」，神之赫靈，鄉民著于方巖矣。昭貺廟在渾水閘東江塘上，神姓張名夏，雍邱人。宋授司封郎官，爲浙漕時，因江潮爲患，故隄累行修築，不過三年輒損，重勞民力，遂作石隄，得以無虞。民感其功，立祠于江塘上。朝省褒贈太常少卿，累封公侯之爵，次錫以王爵，加美號，曰「靈濟顯佑威烈安順王」，祠之。左右奉十潮神。又有行祠在馬婆巷，名安濟廟。先賢堂在西湖蘇隄南山第一橋，奉陶唐許箕公、漢嚴先生、吳將軍凌公晉、文正范公、中尉褚公、宋龍驤將軍卜莊侯范先生、齊褚先生、顧先生、杜先生、梁太中大夫范公、范先生、記室褚公、唐太常卿康公、太尉褚公、禮部尚書褚文公、荆州大都督許公、張先生、後梁吳越武肅錢王給事中羅公、宋秦王忠懿錢公、吏部侍郎郎公、知制誥謝公、諫院錢公、和靖先生林公、翰林學士沈公、大中大夫錢公、龍圖學士陸、錢、虞三先生、祕閣吳公、入行崔先生、太師崇國張文忠公、孝節婦定夫人孫氏、夫人虞氏、孝女馮氏、節婦何氏、孝婦盛氏。祠側以道館扁旌德，專奉灑掃。潘逍遥祠在潘閬巷，以宅基建祠祀之。

古神祠

夏禹王廟在錢湖門城側。漢留侯祠在吴山靈護廟門。漢蕭相國祠在定民坊艮山門外。顯忠廟在長生老人橋，俗呼霍使君廟，加封美號曰「忠烈順濟昭應王」。周赧祠在秀義坊。通應侯廟在開道坊。護國天王廟、白馬神祠在壽域坊，今遷糧料院巷口故基。玉仙堂在大隱坊内。石姥祠在芳林鄉。吴客三真君廟在石榴園巷。義勇武安王及清源真君廟在西溪法華山，一在半道紅街。華嚴菩薩廟在潭半。邏老人廟在縣東北。霸王廟在芳林鄉。會靈護國祠在端平橋東土塘上。靈休廟在城南廂江岸。真聖廟在白塔嶺半山。七娘子廟在臯亭山，舊傳崇善王妹也。蘇將軍廟，其神東晋驃騎將軍。靈應廟，按神稱楊都督，并崇善王位下神也。義橋崔總管廟、尚將軍廟四廟俱在肇元鄉。秦王廟在天雲鄉，故老相傳，晋毛寶廟也。濟惠、福濟二王廟在象光湖西。濟惠義祠在北葛沈村。白龍王廟在臨平東山之中，又有龍祠在洞側。通靈廟即黑龍王祠，在超山。趙忠獻爲邑宰時，禱雨有感，累申朝省，封加美號，曰「通靈惠應宣濟昭惠侯」。

東都隨朝祠

惠應廟即東都皮場廟，自南渡時有直廟人商立者攜其神像，隨朝至杭，遂于吴山至德觀右立祖廟，又于萬松嶺侍郎橋巷元貞橋立行祠者三。按《會要》云：「神在東王廟在錢塘崇化觀山。防風氏廟在廉德朱奥。申將軍廟在臨平斗門橋北。周絳侯廟即絳侯周勃也，祠在臨平鎮福德行。慶真君廟在肇元昇平里，吴下世傳吴吕蒙也。曹王廟在長樂像光湖南金奥村，相傳曹子建也。

土俗祠

顯應廟在臨安府治，即淨因尼寺土地，賜廟額，封爵曰正佑安福使。翼靈廟在府治，相傳爲永福鎮安王。旌忠廟在天慶坊，其神姓趙名延翰，姓馬名仁禹，竝殿前指揮使左右班。藝祖開基，翊衛有功，授節鉞，贈侍中，莫知廟食于杭自何而始。金華將軍廟在湧金門裏水池上，神姓曹名杲，真定人，後唐爲金華令，仕于錢王，嘗于城隅浚三池，建門名湧金。邦人德之，爲立祠。廣福廟在鹽橋，神姓蔣，世爲杭人，樂于賑施。每歲秋成之際糴穀，如春夏價增時，以穀如元價出糶，不圖利源。如歲歉，則捐穀以予飢者。神死之日，囑其二弟曰：「須存仁心，力行好事。」二弟謹遵兄訓，恪守不違，里人立祠表其德。凡朝家祈禱無不感應，遂賜廟額封爵，及其二弟竝進侯位，曰孚順、孚惠、孚祐之美號也。三將軍廟在潘閬巷。嘉應公京顯仁坊，名曰皮場土地祠。政和年間賜廟額，封王爵。中興隨朝到杭，累加號曰「明靈昭惠慈佑王」。神妃封曰靈婉嘉德夫人、靈淑嘉靖夫人。按廟刻云：「其神乃古神農。于三王時都曲阜，世人食腥羶者率致物故，因集天下孝義勇烈之士二十四人，分十二分野，播種採藥至今，于世極有神功。兩廡奉二十四仙醫使者是也。自漢、唐至今，殲寇助順，其有聖跡不可殫紀。」二郎神即清源真君，在官巷。紹興建祠。舊志云：東京有祠，隨朝立之。

外郡行祠

東嶽行宫有五，曰吴山、曰西溪法華山、曰臨平景星觀、曰湯鎮順濟宫、曰楊村㠘山梵剎，俱奉東嶽天齊仁聖帝香火。廣惠行宫有三，曰錢塘門外霍山、曰在城金地山、曰千頃寺。按《會要》：「真君姓張名渤，血食廣德軍之祠山，始封靈濟王，累加美號曰昭烈大帝，後改封昌福真君，今加寶號曰正佑聖烈昭德昌福崇仁真君。自祖父祖母以下，若聖妃、若諸弟、諸子、諸婦及女俱錫宋朝上爵封之。然都人士庶奉祀者有禱必應，如響斯答。」仰山二王廟在觀橋東馬軍司西營，按《宜春志》：「二神俱姓蕭，自漢顯靈，世該祀典。至宋功烈尤著，錫以王爵。王之祖父母、若妻、若子、若婦皆賜爵號。開慶衡、潭有變，臨瑞至太平皆不能前，神之陰相默助居多，陳于朝，褒其功，改賜號曰顯德仁聖忠佑靈濟王、福德仁聖忠衛康濟王。其王祖父母以下及左右佐神并潙、仰二祖師凡列祠者，咸加賚焉。」顯佑廟在仁和百萬新倉西。按，神姓陳名仁果，常之晉陵人也。仕于隋，歷司徒。有叛臣沈法興謀叛，忌司徒威聲，以食毒之而斃。其神忠憤赫靈，以神矢中法興，死之。唐武德嘉其功，廟祀焉，封忠烈公。梁加封福順忠烈王。至後周封帝號。宋政和賜廟常州，以帝號非禮，易以王爵，曰福順武烈顯應昭德王，仍奉詔書馳驛，賜忠佑廟，傳以帛版，而别爲文告于行祠。因咸淳二年十二月將郊祀天地，命京尹潛臯墅祈雪祥禱于廟，即降大雪。蒇事之際，明星有爛，三靈顧歆，由是歲豐，四方無虞。皐墅識于行祠壁，以昭靈貺，申朝賜爵。遣使緘詞馳送忠佑廟，及别告于顯佑行祠，以表大神之顯靈也如此。靈順廟即徽州婺源靈祠，餘杭立行祠者七。一在南高峯頂榮國寺，有華光樓，傍爲射亭，有角觝臺，又闢山徑而夷之，以便登陟。一在北高峯，爲景德靈隱寺後山塔廟。一在錢塘門外九曲城下。一在錢塘縣調露鄉靈感寺。一在候潮門外瓶場灣。一在候潮門外普濟橋東欏木教場側普濟寺。一在錢塘縣六和塔寺南徐村新石塘。宋朝賜五王美號，曰顯聰昭聖孚仁福善王、顯明昭聖孚義福順王、顯正昭聖孚智福應王、顯直昭聖孚信福佑王、顯德昭聖孚愛福惠王。每歲都人瓣香致敬者紛紛咸趨焉。順濟聖妃廟在艮山門外，又行祠在城南蕭公橋及候潮門外瓶場河下市舶司側。按《廟記》：「妃姓林，莆田人氏，素著靈異，立祠莆之聖堆。宣和賜廟額，累加夫人美號，後封妃，加號曰靈惠協應嘉順善應聖妃【一】。其妃之靈著多于海洋之中，佑護船舶，其功甚大。民之疾苦，悉賴帡幪。」廣靈廟在石塘壩，奉東嶽温將軍，請于朝，賜廟額封爵。自温將軍以下九神皆錫侯爵，曰温封正佑、李封孚佑、錢封靈佑、劉封顯佑、楊封順佑、康封安佑、張封廣佑、岳封協佑、孟封昭佑、韋封威佑。梓潼帝君廟在吴山承天觀，此蜀中神，專掌注禄籍。凡四方士子求名赴選者悉禱之。封王爵曰惠文忠武孝德仁聖王。王之父母及妃、及弟、若子、若孫、若婦、若女，俱褒賜顯爵美號，建嘉慶樓奉香燈。

【一】靈惠協應嘉順善應聖妃　「應」原作「慶」，據《學津討原》、《學海類編》、《四庫全書》本改。

卷十五

學校

古者天子有學謂之「成均」，又謂之「上庠」，亦謂之「璧水」，所以養育作成天下之士類，非州縣學比也。高宗南渡以來，復建太、武、宗三學于杭都。太學在紀家橋東，以岳鄂王第爲之，規模宏闊，舍宇壯麗。學之西偏建大成殿。殿門外立二十四戟。大成殿以奉至聖文宣王，十哲配享，兩廡彩畫七十二賢、前朝賢士公卿諸像皆從祀。每歲春秋二丁行釋奠禮，命太常樂工數輩用宮架樂歌宣聖御贊。贊曰：「大哉宣聖，斯文在茲。帝王之式，今古之師。志則《春秋》，道由忠恕。賢于堯舜，日月共譽。惟時載雍，戢此武功。肅昭盛儀，海宇聿崇。」置學官，自祭酒、司業、丞、簿、正、録等共十四五員，學有崇化堂、首善閣、光堯石經之閣，奉高、孝二帝宸書御制札石刻于閣下，以墨本置于上堂之後。東西爲學官位。主上登極，則臨幸學宮，奠謁宣聖，及賜諸生束帛。學官、齋長、諭俱霑恩霈。高宗朝，幸學之時，曾幸養正、持志二齋，兩齋長、諭，已免解人，特與免省，未免解人與免解恩例，其兩齋生竝免將來文解一次。

太學有二十齋，扁曰服膺、禔身、習是、守約、存心、允蹈、養正、持志、節性、率履、明善、經德、循理、時中、篤信、果行、務本、貫道、觀化、立禮。十七齋扁俱米友仁書。餘節性、經德、立禮齋扁張孝祥書。各齋有樓，揭題名于東西壁。廳之左右爲東西序對列位，後爲爐亭。又有亭宇，揭以嘉名甚夥。紹興年間，太學生員額三百人，後增置一千員，今爲額一千七百一十有六員。以上舍額三十人，内舍額二百單六人，外舍額一千四百人，國子生員八十人。諸生衫帽出入，規矩森嚴。朝家所給學廪動以萬計，日供飲膳，爲禮甚豐。月書季考，由外舍而升内舍，由内舍而升上舍。或釋褐及第，或過省赴殿，恩例最優，于此見朝廷待士之厚。而平日教養之功，所以爲他日大用之地也。太學内東南隅設廟廷，奉后土神祇，即土地神。朝家勑封號曰正顯昭德孚忠英濟侯。按贊書相傳爲中興名將，其英靈未泯，而應響甚著，葢其故居也，理或然與？自是遂明指爲岳忠武鄂王。況鄂國已極于隆名，宜廟食增崇于命祀，謹疏侯爵，未正王封，仍改廟額曰忠顯。神之父母妻子，下逮將佐皆有命秩，華以徽號。

宗學在睦親坊。按，國朝宗子分爲六宅，宅各有學，學各有訓導之官。中興後，唯睦親一宅，置諸王宫大小學教授，專以訓廸南班子弟。嘉定歲，始改宫學爲宗學。凡有籍者，宗子以三載一試，補入爲生員。如太學法置教授、博士、宗諭，立講課，隸宗正寺掌之。學立大成殿、御書閣、明倫堂、立教堂、汲古堂。齋舍有六，扁曰貴仁、立愛、大雅、明賢、懷德、升俊。

武學在太學之側前洋街，建武成殿，祀太公，曰昭烈武成王，以留侯張良、武侯諸葛亮配，累朝諸名將從祀。學規依太學例，試補月考課陞名，然教養之法未備。下禮、兵部措置，立養士額，置武博、武諭各一員。淳熙、嘉泰，主上臨幸武學，謁武成王行肅揖禮。學建立成堂，齋舍有六，扁曰受成、貴謀、輔文、中吉、經遠、閲禮。宗、武學俱有學廩、膳供、舍選、釋褐，一如太學例。

杭州府學在淩家橋西。士夫嫌其湫隘，故帥臣累增闢規模，廣其齋舍。總爲十齋，扁曰進德、興能、登俊、賓賢、持正、崇禮、致道、尚志、率性、養心。又有小學齋舍，在登俊後。以東西二教掌其教訓之職。次有前廊録正等生員。各齋有長、諭，月書季考。供膳亦厚，學廩不下數千。出納，學正領其職。仁和、錢塘二縣學在縣左，建廟學養士。仁和學有齋舍四，扁曰教文、教行、教忠、教信。錢塘學有齋舍六，曰友善、辨志、教行、教信、教文、教忠。諸縣學亦如之。各縣有學官，次有學職。生員日供飲膳，月修課考悉如州學。州學廩各縣學不下數百，以爲養士之供。醫學在通江橋北，又名太醫局，建殿，扁曰「神應」。奉醫師神應王，以岐伯善濟公配祀。講堂扁曰「正紀」。朝家以御診長聽充判局職。本學以醫官充教授四員領齋，生二百五十人。月季教課，出入冠帶如上學禮。學廩飲膳，豐厚不苟。大約視學校規式嚴肅。局有齋舍者八，扁曰守一、全沖、精微、立本、慈用、致用、深明、稽疾。

貢院

禮部貢院在觀橋西。中興紀年，諸郡貢生類試于各路轉運所在州府就試。紹興十年，諸州依條發解，將省、殿試展一年。向後科場自十二年省試爲準，至十四年諸州發解如故，三年一次降詔，自是爲定制。貢院置大中門。大門里置彌封謄録所及諸官司。中門内兩廊各千餘間廊屋，爲士子試處。廳之兩廂列進士題名石刻，堂上列省試賜知貢舉御劄，及殿試賜詳定官御札，并聞喜宴賜進士御詩石刻。别試院在大理寺之西，岀以待貢士之避親嫌者。本州貢院在錢塘門外王家橋，以待本州九縣士人發解之處。兩浙漕司貢院在北關門外沈家橋，以待兩浙路寓士及有官人、宗女夫等發解之處。

城内外諸宫觀

釋老之教偏天下，而杭郡爲甚。然二教之中莫盛于釋，故老氏之廬十不及一，但老氏之教有君臣之分，尊嚴難犯，報應甚捷。故奉老氏者倍加恭敬，不敢褻瀆，此釋氏之所不如也。且在城宫觀則以太乙、萬壽爲首，餘杭洞霄次之，其他外郡如醴泉、佑神、集禧、崇禧等觀又次焉。此朝廷以待老臣執政閒居，侍從、卿監除提舉主事之職，優寵也。今摭宫觀在杭者，除御前十宮觀外，編次于後。天慶觀在天慶坊，以奉聖祖保生天尊大帝香火，郡家官僚朔望、到任俱朝謁于此。報恩觀在觀橋南報恩坊。玄貞觀在貢院西巷。旌忠觀在豐樂橋東北，以奉鳳翔府和尚原三聖廟香火。中興觀即伍相公廟後天明、承天即梓潼廟。天慶、靈應、至德、崇應六宮觀俱在吴山之左右。鶴林觀在俞家園。景隆觀在新門外水府。淨鑑觀在清水閘。玉虚觀奉三官。表忠觀奉錢王。五廟香燈在龍山左右。貞武觀在太和寺後。玉清宮在葛嶺下。旌德觀在蘇堤先賢堂後。雲濤、上清兩宮觀俱在雷峰塔寺之右。沖虚觀在履泰鄉。太清觀在龍井山。景星觀在臨平岳祠之側。順濟宮在湯鎮岳宮之左右。外有在城及附郭女冠宮觀者九，曰福田、新興、明貞、神仙、承天、西靖、靈耀、長清等宮。餘外七縣，首以餘杭大滌洞天即洞霄宮也。以下宮觀二十有三。如洞霄宮者，按諸志書云：「自漢武帝迄唐、五代至宋，一千九百餘年，元名天柱。宋大中祥符年賜觀額『洞霄』。」按《真境録》云：「宮有五洞交扃，九峰迴挹，千巖萬谷，秀聚其中。或泉飛彤厦之簷，雲鎖碧壇之角。祥光神異，兼木返于春秋；撫掌泉靈，更丹藏于翠石。」又有亭館者七，扁曰漱玉、超然、税駕、翠蛟、飛玉、宜霜、聚仙、貞挹是也。自晉、宋以來，得道之士許邁而下，凡二十四人焉。更有神異曰搗藥禽，蓋山中異鳥最多，僅有其一，晝隱夜鳴，莫得而見，聲音清亮，徹旦不絶，類如杵藥之聲。曰五色雲氣出于洞中。高廟脱屣萬幾，頤神物表，遂于乾道二年自德壽宮行幸山中，駐蹕累日，勅大官進蔬膳，御翰

《度人經》以賜。自有天地即有此山，殊尤之迹勝矣。蘇文忠公詩：「上帝高居憫世頑，故留瓊館在凡間。青山九鎖不易到，作者七人相對閒。庭下流泉翠蛟舞，洞中飛鼠白鴉翻。長松恠石宜霜鬢，不用金丹苦駐顔。」又方干詩：「早識吾師頻到此，芝童藥犬亦相迎。師今一去無消息，花洞石泉空月明。」其餘名賢賦咏，不盡詳述。又有道堂者，如西湖崇真道院、靈應希真道堂以下城内外約有二十餘處。皆捨俗三清道友及接待外路名山洞府往來雲水高人。時有神仙應緣現迹，詳于志傳。

城内外寺院

明慶寺在木子巷，凡朝家祈禱及宰執文武官僚建啓聖節道場咸在焉。仙林慈恩普濟教寺在鹽橋東，寺有萬善大乘戒壇，僧尼受戒法之地。太平興國傳法寺在佑聖觀東。千頃廣化院在木子巷北，係群臣僚佐建啓聖節道場及祈禱去處。城内寺院，如七寶山開寶仁王寺以下大小寺院五十有七。倚郭尼寺自妙淨、福全、慈光、地藏寺以下三十有一。又兩赤縣大小梵宫自景德、靈隱禪寺、三天竺、演福上下、圓覺、淨慈、光孝報恩禪寺以下寺院凡三百八十有五。更七縣寺院自餘杭縣徑山能仁禪寺以下一百八十有五。都城内外菴舍自保寧菴之次，共一十有三。諸録官下僧菴及白衣社會道場奉佛不可勝紀。或僧行欲建道場殿宇，則持鉢遊于四方，能事者幹緣，不日可以成就。惟道堅志願無二心耳。

僧塔寺塔

杭城有古僧塔者，如上竺寺有隋朝僧貞觀法師東岡塔，竹閣有唐朝鳥窠禪師塔，四聖觀御園瑪瑙坡高僧塔，放馬場栖真院贇寧塔，寶勝寺後山法慧大師塔，龍井壽聖寺辨才和尚塔，塔前有雙株海棠。其寺塔者，如六和慈恩開化寺曰六和塔，榮國寺曰南高峰塔，景德靈隱寺曰北高峰廟塔，崇壽寺曰保叔塔，又顯嚴院寺曰雷峰塔，曰聖果寺塔，定民坊曰佛牙塔，廣化寺曰辟支塔，南山延壽法顯院曰華嚴塔，淨因寺曰雙石塔。大中祥符開元寺廣九里，自南渡初斥西北充軍器所作院及民居。寺元有鐵塔、石塔者五，又有法華塔。在端拱年，僧文定建千頃廣化院，有慈化大佛塔，即了性塔。景德靈隱、淨慈、報恩、光孝寺各有鐵塔，乃吴越錢王所造。街市有塔者，如閣門裡楊府前有甎塔，巷名曰塔兒頭。龍山兒頭嶺名白塔嶺，嶺有石塔存焉。兒門北有軍寨門，立雙塔，呼爲雙塔寨。薦橋門外觀音寺對有甎塔，年深矣。北關門外二郎廟，廟前亦有甎塔三。橋北楊三郎頭巾鋪河岍相對有甎塔，塔在度子橋南。兩浙運司衙橋南光相寺亦有雙塔，立於寺前。西湖三潭立三塔以鎮之。餘外有僧菴所建塔院及街市甎塔，近年者不贅詳。

古今忠烈孝義賢士墓

夏后氏之墓見于晚周。女媧墳，攷之自唐明皇朝天寶年至今幾四百有餘年，尚存也。夫陵谷變遷，高深易位，彼何能若是之久哉？蓋聖帝明皇天相神護，以至于斯耳。今摭錢塘、仁和兩縣之古冢，備録于後。唐杜牧墓在南山東南，與佛日山夾境，名杜牧塢是也。吴越文穆忠獻王墓在龍山之南。吴越孝獻世子墓在天竺前山。吴越忠懿妻賢德順睦妃孫氏墓在石人嶺下。吴越王妃仰氏墓在龍井山放馬塲。按，表忠觀碑刻載：錢氏墓在錢塘者凡二十有六墓焉。吴越太尉開國薛公墓在靈石山。吴越給事羅隱墓在錢塘定山鄉。和靖先生林處士墓在孤山。杭守吴則侍郎墓在龍井廣福寺之麓。都尉周仰、待制周邦彦、少師元絳三墓俱在南蕩山。文憲强淵明、襄愍趙密等墓竝在西溪欽賢鄉。少宰劉正夫墓在真珠嶺。樞密章楶墓在寶石山。寺丞陳剛中墓在龍井嶺上沙盆塢。敬恭儀王趙仲湜墓在西湖顯明寺，王生時有紫光照室，視之則肉塊，以刃剖開，嬰兒在内。靖康時諸軍欲推而立之，仗劍以曉諭諸軍曰：「自有真王。」其軍猶未退，遂自拔劍欲刺，六軍方退，約以踰月真王出，衆喏言若真王不出，則王當立矣。王陽許之，而陰實緩其期。未幾高廟即位于應天，王開關而南。上屢嘉歎。王嘗自贊其像曰「惟忠惟孝，不污不苟。皓月清風，良朋益友。湛然靈臺，確乎不朽」。浙西提刑龍圖閣周格墓在徐范村之閒。忠毅畢再遇墓在西溪。祕閣朱弁墓在西湖。丞相李文靖墓在小隱山。紫芝趙師秀墓在葛嶺。花翁孫季蕃墓在水仙廟側。淳固先生宋斌墓在資國寺之右。忠武岳鄂王墓在棲霞嶺下。

歷代古墓

晉杜子恭墓在錢塘。唐馬三寶墓在行春橋水竹塢教塲内，其墓于紹興末因增廣教塲，惟此塚獨高大，寨卒欲去之，方舉鍤閒，墓中有黑蜂數百飛出著人，不可向而止。是夕，步帥感夢，有一衣黄服之人曰：「吾前王之子，葬此已久，祈勿毁。」辭語甚切。次早，有本軍申至應夢，遂輟其役。丁蘭母塚故居在艮山門外三十六里丁橋之右，母死刻木，事之如生，塚在姥山之東。唐孝女墓在錢塘，孝女，南鄉故老相傳，昔有唐媿娘年十二三，母病，曾刲腹取肝，和粥以進母。母病愈而媿娘以瘡破入風而死，里人葬于此，美其孝，故名曰唐孝女墓記之。亞父塚在皋亭山。木娘墓在艮山門太平鄉華林里蔡塘東。昔蔡汝撥庶母沈氏卒，汝撥尚幼，父用火葬。汝撥傷母無松楸之地，嘗言之輒泣。自後長成，以木刻母形，以衣衾棺槨擇地葬之，仍置田畝造菴舍，命僧以奉晨香夕燈，鄉人遂稱爲木娘墓。蘇小小墓在西湖上，有「湖堤步游客」之句，此即題蘇氏之墓也。

校勘記

卷十六

茶肆

汴京熟食店張掛名畫，所以勾引觀者，留連食客。今杭城茶肆亦如之，插四時花，挂名人畫，裝點店面，四時賣奇茶異湯，冬月添賣七寶擂茶、饊子、葱茶，或賣鹽豉湯，暑天添賣雪泡梅花酒或縮脾飲暑藥之屬。向紹興年間，賣梅花酒之肆以鼓樂吹《梅花引》曲破賣之。用銀盂杓盞子亦如酒肆，論一角二角。今之茶肆列花架，安頓奇松異檜等物于其上，裝飾店面，敲打響盞歌賣，止用瓷盞、漆托供賣，則無銀盂物也。夜市于大街有車擔設浮鋪點茶湯以便遊觀之人。大凡茶樓多有富室子弟、諸司下直等人會聚，習學樂器，上教曲賺之類，謂之挂牌兒人情。茶肆本非以點茶湯爲業，但將此爲由多覓茶金耳。又有茶肆專是五奴打聚處，亦有諸行借工賣伎人會聚，行老謂之市頭。大街有三五家開茶肆，樓上專安著妓女，名曰花茶坊。如市西坊南潘節幹俞七郎茶坊。保佑坊北朱骷髏茶坊。太平坊郭四郎茶坊。太平坊北首張七相茶坊。蓋此五處多有炒鬧，非君子駐足之地也。更有張賣麵店隔壁黄尖嘴蹴毬茶坊，又中瓦内王媽媽家茶肆，名一窟鬼茶坊。大街車兒茶肆，蔣檢閱茶肆，皆士大夫期朋約友會聚之處。巷陌街坊自有提茶瓶沿門點茶，或朔望日，如遇吉凶二事，點送鄰里茶水，倩其往來傳語。又有一等街司衙兵、百司人以茶水點送門面鋪席，乞覓錢物，謂之龊茶。僧道頭陀欲行題注，先以茶水沿門點送，以爲進身之階。

酒肆

中瓦子前武林園，向是三元樓，康沈家在此開沽，店門首綵畫歡門，設紅緑杈子、緋緑簾幙，貼金紅紗、梔子燈裝飾廳院廊廡。花木森茂，酒座瀟灑。但此店入其門一直主廊約一二十步；分南北兩廊，皆濟楚閣兒穩便坐席。向晚燈燭熒煌，上下相照，濃妝妓女數十聚于主廊槏面上，以待酒客呼唤，望之宛如神仙。次有南瓦子熙春樓王廚開沽，新街巷口花月樓施廚開沽，融和坊嘉慶樓、聚景樓俱康沈脚店，金波橋風月樓嚴廚開沽，靈椒巷口賞新樓沈廚開沽，壩頭西市坊雙鳳樓施廚開沽，下瓦子前日新樓鄭廚開沽。俱有妓女以待風流才子買笑追歡耳。如酒肆門首排設杈子及梔子燈等，蓋因五代時郭高祖游幸汴京，茶樓、酒肆俱如此裝飾，故至今店家倣效成俗也。大抵酒肆除官庫、子庫、脚店之外，其餘謂之拍户，兼賣諸般下酒，食次隨意索唤。酒家亦自有食牌，從便點供。更有包子酒店，專賣灌漿饅頭、薄皮春繭包子、鰕肉包子、魚兜雜合粉、灌熝大骨之類。又有肥羊酒店，如豐豫門歸家、省馬院前莫家、後市街口施家、馬婁巷雙羊店等鋪，零賣軟羊大骨、龜背爛蒸大片羊、雜熄四軟、羊撺四件。有一等直賣店不賣食次下酒，謂之角毬店。零沽散賣，或百單四、七十七、五十二、三十八者是也。又有挂草葫蘆、銀馬杓、銀大碗，亦有挂銀裹直賣牌，多是竹栅布幕，謂之打碗頭，只三二碗便行。更有酒店兼賣血臟豆腐羹、熝螺螄、煎豆腐、蛤蜊肉之屬，乃小輩去處。若酒力高美者，牌額賣過山之名，其言一山、二山、三山之類是也。大凡入店不可輕易登樓，恐飲宴短淺，如買酒不多，只坐樓下散坐，謂之門牀馬道。初坐定，酒家人先下看菜，問酒多寡，然後别换好菜蔬。有一等外郡士夫未曾諳識者便下箸喫，被酒家人哂笑。然店肆飲酒在人出著，且如下酒品件，其錢數不多，謂之分茶、小分下酒。或命妓者被此輩索唤珍品下細食次，使其高擡價數，惟經慣者不墮其計。曩者東京楊樓、白礬、八仙樓等處酒樓盛于今日，其富貴又可知矣。且杭都如康沈、施廚等酒樓店及薦橋豐禾坊王家酒店、闇門外鄭廚分茶酒肆俱用全桌銀器皿沽賣。更有碗頭店一二處，亦有銀臺碗沽賣，于他郡却無之。

分茶酒店

凡分茶酒肆賣下酒食品廚子，謂之量酒博士、師公。店中小兒，謂之大伯。更有百姓入酒肆，見富家子弟等人飲酒，近前唱喏，小心供過，使人買物命妓，謂之閒漢。又有向前換湯斟酒，歌唱獻果，燒香香藥，謂之厮波。有一等下賤妓女不呼自來，筵前祇應，臨時以些少錢會贈之，名打酒座，亦名禮客。有賣食藥、香藥果子等物，不問要與不要，散與坐客，名之撒暫。如此等類處處有之。杭城食店多是效學京師人開張，亦效御廚體式，貴官家品件。凡點索茶食，大要及時。如欲速飽，先重後輕。兼之食次名件甚多，姑以述于後：曰百味羹、錦絲頭羹、十色頭羹、閒細頭羹、海鮮頭食、酥没辣、象眼頭食、蓮子頭羹、百味韻羹、雜彩羹、杕葉頭羹、五軟羹、四軟羹、三軟羹、集脆羹、三脆羹、雙脆羹、羣鮮羹、落索兒、焅腰子、鹽酒腰子、脂蒸腰子、釀腰子、荔枝焅腰子、腰子假炒肺、雞絲簽、雞元魚、雞脆絲、筍雞鵞、柰香新法雞、酒蒸雞、炒雞蕈、五味焅雞、鵞粉簽、雞奪真、五味杏酪鵞、繡吹鵞、閒筍蒸鵞、鵞排吹、羊大骨、蒸軟羊、鼎煮羊、羊四軟、酒蒸羊、繡吹羊、五味杏酪羊、千里羊、羊雜、熓羊頭、元魚羊蹄、筍細抹羊、生膾、改汁羊擷粉、細點羊頭、三色肚絲羹、銀絲肚、肚絲簽、雙絲簽、葷素簽、大片羊粉、大官粉、三色團圓粉、轉官粉、三鮮粉、二色水龍粉、鮮蝦粉、肫掌粉、梅血細粉、鋪薑粉、雜合粉、珍珠粉、七寶科頭粉、擷香螺、酒燒香螺、香螺膾、江瑶清羹、酒燒江瑶、生絲江瑶、擷望潮青蝦、蟑蚷、酒炙青蝦、酒法青蝦、青蝦辣羹、酒掇蠣、生燒酒蠣、薑酒決明、五羹決明、三陳羹決明、簽決明、四鮮羹、赤魚分明、薑燥子赤魚、魚鰾二色膾、海鮮膾、鱸魚膾、鯉魚膾、鯽魚膾、羣鮮膾、燥子沙魚絲兒、清供沙魚拂兒、清汁鰻鰾、假團圓燥子、襯腸血筒燥子、麻茹絲筍燥子、潭筍、釀筍、抹肉筍簽、酥骨

魚、釀魚、兩熟鯽魚、酒蒸石首、白魚、時魚、酒吹鯚魚、春魚、油煠春魚、魴魚、石首、油煠魟
鰤、油煠假河魨、石首玉葉羹、石首桐皮、石首鯉魚炒鱔、石首鱔生、石首鯉魚兜子、銀魚炒
鱔、擸鱸魚清羹、魟鰤假清羹、鰕魚肚兒羹、魟鰤蒲盒鰍、江魚假鱥、酒法白蝦、紫蘇蝦、水
荷蝦兒、蝦包兒、蝦玉鱓辣羹、蝦蒸假妳、查蝦魚、水龍蝦、魚蝦元子、麻飲雞蝦粉、芥辣蝦、
蹄膾、麻飲小雞、頭汁小雞、小雞元魚羹、小雞二色蓮子羹、小雞假花紅清羹、擸小雞、拂兒
笋、燠小雞、五味炙小雞、小雞假炙鴨、紅熝小雞、脯小雞、五色假料頭肚尖、假炙江瑶肚
尖、煠肚山藥、鵪子、鳩子、笋焙鵪子、假熝鴨、清擸鵪子、紅熝鳩子、八糙鵪子、蜜炙鵪子、
鳩子黄雀、釀黄雀、煎黄雀、辣熝野味、清供野味、野味假炙、野味鴨盤兔糊、熝野味、清擸
鹿肉、黄羊、獐肉、炙犯兒、赤蟹假炙、鱟棖醋、赤蟹白蟹辣羹、蝤蛑簽、蝤蛑辣羹、溪蟹、柰
香盒蟹辣羹、蟹簽、糊虀蟹、棖醋洗手蟹、棖釀蟹、五味酒醬蟹、酒潑蟹、生蚶子、煠肚燥子
蚶、棖醋蚶、五辣醋蚶子、蚶子明芽肚、蚶子膾、酒燒蚶子、蚶子辣羹、酒焐鮮蛤、蛤蜊淡菜、
淡菜膾、改汁辣淡菜、米脯鮮蛤、米脯淡菜、米脯風鰻、米脯羊、米脯鳩子、鮮蛤、假熝蛤蜊
肉、葷素水龍白魚、水龍江魚、水龍肉、水龍腰子、假淳菜腰子、假炒肺羊熝、下飯假牛凍、
假驢事件、凍蛤蝤、凍雞、凍三鮮、凍石首、白魚、凍魟鰤、假蛤蜊、三色水晶絲、五辣醋羊、
生膾十色事件、凍三色炙、潤鮮粥、蜜燒脊肉炙、犯兒江魚炙、潤熝獐肉炙、潤江魚鹹豉、十
色鹹豉、下飯脊肉、假熝鴨、下飯二色炙、潤骨頭等食品。更有供未盡名件隨時索喚，應手

供造品嘗，不致闕典。又有托盤檐架至酒肆中歌叫買賣者，如炙雞、八焙雞、紅爊雞、脯雞、爊鴨、八糙鵞鴨、白煠春鵞、炙鵞、糟羊蹄、糟蟹、爊肉蹄子、糟鵞事件、爊肝事件、酒香螺、海腊、糟脆筋、千里羊、諸色薑豉、波絲薑豉、薑蝦、海蟄鮓、膘皮煠子、獐犯、鹿脯、影戲算條、紅羊犯、槌脯線條、界方條兒、三和花桃骨、鮮鵞鮓、大魚鮓、鮮鰉鮓、寸金鮓、筋子鮓、魚頭醬等。鯗魚、蝦茸、鰻絲、地青絲、野味腊、白魚乾、金魚乾、梅魚乾、鱝魚乾、銀魚乾、鰐魚乾、銀魚脯、紫魚螟脯絲等脯腊從食。葷素點心包兒：旋炙犯兒、灌爊雞粉羹、科頭攛魚肉、細粉小素羹、灌肺、羊血糊虀、海蟄、螺頭、辣菜餅、熟肉餅、鮮蝦肉團餅、羊脂韭餅。四時果子：圓柑、乳柑、福柑、甘蔗、土瓜、地栗、麝香甘蔗、沈香藕、花紅、金銀水蜜桃、紫李、水晶李、蓮子、桲桃、新胡桃、新銀杏、紫楊梅、銀瓜、福李、台柑、洞庭橘、蜜橘、匾橘、衢橘、金橘、橄欖、紅柿、方頂柿、火珠柿、綠柿、巧柿、櫻桃、豆角、青梅、黄梅、枇杷、金杏，此果未遇時則有歌賣。更有乾果子，如錦荔、木彈、京棗、棗圈、香蓮、串桃、條梨、旋勝番糖、糖霜、番桲桃、松子、巴欖子、人面子、嘉慶子、諸色韻果、十色蜜煎、蚫螺、諸般糖煎細酸、四時像生兒時果、春蘭、秋菊、石榴子兒、馬院醍醐、乳酪、韻果、蜜薑豉、皁兒膏、輕餳、瑪瑙餳、十色糖、麝香豆沙糰子。又有陳州果兒、密雲柿、糖絲梅、山糖烏李、反旋果、萵苣、生菜、筍薑油、多糟瓊芝、四色辣菜、四時細色菜蔬、糟藏。秋天有炒栗子、新銀杏、香藥木瓜、棖子等類。更有檯牀賣熟羊、炙鰍、炙鰻、炙魚粉、鰍粉等物。諸店肆俱有廳院廊廡，排列小小穩便閤兒，弔窻之外花竹掩映，垂簾下幕，隨意命妓歌唱，雖飲宴至達旦，亦無厭怠也。

麪食店

向者汴京開南食麪店、川飯分茶以備江南往來士夫，謂其不便北食故耳。南渡以來，幾二百餘年，則水土既慣，飲食混淆，無南北之分矣。大凡麪食店亦謂之分茶店。若曰分茶，則有四軟羹、石髓羹、雜彩羹、軟羊焅腰子、鹽酒腰子、雙脆石肚羹、猪羊大骨、雜辣羹、諸色魚羹、大小雞羹、攛肉粉羹、三鮮大爊骨頭羹，飯食。更有麪食名件：猪羊盦生麪、絲雞麪、三鮮麪、魚桐皮麪、鹽煎麪、筍潑肉麪、炒雞麪、大爊麪、子料澆蝦燥麪、爊汁米子、諸色造羹、糊羹、三鮮棊子、蝦燥棊子、蝦魚棊子、絲雞棊子、七寶棊子、抹肉銀絲冷淘、筍燥虀淘、絲雞淘、耍魚麪。又有下飯，則有焅雞、生熟燒、對燒、燒肉、煎小雞、煎鵞事件、煎襯肝腸肉、煎魚、煠梅魚、魟鯽雜焗、豉汁雞、焅雞、大爊爊魚等下飯。更有專賣諸色羹湯、川飯，并諸煎肉魚下飯。且言食店門首及儀式：其門首以枋木及花樣沓結縛如山棚，上挂半邊猪羊，一帶近裏門面窻牖皆朱緑五綵裝飾，謂之歡門。每店各有廳院、東西廊廡，稱呼坐次。客至坐定，則一過賣執筯遍問坐客。杭人侈甚，百端呼索取覆，或熱，或冷，或温，或絶冷，精澆爊燒，呼客隨意索唤。各卓或三樣皆不同名，行菜得之，走迎廚局前，從頭唱念，報與當局者，謂之鐺頭，又曰著案訖，行菜。行菜詣竈頭托盤前去，從頭散下，盡合諸客呼索指揮，不致錯悞。或有差錯，坐客白之店主，必致叱罵罰工，甚至逐之。有店舍專賣飿饆麪，如大熝飿饆、大燥子料，澆蝦、燥絲，雞三鮮等飿饆，并賣餛飩，亦有專賣菜麪、熟虀笋肉淘麪，此不堪尊重，非君子待客之處也。又有專賣素食分茶，不悞齋戒，如頭羹、雙峰、三峰、四峰，到底簽、蒸果子、鱉蒸羊、大段果子、魚油炸、魚蝨兒、三鮮、奪真雞、元魚、元羊蹄、梅魚、兩熟魚、炸油河魨、大片腰子、鼎煮羊麩、乳水龍麩、笋辣羹、雜辣羹、白魚辣羹飯。又下飯如五味熝麩、糟醬燒麩、假炙鴨、乾簽雜鳩、假羊事件、假驢事件、假煎白腸、葱焙油炸、骨頭米脯、大片羊、紅熝大件肉、煎假烏魚等下飯。素麪如大片鋪羊麪、三鮮麪、炒鱔麪、捲魚麪、笋潑刀笋辣麪、乳虀淘、笋虀淘、笋菜淘麪、七寶棊子、百花棊子等麪，皆精細乳麩，笋粉素食。又有專賣家常飯食，如攛肉羹、骨頭羹、蹄子清羹、魚辣羹、雞羹、耍魚辣羹、猪大骨清羹、雜合羹、南北羹，兼賣蝴蝶麪、煎肉、大熝蝦燥等蝴蝶麪，及有煎肉、煎肝、凍魚、凍鮝、凍肉、煎鴨子、煎鱭魚、醋鮝等下飯。更有專賣血臟麪、虀肉菜麪、筍淘麪、素骨頭麪、麩笋素羹飯。又有賣菜羹飯店，兼賣煎豆腐、煎魚、煎鮝、燒菜、煎茄子。此等店肆乃下等人求食麤飽，往而市之矣。

葷素從食店諸色點心事件附

市食點心四時皆有，任便索唤，不悮主顧。且如蒸作麪行賣四色饅頭、細餡大包子，賣米薄皮春璽、生餡饅頭、餢子笑靨兒、金銀炙焦牡丹餅、雜色煎花饅頭、棗箍荷葉餅、芙蓉餅、菊花餅、月餅、梅花餅、開爐餅、壽帶龜仙桃、子母春璽、子母龜、子母仙桃、圓歡喜、駱駝蹄、糖蜜果食、果食將軍、肉果食、重陽糕、肉絲糕、水晶包兒、笋肉包兒、蝦魚包兒、江魚包兒、蟹肉包兒、鵞鴨包兒、鵞眉夾兒，十色小從食，細餡夾兒、笋肉夾兒、油煠夾兒、金鋌夾兒、江魚夾兒、甘露餅、肉油餅、菊花餅、糖肉饅頭、羊肉饅頭、太學饅頭、笋肉饅頭、魚肉饅頭、蟹肉饅頭、肉酸餡、千層兒、炊餅、鵞彈。更有專賣素點心從食店，如豐糖糕、乳糕、栗糕、鏡面糕、重陽糕、棗糕、乳餅、麩笋絲、假肉饅頭、笋絲饅頭、裹蒸饅頭、波菜果子饅頭、七寶酸餡、薑糖辣餡、糖餡饅頭、活糖沙餡、諸色春璽、仙桃龜兒包子、點子、諸色油煠、素夾兒、油酥餅兒、筍絲麩兒、果子、韻果、七寶包兒等點心。更有饅頭店，兼賣江魚兜子、雜合細粉、灌熝軟爛大骨料頭、七寶料頭。又有粉食店，專賣山藥元子、真珠元子、金橘水糰、澄粉水糰、乳糖槌、拍花糕、糖蜜糕、裹蒸粽子、栗粽、金鋌裹蒸茭粽、糖蜜韻果巧粽、豆糰、麻糰、糍糰及四時糖食點心。及沿街巷陌盤賣點心饅頭、炊餅及糖蜜酥皮、燒餅、夾子、薄脆、油煠從食、諸般糖食油煠、蝦魚劄子、常熟糍糕、餶飿瓦鈴兒、春餅、芥餅、元子湯糰、水糰、蒸糍粟粽、裹蒸米食等點心。及沿門歌叫熟食：熝肉、炙鴨、熝鵞、熟羊、雞鴨等類，及羊血、灌肺、攛粉、科頭，應干市食就門供賣，可以應倉卒之需。

米鋪

杭州人烟稠密，城内外不下數十萬户，百十萬口。每日街市食米，除府第、官舍、宅舍、富室及諸司有該俸人外，細民所食，每日城内外不下一二千餘石，皆需之鋪家。然本州所賴蘇、湖、常、秀、淮、廣等處客米到來。湖州市、米市橋、黑橋俱是米行，接客出糶。其米有數等，如早米、晚米、新破礱、冬舂、上色白米、中色白米、紅蓮子、黄芒、上稈、粇米、糯米、箭子米、黄秈米、蒸米、紅米、黄米、陳米。且言城内外諸鋪户，每户專憑行頭於米市做價，徑發米到各鋪出糶。鋪家約定日子，支打米錢。其米市小牙子親到各鋪支打發客。又有新開門外草橋下南街，亦開米市三四十家，接客打發，分俵鋪家。及諸山鄉客販賣與街市鋪户，大有徑庭。杭城常願米船紛紛而來，早夜不絶可也。且又袋自有賃户，肩駝脚夫亦有甲頭管領，船隻各有受載舟户。雖米市搬運混雜，皆無爭差。故鋪家不勞餘力，而米徑自到鋪矣。

肉鋪

杭城内外肉鋪不知其幾，皆裝飾肉案，動器新麗。每日各鋪懸挂成邊猪不下十餘邊。如冬、年兩節，各鋪日賣數十邊，案前操刀者五七人，主顧從便索唤劖切。且如猪肉名件，或細抹落索兒精、鈍刀丁頭肉、條攛精、竄燥子肉、燒猪煎肝肉、膂肉、盦蔗肉。骨頭亦有數名件，曰雙條骨、三層骨、浮筋骨、脊齦骨、毬杖骨、蘇骨、寸金骨、棒子、蹄子、腦頭大骨等。肉市上紛紛，賣者聽其分寸，略無錯悮。至飯前，所挂之肉骨已盡矣。蓋人煙稠密，食之者衆故也。更待日午，各鋪又市爊𤏩熟食、頭蹄肝肺四件雜爊、蹄爪事件、紅白爊肉等。亦有盤街貨賣。更有犯鮓鋪，兼貨生熟肉，且如犯鮓名件最多，姑言一二。其犯鮓者：算條、影戲、鹽豉、皁角、鋌松、脯界、方條、線條、糟猪頭肉、瑪瑙肉、鵞鮓、旋鮓、寸金鮓、魚頭醬、三和鮓、切鮓、桃花鮓、骨鮓、飯鮓、槌脯、紅羊犯、大魚鮓、鱘鰉魚鮓等類。冬閒添賣凍蕫豉蹄子、蕫豉雞、凍白魚、凍波斯蕫豉等。壩北修義坊名曰肉市，巷内兩街皆是屠宰之家，每日不下宰數百口，皆成邊及頭蹄等肉，俱係城内外諸麪店、分茶店、酒店、犯鮓店及盤街賣爊肉等人，自三更開行上市，至曉方罷市。其街坊肉鋪，各自作坊屠宰貨賣矣。或遇婚姻日及府第富家大席，華筵數十處，欲收市腰肚，頃刻並皆辦集，從不勞力。蓋杭州廣闊可見矣。

鮝鋪

杭州城内外户口浩繁，州府廣闊，遇坊巷橋門及隱僻去處，俱有鋪席買賣。蓋人家每日不可闕者，柴、米、油、鹽、醬、醋、茶。或稍豐厚者，下飯羹湯尤不可無，雖貧下之人亦不可免。蓋杭城人嬌細故也。姑以魚鮝言之，此物産於温、台、四明等郡，城南渾水閘有團招客旅，鮝魚聚集于此。城内外鮝鋪不下一二百餘家，皆就此上行。合摭魚鮝名件具載于後：郎君鮝、石首鮝、望春、春皮、片鰳、鰳鮝、鱖鮝、鯌鮝、鰻條彎鮝、帶鮝、短鮝、黄魚鮝、鯖魚鮝、鮸鮝、老鴉魚鮝、海裏羊。更有海味，如酒江瑶、酒香螺、酒蠣、酒蝤龜脚、瓦螺頭、酒壠子、酒鱦鮝、醬蜮蠣、鎖官蜮、小丁頭魚、紫魚、魚膘、蚶子、鯖子、魫子、海水團、望潮滷蝦、蜮鰟鮝、紅魚、明脯、鯌乾、比目、蛤蜊、醬蜜丁、車螯、江蟣、鼂蟣、鰾腸等類。鋪中亦兼賣大魚鮓、鱘魚鮓、銀魚鮓、飯鮓、蟹鮓、淮魚乾、螃蚏、鹽鴨子、煎鴨子、煎鰟魚、凍要魚、凍魚、凍鮝、炙鯁、炙魚、粉鰍、炙鰻、蒸魚、炒白蝦。又有盤街叫賣，以便小街狹巷主顧，尤爲快便耳。

校勘記

卷十七

歷代人物

杭城湖光山色之秀鍾爲人物，所以清奇傑特，爲天下冠。自陶唐至於秦、漢、晉、隋、唐之人物彬彬最盛，至宋則人物尤盛于唐矣。今以歷代杭之人物攷之，曰陶唐：箕公許由隱寓昌化晚溪，有千頃山故居。

漢：嚴陵，光武之故人，不屈於朝，隱耕富春山。諸葛琮、孫鍾、孫堅、孫策字伯符、孫瑜字仲異、孫皎字叔明、孫賁字伯陽、吴景、徐琨、張儼。

吴：孫奥字季明、孫韶字公禮、孫鄰字公達、孫亘字叔武、郭成字元禮、凌統字公績、全琮字子璜、褚泰、諸葛起字岑任、丁諝。

晉：孫拯字顯世、孫惠字德施、孫晷字文度、范平字子安。褚陶字季雅、暨遜字茂言。

宋：卜天與、吴喜、范叔孫。

齊：顧歡字景怡、宋廣之字處深、褚伯玉字元璩、杜京産字景齊、杜栖字孟山、朱謙之字處光、吕道惠。

梁：范元琰字伯珪、范述曾字子元、戚衮字公文、褚脩、盛紹遠。

陳：顧越字允南、杜之偉字子大、錢逵字通甫、杜稜字雄盛、駱文牙一名牙，字旗門、全綏字宏立。

隋：陸知命字仲通、顧彪字仲文、魯世達。

唐：褚亮字希明、褚遂良字登善、南國處士孫疆、褚無量字洪度、許遠、何公弁、章成緬、方宗、凌準字宗一、吴降字下己、袁不約字還朴、杜凌字騰雲、吴公約字處仁、羅隱字昭諫。

五代：武肅王錢鏐字具美、杜建徽字延光、成及字洪濟、馬綽、鮑君福字慶臣、賈圭、曹仲遠、水邱昭春、吴敬忠、孫陟。

宋：忠懿秦國王錢俶字文德、錢億字延世、錢惟演字希聖、錢暄字載陽、錢昆字裕之、錢易字希白、錢彦遠字子高、錢明逸字子飛、錢勰字穆父、錢龢字昷甫，又字昷仲、錢藻字醇老、薛温字伯順、顧仁冀字子遷、元德昭字明遠、元奉宗字知禮、元絳字厚之、潘閬字逍遥、吴銃、林和靖先生諱逋，字君復、胡則字子正、陸滋字元象、孫長者誌不載名與表、唐拱、楊大雅字子正、唐肅字叔元、唐詢字彦猷、盛京、盛度字公量、郎簡字叔廉、謝濤字濟之、謝絳字希深、謝景初字師厚、謝景温字師直、葉杲卿字稱之誌多不載、徐復字希顔又表復之、俞舉善、楊蟠字公濟、沈文通亦不載名，以字代之、沈遼字濬達、陸詵字介夫、關魯、闞沼字聖淵、沈括字存中、吴天秩字平甫、强至字幾聖、王復字無考、韋驤字子駿、周邠字開祖、周邦彦字美成、周邦式字南伯、虞奕字純臣、吴師仁、吴師禮字安中、八行先生崔貢字廷碩、李靴字彦淵、滕茂實字穎秀、史徽字洵美、沈晦字元用、張九成字子韶、凌景夏字季文、樊光遠字茂實、郎曄、郭知運字次張、施德操字彦執、楊子平誌不載名、闞注字子東、姚真舊名叔興、楊由義字宜之、俞烈字若晦、余古、趙鞏字子固、俞灝字商卿、洪咨夔字舜俞、趙汝談字履常、趙汝讜字蹈中、李宗勉字强父。竝歷代英傑、文武賢良、進士隱士之秀，兼之博學精華、忠勇孝義之才。或身廉而直道以事，或職顯而位居三公，或歷諫臣忠於大朝，或掌軍務而好墳典，或隱而不仕，爲教導之師，或著諸經子義疏詩頌箋表數百篇行于世，或建立大功，終事中國，忠節盛名青史不朽。詳見于臨安志書，考其始末，則昭然矣。

狀元表

科舉，盛代皆舉求賢之詔。自宋太祖、太宗朝始詔舉業。端拱二年，臨軒唱名，進士及第，狀元文魁陳堯叟；　淳化三年，孫何。真宗朝，咸平元年，孫瑾；　二年，陳堯咨；　景德二年，李迪；　大中祥符五年，徐奭；　八年蔡齊。仁宗朝，天聖八年，王拱辰；　景祐元年，張唐卿；　寶元元年，吕溱；　慶曆二年，楊寘；　六年，賈黯；　皇祐元年，馮京；　五年，鄭獬；　嘉祐二年，張衡；　四年，劉煇；　六年，王俊民；　八年，許將。英宗朝，治平二年，彭汝礪；　四年，許安世。神宗朝，熙寧三年，葉洽；　六年，俞中；　九年，徐繹；元豐二年，時彦；　五年，黄裳；　八年，焦蹈。哲宗朝，元祐三年，李常；　六年，馬涓；　五年，紹聖元年，畢漸；　四年，何昌言；　元符三年，李釜。徽宗朝，崇寧二年，霍端友；　五年，蔡嶷；　大觀三年，賈安宅；　政和二年，莫儔，杭人；　五年，何㮚；　八年，嘉王；　宣和三年，何焕；　六年，沈晦，杭人。欽宗朝，則無科舉矣。高宗朝，中興建炎二年戊申，李易；紹興二年壬子，張九成，杭人；　五年乙卯，汪應辰；　八年戊午，黄公度；　十二年壬戌，陳誠之；　十五年乙丑，劉章；　十八年戊辰，王佐；　二十一年辛未，趙達；　二十四年甲戌，張孝祥；　二十七年丁丑，王十朋；　三十年庚辰梁克家。孝宗朝，隆興元年癸未，木待問；　乾道二年丙戌，蕭國梁；　五年己丑，鄭僑；　八年壬辰，黄定；　淳熙二年乙未，詹騤；　五年戊戌，姚穎；　八年辛丑，黄由；　十一年甲辰，衛涇；　十四年丁未，王容。光宗朝，紹熙元年庚戌，余復；　四年癸丑，陳亮。寧宗朝，慶元二年丙辰，鄒應隆；　五年己未，曾從龍；　嘉泰二年壬戌，傅行簡；　開禧元年乙丑，毛自知；　嘉定元年戊辰，鄭自誠；　四年辛未，趙建大；　七年甲戌，袁甫；　十年丁丑，吴潛；　十三年庚辰，劉渭；　十六年癸未，蔣重珍。理宗朝，寶慶二年丙戌，王會龍；　紹定二年己丑，黄朴；　五年壬辰，徐元杰；　端平二年乙未，吴叔吉；　嘉熙二年戊戌，周垣；　淳祐元年辛丑，徐儼夫；　四年甲辰，留夢炎；　七年丁未，張淵徽；　十年庚戌，方逢辰；　寶祐元年癸丑，姚免；　四年丙辰，文天祥；　開慶元年己未，周震炎；　景定三年壬戌，方山京。　度宗朝，咸淳元年乙丑，阮登炳；　四年戊辰，陳文龍；　七年辛未，張鎮孫。

武舉狀元

高宗朝中興南渡，誌不載武舉姓氏。自於孝廟朝以後，俱可考之。淳熙八年，江伯虎；　十一年，林嶸；　十四年，黄褒然。光廟朝，紹熙元年厲仲祥；　四年，林管。寧廟朝，慶元二年，周虎；　五年，陳良彪；　嘉泰二年，葉渋；　開禧元年，鄭公侃；　嘉定元年，周師，杭人；　四年，林泌浹；　七年，劉必方，杭人；　十年，朱嗣宗；　十三年，陳正大；　十六年，杜幼節。　理廟朝，寶慶二年，楊必高，杭人；　嘉熙二年，劉必成；　淳祐元年，趙國華；　四年，項桂發；　七年，張夢飛；　十年，陳億子；　寶祐元年，程鳴鳳；　四年，章宗德；　開慶元年，朱應舉；　景定三年，俞葵。　度廟朝，咸淳元年，王國；　四年，俞仲鰲。

后妃列女

宋章懿太后李氏，性莊重寡言，雖以仁宗爲己子，而后不曾言，中外罔知。后薨後，方追册皇太后，謚章懿，葬永定陵。　漢孫策破虜，母吴夫人助治軍國，甚有所補益。　徐琨母孫氏，定策破英之謀。　孫翊妻徐氏，守節定謀，殺三兇，得報夫之冤。　晉虞潭母定夫人孫氏，年少喪偶遺孤，誓不改節，撫養訓子，成義節以剋戰。孫㬎妻虞氏，棄華尚素，與㬎同志，至孝奉舅姑，起居嘗饌，不辭薪水井臼之勞。孝婦嚴氏，事舅姑不失起居供饌之禮，舅喪未葬，因火沿屋，哭告于天，孝心有感而火遂滅，無傷其棺。唐孝女馮氏，少孤獨，無兄弟共侍母，惟母子相依，誓不嫁以奉母。母病篤，刲股治之，不救，葬母，乃結草廬墓下，以供晨香夕燈，侍奉如生。又刺血書經，報劬勞之恩。以宅捨建梵宫薦母，仍不嫁，以死盡孝節。郡臣聞於朝，賜束帛旌之，敕頒寺額曰「報恩」，以表其孝也。節婦何氏，年少喪偶，志不再嫁，奉姑至孝。忽賊掠歸巢穴，欲污其節，遂定策解襦自刎。賊驚視而已死，義而葬之。五代吴越國恭懿太夫人吴氏，諱漢月，性慈惠而節儉，頗尚黄老學，居常布練而已。每侍王決事，必以忠恕爲言。諸吴遷授皆峻阻，多加訓勵，無令驕恣。宋吴越忠懿王妃孫氏，諱太真，性端謹而聰慧，延接姻宗，以盡恩禮。好學詩書，嚴重而尚儉，守忠以事上國。孝婦盛氏，事舅姑盡孝，躬紡績烹飪以養姑。姑性太急，婦怡聲下氣，每侍立無敢怠惰。娣姒敬順和睦，亦皆化之。姑病篤，貧無資醫救，乃執簪珥裙襦鬻之，以供其事，又刲脇取肝爲常膳。長姒潘氏亦刲股而進。姑食而病愈。州家長官劉既濟上于朝，詔旌表其門閭。凌大淵妻劉氏，及笄許嫁，請期將至，而凌生告卒。劉氏聞之，告於父母曰：「兒聞女子以一志爲良，死生不易其節。兒已許凌，今既已喪，則吾夫也。兒當易服奔喪，誓咏《柏舟》，不更二也。」父母以女未嘗踐其庭，何遽若此？女答「以身許人而背之乎？有死而已」。決無易其志。父母懼其言而從所請，易嬴衰，臨棺舉哀，以脩婦道，守義節。以兄子養爲己子，與之娶婦，至於抱孫，白首不易其志也。

歷代方士

歷代方士：蔡經、郭文字文舉、葛洪字稚川號抱朴子、許邁字叔元、杜子恭、徐靈府號默希子、錢道士、令狐絢、丁飛字翰之、潘尊師、馬湘字自然、管歸真賜號元靖崇教法師、正白先生沈若濟字子舟，號洞元大師、徐立之舊名炳一，號迴峯先生、陸維之字永仲，又名凝之，又表子才，號石室先生、王衷字天誘，賜號悟靜處士、徐奭賜號沖晦先生，俱杭之得道仙士，有超世之志、脩真之術，或上昇，或羽化，或葬而解化，或羽化後遊于外郡，乃真仙作用，使凡夫俗眼茫然不知。諸士之詳，載於淳祐、咸淳兩志及《感應神仙傳》中。攷之，有著《百論石室小隱集》行於世矣。

歷代方外僧

歷代高僧，自宋武帝朝爲始。僧慧靜、慧基、慧集、法匱、淨度、瑜本、翼本、僧詮道、琳旻、本明、徹法、開惠、明曇、超真、宮宇、聖遠號南天竺岳師。道欽、國一、澄悟禪師、圓脩、道林號鳥窠禪師。會通號招賢禪師。齊安號悟空禪師。道標號西嶺和尚。慧琳字抱玉，交遊前後刺史、學士，如杜陟、裴常棣、陸則、楊憑、盧元輔、白居易、李幼、崔鄯、路異，俱造室講論心要、靈照名龍華禪師，號真覺大師。行脩生有異相，兩耳垂肩，稱長耳相禪師，賜號崇慧大師。延壽號抱一子，幼在俗，誦經感諸羣羊跪聽，後捨業爲僧，聚徒講道，傳播高麗，遣使盡弟子禮，奉金線織袈裟、紫水晶、數珠、金藻罐爲獻，宋開寶入滅，號智覺大師，崇寧歲追謚宗照禪師。志逢號普覺大師。遇安號善智禪師。慶祥九曲禪師。行明開化禪師，太宗朝賜紫衣師號。善昇天禧年詔註釋御製《法音集》，賜號曰觀大師，又深於琴律。法照不妄交遊，與和靖先生同時僧智圓爲友，宰臣王欽若、王隨、王化基深敬之，崇寧歲賜號法照大師【一】。道誠慧悟大師，余弼《題上方寺》詩曰：「孤峯牢落幾何年，臺殿於今插半天。已是精藍誇絶徼，更將寶塔在危巔。煙霞色任陰晴變，鐘磬聲隨上下傳。珍重老僧無幻境，一生幽趣只山川。」契嵩字仲靈，自號潛子，姓李，賜號明教大師，熙寧歲季夏入滅，以釋氏法茶毗而五根不壞，名其塔曰「五根不壞之塔」。贊寧太平興國奉阿育王舍利朝，太宗賜號通慧大師，真宗召對，賜坐，以右階陛左階。僧録賜號通慧圓明大師。寶達號刹利法師。智圓孤山法師自號中庸子。遵式姓葉，字知白，崇寧歲賜號慧通大師，掌天台教觀，紹興閒，高宗降旨賜號曰懺慧禪主大法師，塔號瑞光思悟，每誦咒，身出舍利。元照姓唐，字湛如，號安忍子，賜號靈芝大智律師。宗本字無詰，姓管，號靜慈圓照禪師，神宗召對，賜茶，入福寧殿説法，詔賜肩輿入内。善本賜法通大師號，哲宗遣中使撫問

【一】法照大師　「法」原作「元」，據《學津討原》、《學海類編》、《四庫全書》本改。

降香，宣賜高麗磨衲衣，敕賜大通禪師，大觀入滅，追謚圓定之號，塔號定光之塔。元淨字無象，姓徐，賜紫衣，辨才法師號，師生時左肩有肉起如袈裟條，至八十一日方消，師之入滅，實八十一歲矣。延壽興教小壽禪師脩廣字叔徽，自京師至於四方，凡公卿至于學士大夫知其名皆樂從之，景祐歲賜紫衣，詔賜寶月大師之號。文益於周顯德時謚封大法眼禪師，塔名無相。道潛字參寥，嘗與蘇東坡、秦少游兩先生爲密友，曾詠《臨平絶句》云：「風蒲獵獵弄輕柔，欲立蜻蜓不自由。五月臨平山下路，藕花無數滿汀洲。」東坡守杭時，因道潛入智果精舍，賦詩云：「雲崖有淺井，玉醴常半尋。遂名參寥泉，可濯幽人襟。」又作《參寥泉銘》，記之歲月，東坡愛其詩，嘗稱「無一點蔬筍氣味，體製絶似儲光羲，非近世詩僧比」。崇寧末，老于江湖，既示寂，有詩行于世，句句清絶可愛，法號曰妙總大師。懷顯西湖持淨大師嘗撰《錢塘勝跡記》。慧勤有歐陽文忠公賦詩送之，曰：「越俗僭宮室，傾貲事雕牆。佛屋尤其侈，眈眈擬侯王。文彩瑩丹漆，四壁金焜煌。上垂百寶蓋，宴坐以方牀。胡爲棄不居，棲身居京坊。辛勤營一室，有類燕巢梁。南方精飯食，菌筍鄙羔羊。飯以玉粒羹，調之甘露漿。一饌費千金，百品羅成行。晨興未飯僧，日昃不敢嘗。乃茲隨北客，枯粟充飢腸。東南地秀絶，山水澄清光。餘杭幾萬家，日夕焚清香。煙霏四面起，雲霧雜芬芳。豈如車馬塵，鬢髮染成霜。三者孰苦樂，子奚勤四方。乃云慕仁義，可以治膏肓。有志誠可嘉，及時宜自强。人情重懷土，飛鳥思故鄉。夜枕聞北雁，歸心逐南檣。

歸方能來否，送子以短章。」同時有惠思師，惠思曾于於潛西普明寺爲《浴堂記》，宰臣王安石賦詩贈之，曰：「緑淨堂前湖水渌，歸時正復有荷花。花前若見餘杭姥，爲道仙人憶酒家。」惟尚本姓曹，幼歲爲僧，徧參叢林，得法於英普照，常住壽聖，本雪峯結菴，故地有荆榛蛇虺，人莫敢居，師住八年，剏立殿廡，爲之一新，謝歸故廬，後住薦福，以疾還廬入滅。守璋姓王，天姿介特，凜不可犯，戒行精潔，尤工於詩，號文慧禪師，有《柹園集》行於世，高廟於紹興二年幸圓覺寺，因覩其集，宸翰親灑晚春一絶賜之，見圓覺寺刻石于亭，曰：「山深煙景重，林茂夕陽微。不雨花猶落，無風絮自飛。」德明姓顧，字澹堂，入徑山講論禪教四年，因觀竹溜以杵通節有聲，豁然開悟，遂號爲竹筒和尚，紹興年兩嘗宣入慈寧殿，陞座講《般若經》法，高廟奇之，賜號及法衣。清潤字怡然。可久字逸老，所居皆湖山勝景，而清約介靜，不妄與人交，無故不入城，士大夫多往見之，就饋米，日以一二合食，雖蔬茹亦未嘗有故，人尤重之。同時有思聰師，亦似之，而詩差優。宗杲字曇晦，姓奚，主徑山，學徒一千七百衆，來者猶未已，敞千僧閣以居之，號臨濟。中興時與張九成爲方外交，後因秦檜謂張九成誹謗朝政，疑宗杲和之，遂編海外，四方衲子忘軀皆往從之。續蒙宸恩放便，復僧伽梨，往阿育王山，復居舊山。孝廟爲普安郡王，遣使入山謁之，以偈獻。後建邸，再遣内侍供五百應真，請講法席，親書「妙喜菴」三字，并製讚寵之。自後退居明月堂而示寂，孝廟聞而歎息，詔以明月堂爲妙喜菴，謚號普覺禪師，賜塔額曰「寶光」。此僧雖林下人，而義篤君親，談及時事，憂形於色而垂涕。其時名公鉅卿皆稱其才，有《正法眼藏》等集，淳熙初，詔隨《大藏》流行。蓋杭之高僧散聖，棄儒成道，戒行精潔，學問孤高，博習教典，以訓諸衲，著文翰，脩懺儀，諸經法，注《宗鏡》，論心要，纂法語，覩鬼神以禮問，止潮水而擊西興，感羣羊而跪聽，墜大星以隕靈鷲。列朝宣講，慧號錫順，至於入滅，瑞光顯然。蓋叢林中素有儒者之風，故與公卿大夫及學士氣味相投，皆樂與之交，講論道要，題詞詠詩，靡不起敬。以《大藏經》、《高僧傳》、《錢塘勝跡記》、臨安新舊誌皆備其詳矣，兹不復贅。

行孝

陳藏器《本草》謂人肉可療疾，非謂人肉之果能療疾也。蓋以人子一念孝誠出于天性，能動天地鬼神，故借此以奏功耳。今摭杭之外邑行孝，若子若女，載于新誌者，攷其姓名述之。富陽何氏女子。江陰村盛立旺二子。富陽葛小閏。臨安朱應孫。俞廷用子亞佛，其家祖大成、父廷用及其子，凡三世行孝矣。臨安錦北鄉陳茂祖，其父母俱病，皆療而愈。臨安邑人龔婆兒。鹽官邑人周阿二、周小三。昌化邑農家子梅來兒。以上皆因父母疾篤，百藥罔功，思劬勞之恩無以報答，或剖心，或刲股以常膳而進之，莫不愈焉。於此可見孝爲百行之源，天地神明亦爲之祐助矣。

卷十八

民俗

杭城風俗，凡百貨賣飲食之人，多是裝飾車蓋擔兒，盤盒器皿新潔精巧，以炫耀人耳目。蓋傚學汴京氣象，及因高宗南渡後常宣唤買市，所以不敢苟簡，食味亦不敢草率也。且如士農工商、諸行百户，衣巾裝著皆有等差。香鋪人頂帽披背子。質庫掌事裹巾著皂衫角帶。街市買賣人各有服色頭巾，各可辨認是何名目人。自淳祐年來，衣冠更易，有一等晚年後生不體舊規，裹奇巾異服，三五爲羣，鬬美誇麗，殊令人厭見，非復舊時淳朴矣。但杭城人皆篤高誼，若見外方人爲人所欺，衆必爲之救解。或有新搬移來居止之人，則鄰人爭借動事，遺獻湯茶，指引買賣之類，則見睦鄰之義。又率錢物安排酒食以爲之賀，謂之煖房。朔望茶水往來，至於吉凶等事，不特慶弔之禮不廢，甚者出力與之扶持，亦睦鄰之道，不可不知。

户口

杭城今爲都會之地，人煙稠密，户口浩繁，與他州外郡不同。姑以自隋、唐朝考之。隋户一萬五千三百八十。唐正觀【一】中户三萬五千七十一、口一十五萬三千七百二十九。唐開元户八萬六千二百五十八。宋朝《太平寰宇記》：錢塘户數，主六萬一千六百八、客八千八百五十七。《九域志》：主一十六萬四千二百九十三、客三萬八千五百二十三。《中興兩朝國史》：該户二十萬五千三百六十九。《乾道志》：户二十六萬一千六百九十二、口五十五萬二千六百七。《淳祐志》：主、客户三十八萬一千三十五、口七十六萬七千七百三十九。《咸淳志》：九縣。共主、客户三十九萬一千二百五十九、口一百二十四萬七千七百六十。錢塘、仁和兩赤縣《乾道志》：主、客户該十萬四千六百六十九、口該一十四萬五千八百八。《淳祐志》：户該十一萬一千三百三十六、口三十二萬四百八十九。《咸淳志》：兩赤縣城主、客户一十八萬六千三百三十、口四十三萬二千四十六。自今而往則歲潤月長，殆未易以算數也。

【一】正觀　「正」當爲「貞」，宋人避仁宗趙禎諱改。

物産

穀之品

秔：早占城、紅蓮、礌泥烏、雪裏盆、赤稻、黄秈米、杜糯、光頭糯、蠻糯。麥：大麥、小麥。麻：赤、白、烏、黄。豆：大黑、大紫、大白、大黄、大青、白扁、黑扁、白小、赤小、菉豆、小紅、樓子紅、青豌、白眼、羊眼、白缸、白豌、刀豆。粟：狗尾、金罌。

絲之品

綾：柿蒂、狗蹄。羅：花素、結羅、熟羅、線住。錦：内司街坊以絨背爲佳。剋絲：花、素二種。杜縺，又名起線。鹿胎：次名透背，皆花紋特起，色樣織造不一。紵絲：染絲所織諸顔色者，有織金、閃褐、閒道等類。紗：素紗、天淨、三法暗花紗、粟地紗、茸紗。絹：官機，杜村唐絹幅闊者密，畫家多用之。綿：以臨安於潛白而細密者佳。綢：有綿線織者，土人貴之。

枲之品

枲、柘、麻、苧。

貨之品

茶：寶雲茶、香林茶、白雲茶。又寶嚴院垂雲亭亦産，東坡以詩戲云：「妙供來香積，珍烹具大官。揀芽分雀舌，賜茗出龍團。」蓋南北兩山、七邑諸山皆産。徑山採穀雨前茗，以小缶貯饋之。

鹽：湯鎮、仁和村、鹽官、浮山、新興、下管、上管、蜀山、巖門、南路、茶槽等場常産之地。漢置鹽官，吴王濞煮海爲鹽之地。

蜜、蠟、紙，餘杭由拳村出藤紙，富陽有小井紙，赤亭山有赤亭紙。

菜之品

諺云：「東菜西水，南柴北米。」杭之日用是也。薹心矮菜、矮黄、大白頭、小白頭、夏菘。黄芽，冬至取巨菜，覆以草，即久而去腐葉，以黄白纖瑩者，故名之。芥菜、生菜、菠薐菜、萵苣、苦蕒、葱、薤、韭、大蒜、小蒜、紫茄、水茄、梢瓜、黄瓜、葫蘆「又名蒲蘆」、冬瓜、瓠子、芋、山藥、牛蒡、茭白、蕨菜、蘿蔔、甘露子、水芹、蘆筍、雞頭菜、藕條菜、薑、薑芽、新薑、老薑。菌多生山谷，名黄耳蕈，東坡詩云：「老楮忽生黄耳蕈，故人兼致白芽薑。」蓋大者淨白，名玉蕈，黄者名茅蕈，赤者名竹菇，若食須薑煮「薑黑勿食」。

果之品

橘：富陽王洲者佳。橙：有脆綿木。梅：有消便糖透黄。桃：有金銀、水蜜、紅穰、細葉、紅餅子。李：有透紅、蜜明、紫色。杏：金麻。柿：方頂、牛心、紅柿、椑柿、牛奶、水柿、火珠、步簷、㮚柿。梨：雪糜、玉消、陳公蓮蓬梨、賞花甘香、霄砂爛。棗：鹽官者最佳。蓮：湖中生者名繡蓮，尤佳。瓜：青、白、黄等色，有名金皮、沙皮、蜜甕、筭筒、銀瓜。藕：西湖下湖、仁和護安村，舊名范堰，産扁眼者味佳。菱：初生嫩者名沙角，硬者名餛飩，湖中有如栗子様，古塘大紅菱。林檎：鄔氏園名花紅，郭府園未熟時以紙翦花様貼上，熟如花木瓜，嘗進奉，其味蜜甜。枇杷：無核者名椒子，東坡詩云：「緑暗初迎夏，紅殘不及春。魏花非老伴，盧橘是鄉人。」木瓜：青色而小，土人翦片爆熟，入香藥貨之，或糖煎，名爊木瓜。櫻桃：有數名稱之，淡黄者甜。石榴子：顆大而白，名玉榴，紅者次之。楊梅：亦有數種，紫者甜而頗佳。蒲萄：黄而瑩白者名珠子，又名水晶，最甜。紫而瑪瑙色者稍晚。雞頭，古名芡，名雞壅。平聲。錢塘、梁諸、滘頭、仁和、藕湖、臨平湖倶産，獨西湖生者佳，却産不多，可篩爲粉。銀杏。栗子。甘蔗：臨平小林産，以土窖藏至春夏，味猶不變，小如蘆者名荻蔗，亦甜。

竹之品

竹：碧玉、間黄、金笙、淡紫、斑金、苦方竹、鶴膝、猫頭。竹筍有數名，曰南路、白象牙、哺雞、猫兒頭、黄鶯、晚篁，皆即涼筍，和靖有「煙崖早筍肥」之句，又有紫筍、邊筍。

木之品

桑：數種，名青桑、白桑、拳桑、大小梅紅、雞爪等類。梓：木中王。柘。柏：孤山陳朝最古。松：惟天目者針短穉健。栝子：三針、華山四針。桐。檜。楠：東坡詩云：

「中和堂後古楠樹，與君對牀聽雨聲。」櫧。櫟。槐。杉。桂。檀。楝。楓。榆。柳：今湖隄最盛，垂者名楊，長條可玩。椶：名栟櫚，筍可蒸煨，味微苦，太冷。青神、鳳集，目奇者名之。

花之品

牡丹有數種色樣，又一本冬月開花，詩云：「一朵嬌紅翠欲流，春光回報雪霜羞。」韓文公《詠牡丹》詩：「幸自同開俱隱約，何須相倚鬬輕盈。凌晨併作新妝面，對客偏含不語情。雙燕無機還拂掠，遊蜂多思正經營。長年是事都拋盡，今日欄邊眼暫明。」石曼卿詩：「獨步性兼吴苑豔，渾身天與漢宫香。」又李山甫詩：「邀勒春風不早開，衆芳飄後上樓臺。數苞仙豔火中出，一片異香天上來。曉露精神妖欲動，暮煙情態恨成堆。知君已解相輕薄，斜倚欄杆首重迴。」又：「嫚黄妖紫間輕紅，縠雨初晴早景中。静女不言還愛日，綵雲無定只隨風。爐煙坐覺沈檀薄，妝面行看粉黛空。此别又須經歲月，酒闌把燭遶芳叢。」有一種秋開牡丹，城山詩詠云：「白帝工夫縷彩霞，肯將顔色弄韶華。酒黏織女秋衣薄，風動姮娥寶髻斜。霜露莫摧今日蘂，輪蹄多看異時花。陰陽多苦栽培地，不趁春風有幾家。」芍藥，有早緋、玉綴露、千葉，白者佳。梅花，有數品：緑蕚、千葉、香梅。東坡和秦太虚有云：「西湖處士骨應槁，只有此詩君壓倒。」又云：「江頭千樹春欲暗，竹外一枝斜更好。」林和靖詩二首：「吟懷長恨負芳時，爲見梅花輒入詩。雪後園林纔半樹，水邊籬落忽横枝。人憐紅豔多應俗，天與清香似有私。堪笑胡雛亦風味，解將聲調角中吹。」「衆芳摇落獨暄妍，占斷風情向小園。疎影横斜水清淺，暗香浮動月黄昏。霜禽欲下先偷眼，粉蝶如知合斷魂。幸有微吟可相狎，不須檀版共金尊。」戴石屏《詠梅》詩曰：「蕭灑春葩縞壽陽，百花惟有此花强。月中分外精神出，雪裏幾多風味長。折向書窗疑是玉，吟來齒頰亦生香。年年茅舍江村畔，勾引詩人費品量。」王介甫詩曰：「頗恠梅花不肯開，豈知有意待春來。燈前玉面披香出，雪後春容取勝回。觸撥清詩成走筆，淋漓紅袖趣傳盃。望塵俗眼那知此，只買夭桃豔杏栽。」潘紫巖詩曰：「柴門盡日少蹄輪，坐對横窗數點春。心向雪中偏暴白，影來月上亦精神。十分洗盡鉛華相，百劫修來貞潔身。笑殺唐人風味短，不應唤作弄珠人。」又《詠落梅》詩曰：「一夜風吹恐不禁，曉來零落已鬖鬖。忍聞病鶴和苔啄，空遣飢蜂遶竹尋。稚子躊躇看不掃，老夫索莫坐微吟。窗前最是關情處，拾片慇懃付掌心。」楊元素《落梅》詩曰：「夜來經雨學啼妝，今日摧紅怨夕陽。已落旋隨春水急，强留還怯晚風狂。應將别恨憑鶯語，更把歸期趁蝶忙。誰謂多情消不得，夢魂猶惜滿欄香。」更有諸賢詠梅詩曰：「木落山寒獨占春，十分清瘦轉精神。雪疎雪密花添伴，溪淺溪深樹寫真。三弄笛聲風過耳，一枝筇影月隨身。吟魂欲斷相逢處，恐是孤山隱逸人。」韓偓《梅花》詩云：「北陸候纔變，南枝花已開。無人同悵望，把酒獨徘徊。凍月雪爲伴，寒香風是媒。何因逢越使，腸斷謫仙才。」東坡《又和楊公濟》詩：

「緑鬟尋春湖畔回，萬松嶺上一枝開。」學士任希夷《宿直玉堂賦梅邊小池》詩云：「眼見梅花照玉堂，只存濃緑覆宫牆。樛枝偃蓋雲千疊，下蔭清池玉一方。」紅梅，有福州紅、潭州紅、柔枝、千葉、邵武紅等種。東坡詩云：「寒心未肯隨春態，酒暈無端上玉肌。」周必大《在祕書省館中次洪邁紅梅韻》詩云：「紅羅亭深宫漏遲，宫花四面誰得知。南唐内苑中有紅羅亭，四面專植紅梅，見《雜志》。蓬山移植是何世，國色含酒紛滿枝。初疑太真欲起舞，霓裳拂拭天然姿。又如東家窺牆女，施朱映粉尤相宜。不然朝雲頩薄怒，自持似對襄王時。須臾臙脂著雨落，整妝俯照含風漪。遊蜂戲蝶日採掇，嗟爾何異氓之蚩。提壺火急就公飲，他日墮馬空啼眉。」周必大《在祕書省署庭中詠緗梅》詩云：「蘛黄織就費天機，傳與園林曉出枝。東觀奇章承詔後，南昌故尉欲仙時。芳心向日重重展，清馥因風細細知。詩老品題猶悮在，紅梅未是獨開遲。」臘梅，有數本：檀心磬口者佳。東坡詩有「蜜蜂採花作黄蠟」之句。又詩云：「萬松嶺上黄千葉，玉蕋檀心兩奇絶。」周必大《詠黄梅在省中次王十朋韻》：「化工未幻醿醾菊，先放緗梅伴羣玉。幽姿著意添鉛黄，正色向心輕蕚緑。妝成自衒風味深，對此寧辭食無肉。方憐涪翁被渠惱，中氣悔屏盃杓醁。」碧蟬。棠棣。金林檎。郁李。迎春。長春。桃花，有數種：單葉、千葉、餅子、緋桃、白桃。杏花。玉簪。水仙。薔薇。寶相。月季。小牡丹。粉團。徘徊，貴官家以花片製作餅兒供筵。佛見笑。聚八仙。百合。滴滴金。石竹，和靖詩云：「深枝冉冉裝谿翠，碎片英英翦海霞。」木香。酴醾二種，有白而心紫者，亦有黄色者，俱香，馥馥然可愛。省中種黄梅在酴醾側，黄魯直《戲答王觀復酴醾》詩云：「誰將陶令黄金菊，幻作酴醾白玉花。」櫻桃花。萱草。梔子。蜜友。金燈。金沙。山丹。真珠，又名醮水，青條白蘂，燦然可翫。剪紅羅。錦帶。錦堂春。笑靨。大笑。金鉢盂。菊，品最多，有七十餘種。荷花，紅白色、千葉者。西湖荷蕩邊，風送荷香馥然。白樂天有「遶郭荷花三十里」之句。樞屬官楊萬里《在西府直舍詠盆池種荷》詩二首曰：「飛空天鏡墮莓苔，玉井移來盆内栽。坐看一花隨手長，挨開半葉出頭來。稍添菱荇相縈帶，便有龜魚數往迴。剩欲遶池三兩匝，數聲排馬苦相催。」又曰：「西府寒泉汲十尋，深澆淺灑碧森森。高花已照紅妝鏡，小蕊新抽紫玉簪。鈿破尚餘新雨恨，織疎還作半池陰。西湖瘦得盆來大，更伴詩人恐不禁。」瑞香，種頗多，大者名錦薰籠。東坡詩云：「幽香結湘紫，來自孤峯陰。骨香不自知，色淺意殊深。」紅辛夷。蕙，東坡《題楊次公》詩：「蕙本蘭之族，依然臭味同。曾爲水仙佩，相識楚詞中。」蘭，東坡詩云：「春蘭如美人，不採羞自獻。時聞風露香，蓬艾深不見。」紫薇花，東坡詩曰：「虛白堂前合抱花，秋風落日照横斜。」後省有此花，任希夷詠曰：「清曉開軒俯鳳池，小山經雨石增輝。琉璃葉底珊瑚立，軒出池邊是紫薇。」紫楊。紫荆花。雞冠有三色。鳳仙。杜鵑。蜀葵有二種。黄葵。映山紅花。金銀蓮子花。罌粟。櫻桃花，唐時樟亭驛種雙樹，白樂天詩云：「南館飛軒兩樹櫻，春條長定夏陰成。素華朱實今雖盡，碧葉風來别有情。」七里香。橙花。榴花，有數種：單葉、千葉，色有數十樣。唐時孤山有此花，白樂天詩云：「山榴花似結紅巾，容豔新妍占斷春。色相故開行道地，香塵悔觸坐禪人。」木犀，有紅、黄、白色者甚香且韻。頃天竺山甚多，又長橋慶樂園有數十株，士夫嘗往賞此奇香。向東坡《送花贈元素》詩云：「月闕霜濃細蕊乾，此花元屬桂堂仙。鷲峯子落驚前夜，蟾窟枝空記昔年。」高宗在德壽宫賞桂，嘗命畫工爲巖桂扇面，仍製御詩分賜羣臣、親王，云：「秋入幽巖桂影團，香深粟粟照林丹。應隨王母瑶池宴，染得朝霞下廣寒。」楊誠齋《詠桂花》詩云：「塵世何曾識桂林，花仙夜入廣寒深。移將天上衆香國，寄在梢頭一粟金。露下風高月當户，夢回酒醒客聞砧。詩情惱得渾無那，不爲龍涎與水沈。」華岳詩曰：「西風吹老碧蓮房，萬壑風流坼麝囊。謾與籬花爭曉色，肯教盆蕙壓秋芳。月中有女曾分種，地上無花敢鬬香。要識仙根迥然别，一枝開傍御家墻。」《詠落英》詩：「淨掃庭堦襯落英，西風吹恨入蓬瀛。人從紫麝囊中過，馬在黄金屑上行。眠醉不須鋪錦褥，妍香還解作珠纓。宫娥未許填溝壑，收拾流蘇浸玉罌。」山茶。磬口花。玉茶。千葉多心茶。秋茶，東西馬塍色品頗盛，栽接，一本有十色者。有早開，有晚發，大率變物之性，盗天之氣，雖時亦可違，他花往往皆然。頃有《接花》詩云：「花單可使十色黄，果奪天之造化忙。」木芙蓉，蘇隄兩岸如錦，湖水影而可愛。内庭亦有芙蓉閣，開時最盛。潘紫巖詩云：「爲惜豔陽妝，新枝不肯長。緑深秋後雨，紅坼夜來霜。偏向垂楊畔，多臨古岸傍。年年根蔕在，下闕。」

藥之品

雲母、藁本、茵芋、鬼臼、木鱉，以上《本草》載杭州所有。地黄。牛膝，仁和藺橋白石種。乾薑。上各件竝歲貢。蛇床子，白石生。躑躅花，根名天門冬，生錢塘富陽。白芷。千金草，藺橋生。威靈仙。茱萸。澤蘭。鬼箭。烏藥。鉤藤。覆盆子。麥門冬。白芨。牽牛。地骨皮。牛蒡子。地膚。百合。香附子。乾葛。竝出富陽。木通。何首烏。劉寄奴，生富陽小井。藜蘆。草烏。秦皮。百部根，生天目山。菖蒲。桑白皮。芍藥。荆芥。薄荷。紫蘇。天南星，生於潛昌化。天花粉即瓜蔞根。馬兜鈴。椿白皮。白鮮皮。石竹子糴。山蘱。黄精，生於潛餘杭山。枸杞。茯苓。半夏。貫衆。地扁蓄。苦楝皮。益母草，生龍井山谷。山豆根。牡丹皮。車前子。石膏，錢塘縣西有山出，如雪瑩白，舊縣治亥地有獄，産此。寒水石，南高峯塔下生，軟者寒水，硬者石膏。蒲黄。榆白皮。鳳眼草。金星草，生南高峯。黄皮，生於潛及雷峯塔下。石燕，九邑山洞中皆有之。枳實。續斷。青蒿子。香薷。千年潤土人呼爲「地蜈蚣草」。石香菜。

禽之品

雀，《宋書》云：「鹽官屬有白雀之異。」鵝。雞，有數種：山雞、家雞、朝雞。鴨。鵲。鴿。鵬。雉。鶺鴒。鷗。鷺。鸛。鳩。鷹。鷂。鶻。鴟。燕，韓溉詠云：「對語春風翠滿衣，碧江迢遞往來稀。遠空盡日和煙去，深院無人帶雨歸。珠箔下時猶睤睨，畫堂深處正依依。王孫盡許營巢穩，慣聽笙歌夜不歸。」鶯，元稹詠曰：「天上金衣侶，還能睍草萊。風流晉王謝，言語漢鄒枚。公等久安在，今從何處來。山禽正嘈雜，慰我日徘徊。」鸜鵒。鶺鴒又名雪姑。竹雞。鵁鶄。鶻鵃。紺練。鸕鶿亦名鸕鷀。鑽沙。魚虎。章雞。白頭翁。烏頭白頰。蠟嘴。告天子。杜鵑，沈樂山詠云：「到得春深便憶鄉，要歸歸去底須忙。催殘隴月情何切，染徧林花恨更長。夢破四山風雨夜，心灰萬里利名場。爲言蜀道今非昔，縱使歸來亦斷腸。」布穀。畫眉。百舌，林和靖詩云：「百種堪憐巧言語，一般惟欠好毛衣。」婆餅焦。提壺，和靖《過下湖別墅》詩云：「多謝提壺鳥，留人到落暉。」黄雀。鸂鶒，和靖《春日即事》詩：「鴛鴦如綺杜蘅肥，鸂鶒夷猶翠瀲微。」偷倉。家鶉。八歌兒。披綿。鷺鷥，邵棠詠云：「如鵰非鶴自精神，天地江湖快爾生。既不鵾耽因甚瘦，何嘗食素也能清。隨身釣具去無繫，到處畫圖來便成。見説得魚歸較晚，蘆花灘上月偏明。」徐靈祐《詠鷺》詩云：「一點白如雪，頂黏絲數莖。沙邊行有迹，空外過無聲。高柳巢方穩，危灘立不驚。每看閒意思，漁父是前生。」鉤輈，和靖詩云：「雲木叫鉤輈。」野鳧。

獸之品

馬，昔吴越錢王牧馬於錢塘門外東西馬塍，其馬蕃息至盛，號爲馬海。今餘杭、臨安、於潛三邑，猶有牧馬遺跡焉。豕。牛。鹿。虎。狐。狸。麂，係牛尾玉面，生於昌化於潛山中。兔。獺。猫，都人畜之捕鼠，有長毛白黃色者，稱曰獅猫，不能捕鼠，以爲美觀，多府第貴官諸司人畜之，特見貴愛。犬，畜以警盗。《太平廣記》載，靈隱寺造北高峯塔，有寺犬自山下銜磚石至山巔，吻爲流血，人憐之，以草繫磚于背。塔成，犬斃。寺僧恤銜磚之功，葬於寺門八面松下。又錢塘縣界地名狗葬，橋名良犬，故老相傳云：昔人被火燎幾斃，犬入水以濡其主，得甦省，後犬死，里人葬之，立此名，旌其義耳。

蟲魚之品

鯉。鯽，西湖産者骨軟肉鬆。鱖，獨西湖無此種。鰽。鯿。鱧。鯔。鱣。鱸。鰟。鯶。鮎。黃顙。白頰。魟鯽。石首，王右軍帖云：「此魚首有石，是野鴨所化。」蒲春鰲。鯊。魛。白魚。鰣，六和塔江邊生，極鮮腴而肥，江北者味差減。鯕。鮪。鱠。鰍。鰻。鱔。蚌。龜。鱉，又名神守。蝦，湖河生者殼青，江産者名白蝦，大者名青斑蝦。蝤蛑。黃甲。蟛蜞。彭蚏，産鹽官。蠏，《淮南子》云：「蚌蠏珠龜，與月盛衰，皆陰屬也。」西湖舊多葑田，蠏鳌産之。今湖中官司開拆蕩地，艱得矣。和靖詩有「草泥行郭索」之句。劉貢父詩云：「稻熟水波老，霜螯已上罾。味尤堪薦酒，香美最宜橙。殼薄臙脂染，膏腴琥珀凝。情知烹大鼎，何似莫橫行。」蠯。蜆。蛤。螺，有數種：螺螄、海螺、田螺、海螄。金魚，有銀白、玳瑁色者。東坡曾有詩云：「我識南屏金鯽魚。」又曰：「金鯽池邊不見君。」

則此色魚舊亦有之。今錢塘門外多畜養之，入城貨賣，名魚兒活。豪貴府第宅舍沼池畜之。青芝塢玉泉池中盛有大者，且水清泉湧，巨魚游泳堪愛。

免本州歲納及苗税

杭州乃吳分野，號古揚州。昔武肅錢王統二浙，地狹民稠，賦斂苛暴，人不堪生。太宗朝納土後，命考功范旻知兩浙諸州事鎮撫，除一切苛害之政，蠲損害之賦，民得更生，四野老稚咸鼓舞於德意之中。紹興年間，六飛南渡，寬恩大頒，首除歲貢御綾百匹。景定間，度宗踐祚之初，首遵先朝遺制，蠲免臨安府近例歲貢增添納進錢一百一十五萬八千五百四十貫有奇。更有資政帥臣申錢塘、仁和兩赤縣，寺觀府第官舍撥賜田地，免徵折帛、苗糧及册逃、虧賦等苗税。咸淳歲，九縣畸零税絹除赦文蠲免一尺以外，尹京潛臯墅更與本州代輸一尺以上絹畸零税色，計一十四萬六千五百七十一疋有奇，總該界錢十八界會子計三萬四千四百八十貫文。又苗米不及一升者，朝家已行蠲放外，其一升以上至一斗以下秋苗米，本州代輸，寬民力，通計八千八百一石有奇，總該界錢十八界二十六萬九千七百五十貫，更代輸。咸淳七年，本州夏税畸零錢共該十八界四十六萬七千六百四貫，潛尹京首尾三載，代輸頗多，誠有德於百姓，深足嘉尚矣。

免本州商税

杭州五税場，自趙安撫節齋申請減放外，一歲共收十八界會四十二萬貫，爲定額。景定改元以來，朝家務欲平物價，紓寬民力，累降旨蠲免商税，仍令本州具合收税額申省科還。咸淳二年二月，又降指揮，再免商税五日，以便商賈。自後帥府遵承朝旨，接續展放蠲免税額。常以五月爲期，朝省每五月一次，照本府徵額撥一十八界一十七萬五千貫文以補郡費，至今行之。百姓與商賈等人莫不歌舞感戴上賜，此歷代所罕有也。

恩霈軍民

宋朝行都於杭，若軍若民，生者死者，皆蒙雨露之恩。但霈澤常頒，難以枚舉，姑述其一二焉。遇朝省祈晴請雨，禱雪求瑞，或降生及聖節日分，淫雨雪寒，居民不易，或遇慶典大禮明堂，皆頒降黄榜，給賜軍民各關會二十萬貫文。蓋杭郡乃駐蹕之所，故有此恩例耳。兼官私房屋及基地多是賃居，還僦金或出地錢，但屋地錢俱分大、中、小三等錢。如遇前件祈禱恩典，官司出榜除放房地錢，大者三日至七日，中者五日至十日，小者七日至半月。如房舍未經減者，遇大禮明堂赦文條劃，謂一貫爲減除三百，止令公私收七百。或年歲荒歉，米價頓窮，官司置立米場，以官米賑濟，或量收價錢，務在實惠及民。更因熒惑爲災，延燒民屋，官司差官吏於火場上具抄被災之家，各家老小隨口數分大小給散錢米。官置柴場，城内外共設二十一場，許百司官廳及百姓從便收買，價錢官司量收，與市價大有饒潤。民有疾病，州府置施藥局于戒子橋西，委官監督，依方脩製丸散㕮咀。來者診視，詳其病源，給藥醫治。朝家撥錢一十萬貫下局，令帥府多方措置，行以賞罰，課督醫員，月以其數上於州家，備申朝省。或民以病狀投局，則畀之藥，必奏更生之效。局側有局名慈幼，官給錢典顧乳婦，養在局中，如陋巷貧窮之家，或男女幼而失母，或無力撫養，拋棄于街坊，官收歸局養之，月給錢米絹布，使其飽煖，養育成人，聽其自便生理，官無所拘。若民間之人願收養者聽，官仍月給錢一貫、米三斗，以三年住支。更有老、疾、孤、寡、貧乏，不能自存，及丐者等人，州縣陳請于朝，即委錢塘、仁和縣官以病坊改作養濟院，籍家姓名，每名官給錢米贍之。此見朝家恤貧救老如此。又殿、步、馬三司養軍以護行都，及秋防之備。月給錢糧，春冬請衣緜，使之飽煖。遇有差出，日給口券，功成則賞。如三司招軍補額之時，每刺一卒，官給關會一二封、衣裝七事件。則出軍先散處發關會及衣裝，則軍妻老幼月支贍家米糧，隨軍日支券糧，功成則轉資給犒。如陣亡，官給津送妻兒仍支贍孀幼之糧。更有兩縣置漏澤園一十二所，寺菴寄留槥櫝無主者。或暴露遺骸，俱瘞其中。仍置屋以爲春秋祭奠，聽其親屬享祀。官府委德行僧二員主管月給，各支常平錢五貫、米一石。瘞及二百人，官府察明，申朝家給賜紫衣師號賞之。

恤貧濟老

杭城富室多是外郡寄寓之人，蓋此郡鳳凰山謂之客山，其山高木秀，皆蔭及寄寓者。其寄寓人多爲江商海賈，穹桅巨舶，安行於煙濤渺莽之中，四方百貨不趾而集。自此成家立業者衆矣，數中有好善積德者，多是恤孤念苦，敬老憐貧。每見此等人買賣不利，坐困不樂，觀其聲色，以錢物周給，助其生理。或死無周身之具者，妻兒罔措，莫能支吾，則給散棺木，助其火葬，以終其事。或遇大雪，路無行徑，長幼啼號，口無飲食，身無衣蓋，凍餓于道者。富家沿門親察其孤苦艱難，遇夜以碎金銀或錢會插于門縫，以周其苦。俾侵晨開户得之，如自天降。或散以綿被絮襖與貧丐者，使煖其體，如此則飢寒得濟，合家感戴無窮矣。俗諺云：「作善者降百祥，天神佑之。作惡者降千災，鬼神禍之。」天之報善罰惡捷于影響，世人當以此爲鑒也。

卷十九

園囿

杭州苑囿俯瞰西湖，高挹兩峰，亭館臺榭，藏歌貯舞，四時之景不同，而樂亦無窮矣。然歷年既多，間有廢興，今詳述之以爲好事者之鑒。在城萬松嶺内貴王氏富覽園三茅觀東山梅亭，慶壽菴褚家塘東瓊花園，清湖北慈明殿園，楊府秀芳園，張氏北園。楊府風雲慶會閣，望仙橋下牛羊司側。内侍蔣苑使住宅側築一圃，亭臺花木最爲富盛。每歲春月放人遊玩，堂宇内頓放買賣關撲，竝體内庭規式，如龍船、鬧竿、花籃，花工用七寶珠翠，奇巧裝結，花朵冠梳，竝皆時樣。官窑碗楪，列古玩具，鋪列堂右，倣如關撲。歌叫之聲清婉可聽。湯茶巧細車兒，排設進呈之器，桃村杏館酒肆，裝成鄉落之景。數畝之地，觀者如市。城東新門外東御園，即富景園，頃孝廟奉憲聖皇太后嘗遊幸。五柳園，即西園。張府七位曹園。南山長橋慶樂園，舊名南園，隸賜福邸園，内有十樣亭榭，工巧無二。俗云魯班造者。射圃、走馬廊、流盃池、山洞，堂宇宏麗，野店邨莊裝點時景，觀者不倦。内有關門，名凌風關，下香山巍然立于關前，非古沈，即枯枿木耳。蓋攷之志與《聞見録》所載者誤矣。淨慈寺南翠芳園，舊名屏山園，内有八面亭堂，一片湖山，俱在目前。雷峰塔寺前有張府真珠園，内有高寒堂，極其華麗。塔後謝府新園，即舊甘内侍湖曲園。羅家園，白蓮寺園，霍家園，方家塢劉氏園，北山集芳園，四聖延祥觀御園，此湖山勝景獨爲冠。頃有侍臣周紫芝從駕幸後山亭，曾賦詩云：「附山結真祠，朱門照湖水。湖流入中池，秀色歸淨几。風簾遝旌幢，神衛森劍履。清芳宿華殿，瑞靄蒙玉扆。彷彿懷神京，想像輪奐美。祈年開新宫，祝釐奉天子。良辰後難會，歲暮得斯喜。洲乃清樾中，飛樓見千里。雲車儻可乘，吾事玆已矣。便當賦遠遊，未可回屐齒。」園有涼臺，巍然在于山巔，後改爲西太乙宫黄庭殿。向朝臣高似孫曾賦詩曰：「水明一色抱神洲，雨壓輕塵不敢浮。山北山南人喚酒，春前春後客憑樓。射熊館暗花扶扆，下鵠池深柳拂舟。白首都人能道舊，君王曾奉上皇遊。」下竺寺園，錢塘門外九曲牆下擇勝園，錢塘正庫側新園，城北隱秀，菩提寺後謝府玉壺園，四井亭園，昭慶寺後古柳林楊府雲洞園，西園楊府具美園，飲緑亭裴府山濤園，葛嶺水仙廟西秀野園。集芳園，爲賈秋壑賜第耳。趙秀王府水月園，張府凝碧園，孤山路張内侍總宜園，西林橋西水竹院落。裏湖内諸内侍園囿樓臺森然，亭館花木，豔色奪錦，白公竹閣，瀟灑清爽。沿堤先賢堂、三賢堂、湖山堂，園林茂盛，妝點湖山。九里松嬉遊園，湧金門外堤北一清堂園，顯應觀西齋堂觀南聚景園，孝、光、寧三帝嘗幸此，歲久蕪圮，迨今僅存一堂兩亭耳，堂扁曰鑑遠，亭曰花光，一亭無扁，植紅梅，有兩橋，曰柳浪、曰學士，皆矗見大槩，惟夾徑老松益婆娑，每盛夏秋首，芙蕖遶堤如錦，遊人艤舫賞之，頃有侍從陸游舟過作詩詠曰：「聖主憂民罷露臺，春風側苑晝常開。盡除曼衍魚龍戲，不禁芻蕘雉兔來。水鳥避人横翠靄，宫花經雨委蒼苔。殘年自喜身强健，又作清都夢一回。」「水殿西頭起砌臺，緑楊閙處杏花開。簫韶本與人同樂，羽衛纔聞歲一來。鷁首波先涵藻荇，金鋪雨後上莓苔。遠臣侍宴應無日，日望堯雲到晚回。」高似孫《遊園咏》曰：「翠華不向苑中來，可是年年惜露臺。水際春風寒漠漠，官梅卻作野梅開。」張府泳澤環碧園，舊名清暉園，大小漁莊，其餘貴府内官沿堤大小園囿、水閣、涼亭，不紀其數。御前宫觀俱在内苑，以備車駕幸臨憩足之處。内東太乙宫有内苑，後一小山名曰武林山，即杭城之主山也。宰臣樓鑰曾賦長篇咏云：「易君求賦武林山，身困塵勞無暫閒。我求挂冠欲歸去，念此詩債須當還。武林山出武林水，靈隱後山無乃是。此山亦復用此名，細考其來具有以。天目兩乳到錢塘，一山環湖萬龍翔。扶輿磅薄擁王氣，皇居壯麗環宫牆。湖陰一峰如怒猊，勢臨城北尤瑰奇。吴越大作緇黄廬，爲穿百井以厭之。從來有龍必有珠，此雖培塿千山餘。中興南渡爲行都，崇列原廟太乙廬。曾因祠事來登眺，闤闠塵中有員嶠。薰風時來洗溽暑，緑樹陰陰隱殘照。我得暫來猶醒心，羡君清福住年深。長安信美非吾土，倦翼惟思歸故林。」城南則有玉津園，在嘉會門外南四里。紹興四年，金使來賀高宗天申聖節，遂宴射其中。孝廟嘗臨幸遊翫，曾命皇太子宰執親王侍從，五品以上官及管軍官講宴射禮。孝廟御製詩賜皇太子以下官曰：「一天秋色破寒烟，别籞連隄壓巨川。欣見歲功成萬寶，因行射禮命群賢。文武從來資竝用，酒餘端有侍臣篇。」一時光廟在東宮侍駕，恭和曰：「秋深欲曉斂寒烟，翠木森圍萬里川。閶闔啓關開法駕，玉津按武會英賢。皇皇聖父明如日，挺挺良臣直似弦。蹈舞歡呼稱萬歲，未饒天保報恩篇。」宰臣曾懷恭和曰：「名園佳氣靄非烟，冠佩朝宗似百川。五品竝令陪宴射，四鍭端欲序賓賢。恩涵春意魚翻藻，威入秋聲雁落弦。竣事更容窺典雅，宸章應陋柏梁篇。」「江山秋日冠輕烟，别院風光勝輞川。位設虎侯恢盛典，技精楊葉拔名賢。禮均湛露宣飛斝，樂奏鈞天看發弦。聖主經文兼緯武，全勝巡幸射蛟篇。」其餘群臣俱有恭和詩，不得罄竹而載。史魏王彌遠出判寧國府，理廟命宰執侍從于此園設燕餞行，有朝官何銓賦詩曰：「餞行朱邸帝城春，隨例顛忙宴玉津。報國獨勞千一慮，鈞天同聽十三人。金巵宣勸君王重，花露湔愁醉夢真。卻憶故人猿鶴在，便思投老乞閒身。」按，玉津園乃東都舊名，東坡嘗賦詩，有「紫壇南峙表連岡」之句，蓋亦密邇圜壇也。嘉會門外有山，名包家山，内侍張侯壯觀園，王保生園。山上有關，名桃花關，舊扁蒸霞，兩帶皆植桃花，都人春時遊者無數，爲城南之勝境也。城北城西門外趙郭園。又有錢塘門外溜水橋東西馬塍諸圃，皆植怪松異檜，四時奇花，精巧窠兒，多爲龍蟠鳳舞飛禽走獸之狀。每日市於都城，好事者多買之，以備觀賞也。

瓦舍

瓦舍者，謂其來時瓦合，去時瓦解之義，易聚易散也。不知起于何時。頃者京師甚爲士庶放蕩不羈之所，亦爲子弟流連破壞之門。杭城紹興閒駐驛於此，殿巖楊和王因軍士多西北人，是以城内外剏立瓦舍，招集妓樂，以爲軍卒暇日娱戲之地。今貴家子弟郎君因此蕩遊，破壞尤甚于汴都也。其杭之瓦舍，城内外合計有十七處。如清泠橋西熙春樓下謂之南瓦子；　市南坊北三元樓前謂之中瓦子；　市西坊内三橋巷名大瓦子，舊呼上瓦子；　衆安橋南羊棚樓前名下瓦子，舊呼北瓦子；　鹽橋下蒲橋東謂之蒲橋瓦子，又名東瓦子，今廢爲民居；　東青門外菜市橋側名菜市瓦子；　崇新門外章家橋南名薦橋門瓦子；　新開門外南名新門瓦子，舊呼四通館；　保安門外名小堰門瓦子；　候潮門外北首名候潮門瓦子；　便門外北謂之便門瓦子；　錢湖門外南首省馬院前名錢湖門瓦子，亦廢爲民居；　後軍寨前謂之赤山瓦子；　靈隱天竺路行春橋側曰行春瓦子；　北郭税務曰北郭瓦子，又名大通店；　米市橋下米市橋瓦子；　石碑頭北麻線巷内則曰舊瓦子。

塌房

柳永《詠錢塘》詞曰：「參差十萬人家。」此元豐前語也。自高廟車駕由建康幸杭，駐蹕幾近二百餘年，戶口蕃息，近百萬餘家。杭城之外，城南、西、東、北各數十里，人烟生聚，民物阜蕃，市井坊陌鋪席駢盛，數日經行不盡，各可比外路一州郡，足見杭城繁盛矣。且城郭內北關水門裏有水路，週迴數里，自梅家橋至白洋湖、方家橋，直到法物庫市舶前，有慈元殿及富豪內侍諸司等人家于水次起造塌房數十所，爲屋數千間，專以假賃與市郭間鋪席宅舍及客旅寄藏物貨，并動具等物，四面皆水，不惟可避風燭，亦可免偷盜，極爲利便。蓋置塌房家，月月取索假賃者，管巡廊錢會，顧養人力，遇夜巡警，不致疏虞。其他州郡，如荊南沙市、太平州黃池皆客商所聚，雖云浩繁，亦恐無此等穩當房屋矣。

社會

文士有西湖詩社，此乃行都搢紳之士及四方流寓儒人寄興適情賦詠，膾炙人口，流傳四方，非其他社集之比。武士有射弓踏弩社，皆能攀弓射弩，武藝精熟，射放嫺習，方可入此社耳。更有蹴踘、打毬、射水弩社，則非仕宦者爲之。蓋一等富室郎君，風流子弟與閒人所習也。奉道者有靈寶會，每月富室當供持誦正一經卷。如正月初九日玉皇上帝誕日，杭城行香，諸富室就承天觀閣上建會。北極佑聖真君聖降及誕辰，士庶與羽流建會于宫觀或于舍庭。誕辰日，佑聖觀奉上旨建醮，士庶炷香紛然。諸寨建立聖殿者俱有社會，諸行亦有獻供之社。遇三元日，諸琳宫建普度會，廣度幽冥。二月初三日梓潼帝君誕辰，川蜀仕宦之人就觀建會。三月二十八日東嶽誕辰。四月初六日城隍誕辰。二月初八日霍山真君聖誕。四月初八日，諸社朝五顯王慶佛會。九月二十九日五王誕辰。每遇神聖誕日，諸行市户俱有社會，迎獻不一。如府第内官以馬爲社。七寶行獻七寶玩具爲社。又有錦體社、臺閣社、窮富賭錢社、遏雲社、女童清音社、蘇家巷傀儡社、青果行獻時果社、東西馬塍獻異松恠檜奇花社、魚兒活行以異様龜魚呈獻，豪富子弟緋緑清音社、十閒等社。有内官府第以精巧雕鏤篘籠養畜奇異飛禽迎獻者，謂爲可觀。遇東嶽誕日，更有錢燔社，重囚枷鎖社也。奉佛者有上天竺寺光明會，俱是富豪之家及大街鋪席，施以大燭巨香，助以齋貲供米，廣設勝會，齋僧禮懺三日，作大福田。又有善女人，皆府室宅舍内司之府第娘子夫人等，建庚申會，誦《圓覺經》，俱帶珠翠珍寶首飾赴會，人呼曰鬬寶會。更有城東城北善友道者建茶湯會，遇諸山寺院建會設齋，又神聖誕日助緣設茶湯供衆。四月初八日，六和塔寺集童男童女善信人建朝塔會。九月初一日，湖州市遇土神崇善王誕日，亦有童男童女迎獻茶果，以還心愫。每月遇庚申或八日，諸寺庵舍集善信人誦經設齋，或建西歸會。保俶塔寺每歲春季建受生寄庫大齋會。諸寺院清明建供天會。七月十五日，建盂蘭盆會。二月十五日，長明寺及諸教院建涅槃會。四月八日，西湖放生池建放生會，頃者此會所集數萬人。太平興國傳法寺向者建淨業會，每月十七日集善男信人，十八日集善女信人入寺誦經，設齋聽法，年終以所收貲金建藥師道場七晝夜，以終其會，今廢之久矣。其餘白蓮行法三壇等會，各有所分也。

閑人

閑人本食客人。孟嘗君門下有三千人，皆客矣。姑以今時府第宅舍言之。食客者，有訓導蒙童子弟者，謂之館客，又有講古論今，吟詩和曲，圍棊撫琴，投壺打馬，撇竹寫蘭，名曰食客，此之謂閑人也。更有一等不著業藝，食於人家者，此是無成子弟，能文，知書，寫字，善音樂，今則百藝不通，專精陪侍，涉富豪子弟郎君遊宴執役，甘爲下流，及相伴外方官員財主到都營幹。又有猥下之徒與妓館家書寫柬帖，取送之類，更專以參隨服役資生。舊有百業皆通者，如紐元子學像生叫聲，教蟲蟻，動音樂，雜手藝，唱詞白話，打令商迷，弄水使拳，及善能取復供過，傳言送語。又有專爲棚頭，鬭黄頭，養百蟲蟻、促織兒。又謂之閒漢，凡擎鷹、架鷂、調鵓鴿、鬭鵪鶉、鬭雞、賭撲落生之類。又有一等手作人，專攻刀鑷，出入宅院，趨奉郎君子弟，專爲幹當雜事，插花挂畫，説合交易，幫涉妄作，謂之涉兒，蓋取過水之意。更有一等不本色業藝，專爲探聽妓家賓客，趕趁唱喏，買物供過，及遊湖酒樓飲宴所在，以獻香送歡爲由，乞覓贍家財，謂之厮波。大抵此輩若顧之，則貪婪不已，不顧之則强顔取奉，必滿其意而後已，但看賞花宴飲君子出著發放何如耳。

顧覓人力

凡顧倩人力及幹當人，如解庫掌事，貼窻鋪席，主管酒肆食店博士、鐺頭、行菜、過買外出鬙兒，酒家人師公、大伯等人；又有府第宅舍，内諸司都知、太尉、直殿、御藥、御帶，内監寺廳分顧覓大夫書表司、廳子、虞候、押番、門子、直頭、轎番小厮兒、廚子、火頭、直香燈道人、園丁等人；更有六房院府判提點，五房院承直太尉，諸内司殿管判司幕士，六部朝奉顧倩私身轎番安童等人，或藥鋪要當鋪郎中、前後作、藥生作，下及門面鋪席要當鋪裹主管後作，上門下番當直安童，俱各有行老引領。如有逃閃，將帶東西，有元地脚保識人前去跟尋。如府宅官員，豪富人家，欲買寵妾、歌童、舞女、廚娘、針線供過、麤細婢妮，亦有官私牙嫂及引置等人，但指揮便行踏逐下來。或官員士夫等人欲出路還鄉，上官赴任，游學，亦有出陸行老顧倩脚夫脚從，承攬在途服役，無有失節。

四司六局筵會假賃

凡官府春宴或鄉會，遇鹿鳴宴，文武官試中，設同年宴，及聖節滿散祝壽公筵，官府各將人吏差撥四司六局人員督責，各有所掌，無致苟簡。或府第齋舍亦于官司差借執役，如富豪士庶吉筵凶席，合用椅桌陳設，書畫器皿，盤合動事之類，則顧喚局分人員，俱可完備，凡事毋苟且。謂四司六局所掌何職役，開列于後。如帳設司，專掌仰塵、録壓、桌幃、搭席、簾幙、繳額、罘罳、屏風、書畫、簇子、畫帳等；如茶酒司，官府所用名賓客司，專掌客過茶湯、斟酒、上食、喝揖而已，民庶家俱用茶酒司掌管筵席，合用金銀器具及煖盪，請坐、諮席、開話、斟酒、上食、喝揖、喝坐席，迎送親姻，吉筵慶壽，邀賞筵會，喪葬齋筵，修設僧道齋供，傳語取覆，上書請客，送聘禮合，成姻禮儀，先次迎請等事；廚司，掌筵席生熟看食，粄飣、合食，前後筵幾盞食，品坐歇坐，泛勸品件，放料批切，調和精細美味羹湯，精巧簇花龍鳳勸盤等事；臺盤司，掌把盤、打送、齎擎、勸盤、出食、椀楪等；果子局，掌裝簇飣盤看果、時新水果、南北京果、海腊、肥脯臠切、像生花果、勸酒品件；蜜煎局，掌簇飣看盤果套山子、蜜煎像生窠兒；菜蔬局，掌筵上簇飣看盤菜蔬，供筵泛供異品菜蔬、時新品味、糟藏像生件段等；油燭局，掌燈火照耀、上燭修燭、點照、壓燈、辦席立臺、手把豆臺、竹籠燈臺、裝火簇炭；香藥局，掌管龍涎、沈腦、清和、清福、異香、香疊、香爐、香毬、裝香簇燼細灰，効事聽候換香，酒後索喚異品醒酒湯藥餅兒；排辦局，掌椅桌、交椅、桌櫈、書桌及灑掃、打渲、拭抹、供過之職。蓋四司六局等人祗直慣熟，不致失節，省主者之勞也。欲就名園異館、寺觀亭臺，或湖舫會賓，但指揮局分，立可辦集，皆能如儀。俗諺云：「燒香點茶，挂畫插花，四般閒事，不宜累家。」若有失節者，是祗役人不精故耳。且如筵會，不拘大小，或衆官筵上喝犒，亦有次第，先茶酒，次廚司，三伎樂，四局分，五本主人從。此雖末事，因筆述之耳。

卷二十

嫁娶

婚娶之禮，先憑媒氏以草帖子通于男家。男家以草帖問卜，或禱籤，得吉無尅，方回草帖。亦卜吉媒氏通音，然後過細帖，又謂定帖。帖中序男家三代官品、職位、名諱，議親第幾位男，及官職、年甲、月日、吉時生，父母或在堂，或不在堂，或書主婚何位尊長，或入贅，明開將帶金銀、田土、財産、宅舍、房廊、山園，俱列帖子内。女家回定帖，亦如前開寫，及議親第幾位娘子，年甲、月日、吉時生，具列房奩、首飾、金銀、珠翠、寶器、動用、帳幔等物，及隨嫁田土、屋業、山園等。其伐柯人兩家通報，擇日過帖，各以色綵襯盤安定帖送過，方爲定論。然後男家擇日備酒禮，詣女家，或借園圃，或湖舫内，兩親相見，謂之相親。男以酒四盃，女則添備雙盃，此禮取男强女弱之意。如新人中意，即以金釵插于冠髻中，名曰插釵。若不如意，則送綵緞二匹，謂之壓驚，則姻事不諧矣。既已插釵，則伐柯人通好議定禮，往女家報定。若豐富之家，以珠翠、首飾、金器、銷金裙褶及段匹、茶餅，加以雙羊牽送，以金瓶酒四罇或八罇，裝以大花銀方勝，紅緑銷金酒衣簇蓋酒上；或以羅帛貼套花爲酒衣，酒擔以紅綵繳之。男家用銷金色紙四幅，爲三啓一禮物狀，共兩封，名爲雙緘。仍以紅緑銷金書袋盛之；或以羅帛貼套五男二女緑盝盛禮書爲頭合，共輳十合或八合，用綵袱蓋上，送往。女家接定禮合，於宅堂中備香燭酒果，告盟三界，然後請女親家夫婦雙全者開合。其女氏即於當日備回定禮物，以紫羅及顏色段匹、珠翠鬚掠、皁羅巾段、金玉帕鐶、七寶巾環、篋帕鞋韈女工答之，更以元送茶餅果物以四方回送，羊酒亦以一半回之，更以空酒罇一雙投入清水，盛四金魚，以筯一雙、葱兩株安于罇内，謂之回魚筯。若富家官户，多用金銀打造魚筯各一雙，並以綵帛造像生葱雙株挂于魚水罇外答之。自送定之後，全憑媒氏往來，朔望傳語，遇節序亦以冠花、綵段、合物、酒果遺送，謂之追節。女家以巧作女工金寳帕環答之。次後擇日則送聘，預令媒氏以鵝酒，重則羊酒，道日方行送聘之禮。且論聘禮，富貴之家當備三金送之，則金釧、金鋜、金帔墜者是也。若鋪席宅舍或無金器，以銀鍍代之，否則貧富不同，亦從其便，此無定法耳。更言士宦亦送銷金大袖黄羅銷金裙段、紅長裙或紅素羅大袖段，亦得珠翠特髻、珠翠團冠、四時冠花、珠翠排環等首飾，及上細雜色綵段匹帛，加以花茶、果物、團圓餅、羊酒等物，又送官會銀鋌，謂之下財禮。亦用雙緘聘啓禮狀。或下等人家所送一二匹、官會一二封，加以鵝酒、茶餅而已，名下財禮，則女氏得以助其虚費耳。又有一等貧窮父母兄嫂，所倚者惟色可取，而奩具茫然，在議親者以首飾衣帛加以楮物送往，謂之兜裹。今富家女氏既受聘送，亦以禮物答回，以緑紫羅雙匹、綵色段匹、金玉文房玩具、珠翠鬚掠女工等如前禮物。更有媒氏，媒箱段匹、盤盞、官楮、花紅禮合惠之。自聘送之後，節序不送，擇禮成吉日，再行導日禮報女氏。親迎日分，先三日男家送催妝花髻、銷金蓋頭、五男二女花扇、花粉盝、洗項、畫綵錢果之類。女家答以金銀雙勝、御羅花幞頭、緑袍靴笏等物。前一日女家先往男家鋪房挂帳幔，鋪設房奩器具、珠寶、首飾、動用等物，以至親壓鋪房，備禮前來煖房，又以親信婦人與從嫁女使看守房中，不令外人入房，須待親人方敢縱步往來。至迎親日，男家刻定時辰，預令行郎各以執色，如花瓶、花燭、香毬、沙羅、洗漱妝合、照臺、裙箱、衣匣、百結青涼傘、交椅，授事街司等人，及顧借官私妓女乘馬及和倩樂官鼓吹，引迎花檐子或糉檐子、藤轎前往女家迎取新人。其女家以酒禮款待。行郎散花紅、銀楪、利市錢，會訖，然後樂官作樂催妝，尅擇官報時辰，催促登車。茶酒互念詩詞，催請新人出閣登車。既已登車，擎檐從人未肯起步，仍念詩詞，求利市錢酒畢，方行起檐作樂。迎至男家門首，時辰將正，樂官妓女及茶酒等人互念詩詞，攔門求利市錢紅。尅擇官執花斗，盛五穀豆錢綵果，望門而撒，小兒爭拾之，謂之撒穀豆，以壓青陽煞耳。方請新人下車，一妓女倒朝車行，捧鏡，又以數妓女執蓮炬花燭導前迎引，遂以二親信女使左右扶侍而行，踏青錦褥或青氈花席上行，先跨馬鞍背、平秤，過入中門，至一室中少歇。當中懸帳，謂之坐虛帳，或徑迎入房室內，坐于牀上，謂之坐牀。富貴之家委親戚接待女氏親家及親送客，會湯次拂，備酒四盞款待。若論浙東，以親送客急三盃或五盞而回，名曰走送。向者迎新郎禮，其壻服緑裳花幞頭，于中堂升一高座，先以媒氏或親戚互斟酒，請下高座歸房，至外姑致請，方下座回房坐富貴。今此禮久不用矣。止用妓樂花燭迎引入房，房門前先以綵帛一段横挂於楣上，碎裂其下，壻入門，衆手爭扯而去，謂之利市繳門，爭求利市也。壻登牀右首座，新婦座於左首正坐，富貴禮也。其禮官請兩新人出房，詣中堂參堂，男執槐簡，挂紅緑綵，綰雙同心結，倒行，女挂于手，面相向而行，謂之牽巾。並立堂前，遂請男家雙全女親以秤或用機杼挑蓋頭，方露花容。參拜堂次諸家神及家廟，行參諸親之禮畢，女復倒行，執同心結，牽新郎回房，講交拜禮，再坐牀。禮官以金銀盤盛金銀錢綵錢、雜果撒帳。次命妓女執雙盃，以紅緑同心結綰盞底，行交卺禮畢，以盞一仰一覆，安於牀下，取大吉利意。次男左女右結髮，名曰合髻。又男以手摘女之花，女以手解郎緑抛紐，次擲花髻于牀下，然後請掩帳。新人換妝畢，禮官迎請兩新人詣中堂，行參謝之禮。次親朋講慶賀，及參謁外舅姑，已畢，則兩親家行新親之好。然後入禮筵，行前筵五盞禮畢，别室歇坐，數盃勸色，以敘親義，仍行上賀賞花節次，仍復再入公筵，飲後筵四盞，以終其儀。三日，女家送冠花、綵段、鵝蛋，以金銀缸兒盛油蜜頓于盤中，四圍撒貼套丁膠于上，並以茶餅、鵝羊、果物等合送去壻家，謂之送三朝禮也。其兩新人於三日或七朝九日往女家，行拜門禮。女親家廣設華筵，款待新壻，名曰會郎，亦以上賀禮物。與其壻禮畢，女家備鼓吹，迎送壻回宅第。女家或于九朝内移厨往壻家致酒，謂之煖女會。自後迎女回家，以冠花、段匹、合食之類送歸壻家，謂之洗頭。至一月，女家送彌月禮合，壻家開筵延款親家及親眷，謂之賀滿月會親。自此禮儀可簡。遇節序，兩親互送節儀，若士庶百姓之家貧富不等，亦宜隨家豐儉，却不拘此禮。若果無所措，則已之。

育子

杭城人家育子，如孕婦入月期將届，外舅姑家以銀盆或綵盆盛粟稈一束，上以錦或紙蓋之，上簇花朵通草貼套五男二女意思，及眠羊卧鹿，併以綵畫鴨蛋一百二十枚、膳食羊生、棗栗果及孩兒繡棚、綵衣送至壻家，名催生禮。足月，既坐蓐分娩，親朋爭送細米、炭醋。三朝，與兒落臍炙顖。七日名一臘，十四日謂之二臘，廿一日名曰三臘，女家與親朋俱送膳食，如豬腰肚蹄脚之物。至滿月，則外家以綵畫錢或金銀錢、雜果，及以綵段、珠翠顖角兒、食物等送往其家，大展洗兒會，親朋俱集。煎香湯於銀盆内，下洗兒果綵錢等，仍用色綵繞盆，謂之圍盆紅。尊長以金銀釵攪水，名曰攪盆釵。親賓亦以金錢銀釵撒于盆中，謂之添盆。盆内有立棗兒，少年婦爭取而食之，以爲生男之徵。浴兒落胎髮畢，以髮入金銀小合盛，以色線結絛絡之，抱兒徧謝諸親坐客，及抱入姆婶房中，謂之移窠。若富室宦家則用此禮。貧下之家則隨其儉，法則不如式也【一】。生子百時，即一百日，亦開筵

【一】則不如式也 五字原闕，據《學津討原》本補。《學海類編》本作「則不宜也」。

作慶。至來歲得周，名曰周晬。其家羅列錦席于中堂，燒香炳燭，頓果兒飲食，及父祖誥敕、金銀七寶玩具、文房書籍、道釋經卷、秤尺刀翦、升斗等子、綵段花朵、官楮錢陌、女工針線、應用物件，并兒戲物，却置得周小兒于中座，觀其先拈者何物，以爲佳讖，謂之拈周試晬。其日諸親餽送，開筵以待親朋。

妓樂

散樂傳學教坊十三部，唯以雜劇爲正色。舊教坊有篳篥部、大鼓部、拍板部，色有歌板色、琵琶色、箏色、方響色、笙色、龍笛色、頭管色、舞旋色、雜劇色、參軍等色。但色有色長，部有部頭，上有教坊使副、鈐轄都管、掌儀、掌範，皆是雜流命官。其諸部諸色分服紫、緋、緑三色寬衫，兩下各垂黄義襴。雜劇部皆諢裹，餘皆幞頭帽子。更有小兒隊、女童採蓮隊。其外別有鈞容班人，四孟乘馬從駕後動樂者是也。御馬院使臣凡有宣唤，或御教入内承應奏樂。紹興年間，廢教坊職名，如遇大朝會、聖節，御前排當及駕前導引奏樂，並撥臨安府衙前樂人，屬脩内司教樂所，集定姓名，以奉御前供應。向者汴京教坊大使孟角毬曾做雜劇本子，葛守誠撰四十大曲，丁仙現捷才知音。南渡以後，教坊有丁漢弼、楊國祥等，景定年間至咸淳歲，衙前樂撥充教樂所，都管、部頭、色長等人員如陸恩顯、時和、王見喜、何雁喜、王吉、趙和、金寶、范宗茂、傅昌祖、張文貴、侯端、朱堯卿、周國保、王榮顯等。且謂雜劇中末泥爲長，每一場四人或五人，先做尋常熟事一段，名曰豔段。次做正雜劇通名兩段，末泥色主張，引戲色分付，副淨色發喬，副末色打諢，或添一人名曰裝孤，先吹曲破斷送，謂之把色。大抵全以故事，務在滑稽，唱念應對通徧。此本是鑒戒，又隱於諫諍，故從便跣露，謂之無過蟲耳。若欲駕前承應，亦無責罰，一時取聖顔笑。凡有諫諍，或諫官陳事，上不從，則此輩妝做故事，隱其情而諫之，於上顔亦無怒也。又有雜扮，或曰雜班，又名經元子，又謂之拔和，即雜劇之後散段也。頃在汴京時，村落野夫罕得入城，遂撰此端，多是借裝爲山東、河北村叟，以資笑端。今士庶多以從省，筵會或社會，皆用融和坊新街及下瓦子等處散樂家女童裝末，加以弦索賺曲，祗應而已。大凡動細樂，比之大樂則不用大鼓、杖鼓、羯鼓、頭管、琵琶等，每只以簫、笙、篳篥、嵇琴、方響，其音韻清且美也。若合動小樂器，只三二人合動尤佳。如雙韻合阮咸，嵇琴合簫管，鍫琴合葫蘆琴，或彈撥十四弦，獨打方響，吹賺動鼓渤海樂一拍子至十拍子，又有拍番鼓兒，敲水盞，打鑼板，和鼓兒，皆是也。街市有樂人三五爲隊，擎一二女童舞旋，唱小詞，專沿街趕趁。元夕放燈，三春園館賞玩及遊湖看潮之時，或於酒樓，或花衢柳巷妓館家祗應，但犒錢亦不多，謂之荒鼓板。若論動清音，比馬後樂，加方響、笙與龍笛，用小提鼓，其聲音亦清細輕雅，殊可人聽。更有小唱，唱叫、執板、慢曲、曲破，大率輕起重殺，正謂之淺斟低唱。若舞四十六大曲，皆爲一體，但唱令曲小詞，須是聲音軟美，與叫果子、唱耍令不犯腔一同也。朝廷御宴，是歌板色承應。如府第富户，多于邪街等處擇其能謳妓女，顧倩祗應，或官府公筵及三學齋會、縉紳同年會、鄉會，皆官差諸庫角妓祗直。自景定以來，諸酒庫設法賣酒，官妓及私名妓女數内揀擇上中甲者，委有娉婷秀媚，桃臉櫻脣，玉指纖纖，秋波滴溜，歌喉宛轉，道得字真韻正，令人側耳聽之不厭。官妓如金賽蘭、范都宜、唐安安、倪都惜、潘稱心、梅醜兒、錢保奴、吕作娘、康三娘、桃師姑、沈三如等，及私名妓女如蘇州錢三姐、七姐、文字季惜惜、鼓板朱一姐、媳婦朱三姐、吕雙雙、十般大胡憐憐、婺州張七姐、蠻王二姐、搭羅邱三姐、一丈白楊三媽、舊司馬二娘、裱背陳三媽、屐片張三娘、半把纖朱七姐、轎番王四姐、大臂吴三媽、浴堂徐六媽、沈盼盼、普安安、徐雙雙、彭新等，後輩雖有歌唱者，比之前輩終不如也。說唱諸宫調，昨汴京有孔三傳編成傳奇靈怪，入曲說唱。今杭城有女流熊保保及後輩女童皆效此，說唱亦精，於上鼓板無二也。蓋嘌唱爲引子四句就入者，謂之下影帶。無影帶名爲散呼。若不上鼓面，止敲盞兒，謂之打拍。唱賺在京時只有纏令、纏達，有引子、尾聲爲纏令，引子後只有兩腔迎互循環，間有纏達。紹興年間有張五牛大夫，因聽動鼓板中有《太平令》，或賺鼓板，即今拍板大節揚處是也，遂撰爲賺。賺者，悮賺之之義也。正堪美聽中不覺已至尾聲，是不宜爲片序也。又有覆賺，其中變花前月下之情及鐵騎之類。今杭城老成能唱賺者，如竇四官人、離七官人、周竹窻、東西兩陳九郎、包都事、香沈二郎、雕花楊一郎、招六郎、沈媽媽等。凡唱賺最難，兼慢曲、曲破、大曲、嘌唱、耍令、番曲，叫聲，接諸家腔譜也。若唱嘌、耍令，今者如路岐人王雙蓮、吕大夫唱得音律端正耳。今街市與宅院往往效京師叫聲，以市井諸色歌叫賣物之聲，採合宫商成其詞也。

百戲伎藝

百戲踢弄家，每於明堂、郊祀年分，麗正門宣赦時用此等人，立金雞竿，承應上竿，搶金雞，兼之百戲。能打筋斗，踢拳，踏蹺上索，打交輥脱索，索上擔水，索上走，裝神鬼，舞判官，斫刀蠻牌，過刀門，過圈子等。理廟時，有路岐人名十將宋喜、常旺兩家，有踢弄人如謝恩、張旺、宋寶哥、沈家强、自來强、宋達、楊家會、宋賽歌、宋國昌、沈喜、張寶哥、常家喜、小娘兒、李顯、沈喜、湯家會、湯鐵柱、莊德、劉家會、小來强、鮑老兒、宋定哥、李成、莊寶、潘貴、宋慶哥、湯家俊等，遇朝家大朝會、聖節，宣押殿庭承應。則官府公筵、府第筵會點喚供筵，俱有大犒。又有村落百戲之人拖兒帶女，就街坊橋巷呈百戲使藝，求覓鋪席宅舍錢酒之貲。且雜手藝即使藝也，如踢瓶、弄碗、踢磬、踢缸、踢鐘、弄花錢、花鼓槌、踢筆墨、壁上睡、虚空挂香爐、弄花毬兒、拶築毬、弄斗、打硬、教蟲蟻、弄熊、藏人、燒火、藏劍、喫鍼、射弩、端親背、攢壺瓶等，綿包兒、撮米酒、撮放生等藝。淳祐以後，藝術高者有包喜、陸壽、施半仙、金寶、金時好、宋德、徐彦、沈興、趙安、陸勝、包壽、范春、吴順、金勝等。此藝施呈委是奇特，藏去之術則手法疾而已。凡傀儡，敷演烟粉、靈怪、鐵騎、公案、史書、歷代君臣將相故事話本，或講史，或作雜劇，或如崖詞。如懸線傀儡者，起于陳平六奇解圍故事也。今有金線盧大夫、陳中喜等，弄得如真無二，兼之走線者尤佳。更有杖頭傀儡，最是劉小僕射家數果奇，大抵弄此多虛少實，如巨靈神姫大仙等也。其水傀儡者，有姚遇仙、賽寶哥、王吉、金時好等，弄得百憐百悼。兼之水百戲，往來出入之勢，規模舞走魚龍，變化奪真，功藝如神。更有弄影戲者，元汴京初以素紙雕簇，自後人巧工精，以羊皮雕形，用以綵色妝飾，不致損壞。杭城有賈四郎、王昇、王閏卿等熟于擺布，立講無差。其話本與講史書者頗同，大抵真假相半，公忠者雕以正貌，奸邪者刻以醜形，蓋亦寓褒貶於其間耳。

角觝

角觝者，相撲之異名也，又謂之爭交。且朝廷大朝會、聖節、御宴第九盞，例用左右軍相撲，非市井之徒，名曰内等子，隸御前忠佐軍頭引見司所管。元於殿、步諸軍選膂力者充應名額，即虎賁郎將耳。每遇拜郊、明堂大禮，四孟車駕親饗，駕前有頂帽，鬔髮蓬鬆，握拳左右行者是也。遇聖節、御宴、大朝會，用左右軍相撲，即此内等子承應。但内等子設額一百二十名，内有管押人員十將各二名，上、中等各五對，下等八對，劍棒手五對，餘皆額裹額外準備祗應。三年一次，就本司爭揀上名下次入額。其管押以下至額内等子，亦三年一次，當殿呈試相撲，謝恩賞賜銀絹外，出職管押人員，本司牒發諸州道郡軍府，充管營軍頭也。前輩朝官曾赴御宴，有詩詠曰：「虎賁三百總威獰，急颭旗催疊鼓聲。疑是嘯風吟雨處，怒龍彪虎角虧盈。」蓋爲渠發也。瓦市相撲者，乃路岐人聚集一等伴侶，以圖摽手之資，先以女颭數對打套子，令人觀覩，然後以膂力者爭交。若論護國寺南高峰露臺爭交，須擇諸道州郡膂力高强，天下無對者方可奪其賞。如頭賞者，旗帳、銀盃、綵段、錦襖、官會、馬匹而已。頃于景定年間，賈秋壑秉政時，曾有温州子韓福者勝得頭賞，曾補軍佐之職。杭城有周急快、董急快、王急快、賽關索、赤毛朱超、周忙憧、鄭伯大、鐵稍工、韓通住、楊長脚等，及女占賽關索、囂三娘、黑四姐女衆，俱瓦市諸郡爭勝以爲雄偉耳。

小説講經史

説話者謂之舌辯，雖有四家數，各有門庭。且小説名銀字兒，如烟粉、靈恠、傳奇、公案、朴刀、桿棒、發發踪參之事，有譚淡子、翁三郎、雍燕、王保義、陳良甫、陳郎婦棗兒、余二郎等，談論古今，如水之流。談經者謂演説佛書，説參請者，謂賓主參禪悟道等事，有寶庵、管庵、喜然和尚等。又有説諢經者戴忻庵。講史書者謂講説《通鑑》、漢、唐歷代書史文傳、興廢爭戰之事。有戴書生、周進士、張小娘子、宋小娘子、邱機山、徐宣教。又有王六大夫，元係御前供話，爲幕士請給，講諸史俱通，於咸淳年間敷演《復華篇》及《中興名將傳》，聽者紛紛，蓋講得字真不俗，記問淵源甚廣耳。但最畏小説人，蓋小説者能講一朝一代故事，頃刻間捏合與起，令隨令相，似各占一事也。商謎者先用鼓兒賀之，然後聚人猜詩謎、字謎、戾謎、社謎，本是隱語，有道謎來客念思。司語譏謎，又名打謎走智，改物類以困猜者，正猜來客，索猜下套，商者以物類相似者譏之。又名對智、貼套、貼智，思索横下，許旁人猜問，因商者喝問，句頭調爽，假作難猜，以走其智。杭之猜謎者，且言之一二，如有歸和尚及馬定齋，記問博洽，厥名傳久矣。

⊙西湖老人撰

繁勝録

黄純艷　整理

點校説明

《繁勝録》一卷，西湖老人撰。西湖老人，不詳其姓名，孫毓修據該書所載慶元間油錢一事，認爲作者當生於宋寧宗時，又認爲耐得翁已稱臨安爲「都城」，而《繁勝録》「絶無都城之稱」，斷言成書早于耐得翁之《都城紀勝》（耐得翁自序言其書成于宋理宗端平二年）。但該書又記宋寧宗聖節金國遣使賀生辰事，則其成書必在宋寧宗朝之後，且該書多處以「京都」、「都城」、「在京」指稱臨安，並非不稱臨安爲都城。該書部分内容，如瓦舍百戲種類及伎藝人名氏多同于《武林舊事》而又略之，故其作者生平及成書時間實難斷言。

該書記載了南宋臨安宫廷、朝廷和百姓若干日常活動，特别是記録了臨安的四時節令、多種信仰活動及酒店飲食、瓦舍娱樂等内容，對研究南宋城市生活和民俗文化等有着較高的參考價值。

《繁勝録》原書已佚，僅《永樂大典》卷七千六百三「杭」字韻收録，得以傳世。今有涵芬樓秘笈本據《永樂大典》本排印，經吴子修校勘（簡稱涵本）。但因原本十分混亂，錯譌亦多，整理實非易事。本次整理，以《永樂大典》本爲底本，並校以涵本及《乾道臨安志》、《武林舊事》、《夢粱録》等書。

歲節，四更，諸廳人從各往本廳，請官糾内前待班閣子内坐，待大内門開。文武百官入至殿階列班。法物儀仗羅列禁衛，待班齊，邀聖駕登寶殿。大臣并金國奉使奏賀玉殿金階。時有南番諸國貢寶進象到京。朝退，駕輿【一】，百官出内賀。宰報每日常朝。諸百官僚亦是四更至和寧門，等候門開，入内，至垂拱殿下。待班齊朝班。或有奏事者了畢，各退往各衙門治事。

街市點燈，慶元間，油錢每斤不過一百會。巷陌爪札歡門掛燈。南至龍山，北至北新橋，四十里燈光不絶。城内外有百萬人家，前街後巷、僻巷亦然。掛燈或用玉栅，或用羅帛，或紙燈，或裝故事，你我相賽。州府札山栅，三獄放燈，公廳設醮。親王府第、中貴宅院奇巧異樣細燈，教人覩看。

國忌日分，有無樂社會。初八日、十二日、十三日。侍田樂、喬謝神、喬倣親、喬迎酒、喬教學、喬捉蛇、喬焦鎚、喬賣藥、喬像生、喬教象、習待詔、青菓社、喬宅眷、穿心國進奉、波斯國進奉。

禁中大宴親王，試燈慶賞元宵，每須有數火，或有千餘人者。全場傀儡、陰山七騎、小

校勘記

【一】駕輿　「輿」，原作「與」，據涵本改。

兒竹馬、蠻牌獅豹、胡女番婆、踏蹺竹馬、交衮鮑老、快活三郎、神鬼斫刀。

清樂社。有數社，每不下百人。韃靼舞老番人、耍和尚、斗皷社、大敦兒、瞎判官、神杖兒、撲蝴蝶、耍師姨、池仙子、女杵歌、旱龍船【二】，福建鮑老一社有三百餘人，川鮑老亦有一百餘人。

車駕詣景靈宫朝拜祖宗，外百司迎駕。中書省、尚書省、門下省、後省、樞密院、祕書省、御史臺、諫院、吏部、禮部、户部、兵部、刑部、工部、太常寺、太府寺、司農寺、大理司、宗正寺、將作監、軍器監、國子監、榷貨務、雜買場、惠民局、料量院、審計司、勑令所、玉牒所、安樂所、轉運司、臨安府。激賞諸酒庫并三學學官、前廊諸僧及在城寺觀僧道【三】、兩縣耆老，各立起居幕次，香案花瓶、麻爐香燭迎聖駕。起居駕頭到，兩邊各有閤門一員坐馬上。前有班直喝班到，起居拜，再拜畢，唱喏平身，立閤門，方行馬。次日駕過太一宫拈香畢方回，沿路前後奏樂。駕頭用朱紅圓兀子一隻，以繡袱蓋，閤門捧於馬上，二邊各有從人扶策。内諸司官吏引駕，早夜紅紗梔子燈二百椀照過。知閤門事、閤門舍人、閤門宣贊，閤門簿書、閤門看班，閤門祗候、修内司、八作司、儀鸞司、翰林司、皇城司、軍頭司、内東門司、禁衛所、御服所、絲鞋所、軍器所、符寶所、日曆所、講筵所、造作所、文思院、御馬院、車輅院、官誥院、登聞檢院、進奏院、騏驥院、御輂院、御酒庫、左藏庫、内藏庫、南廊庫、封樁庫、閤子庫、祗候庫、内軍器庫、御機房、畫院、天章閣、大醫局、國信所。逍遥子須用

【二】旱龍船　「船」，原作「般」，據《夢粱録》卷一改。

【三】寺觀僧道　「僧」，原作「生」，據涵本改。

金龍，内用乾紅羅帳，金龍御座，百花搭擋十六人，輦官擎輦，前有人員招引，兩邊有等，干欄前近，有圍子簇護。

諸殿屬：緝熙殿、垂拱殿、睿思殿、資政殿、觀文殿、皇后殿、貴妃位、淑妃位、婉容位、美人位、才人位、婕妤位、後苑、閤下。

二十四班。行門班、殿前左班、殿前右班、内殿直班、御龍直班、長入祗候班、金鎗班、銀鎗班、弓箭班、弩直班、骨朵直班、招箭班、新舊班、東一班、東二班、東四班、東五班、西一班、西二班、散直班、散祗候班、散真班、散都頭班、禁衛天武班。

皇城司親從官、上一指揮、上二指揮、上三指揮、上四指揮、上五指揮。

親事官。下一指揮、下二指揮、下三指揮、下四指揮、下五指揮、外三指揮、黄院子、皂院子、司圊、御輦院、正供營、次供營、下供營、御前中佐軍頭引見司、押番十將、内等子、環衛官十員、帶御器械四員、静鞭響【四】、步帥太尉、殿帥太尉、内知省太尉。平輦、步紅漆輦，真金鈒龍釘鉸，前後竿金龍頭，乾紅番羅搭擋，兩把雨羅傘【五】，二柄掌扇，紅門簇帳。御九重禁衛，駕後官【六】、中貴帶御器械四員、閤門執傘執掌扇三員。

從駕官單行馬，丞相、太師、吴興郡王、樞密知院、參知政事、同知樞密使、簽書樞密使。雙竹馬，左尚書、内翰、給事、侍郎、諫官、右親王、承宣、觀察、防禦、刺史。

殿前司十軍，將官兵士搠花，前軍、後軍、左軍、右軍、中軍、護聖、神勇、王選、策選、

【四】静鞭響　「響」，原作「嚮」，據涵本改。
【五】兩把雨羅傘　「兩」，原作「雨」，據涵本改。
【六】駕後官　「官」，原作「宫」，據涵本改。

遊奕。

數萬人隨駕，一一恭謹低聲。止有快行數隊脱膊。各有執把，或執青羅傘，或托金香毬，或執黄羅扇，或執馬靴，或執七寶劍，或執押衣刀，或執弓箭，或執金壘，或背弓箭，或金洗嗽之類。内等子將拳捋袖高聲【七】，觀瞻聖駕官員幕次密密相連，宅眷珠翠，盈滿家家，人物如堵。以後每日酌獻。

祠山張王生辰，排日上廟。七寶社、珊瑚樹數十株，内有三尺者，玉帶、玉椀、玉花瓶、玉束帶、玉勸盤、玉軫芝、玉條環、玻璃盤、玻璃碗、菜玉、水晶、猫睛、馬價珠，奇寶甚多【八】。

香藥社、相撲社、川弩社、遏雲社、同文社、同聲社、律華社、錦體社。

梓潼帝君【九】生辰。蜀中士大夫寄居都城，遞年諸社、陌上吴山、冲天觀、梓潼帝君觀，酌獻設醮。

霍山行祠。正賽長生馬社，是諸王府第嬌馬，或用金鞍、銀鞍、繡鞍、養鞍、金勒、玉勒、烏銀勒、玉作子、碼碯作子、箱嵌作子、透犀作子、七寶作子、玉作子、玳瑁作子。沿路迎引到廟上露臺【一〇】上相撲捧，正殿妓樂社火酌獻。廟前擁挨，轎馬盈路，多有後生於霍山之側放五色烟火，放爆竹，廟東大教場内走馬，打毬，射弓，飛放鷹鷂；賭賽叫、老鴉打線、告天子、番吃覽、青菜、畫眉；　賽諸般花虫蟻，鵓黄百舌、白鷯子、白金翅、白畫眉、

【七】捋袖高聲　「袖」，原作「神」，據涵本改。

【八】奇寶甚多　「寶」，原作「實」，據涵本改。

【九】梓潼帝君　「潼」，原作「童」，據涵本改。

【一〇】廟上露臺　「露」，原作「路」，據涵本改。《夢粱録》卷二〇有「露臺」下有「争交」二字。

白青菜、白角全眉、白青頭、蘆花角全、蘆花畫眉、鵝黄相思、紫鷂綉眼、金旺鈿甕、秦吉了、倒掛兒、留春鶯，寵亢非細。社火内有魚兒活檜，上有金龜、金鱔、金蝦、金鰍、玳瑁龜、玳瑁蝦、白龜、金鰺、金田螺之類。

開煮迎酒侯。所有十三庫十馬上馬，每庫有行首二人，戴特髻，著乾紅大袖，選像生有顔色者三四十人，戴冠子花朵，著艷色衫子，稍年高者都著紅背子特髻。每庫各用丫鬟五十餘人，執勸盃之類。或用臺閣故事一段，或用羣仙，随時裝變，大公專知各反犒賞官會、銀椀、疋帛。官員子弟沿路用人托諸色菓木蜜煎勸酒。後因搭滯禁之。

上真生辰。殿前司在京十軍各有社火，上廟酌獻燒香，諸處有廟，唯殿前司衙内與遊奕軍廟燒香者人多。士庶燒香紙不絶，街市亦有社陌。或遇聖上出郊，駕出錢塘門，惟用禁衛人，亦不搠巷，容人觀瞻，却禁西湖。或往集芳園，或在聚景園，降旨買市，幕士取索進上，賞賜金錢銀錢。駕泛御舟，入四聖觀之看園内景物，有瑪瑙坡、秦朝檜、六一泉、和靖先生墓，賞翫至晚方回鑾【一一】。降旨令諸門夜深方閉，恐踏傷人之故。

清明節。公子王孫、富室驕民踏青遊賞【一二】。城西店舍經絶輻湊，湖上開張趕趂。

酒名。玉練搥、思堂春【一三】、皇都春、中和堂、珎珠泉、有美堂、雪腴、太常、和酒、夾和、步司小槽、宣賜碧香、内庫流香、殿司鳳泉、供給酒、瓊花露、蓬萊春、黄華堂、六客堂、江山第一、蘭陵、龍游、藩葑、府第酒、慶遠堂、青白堂、藍橋風月。

【一一】賞翫至晚方回鑾　「鑾」，原作「鸞」，據涵本改。

【一二】富室驕民踏青遊賞　「驕」，原作「嬌」，據涵本改。

【一三】思堂春　《武林舊事》卷六作「思春堂」。

起店。鋪羊、三鮮、炒鷄、桐皮、澆皮、盦生、蝦燥三刀、基子、火燠、經帶、鋪鷄、造羹、鹽煎、飥鏈、餛飩、帶汁煎、羊泡飯、生熟燒。

食店。海鮮頭羹、三軟頭羹、江鰩柱、大片腰子、松花腰子、燥子決明、二色璽兒、江魚玉葉、鯚魚拖灩、羊頭黿魚、錦鷄黿魚、奪真元魚、剪花饅頭、煎羊事件、葷素簽、錦鷄簽、雜菜羹、蝤蛑簽、鼎煮羊、盞蒸羊、羊炙焦、大包子、羊血粉、龜背、大骨；　乾京果、南京棗、番蒲萄、巴欖子、御棗圈、松陽柿、蜂兒榧、藥澤魚、錦荔枝、大圓眼、頂山栗、蜂兒乾、蓮子肉、糖霜、梨花、梨條、梨肉、桃條；　大蝦巨蜉鮎乾、大鱘魚、人面乾、江蠟肉、芭蕉乾、大決明、沙魚線、鰯魚乾、銀魚乾、荳蔻花、索菓、餅菓、饋子、孔酥。

時果。羅浮橘、洞庭橘、花木瓜、餘甘子、賞花甜、亢堰藕、青沙爛、陳公梨、乳柑、鵝梨、甘蔗、温柑、橄欖、匾橘、香棖。

海鮮。江鰩、青蝦、白蟹、香螺、竦螺、石首、蝤蛑鰣魚、烏賊、鰛魚、江魚、鰙魚、蚶子、蛤蜊、淡菜、鮮蛤、白蝦、車螯、水母線、蜜丁、比目魚、望潮魚、火珠魚、蚵蛂魚、河魚、白魚、鰣魚、鯚魚、鯽魚、鯉魚、銀魚、鱭魚、青魚、白白類、鮎魚、螃蟹、黄螃蟹、鱘鯉魚。

肉食。入爐炕羊、窩綜彊豉、雙條劃子、皮骨彊豉、猪舌頭、湅白魚、白煠鷄、白燠肉、花時件、八糙鴨、炕鷄、炕鵝、燠肝、肚肺、糟鮑魚、犯脯鮓醬、紅羊犯、影戲犯、筭條犯、皂角鋌、線條兒、肉瓜灩、雪團鮓、鱘魚鮓、春子鮓、黄雀鮓、荷包鮓、玉版鮓、桃花鮓、三和鮓、大魚鮓、旋鮓鹹鮓、鵝鮓、削脯、茸脯、松脯、切鮓、飯鮓。

茶果仁兒。榛子仁、栝子仁、松子仁、橄欖仁、楊梅仁、胡桃仁、西瓜仁；　蜜煎、蜜金橘、蜜木瓜、蜜林檎、蜜金桃、蜜李子、蜜木彈、蜜橄欖、昌園梅、十香梅、蜜棖、蜜杏；　瓏纏茶果、糖煎尤多。

擔技檯木架子。香藥灌肺、七寶科頭、雜合細粉、水滑糍糕、玲瓏剗子、全鋌裹蒸、生熟灌藕、水晶煠子、筋子膘皮、乳糖魚兒、美醋羊血、澄沙糰子、天花餅、皂兒膏、宜利少、煎鴨子、釀栗子、蓮子肉、爊肝肉、望口消、蜜棗兒、兔耳朵、酥棗兒、重劑棗、糖壽帶、酸紅藕、竇索兒、玉柱糖、澤州餳、玉消膏、烏梅膏、韻梅膏、薄荷膏、香棖膏、橘紅膏、糖烏李、楊梅糖、法豆、輕餳。

關撲。螺鈿交椅、螺鈿投鼓、螺鈿鼓架、螺鈿瓺物、時樣漆器、新窑青器、乳窑碗碟、桂漿合仗、犀皮動使、合色凉傘、小銀槍刀、諸般斗笠、打馬象棋、雜綵梭毬、宜男扇兒、土宜栗粽、懸絲獅豹、土宜巧粽、杖頭傀儡、宜男竹作、錫小筵席、雜彩旗兒、單皮鼓、大小採蓮船、番鼓兒、大扁鼓、道扇兒、耍三郎、泥黃胖、花籃兒、一竹竿、竹馬兒、小龍船、糖獅兒、簷前樂、打馬圖鬭竹竿。有極細，用七寶犀象揍成者。

趕趂船、賣客弟子、撮弄泥丸、鹹酸蜜煎、旋造羹湯、唱耍令、學像生、弄傀儡、般雜班、瓶掇酒、點江茶蔬菜，關撲船亦不少。

寒食前後，西湖内畫船布滿，頭尾相接，有若浮橋。頭船、第二船、第三船、第四船、第五船、檻船、摇船、脚船、瓜皮船、小船，自有五百餘隻。南山、北山龍船數隻，自二月初八日下水，至四月初八日方罷。沓渾木、撥湖盆，它郡皆無。節日大船多是王侯節相府第及朝士賃了，餘船方賃市户。岸上游人、店舍盈滿，路邊搭蓋浮棚賣酒食，也無坐處，又於賞茶處借坐飲酒。南北高峰、諸山寺院，僧堂佛殿遊人俱滿。都門閑夜更深，遊人轎馬盡絶，門方閉。

春教，馬步軍都總管、京尹節制本府厢禁軍。副總管數員。路鈐、路分正將、監押帳前統領，撥發官、隅官、帳前使臣、六局提拔二百餘員。錢塘縣尉司、仁和縣尉司、城東都巡檢使、城西都巡檢使、外沙巡檢、茶槽巡檢、海内巡檢、管界巡檢、南蕩巡檢、硤石巡檢、赭山巡檢、許村巡檢、黄灣巡檢、東梓巡檢、奉口巡檢各帶土兵一二百人入都轄、總轄緝捕。各有鼓樂，各用馬軍，受宣軍員、驍騎呈武藝，大軍合教終日，犒賞畢，放教於路，各施呈武藝。正近遇婺除燒香，都城自有百餘社，各迎引。

東嶽生辰，都城社陌甚多，一廟難著諸社酌獻。或在城吴山行宫燒香【一四】，或在城南壜山燒香，或在城北臨平行宫燒香，或在城東湯鎮行宫燒香，或就城西法華山行宫燒香，詣廟皆如此。社陌朝拜，錢旛社至日開正陽門，獻錢旛三五十首，高者有二丈長，獻物在外。孟夏，車駕詣景靈宫朝獻，同前。

【一四】或在城吴山行宫燒香 「吴」，原作「異」，據涵本改。

遇□補年，天下待補進士都到京赴試，各鄉奇巧土物都擔戴來京都貨賣，買物回程，都城萬物皆可爲信。混補年，諸路士人比之尋常十倍，有十萬人納卷。則三貢院駐著諸多士子，權借仙林寺、明慶寺、千頃寺、淨住寺、昭慶寺、報恩觀、元真觀。太學、武學、國子監皆爲貢院，分經入試。每士到京須帶一僕，十萬人試【一五】，則有十萬人僕，計二十萬人，都在都州北權歇，蓋欲入試近之故也。可見都城之大。

佛生日。府主在西湖上放生亭設醮，祝延聖壽，作放生會。士民放生會，亦在湖中船内看經判斛放生。游人湖峯上買飛禽、烏龜、螺螄放生。諸尼寺僧門卓上札花亭子并花屋，内以沙羅盛金佛一尊，生於沙羅内香水中，扛臺於市中。宅院鋪席諸人浴佛求化。亦有男僧不佛，不入人家求化。

天竺光明會。遞年浙江諸當家捨錢作會，燒大燭數條如柱大，小燭一二千條，香紙不計數目，米麪、椀楪、匙筯、扇子、蒲鞋、篠箒、掃箒、燈心、油盞之類俱備。齋僧數日，滿散出山。

或遇進書，五府隔夜觀書，次日習儀。夜自祕書省前燒粈盆，密布到内前。至五更引迎。前用香案綵亭、法物儀仗、紅紗梔子行燈二百盞，兩行列親從禁衛，兩侍中道數十朱紅匣盛書在内，用銷金龍圖袱蓋。百官從行，五府在後，入内進呈。聖上觀看畢，午後方回祕省奉安。

【一五】十萬人試　「十」，原作「一」，據前文「有十萬人納卷」改。

端午節。撲賣諸般百索，小兒荷戴繫頭子，或用綵線結【一六】，或用珠兒結。初一日，城内外家家供養，都插菖蒲、石榴、蜀葵花、梔子花之類。一早賣一萬貫花錢不啻。何以見得？錢塘有百萬人家，一家買一百錢花，便可見也。酒果、香燭、紙馬、粽子、水糰莫計其數，只供養得一早，便爲糞草。雖小家無花瓶者，用小壜也插一瓶花供養。蓋鄉土風俗如此。尋常無花供養，却不相笑，惟重午不可無花供養。端午日，仍前供養。角黍天下有，惟是都城將粽揍成樓閣、亭子、車兒，諸般巧樣，開鋪貨賣。多作勸酒，各爲巧粽。茉莉盛開，城内外撲戴朵花者不下數百人。每妓須戴三兩朵，只戴得一日，朝夕如是。天寒，即上宅院亦買戴盆種者。官員饋送諸府弟嬌馬，遇重午都戴合色頭鬚。荷花開，納涼人多在湖船内，泊於柳陰下飲酒。或在荷花茂盛處園館之側。朝鄉會亦在湖中，或借園内。

過少年當殿唱名，麗正門喝出狀元來。三魁【一七】：第一名狀元，第二名榜眼，第三名探花郎。每有箇各有黄旗百而相從，戴羞帽，執絲鞭，騎馬遊街。武狀元亦如此。前名人黄旗，亦有多騎馬迎引。富者雖各項亦如此迎引。各後者多乘轎，旗亦少。惟狀元遞入期集所。狀元局執事尤多。

福州新荔枝到，進上御前，送朝貴，遍賣街市。生紅爲上，或是鐵邑，或海船來，或步擔到。直賣至八月，與新木彈相接。

【一六】或用綵線結　「用」，原作「周」，據涵本改。

【一七】三魁　原作「三人狀元」，據《夢梁録》卷三《士人赴殿試唱名》改。

六月初六日，崔府君生辰。廟在湖上湧金門外顯應觀者【一八】。是社火亦然。有燒香者不少，金橘團最盛。

諸般水名。漉梨漿、椰子酒、木瓜汁、皂兒水、甘豆糖、菉豆水、裘蘇飲、縮脾飲、滷梅水、江茶水、五苓散、大順散、荔枝膏、梅花酒、白水、乳糖真雪、富家散暑藥冰水。盆種荷花、素馨、茉莉、朱槿、丁香藤。

白殻鷄頭、美醋姜蝦、薤花茄兒、甜瀣海蟄、椒醋犯子、紅瀣飥饍、抹肉瀣淘、銀絲冷淘、百花棊子、蓮藕瀣、薑油兩、麻脯鷄、芥辣蹄、紅薑豉、粟米粥、蜜薄脆、糖瓜瀣、寬焦餅。夜市賣七寶姜粥。

殿司諸軍水教於白洋湖中，各呈武藝，如在平地。御前軍頭司內等子每晚演手相撲。今有鈅捧手數對打熬。明堂年，大軍修啓，自太廟前器路至內南門。大禮年，直置邦郊臺下。人之唱歌聲曲，兩司不時犒設，兩岸居民亦有犒賞。

街市撲蒲合、生絹背心、黃草布衫、苧布背心、撲黑傘、花手巾、涼傘、涼簟、涼枕、紫紗裙、涼鞋。暑月多於寬闊處避暑納涼。十三軍大教場、教奕軍教場、後軍教場、南倉內前、杈子裏貢院前、佑聖觀前，寬闊所在撲賞。并路岐人在內作場，行七聖法，切人頭下賣符，少間依元接上。畚皺子，吞劍，取眼睛，大裏捉，當三錢，教魚跳刀門，烏龜踢弄，金翅，覆射斗葉，猢孫老鴉下棊，蠟觜舞齋郎，鶻郭弩教熊使捧相撲，王宣弄甃打一丈方餅，唱涯詞

【一八】廟在湖上湧金門外顯應觀者　「金」，原作「全」，《乾道臨安志》卷一載：顯應觀紹興二十四年徙于湧金門外，據改。

只引子弟聽，淘真盡是村人，打硬底擘破鐵橄欖。戾家相撲獵户。賣山風藥鋪，虎皮、虎頭、虎爪。黄顯貴没眼動清樂，林遇仙聖花撮藥，天武張擎石毬，花馬兒掇石墩，廓介酒李一郎野呵小説，處處分數别。亦有促頭消息，撲弄箇瓜漲上挑，婺州角兒。

孟秋行幸，同前。御街撲賣摩候羅，多著乾紅背心，繫青紗裙兒，亦有著背兒戴帽兒者。牛郎織女撲賣盈市。賣荷葉傘兒。家家少女乞巧飲酒【一九】。

促織盛出，都民好養。或用銀絲爲籠，或作樓臺爲籠，或黑退光籠，或瓦盆竹籠，或金漆籠、板籠甚多。每日早辰多於官巷南北作市。常有三五十火鬭者。鄉民争捉，入城貨賣。鬭贏三兩箇，便望賣一兩貫錢。苕生得大更會鬭，便有一兩銀賣。每日如此。九月盡，天寒方休。

酥蜜裹食天下無比，入口便化。撲賣時様翻騰，養喂促織盆、諸般口筸、生餡饅頭、鵝鴨包子、相銀杏、炒椎栗、方頂柿、塩官棗、玉石榴、紅石梅、晚橙、紅柿、巧柿、緑柿、欖柿、雪梨、水晶蒲萄、太原葡萄。木犀盛開，東馬塍、西馬塍園館争賞。

或遇宣鎖，全番快行脱膊，或宣内翰，或宣給事，或宣中書。戴羞帽，執絲鞭，騎馬快行簇馬直到禁中。

錢塘江。城内外市户造旗與水手迎潮，白旗最多，或紅，或用雜色，約有五七十面。大者五六幅，小者一兩幅，亦有掛紅者。其間亦有小兒在潮内弄水。

【一九】家家少女乞巧飲酒　「乞」字原脱，據涵本補。

中秋日，使府教水軍并戰船打陣子於江内。安撫在浙江亭上觀潮。弄潮人各有錢酒犒設。江岸幕次相連，轎馬無頃處。錢塘知縣并城南都厢彈壓幕次官員亦有錢酒。是夜城中多賞月排會。天氣熱，宿湖飲酒。待銀蟾出海，到夜深船静，如在廣寒宫内。秋教迎新，同前。

外國進大象六頭、駱駝二頭，内有一雌象叫作三小娘子。於薦橋門外造象院頓之。每日隨朝，殿官到門前唱喏，待朝退方回。前有鼓鑼各數隊，雜綵旗三四十面，象背各有一人，裹帽、執钁、著紫衫。人從都著衫戴帽。路中敲鼓鳴鑼，引入象院。

大禮斗合用五輅，差五使，提舉一行事務【二〇】：大禮使、儀仗使、禮儀使、鹵簿使、橋道頓遞使。差帶御器械并環衛官權門外，都巡檢便全裝衣甲，内外巡警，待駕宿太廟。内六班戴帽子，帽子上戴五指濶乾紅羅頭須，騎馬帶甲，著錦纈衫，上著打甲包，或緋或緑。馬亦帶甲。次班亦戴帽，帽上有濶五指紫羅頭須，著錦衫，或有帽子，有真珠姜芽帶者。御龍直裹真珠頭巾爪角兒。尋常從駕裹乾天角幞頭，捧渾金沙羅、金洗嗽、金提量【二一】、玉柱斧、黄羅扇之類。行門擊静鞭，騎御馬，教駿籠御應馬。御厨使進御膳，後苑供進泣縈五輅：玉輅、金輅、木輅、革輅、象輅。前一月濂車，車上一人鳴鼓。始初以一千斤鐵壓車，添至一萬斤方住。纔出玉輅，閃試輅下拽索。班直戴耳不聞帽子，著青羅衫、青絹襪頭袴，著青鞋，裹紫羅頭巾，内著緋錦纈衫，全似大神，手扶青綿索，拽玉輅。四輅不進呈，

【二〇】提舉一行事務　「提」原作「捉」，據涵本改。

【二一】金沙羅金洗嗽金提量　三「金」字，原皆作「全」，據涵本改。

惟有玉輅進呈。内試至日，絶早輅下，一行職事官率往車輅院頭。玉輅直至太廟前，諸職事官登輅少立，下輅四人，御樂於玉輅上御座側，左右侍立。玉輅復回，入麗正門進呈，立殿門外。聖上垂簾殿門上，看畢，駕興。玉輅回車輅院。行禮日隔，日日有輅於太廟前輅屋下，許萬民觀看。來日駕幸景靈營，回宿太廟。是夜自太廟前燒粈盆，直至郊臺【二二】，沿路一件法物間粈盆一箇，兩件一般。幕次不容針，職事官往來盡著方心曲領法服，都戴貂蟬冠。次日，主上乘玉輅至郊臺青城殿，候三更，上壇行禮。事畢，駕復回内。至曉，主上登門放赦。近侍邀聖駕，禁衛簇擁，樂官前引，一派樂聲遞至麗正門。上登御座，龍直捲簾，擡起黄羅傘。五府立，内侍圍遶。看十將搶金鷄。大理寺、臨安府獄子押戴花枷罪人至内門下，待閤門讀赦書畢，獄子奏聖躬萬福，山呼謝恩了，開枷放罪人。罪人叫快活。赦天下。駕興【二三】，宰執退，百官出。一派樂聲前引，禁衛從駕回鑾。冬孟駕詣景靈宫，同前。駕出三日，比尋常多出一日，緣第三日駕過太一宫燒香。大一殿謝禮畢，賜花。自執政以下依官品賜花。幕士、行門、快行花最細且盛。禁衛直至掤巷，官兵都帶花。比之尋常觀瞻幕次倍增。乾天門道中直南一望，便是鋪錦乾坤。吴山坊口北望【二四】，全如花世界。

諸殿閣分。皇后、貴妃、淑妃、美人、才人、婉容、婕妤、國夫人、郡夫人。紫霞帔、紅霞帔。大内樓檐外約有五百餘乘轎，到宫先回入内，於位次中待駕回，看戴花。

【二二】直至郊臺　「郊」，原作「邵」，據涵本改。

【二三】駕興　「興」，原作「與」，據涵本改。

【二四】吴山坊口北望　「北」，原作「比」，據涵本改。

預賞元宵。諸色舞者多是女童。先舞於街市中瓦南北茶坊内，掛諸般瑠璃栅子燈，諸般巧作燈、福州燈、平江玉栅燈、珠子燈、羅帛萬眼燈。沙河塘裏最勝。街市撲賣尤多，紙燈不計數目。清河坊至衆安橋，沙戲燈、馬騎燈、火鐵燈、進餾架兒燈、象生魚燈、一把蓬燈、海鮮燈、人物滿堂紅燈，燈火盈市。撲賣到元宵，小春盆花、奇巧菓兒。

寧宗聖節，金國奉使賀生辰畢，觀江潮，玉津園射【二五】。臨射時，二人叉手立於垛面前，係招箭班急來祗應，專一挨箭，奉使以爲神人射。射畢，出山，於錢塘門外西湖邊更衣亭换番裝。緣奉使以下到驛都著本朝賜服，著錦絡縫、錦盤領大袖，帽子上亦用錦貼。正伴使相伴。中節人行並馬，上肩是班直行馬，下肩是番人行馬，遞之指點回頭，看城内山上人家，層層疊疊，觀宇樓臺參差，如花落仙宫。下節步行。争説城裏湖邊有千箇扇面不啻。説我北地草木都衰了，你南中樹木尚青，蓋江南地煖如此。蔬菜一年不絶。此月有薹心菜、黄芽菜、矮菜、甘露子、菠菜、芋頭、芋奶、山藥之類，葱韭尤多。

一陽節近，都城鄉風，擡采覆淳，大蝦栗子、郎君糞之類。多撲十淳，三文一撲。撲一隻鬬鷄，饒兩貫會，或饒一貫伍伯文足。拗一錢，饒三撲。攔街鬬撲。

遇雪，公子王孫賞雪，多乘馬披氈、氈笠，人從油絹衣、氈笠，紅邊。湖岸駢駢，湖中船内亦然人多。南山大小院有三百餘寺，諸刹鐘樓佛殿似粉裝酥飾，園館亭臺如銀鐫玉碾。深冬冷月無社火看，却於瓦市消遣。

【二五】玉津園射　原「射」下衍「射」字，據涵本删。

瓦市。南瓦、中瓦、大瓦、北瓦、蒲橋瓦。惟北瓦大有构欄一十三座，常是兩座构欄專説史書，喬萬卷、許貢士【二六】、張解元。背做蓬花棚，常是御前雜劇，趙泰、王葵喜、宋邦寧、河宴清、鋤頭段子貴。弟子散樂作場相撲，王僥大、撞倒山、劉子路、鐵板踏、宋金剛、倒提山、賽板踏、金重旺、曹鐵凛，人人好漢。説經，長嘯和尚、彭道安、陸妙慧、陸妙淨。小説，蔡和、李公佐。女流，史惠英。小張四郎一世只在北瓦占一座构欄説話，不曾去別瓦作場，人叫做小張四郎构欄。合生，雙秀才。覆射，女郎中。踢瓶弄椀，張寶歌。杖頭傀儡，陳中喜。懸絲傀儡，爐金線。使棒作場，朱來兒。打硬，孫七郎。雜班，鐵刷湯、江魚頭、兔兒頭、菖蒲頭。背商謎，胡六郎。教飛禽，趙十七郎。裝神鬼，謝興歌。舞番樂，張遇喜。水傀儡劉小僕射。影戲，尚保儀、賈椎。賣嘌唱，樊華。唱賺，濮三郎、扇李二郎、郭四郎。説唱諸宫調，高郎婦、黄淑卿。喬相撲，黿魚頭、鶴兒頭、鴛鴦頭、一條黑、斗門橋、白條兒。踢弄，吴全脚、耍大頭。談諢話，蠻張四郎。散耍，楊寶興、陸行、小關西。裝秀才，陳齋郎。學鄉談，方齋郎。分數甚多，十三應构欄不閑，終日團圓。內有起店，數家大店，每日使猪十口，只不用頭蹄血臟。遇晚燒晃燈，撥刀鐃皮骨。壯漢只喫得三十八錢。起喫不了，皮骨鐃，荷葉裹歸。緣物賤之故。起每袋七十省二斤二兩，肉賣九十省一斤，城内諸店皆如此，鐃皮骨。大酒店用銀器，樓上用臺盤、洗子、銀筯，蒜菜糟藏甚多。三盞後换菜，有三十般，支分不少。兩人入店買五十二錢酒，也用兩隻銀盞，亦有數般菜。

【二六】許貢士　「貢」，原作「貴」，據《武林舊事》改。

城外有二十座瓦子，錢湖門裏构欄門外瓦子【二七】、嘉會門外瓦、候潮門瓦、小堰門瓦、四通館瓦、新門瓦、薦橋門瓦、菜市門瓦、艮山門瓦、朱市瓦、舊瓦、北關門新瓦、錢塘門外羊坊橋瓦、王家橋行春橋瓦、赤山瓦、龍山瓦，余外尚有獨构欄瓦市，稍遠於茶，中作夜場。

街市舉放風箏【二八】，輪車數椽，有極大者，多用硃紅，或用黑漆。亦有用小輪車者。多是藥線。前後賭賽輸贏，輸者項折三二兩線。每日如此。寬闊處踢毬，放胡哮，鬭鵪鶉，賣等身門神、金漆桃符板、鍾馗、財門有百餘家，賞春貼子有十數般，春旛、春勝、錦背曆日。

夜市撲賣：狼頭帽、小頭巾抹頭子、細柳箱、花環釵朵篋兒頭帤、銷金帽兒、羅木桶杖、諸般藤作、瑠璃炮燈、銀絲合子、特文書集、猪胰胡餅、掛屏頭屋兒、烏木花藭動使、行燈、香圓、查子、畫燭、魚鮮、頭帤、煠藕、紅邊糍、蜂糖餅。

御街應市。兩岸術士有三百餘人設肆，年夜抱燈及有多般，或爲屏風，或做畫，或作故事人物，或作傀儡神鬼駈邪。鼎佛守歲飲酒，須要消夜果兒，每用頭合底板簇諸般采果、斗葉、頭子、萁豆、市食之類。亦有中様合裝者，名爲消夜果兒。乃京城鄉風如此。

雪夜，貴家遣心腹人以銀鑿成一兩、半兩，用紙裹，夜深，揀貧家窻内或門縫内送入濟人。日間散絮胎或紙被【二九】，散飯貼子無數。朝廷每歲常例散軍民賑濟，不時以米賑濟

【二七】錢湖門裏构欄門外瓦子　「錢」，原作「前」，據《乾道臨安志》改。

【二八】街市舉放風箏　「放」，原作「枚」，「箏」，原作「笋」，據涵本改。

【二九】日間散絮胎或紙被　「胎」，原作「台」，據涵本改。

糶。州府又散燈油於開張店舍【三〇】，安撫提領支犒賫舞者錢、酒、蠟。府主例散客店内錢。帝輦驕民常霑聖恩，不時皇后殿散新錢，俱無科役保用之擾。

諸行市。川廣生藥市、象牙玳瑁市、金銀市、珍珠市、絲綿市、生帛市、枕冠市、故衣市、衣絹市、花朵市、肉市、米市、卦市、銀朱綵色行、金漆卓凳行、南北猪行、青器行、處布行、麻布行、青果行、海鮮行、紙扇行、麻線行、蟹行、魚行、木行、竹行、菓行、笋行。京都有四百四十行，畧而言之：鬧慢道業、履歷班朝、風箏藥線、膠礬斗藥、五色箭翎、銀朱印色、茶坊吊掛、琉璃泛子、粘頂膠紙、染紅牙梳、諸般纏令、修飛禽籠、修骨罡骨、成套篩兒、接象牙梳、諸般耍曲、札熨斗、丁看窗、修砧頭、照路遣、掃金銀、躅糲紙、造翠紙、乾紅紙、簡笏袋、幞頭籠、腰帶匣、讀書燈、筆硯匣、窗子匣、了事匣、黄草罩、修合溜、淹猪丈、醫飛禽、接舊條、條破扇、醋碗兒、丁鞋絡、掩漆子、搭羅兒、面花兒、香菓合、截板尺、印香脱、畫眉篦、造槐簡、開科套、教虫蟻【三一】、剔圖書、起魚鱗、攀膊兒、手巾架、頭巾盝、蛤粉桶、花央兒、肥皂團、淋了灰、茶花子、出衣粉、做諱裹、注水管、舊鋪帛、木仙宫、字牌兒、洗衣服、鑽真珠、賃花檐子、解玉版、釘魚帶、碾玉藁、賃茶酒器、錦褥子、髮駝兒、煙突帚、扇牌兒、織鞋帶、錦臙脂【三二】、七香丸、穩步膏【三三】、鴈牌額、開光牌、鵓鴿鈴、葫蘆笛、牛糞灰、[illegible]苘孫、細扣子、鬧城兒、消息子、揪金線、真金條、香餅子、香爐灰、打香印、賣朝報、金蓮子、竹夫人、箄子筒、食罩兒、食辟子、白及末、鮮粥米、熟水草、選官圖、批刷兒、嶼魚尾剔、供席

【三〇】州府又散燈油於開張店舍　原文「於」下衍「於」字，據涵本删。

【三一】教虫蟻　「蟻」，原作「鐩」，據涵本改。

【三二】錦臙脂　「錦臙」，原作「綿膉」，據涵本改。

【三三】穩步膏　「膏」，原作「膚」，據《武林舊事》卷六改。

草、賣插藥、寫文字、紙畫兒、提茶瓶、花架兒、賣字本、笛譜兒、小蛻螂、蛇蚪兒、便橋、試卷、試卓、交床、試籃、拄杖、粘竿胡梯、水草、風袋、使綿、劈柴、炭墼、捉漏、担帚、釣鈎、緒底、拂子、鬲粉、占坐、歌舞、歌琴、歌棊、歌樂、歌唱、棕索、髮索、蝍螃、金麻、蛔虫、端親。

四山四海，三千三百，衣山衣海、南瓦。卦山卦海、中瓦。南山南海、上瓦。人山人海。下瓦。

◎葉寘撰

愛日齋叢抄

湯勤福 整理

點校説明

《愛日齋叢抄》五卷，葉寘撰。葉寘字子真，號坦齋，青陽（今屬安徽）人，《宋史》無傳，其生平不詳。據四庫館臣稱「《愛日齋叢抄》散見《永樂大典》者共一百四十三條，俱不題撰人姓氏。考諸家書目亦多未著録，惟陶宗儀《説郛》第十七卷内載有此書二十二條，題爲宋葉某所撰，而不著其名」，顯然宋元時此書並不流行。又説「觀其論先儒從祀一條，有咸淳年號，知爲宋末人所作也」。據後人攷證，確認是宋末葉寘所作。

《愛日齋叢抄》「主於辨析名物，稽攷典故」。書中對前代禮儀制度、器物之類都有攷述，對唐宋詩詞評述較多，也記載一些學者的生平事迹，對理解詩詞不爲無補。但四庫館臣説：「特其文筆拖沓，頗傷冗蔓，又援引多而斷制少，往往惝怳無歸，不能盡出於精粹。然徵摭既富，中閒訂譌正舛，可採者亦多。」

《四庫全書》本是傳世諸刻本之祖本，其後有《守山閣叢書》本進行了校勘，其成果放入夾註。此次整理以文淵閣《四庫全書》本作底本，校以《守山閣叢書》本、涵芬樓《説郛》本、委宛山堂《説郛》本。點校時還參攷了孔凡禮先生點校本，並將孔先生所輯録佚文附在本書之後。

校勘記

卷一

釋奠、釋菜，古禮僅存而行於學。歐陽公記襄州穀城縣夫子廟有云：「釋奠、釋菜，祭之略者也。古之見師以菜爲贄，故始入學者必釋菜以禮其先師。其學官四時之祭，乃皆釋奠。釋奠有樂無尸，而釋菜無樂，則其又略也。祭之以禮，以迎尸酌鬯爲盛。釋奠、薦饌，直奠而已。故曰祭之略者。」余讀其文，因攷之《禮》，「凡學，春官釋奠于其先師，秋冬亦如之。凡始立學者，必釋奠于先聖先師。及行事必以幣，凡釋奠者必有合也。天子視學，適東序，釋奠于先老」。見《文王世子》。「出征執有罪，反釋奠于學，以訊馘告」。見《王制》。凡皆言釋奠，而釋奠必于學。《春官》大祝，「大會同，皆造于太廟，宜于社，過大山川則用事焉，反行舍奠」。甸祝「掌四時之田表貉之祝號。舍奠于祖廟，禰亦如之。師甸致禽于虞中，乃屬禽。及郊饁獸，舍奠于祖禰」。亦云舍奠也。案：原本自「祭之以禮」下脱四十四句，今據《説郛》補入。「始立學者，既興器用幣，然後釋菜」。見《文王世子》。「仲春上丁，命樂正習舞，釋菜」。見《月令》。「大學始教皮弁祭菜，示敬道也」。見《學記》。大胥，「春入學，舍菜合舞」。見《春官》。凡皆言釋菜也，而亦莫不于學。《士昏禮》：「若舅姑既没，則婦入三月乃奠菜。」《士喪禮》：「君釋菜入門。」《喪大記》：「大夫士既殯而君往焉，釋菜于門内。」《春官》簭人，「乃舍萌于四方，以贈惡夢」。注謂「猶釋菜。萌，菜始生」。則凡祭禮，皆有釋菜也。鄭氏以釋奠者設薦饌酌奠而已，無迎尸以下之事，又以爲釋菜奠幣。孔氏以爲直奠置於物，方氏以爲釋其所執之物而祭之，故其字或作舍，奠言物就可薦以菜【一】，則特用菜而已【二】。《儀禮疏》：「奠之爲言停，停饌具而已。」又按《周禮注》：「鄭司農云：『舍菜，謂舞者皆持芬香之菜【三】，或曰古者士見於君，以雉爲摯，見於師，以菜爲摯，菜直謂疏食菜羹之菜。或曰學者皆人君卿大夫之子，衣服采飾，舍采者，減損解釋盛服以下其師也。』玄謂舍即釋也。采讀爲菜。菜，蘋蘩之屬。」《吕氏春秋注》：「舍，猶置也。初入學宫，必禮先師，置采帛於前以摯神。」采、菜兩音而異義，其説惟議禮之家有以折衷也。

《通鑑》：後唐長興三年二月辛未，「初令國子監校定《九經》，雕印賣之」。又云：「自唐末以來，所在學校廢絶，蜀毋昭裔出私財百萬營學館，且請刻板印《九經》，蜀主從之。由是蜀中文學復盛。」又云：「唐明宗之世，宰相馮道、李愚請令判國子監田敏校定《九經》，刻板印賣，朝廷從之。後周廣順三年六月丁巳，板成，獻之。由是雖亂世，《九經》傳布甚廣。」此言宰相請校正《九經》印賣，當是前長興三年事，至是二十餘載始辨。田敏爲漢使楚，假道荆南，以印本《五經》遺高從誨，意其廣順以前，《五經》先成。王仲言《揮麈録》云：「毋昭裔貧賤時，嘗借《文選》于交游間，其人有難色。發憤異日若貴，當板

【一】可薦以菜　「以」，涵芬樓《説郛》作「靈」。

【二】則特用菜而已　「特」，涵芬樓《説郛》作「物」。

【三】芬香之菜　「菜」，原作「采」，據《守山閣叢書》改。

以鏤之遺學者。後仕王蜀爲宰，遂踐其言，刊之。印行書籍，創見於此。事載陶岳《五代史補》。後唐平蜀，明宗命太學博士李鍔書《五經》，倣其製作，刊板于國子監。爲監中印書之始【四】。仲言自云家有鍔書印本《五經》，後題長興二年。今史云三年中書奏請依石經文字刻《九經》印板，從之。又，他書記馮道取西京鄭覃所刊石經，雕爲印板，則非李鍔書，倣蜀製作，或别本也。」《金石録》又云：「李鶚五代時仕至國子丞，《九經》印板，多其所書，前輩頗貴重之。」鶚即鍔也。《猗覺寮雜記》云：「雕印文字，唐以前無之，唐末益州始有墨板，後唐方鏤《九經》，悉收人間所有經史【五】，以鏤板爲正，見《兩朝國史》。」此則印書已自唐末矣。按《柳氏家訓序》：「中和三年癸卯夏，鑾輿在蜀之三年也。余爲中書舍人，旬休，閲書于重城之東南。其書多陰陽雜説、占夢相宅、九宫五緯之流，又有字書小學，率雕板，印紙浸染，不可盡曉。」葉氏《燕語》正以此證刻書不始於馮道。而沈存中又謂板印書籍，唐人尚未盛爲之，自馮瀛王始印《五經》，自後典籍皆爲板本。大槩唐末漸有印書，特未能盛行，遂以爲始於蜀也【六】。當五季亂離之際，經籍方有託而流布於四方，天之不絶斯文，信矣！

宋朝殿上大宴，有鑾人控金獅子，對設柱間。乾道八年正月五日，宴北使，雪後日照殿門。《樂語》云：「香裊狻猊，雜瑞烟于綵仗；雪殘鳷鵲，耀初日于金鋪。」此益公記行都事也。故都紫宸殿有二金狻猊，蓋香獸也。故晏公《冬節》詩云：「狻猊對立香烟度，

【四】爲監中印書之始　「爲」，原闕，據《守山閣叢書》補。

【五】所有經史　「有」，原作「收」，據《守山閣叢書》改。

【六】以爲　原無，據《守山閣叢書》補。

鸞鶩交飛組繡明。」今奉使至朔庭率見之，此陸務觀追記東都事也。范至能《攬轡録》記兩楹間有出香金獅。按，大防《北行日録》記有金香獅、金龍山各二，此必務觀謂率見之者，獨未詳益公所記何如也。

今所謂掛罳，其名傳寫多異同。平園《游山録》記倅送步障二，俗名畫獅，蓋北人飾以氈毯，而畫獅子形，故云爾。或云名掛罳。洪景盧作話私小閣，名借春，見於詩云：「居然丈室巧剸裁，截竹爲楹不染埃。」未詳即掛罳否。趙彦衛《閒記》云：「紹興末，宿直中官，以小竹編聯，籠以衣，畫風雲鷺鶩，作枕屏，一時號曰畫絲。好事者大其制，施於酒席以障風，野次便於圍坐。或以名不雅，易曰掛罳。」又曰：「出於北邊，目曰話私。乾道間，使者嘗求其骨，則不然矣。且以言爲話，南人方言，非北語也。」按崔豹《古今注》：「罘罳，屏也。罘者，復也。罳者，思也。臣朝君至屏外，復思所奏之事於其下。」顔師古注謂「連屏曲閣也。以覆重刻垣墉之處，其形罘罳然，一曰屏也」。鄭《禮記註》：「屏謂之樹，今浮思也。刻之爲雲氣蟲獸，如今闕上之爲。」《廣雅》云復思，謂之屏。王莽壞渭陵園門罘罳，曰使民無復思漢。唐蘇鶚《演義》稱：罘罳，織絲爲之，象羅交文之狀，施宫殿簷户之間。又《文宗實録》：「甘露之禍，羣臣奉上出殿北門，裂罘罳而去。」《酉陽雜俎》稱：「上林間多呼殿榱桷護雀網爲罘罳。」則是漢以屏爲罘罳，唐以殿間網爲罘罳。以字考之，二字從网，有網之義。漢屏疑亦有維索以爲限制，今云掛絲，第言以絲掛於竹骨之上，若用罳字，亦取罘罳之義，其實團屏也。《開寶遺事》「長安士女遇名花，則以裙遞相插掛爲宴幄」。兹其始也。東坡守汝陰，以帷幙爲擇勝亭，亦此義。趙氏因掛罳而及罘罳，必欲攷此，則程氏《演繁露》尤詳。制凡五出：其一，鄭康成引漢闕以明古屏，而謂其上刻爲雲氣蟲獸者，是《禮疏》屏天子之廟飾也。鄭曰屏謂之樹，今浮思也，刻之爲雲氣蟲獸，如今闕上之爲。其二，顔師古注本鄭説兼屏闕言之，而於闕、閣加詳。《漢書》文帝七年，未央宫東闕罘罳災。顔曰：「罘罳，謂連屏曲閣也。以覆重刻垣墉之處，其形罘罳，一曰屏也。」其三，漢人釋罘罳爲復思，雖無其制，而特附之義，曰臣朝君，至罘罳下而復思。至王莽斸去漢陵之罘罳，曰使人無復思漢。其四，崔豹《古今註》依倣鄭義，而不審知其詳，遂析以爲二，闕自闕，罘罳自罘罳。曰「漢西京罘罳合板爲之，亦築土爲之」。詳豹之意，以築土者爲闕，以合板者爲屏也。又釋闕曰「其上皆丹堊，其下皆畫雲氣仙靈奇禽異獸，以昭示四方」。其五，唐蘇鶚謂爲網户。《演義》曰：「罘罳字象形，罘，浮也。罳，絲也。謂織絲之文輕疎浮虚之貌，蓋宫殿窗户之間網也。」此五者，其制其義皆不可廢。罘罳云者，刻鏤物象，著之板上，取其疏通連綴之狀而罘罳然，故曰浮思。以此刻鏤施於廟屏覆諸宫寢闕閣，非别有一物，元無附著，而獨名罘罳也。至其不用合板鏤刻，而結網代之，以蒙冒户牖，使蟲雀不得穿入，則别名絲網。凡此數者，唯施寘之地不同。其爲罘罳，未始或異。鄭康成蓋本其所見漢制而言，未於先秦有攷也【七】。宋玉

【七】未於先秦　「未」，原作「予」，據《守山閣叢書》改。

曰：「網户朱綴，刻方連些。」以木爲户，上刻爲方文，互相連綴，朱其色也，網其狀也，想其制，則罘罳如在目前矣。宋玉之謂網綴，漢人以爲罘罳，其義一也。豹謂合板爲之，則是可以刻綴而應罘罳之義，謂築土所成，繪象其上，安得有輕疏罘罳之象乎？況文帝時，東闕罘罳嘗災矣。若畫實土之上，火安得而災也。乃知顔師古説可據。杜甫曰：「毁廟天飛雨，焚宫火徹明。罘罳朝共落，棆桷夜同傾。」正與漢罘罳災相應。蘇鶚引《子虚賦》「罘網彌山」，證罘當爲網，引甘露之變斷罘罳裂去，引温庭筠《補陳武帝與王僧辨書》「罘罳晝捲，閶闔夜開」，遂謂古來皆爲網，誤以唐制臆度也。《大業雜記》「乾陽殿南軒垂以朱絲網絡，下不至地七尺，以防飛鳥」，則真寘網於牖而可捲可裂也。此唐所因倣，非古制也。唐雖借古罘罳語以明網户，然因其借喻而形狀益著也。程説備矣。觀趙彦才《杜詩註》援引不出此，其略謂案蘇鶚《演義》稱罘罳織絲爲之，乃引《文宗實録》甘露之禍裂斷罘罳，又引杜詩「罘罳朝共落」，又引温庭筠《補陳武帝與王僧辨書》「罘罳晝捲」，皆非曲閣屏障之義，反以崔豹、顔師古之徒爲大誤。又按，《酉陽雜俎》稱上林間多呼殿榱桷護雀網爲罘罳，其淺誤如此。乃引張揖《廣雅》曰復思謂之屏。又王莽性好時日小數，遣使壞渭陵、延陵園門罘罳，曰使民無復思漢。又引魚豢《魏略》黄初三年築諸門闕外罘罳爲證，反以絲網之説爲大謬。二説皆通，以爲網則繩爲之，施於宫殿簷楹之間，如鶚之説是也。以爲屏則刻木爲之，施於城隅門闕之上，如成式之言是也。二説中，段氏爲長。案

《五行志注》云：「罘罳，闕之屏也。」《玉篇》云：「罘罳，屏樹門外也。」又云：「罘，兔罟也。」但屏上彫刻爲之，其形如網罟之狀，故謂之罘罳，音浮思，則取其復思之義。且漢西京罘罳合板爲之，亦築土爲之，每門闕殿舍前皆有焉。于今郡國廳前亦樹之，故宋子京詩云：「秋色浄罘罳」。皆其義也。又觀洪慶善《辨證》亦以結網與閒屏，謂罘罳有二，杜詩蓋指殿簷間罘罳。大抵漢唐異制，掛罳復出於近代，固當别論，以附疏通連綴之義，而編竹交加，幾類網户，謂之罳者亦通。

《禮記·檀弓》：「幼名冠字，五十以伯仲。」孔氏曰：「人始生三月而加名，故云幼名。年二十，有爲人父之道，同等不可復呼其名，故冠而加字。年至五十，耆艾轉尊，又捨其二十之字，直以伯仲别之。」《士冠禮》二十已有伯某甫、仲叔季者。彼時雖云伯仲，皆配某甫而言，至五十直呼伯仲爾。朱文公曰：吾五十即稱伯仲。除了下面兩字，猶今人不敢斥尊者，呼爲幾丈之類，是不可以字尊也。《玉藻》：「士于君所言大夫。没矣則稱謚若字，名士。與大夫言，名士字大夫。」言于君前，士名而大夫字，字爲貴；及與大夫言，而字大夫。雖孔氏謂言及他大夫則呼字，卑者蓋亦字尊矣。馬永卿赴亳州永城簿，初見劉器之諫議，問曰：「王聳安否？」曰：「王學士安樂。」後劉公爲縣宰，言：「新主簿可教。後生不稱前輩表德，此爲得體。」《童蒙訓》曰：「故家惟晁氏羣居相處，呼外姓尊長，必曰某姓第幾叔，若兄諸姑尊姑之夫，必曰某姓姑夫，某姓尊姑夫，未嘗敢呼字也。」又云：案：原本脱「故家惟晁氏」至「又云」八句，今據《説郛》補。滎陽公外弟楊公諱環寶【八】，與他人語稱滎陽公，但曰内兄，或曰侍講，未嘗敢字稱也。舍人《雜誌》云：「張正素先生子厚名塈【九】，東萊公從表兄也，長東萊公十餘歲，與書未嘗稱字。楊器之大夫名寶，實滎陽公表弟，于東萊尊行也，與東萊公書，亦未嘗呼字。案：原本脱「楊器之」至「亦未嘗呼字」五句，今據《説郛》補。往時俗人有視楊應之學士爲尊行者，在朝中，字呼應之，應之回首不應，滎陽公以應之當如是。」是卑不敢字尊，尊固不得字卑也。故吕進伯逐門客，謂呼小子字，豈可爲人師。而疇酢世變，亦云字者，朋友之職也。嘗見前輩不呼後進字，後進固不敢呼先進字也。氣類不同者，亦不相呼。三四十年來，始有字後進者，要是字以代名，爲成人之禮，尊者疑其斥之，卑者且不敢當，獨朋友無相尊卑，可字也。案：「嘗見前輩不呼後進字」至「朋友無相尊卑可字也」十一句，《説郛》所載與此不同。今仍原本，而附録《説郛》于此：嘗見前輩不呼後進者，要稱字以代名爲成人之禮，尊者疑其斥之，卑者且不敢當，獨朋友無相尊卑，可字也。李文公答朱載書論此書云：古人相接有等，輕重有儀，如師之于門人則名之，于朋友則字而不名，稱之于師，則雖朋友亦名之。夫子于鄭兄事子產，于齊兄事晏嬰平仲。《傳》曰：「子謂子產，有君子之道四焉。」又曰：「晏平仲善與人交。」子夏曰：「言、游過矣。」子張曰：「子夏云何？」曾子曰：「堂堂乎張也。」是朋友字而不名驗也。謂朋友字而不名，正孔氏同等不可以名而加字者也。《顏氏家訓》曰：「名以正體，字以表德，名終則諱之，字乃可以爲孫氏。孔子弟子記事者皆稱仲尼。吕后微時，嘗字高祖爲季。至漢袁種字其叔父曰絲，王丹與侯霸子語，字霸爲君房，江南至

【八】楊公諱環寶　「環」，涵芬樓《説郛》作「瓌」。

【九】張正素先生子厚名塈　「正」，涵芬樓《説郛》作「政」；「塈」，原作「塈」，據涵芬樓《説郛》改。

今不諱字也。江北士人全不辨之。名亦呼爲字，字固因呼爲字。尚書王元景兄弟皆號名人，其父名雲字羅漢，一皆諱之，其餘不足怪也。」又《續家訓》云：「魏常林年七歲【一〇】，父黨造門問林：『伯先在否？何不拜？』伯先，父之字也。林曰：『臨子字父，何拜之有？』庾翼子爰客嘗候孫盛，見盛子放，問曰：『安國何在？』放答曰：『在庾稚恭家。』蓋放以爰客字父，亦字其父。然王丹對侯昱而字其父，昱不以爲嫌，且字可以爲孫氏，古尊卑通稱。」《春秋》書紀季姜，蓋季者，字也。杜預曰：「書字者，伸父母之尊。」以稱字爲貴也。謂子諱父字，非諱之也，稱其父字于人之子。子有所尊而不敢當，亦宜也。顔氏舉字可以爲孫氏，至董氏《續訓》衍而記之，其論稱字之貴，之推既據古以証，後來諸老，辨此加詳。案：自「董氏續訓」至此五句，《説郛》脱去，今依《永樂大典》。荆公序石仲卿字，以爲成人則貴而字之。春秋二百四十二年間，字而不名者十二人而已，不失其所以貴，乃爾少也。石林葉氏云：孔子雖大司寇，而但稱仲尼，哀公誄之曰尼父。仲山甫、尹吉甫，皆周之卿士，而山甫、吉父猶通稱，或者亦以字爲重歟。陸務觀《筆記》：字所以表其人之德。故儒者謂夫子曰仲尼，非嫚也。先左丞每言及荆公，只曰介甫。蘇季明書張横渠事，亦只曰子厚。左丞謂農師也。鶴山魏氏尤主此説。其記常熟縣學，有曰：昔柳宗元謂《論語》所載弟子必以字，惟曾子、有子不字，遂謂是書出于曾門，蓋以字輕而子重也。及考諸孔門之訓，則字爲至貴。蓋字與子皆得兼稱，如門人之于孔子，進而稱子不敢字，退而稱仲尼不言

【一〇】常林年七歲　「林」，原無，據涵芬樓《説郛》補。

子。其次亦有既子且氏，如閔子騫等不一二人，或子或字者又數人。然淵、弓至游、夏，最號爲高弟，字而不得子也。有子、曾子，子而不得字也。就二者而論，則字爲尊。蓋子雖有師道之稱，然繫于氏者，不過男子之美稱耳。故《孝經》字仲尼而子曾子，《禮運》字仲尼而名言、偃。至于子思字其祖，孟子字其師之祖，相傳至今，人之字仲尼者，毋敢以爲疑。字既尊矣，則雖以孟子亞聖，亦不得以字行。不寧惟是，仲尼作《春秋》，二百四十二年間，字而不名者僅十有二人，而游、夏諸子之門人亦各字其師，相承至于漢初，猶未敢輕以字許人。《答張行甫書》：古人稱字者最不輕。《儀禮》：子孫于祖禰皆稱字。孔門弟子多謂夫子爲仲尼，子思，孫也，孟子又子思弟子也，亦皆稱仲尼。至漢、魏後只稱仲尼，雖今人亦稱之，而人不爲怪。游、夏之門人皆字其師。漢初惟子房一人得稱字。中世有字其諸父、字其諸祖者，近世猶有「後學呼退之，兒童誦君實」者。今曰胡子仁仲、張子敬夫、朱子元晦，是尊敬之至。《答羅愚書》：古人以字爲重，雖孔門弟子與子思皆呼孔子爲仲尼，與謚相似，皆人所通稱也。今人稱前輩字，遂謂不然。《題韓氏墓誌後》：或問先賢可字乎？曰：若用孔門弟子與子思、孟子稱仲尼例，則字先賢已過矣。凡此俱推稱字爲甚貴。洪景盧云：《論語》所記孔子與人語及門弟子并對其人問答，皆斥其名，未有稱字者。雖顔、冉高弟，亦曰回、曰雍，唯至閔子，獨云子騫，終此書無損名。昔賢謂《論語》出于曾子、有子之門人，予意亦出于閔氏。觀所言閔子侍側之辭與冉有、子路、子貢不同，則可見矣。其説正魏氏所謂游、夏之門人各字其師者也。周益公疑無己作《王平父集序》字歐公，至子固則曰南豐先生。無己學于南豐，尊之宜也。尊其父而輕其祖何也【一一】？唐立夫曰：四海歐永叔也，無己何尊焉。至于得道之師，則不可以不别。是知以字爲天下通稱，若不逮所尊而尊之者，特别其師資之私敬無以過于字也。蓋參古今而論，則臨文記事，尊者稱之以字，非不敬也。應對之頃，書疏之間，則字於其朋友，從吕氏説可也。世俗去古遠，徒知不可以字而更以號稱，猶未可也。況不惟尊其不可字者如此。故雜記之，冀來者識字之所以貴也夫。

乾道間，陸放翁取家藏前輩筆札刻石嘉州荔枝樓下，名《宋法帖》。予得其本，有陳文惠書，首云「堯佐白」，而後云「希元再拜」。希元，文惠字也。自稱于書問不可解。《黄氏法帖刊誤》云：柳少師與弟帖，末云「誠懸呈」，人多疑之。以顔籀注《漢書·丞相衡傳》云：「字以表德」，豈人所自稱，抑不當稱字。然嘗觀逸少《敬謝帖》自云「王逸少白」。廬山《遠公集》盧循《與遠書》自云「范陽盧子先叩頭」。則古人稱字，蓋或有之。黄長睿精于考古，從其辨證【一二】，如文惠稱字無疑矣。按《漢書》張晏注云：匡衡少時字鼎，長乃易字稚圭，世所傳衡與貢禹書，上言「衡敬報」，下言「匡鼎白」，知是字也。顔師古以爲張氏説穿鑿，假有其書，乃是後人見此傳云「匡鼎來」，不曉其意，妄作衡書云「鼎白」爾。字以表德，豈人所自稱乎。長睿所引顔注謂此《西京雜記》云「鼎、衡，小名

【一一】輕其祖　「其」，原無，據涵芬樓《説郛》補。

【一二】辨證　「辨」，原作「辯」，據涵芬樓《説郛》改。

也」，若文惠前名後字，或取法漢人。

前輩名其子弟，多不可遽解。李邯鄲將名三子，期必用經語之言。三者又必四字成文，第二三字皆仄聲，第四字平聲，然後取第二、第四字名之。長曰復圭，取「三復白圭」；仲曰壽朋，取「三壽作朋」；季獨無之，乃於佛經取「三德苾芻」，名曰德芻。項平甫得之曾仲躬侍郎，王仲言亦記其事，但以壽朋爲長。賀方回二子曰房，曰廩，於文房從方，廩從回，蓋寓父字於二子名也。常子然環，本河朔農家，一村數十百家皆常氏，多不通譜。子然既爲御史，一村之人名皆從玉，雖走使鈴下皆然。子然乃名子曰任佚、美向，謂周任史佚、子美叔向，意使人不可效耳。蜀鮮于氏子四人，長曰可，次曰吕，次曰參，次曰噩，自一口而至四口。賀、常事見《老學菴筆記》。平甫又記孫和甫樞密命其四子曰朴、曰埜，曰顒，曰愨，韓蘄王命其四子曰朴、直、古、質，唐吕渭四子曰温、恭、儉、讓，此則古者名子，義主教訓爲重。宋謝莊五子颺、朏、顥、嵸、瀹，世謂莊以風、月、景、山、水名子，或後人推其偏傍云爾。惟漢史恭三子高、曾、玄，以世次懸隔之稱連名伯仲間，何耶？

古之稱公有不以爵者，如董公、吕公、夏黄公、東園公、蓋公、泄公、申公、毛公、吴公，殆以老成尊之。諸老歷秦、漢間，齒既宿矣。司馬德操少龐德公十歲，兄事之，呼作龐公，可見尊稱也。雖于定國父爲獄吏決曹，亦稱于公，正要年德見推。唯史於夏侯嬰稱滕公，時爲滕令，後方賜侯爵。班書云：嬰爲滕令、奉車，故號滕公。此猶按：原本脱此五字，今據《説郛》補入。項羽所使薛公、郯公，或例以令長稱公也。孔融告高密縣爲鄭康成立鄭公鄉，有云昔太史公、廷尉吴公、謁者僕射鄧公，皆漢之名臣。又商山四皓有東園公、夏黄公、潛光隱耀，世嘉其高，皆悉稱公。然則公者仁德之正號，不必三事大夫也。柳子厚書相國房公琯銘陰曰：「天子之三公稱公，王者之後稱公，諸侯之入爲王卿士亦曰公，有土封其臣稱之曰公，尊其道而師之稱曰公。楚之僭，凡爲縣者皆曰公。古之人通謂年之長老曰公，故言三公。若周公、召公，王者之後若宋公，爲卿士若衛武公、虢文公、鄭桓公，其臣稱之，則列國皆然。師之尊若太公，楚之爲縣者若葉公、白公，年之長者若毛公、申公、浩公，而大臣罕能以姓配公者，雖近有之，然不能著也。唐之大臣以姓配公，最著者曰房公。」東坡記墨君堂云：「凡人相與號呼者，貴之則曰公。」是足證公者不專以爵貴也。洪景盧採子厚、東坡語，記公爲尊稱。又曰：「范曄《漢史》惟三公乃以姓配之，未嘗或紊。如稱鄧禹爲鄧公，吴漢爲吴公，伏公湛、宋公弘、牟公融、袁公安、李公固、陳公寵、橋公玄、劉公寵、崔公烈、胡公廣、王公龔、楊公彪、荀公爽、皇甫公嵩、曹公操也。三國亦有諸葛公、馬公、顧公、張公之目。其在本朝，唯韓公、富公、歐陽公、司馬公、蘇公爲最著。」洪氏偶不引孔融語。宋顔延之與何偃同從上南郊，偃遥呼延之曰顔公，延之以其輕脱，怪之，答曰：「身非三公之公，又非田舍之公，又非君家阿公，何以見呼爲公？」偃羞而退。或以田舍公、阿公，皆當爲翁，豈延之不知其義，疑其不欲當尊稱語，因過激爾。自時俗崇謬敬，若彼猶賢矣。班書「公主」亦云「翁主」，「公」「翁」，古或雜用。

《石林燕語》云：「尚書省文書行下六司諸路，例皆言勘會。曾魯公爲相，始改作勘，當以其父名避之也。京師舊有平準務，自漢以來有是名。蔡魯公爲相，以其父名準，亦改爲平貨務。」按，此則史衛王爲相，曾祖名詔，内外文書避嫌名，「照會」皆易「證會」，亦猶此也。後唐郭崇韜父諱弘，宰相奏改弘文館爲崇文館。以大臣家諱更易公名，崇韜以後，蔡京亦過矣。諸書之論準字爲多，如《野客叢書》云：「今吏文用承『准』字，合書『準』。說者謂因寇公當國，人避其諱，遂去十字，只書『准』。」《甕牖閒評》：今州縣判單子書，「准」字合書「準」字而去下「十」者，蓋真宗朝寇萊公名準，故天下不敢全書「準」字，後世遂因之而不改。亦猶唐穆宗在東宮時判「依」字，去人而書「衣」，時韋綬爲侍讀，問之。穆宗曰：「上以此可天下事，我烏得全書。」此亦去下「十」者，書淮字之意也。僕攷魏、晉石本，吏文多書此承准字。又觀秦、漢間書與夫隸刻，「平准」多作「准」，知此體古矣。《干禄書》、《廣韻》註謂「准」俗「準」字。既古有是體，不可謂俗書，要皆通用。《石林燕語》「京師舊有平準務，自漢以來有是名，言蔡魯公爲相，以其父名準改平準務爲平貨務」。僕謂「平準」字，自古以來更革不一。觀《宋書》「平准」，今避順帝諱，改曰「染署」。其他言准字處所避可知。《項氏家說》云勑劄書「準」爲「准」，相傳爲避寇忠愍公名，或云蔡京家諱，皆非也。按《唐韻》已收「准」字，注云俗字也。顏氏《干禄字書》並出「準」、「准」二字，注云「上通下正」，則「準」之爲「准」久矣。然則「准」非避諱而省文，二書引證既同。淳熙間，周公秉政，黄勅始用「準」字，且記其事于《二老堂雜志》，云勅牒「準」字，去「十」爲「准」，或謂因寇準爲相而改，又云曾公亮、蔡京父皆名準而避，其實不然。予見唐告已作「准」，又攷五代堂判亦然【一三】。頃在密院，令史輩用「準」字，既而作相，又令三省如此寫，至今遂定，後世豈能推其源流也。

銅人凡四鑄。秦始皇收天下兵聚咸陽，銷以爲鐘鐻，金人十二，重各千石。《史索隱》：長人見臨洮，故銷兵器鑄而象之，漢在長樂宫前。董卓壞其十爲錢，餘二猶在，此秦鑄也。漢靈帝中平三年，使掖庭令畢嵐鑄四銅人，列蒼龍玄武闕外，此漢鑄也。魏明帝景初元年，徙長安鐘簴、駱駝、銅人、承露盤，盤折，銅人重不可致，留霸城南，大發銅鑄作銅人二，號曰翁仲，列坐司馬門外。酈氏《水經》以爲文帝黄初元年，小異。李長吉以爲明帝青龍九年八月。《緗素雜記》辨明帝青龍五年三月改景初元年，至三年而崩，無青龍九年。李集一本自云青龍元年。後石虎使牙將張彌徙洛陽鐘簴【一四】、九龍、翁仲、銅駝、飛廉入鄴。苻堅又徙鄴銅駝、銅馬、飛廉、翁仲于長安，此魏鑄也。夏王赫連勃勃鳳翔元年，鑄銅爲大鼓，飛廉、翁仲、銅駝、龍虎之屬，飾以黄金，列於宫殿之前。時當晉義熙九年。入長安在義熙十四年，則銅鑄金飾猶在統萬，此夏鑄也。由嬴秦包括四海，盡斂鋒利於無用，且千萬歲，方將震耀黔首，而竿木已爲兵矣。時君僭王，不悟其繆，相承若鎮寶，何耶？銅駝或疑即銅馬，抑二物也？馬伏波得駱越銅鼓，鑄爲馬式以進，詔置宣德殿

【一三】又攷五代堂判　「攷」，原作「收」，據《守山閣叢書》改；「判」，原作「制」，據周必大《文忠集》卷一百八十一《勅用準字》改。

【一四】張彌　「張」原無，據《晉書》卷一百六《石季龍載記》、《資治通鑑》卷九十五、《十六國春秋》卷十五《後趙録》補。

下，是銅馬也。然明帝永平五年迎取長安飛廉、銅馬置上西門外平樂觀云。武帝時，東門京所作置金馬門外者，董卓因嘗與飛廉俱壞之，曹、石何所徙。《水經注》晉灼曰：飛廉，鹿身，頭如雀，有角，蛇尾，豹文。董卓銷爲金，用銅馬徙於建始殿東階下，胡軍喪亂，此象遂淪，則飛廉毀而銅馬存，石氏徙之鄴，苻氏徙之長安也。兹物與盛衰無情者，薊子訓有五百年之感，索靖發見汝荆棘之歎，豈其閱歷年數之久，蓋有可悲歟。況其跡已亡矣，世有道感慨之故者，訖無以外是數物，甚於薊、索之親見，想玩制作，殆其末耳。故集本末，爲好古者道之。赫連鑄作在入長安先後，當更考。

漢淮南王諫伐閩越書曰：「輿轎而隃領。」服虔曰：「轎，音橋。」瓚曰：「今輿車也。江表作竹輿以行是也。」項昭曰：「陵絶水曰轎，音旗廟反。領，山領也。不通船車，運轉皆擔輿也。」師古曰：「服音、瓚説是也，項説謬矣。此直言以轎過領耳，何云陵絶水乎。」予按韻書皆於平去二聲並見，若淵明使門生二兒舉籃輿，又非南方竹輿之類耶？富鄭公乘小轎過天津，蓋中州尊者用之，而司馬公不喜肩輿，山中亦乘馬。元祐元年正月，有詔左僕射司馬光許乘轎子，三日一至都堂聚議，或門下尚書省治事。公嘗奏，即日上下馬未得及，足上有瘡，深惡馬汗，乞如聖旨，權許乘轎入内，至常時下馬處下轎。又言：足疾未愈，乞遇假日或日晚執政出省後有合商量公事，許乘小竹轎往諸位商量。是公晚在相位，固乘轎矣。然本優禮也。《麈史》記唐丞相乘馬，至五代乘檐子，近年唯文潞公落職致仕，以太師平章重事，司馬温公始爲門下侍郎，尋卧疾於家，就拜左相，不可以騎，二公並許乘檐子，皆異恩也。文公《語録》云：「記得京師全盛時，百官皆只乘馬，惟元勳大臣老而有疾方賜乘轎，而宦者將命之類，亦皆乘轎。」《却掃篇》云：「京城士大夫，自宰臣至百執事，皆乘馬出入。司馬温公居相位，以病不能騎，乃詔許肩輿至内東門，蓋特恩也。建炎初，駐蹕揚州，以通衢皆磚甃，霜滑不可以乘馬，特詔百官用肩輿出入。」《朝野雜記》云：「故事，百官皆乘馬。建炎初，上以維揚磚滑，謂大臣曰：『君臣一體，朕不忍使羣臣奔走危地，可特許乘轎。』蓋東都舊制，惟婦人得乘車，其它耆德大臣，或宗室近屬行尊者，特旨許乘肩輿，已爲異禮。靖康末，高宗奉使至磁，磁守宗汝霖以所乘轎進，黑漆紫褥而已，上猶却之。蓋在京百官不用肩輿，所以避至尊也。今行在百官非入朝，無乘馬者。」觀《汪彦章集》，有《行在百官謝許乘輿轎表》【一五】云：「方披棘以立朝，適雨霜之在候，慮乘款段或至顛擠。乃曲軫於睿慈，俾獲安於徐步。」事與李氏記思陵天語合。自大觀二年詔巡檢縣尉無乘轎，提點刑獄司察之，是郡縣有司多已乘轎矣。政和三年，詔：「時雪荐降，路滑馬蹶，臣僚造朝或至墜傷，可特許暫乘肩輿，惟不得入宫門。」則肩輿之制，始權宜通同於京師。《北盟集編》載靖康元年十二月二十四日有旨：「勘會百官馬既行在根括殆盡，不可步行，今檢政和三年大雪例，許乘轎子出入，仍不得入皇城門。」省符下開封府榜示。百官乘轎實不自建炎始。丁特起《靖康録》云：「金人索良馬萬匹，在京

【一五】行在百官謝許乘輿轎表　「輿」，原作「輪」，據《守山閣叢書》改。

除執政侍從卿監郎官許留一匹。自是士大夫跨驢，有徒步者。」皆言京師也。竹輿之用，久著於江表，由東南馬少故，從土俗之便爾。

唐令狐綯爲翰林承旨，夜對禁中，燭盡，宣宗命以金蓮花炬送還。此蓮炬故事之始。治平末，神宗召知制誥鄭毅夫對内東門小殿，命草吴文肅出守青州、張文定參政制，賜雙炬送歸舍人院。熙寧間，王岐公以翰林承旨亦召對内東門小殿，夜深，賜銀臺燭雙引歸院。元祐間，東坡爲學士，草吕申公平章、吕汲公、范忠宣左右僕射制，夜對内東門小殿，撤御前金蓮炬送歸院。乾道間，周益公權直學士院，草虞雍公、梁鄭二公相制【一六】，晚對選德殿，退，御藥司自複道秉燭鎖院。益公記之，自謂庶幾金蓮故事，極儒生之榮遇。淳熙間，史忠定入侍經幄，賜宴澄碧殿，抵暮，送以金蓮燭，宿玉堂直廬，進詩以謝，有「金蓮引雙燭」之句。寵待詞臣，而優禮舊弼，尤前此稀有。

《田敬仲世家》：田乞「行陰德於民，而景公弗禁。由此，田氏得齊衆心，宗族益强。」其以小斗受賦，大斗予民，粟齊之粟，民齊之民也，景公不得用之，則闇矣。宜思歸田氏。使田氏行之，景公能禁之，民何爲歸田氏哉！左氏亦謂以家量貸而以公量收之，民人痛疾而或燠咻之，其愛之如父母，而歸之如流水，欲無獲民，將焉避之。蓋晏子知其事矣。《史》於《殷紀》書西伯自羑里歸，乃陰修德行善，諸侯多叛紂而往歸西伯。西伯滋大，紂由此失權重。《周紀》書西伯陰行善，諸侯皆來決平。余謂陰者，權謀詭秘之術，田乞可以用也，文

【一六】虞雍公梁鄭二公　虞雍公即虞允文，梁鄭公爲梁克家，疑衍「二」字。

王肯爲之乎？此語開姦臣盜國之謀，況以德爲陰德，異乎所謂德也，爲善由私也者，非也。

漢惠帝太子名。張后子既立而廢者，無其名。山，更名義，又更名弘，即《史》云少帝。不疑先殂，武、朝【一七】、太與少帝俱遇禍。《通鑑》書所名孝惠子，余讀《史》始有疑焉。以文疑之。則《史》云：「太后欲王吕氏，先立孝惠後宮子。」後宮子者，孝惠諸子邪？又云：「宣平侯女爲孝惠皇后時，無子，佯爲有身，取美人子名之，殺其母，立所名子爲太子。孝惠崩，太子立爲帝。帝壯，或聞其母死，非真皇后子，乃出言」，云云。美人子猶前後宫子，第非張后所産也。又云：「吕后長女爲宣平侯張敖妻，敖女爲孝惠皇后，吕太后以重親故，欲其生子，萬方，終無子，詐取後宫子爲子。及孝惠帝崩，天下初定未久，繼嗣不明，於是貴外家，王諸吕以爲輔，而以吕禄女爲少帝后。」此謂弘，非前以太子得立而復幽死者。其言後宫人子，則諸稱孝惠子者，皆使母張后而本後宫所育也。又云：「立皇子平昌侯太爲吕王」，直書皇子，愈無辨矣。況張辟彊言帝母壯子而已，獨《史》云「濟川王太、淮陽王武、常山王朝名爲少帝弟」，后已崩，漸寓微詞，然指諸封王者，不若《外戚世家》繼嗣不明之語也。以事疑之，則齊王遺諸侯王書，豈不能明斥其非是，而止謂高后「春秋高，聽諸吕，擅廢帝更立」，以廢立爲罪，則所廢非他人。及吕黨已誅，大臣始謂少帝及梁、淮陽、常山王皆非真孝惠子，吕后以計詐名他人子，殺其母，養後宫，令孝惠子之。於是滕公入宫，言「足下非劉氏，不當立」，丞相平等至代邸言子弘等皆非

【一七】朝　原作「彊」，據《守山閣叢書》改。

孝惠帝子，不當奉宗廟。此時無足顧惜矣。假有真孝惠子，誰復爲呂氏證之？大臣者誠審其非，縱不能爭於先，及此變更，追數孽后亂國之罪，彼昏童孺，何自而至布告天下以易置之，顧不大公至正歟。方且相與陰謀曰：「今皆已夷滅諸呂，而置所立，即長用事，吾屬無類矣。」議欲立齊王，則琅琊王及大臣曰齊王母家駟鈞惡戾，代王母家薄氏長者，且代王高帝見子，最長，以子則順，以善人則大臣安，乃迎立代王。渭橋請間，爲宋昌所訶，始上璽綬。大臣處國勢安危之會，惴惴計己之禍福，何以免人之疑？至選士教后族，又曰「吾屬不死，命乃懸此兩人」。如休戚之有不關漢之存亡，獨無可慮哉。因教竇長君兄弟之謀而重疑焉。謂孝惠諸子寃乎否也。夫以掃除呂黨，援立賢主，培西都久安之基，平、勃委曲濟事，非無功天下，後世惡得而疑之。疑之者大臣，自疑之也。余又考班《志》云：「皇后亡子，後宫美人有男，太后使皇后名之而殺其母。惠帝崩，嗣子立，有怨言，太后廢之，更立呂氏子弘爲少帝。」此著本末最詳。乃知始立者似真孝惠庶子，亦與齊王書論廢立事合。弘書呂氏子，餘可推矣。於《外戚恩澤侯表》諸呂之間，列義、朝、武、大四侯，云「以孝惠子侯」。如淳注《本紀》引《恩澤侯表》曰皆呂氏子也。表或逸此語。吁，賴孟堅以決馬《史》之疑。《史》之疑決，則幸無疑於漢大臣者。

太史公《夏本紀》自禹即天子位以後云帝禹，至于帝履癸，又曰帝桀。《殷本紀》自太甲書帝太甲至于帝紂。《孔氏雜説》言二王亦得稱帝，引《史記·夏紀》帝桀是也。何獨桀云帝哉？《殷紀》云周武王爲天子，其後世貶帝號，號爲王。《索隱》曰：「按夏、殷天子亦皆稱帝，後代以德薄【一八】，不及五帝，始貶帝號，號之爲王，故本紀皆帝，而後世總曰三王也。」又譙周云：「夏、殷之禮，生稱王，死稱廟主，皆以帝名配之。」見《索隱》。《國語》云：「玄王勤商，帝甲亂之。」又云：「商王帝辛，大惡于民。」帝辛，紂也。然而《易》曰「帝乙」，《書》亦曰「帝乙」，夏、殷之稱帝，莫信于此。

《史·高帝紀》有武負，《陳丞相世家》有張負，《絳侯世家》有許負，皆以爲婦人。《紀》言「王媪武負」，則信婦人矣。班《書》如淳注：「俗謂老大母爲阿負。」師古引劉向《列女傳》：「魏曲沃負者，魏大夫如耳之母。此古語謂老母爲負耳。」案：原本脱「師古引劉向」以下二十九字，今據《説郛》補。《世家》言户牖富人張負。《索隱》曰：「婦人老宿之稱。然稱富人，或恐是丈夫爾。」予謂張負果婦人【一九】，當是女清之流，亦富人也。許負，相者。《索隱》引應劭注：「老嫗也。」意其負、婦音同，古文相通用。不然，馮婦固晉善士歟，史註猶有異論者。

太祖嘗問趙中令，禮何以男子跪拜而婦人不跪？趙不能對，徧詢禮官，無知者。王貽孫，祁公溥之子也，爲言古詩「長跪問故夫」，即婦人亦跪也。唐天后朝婦人始拜而不跪。趙問所出，因以大和中幽州從事張建章《渤海國記》所載爲證。大重之。事具《國史·王貽孫傳》及他雜説。葉氏《燕語》正舉此，且云天聖初明肅太后垂簾，欲被衮冕，親

【一八】後代以德薄　「後」原無，據涵芬樓《説郛》補。

【一九】予謂張負　「予」，原作「子」，據涵芬樓《説郛》、《守山閣叢書》改。

祠南郊，大臣爭，莫能得。薛簡肅公問：「即服衮冕，陛下當爲男子拜乎？婦人拜乎？」議遂格。禮九拜，雖男子亦不跪。貽孫之言蓋陋矣。簡肅亦適幸其言偶中，使當時有以貽孫所陳密啟者，則亦無及矣。汪聖錫端明作《燕語證誤》，又云：「《漢書·周昌傳》：吕后見昌爲跪謝。周宣帝詔命婦皆執笏，其拜宗廟及天臺皆俛伏。則其時婦人已不跪矣，故特有是詔。云始於則天，非也。明肅乃謁太廟，非郊祀也。九拜有稽首，有頓首，非皆不跪也。不跪雖有之，蓋拜之輕者爾。」今余觀歐公所爲《簡肅墓誌》及《湘山野録》皆云，后欲以衮冕謁太廟，謂親祠南郊，誠《燕語》之誤，宜汪氏引宋子京《謁廟賦》以證。至程氏《攷古編》又因貽孫之説考其詳，云：「按，後周天元靜帝大象二年詔，内外命婦皆執笏，其拜宗廟及天臺，皆俛伏如男子。據此詔【二〇】，特令於廟朝跪，則他拜不跪矣。張建章所著，武后時婦拜始不跪，豈至此始并與廟朝跪禮而去之而紀之不詳耶？」周昌諫高帝，吕后見昌爲跪謝。《戰國策》：蘇秦過洛，其嫂蛇行匍匐四拜自跪而謝。《隋志》：皇帝册后，后先拜，後起，則唐以前婦拜皆跪伏也。又，《朱文公語録》：「或問《禮》『婦人吉拜，雖君賜，肅拜』，則古人女子拜亦伏地。曰：古有女子伏拜者，乃太祖問范質之姪杲，古者女子拜如何，他遂舉《古樂府》云『長跪問故夫』，以爲古婦女皆伏拜。自則天欲爲自尊之計，始不用伏拜。看來此説不然。《樂府》只説『長跪問故夫』，不曾説伏拜。古人坐也是跪，一處云『直身長跪』。若拜時，亦只低手祇揖【二一】，便是肅拜。故《禮》注

【二〇】據此詔　「詔」原無，據涵芬樓《説郛》、《守山閣叢書》補。

【二一】低手祇揖　涵芬樓《説郛》無「祇」字，委宛山堂《説郛》作「俯首如揖」。

云『肅，俯手也』。蓋婦人首飾盛多，如副笄、六珈之類，自難以俯伏地上。古人所以有父母拜其子，舅姑答婦拜者【二二】，蓋只跪坐在地，拜時亦容易，又不曾相對，拜各有向，當答拜亦然。《大祝》九拜，肅拜，但俯下手，如今時。傳云『介者不拜』，故肅使者而已。」文公舉貽孫之對爲范杲，當别有據。其論婦拜爲詳矣。《鶴林玉露》别記文公之説云：「古者男子拜，兩膝齊屈，如今之道拜是也。杜子春註《周禮》奇拜，以爲先屈一膝，如今之雅拜，即今拜也。古者婦女以肅拜爲正，謂兩膝齊跪，手至地而頭不下也，拜手亦然。南北朝有樂府詩説婦人曰『伸腰再拜跪，問客今安否』，伸腰亦是頭不下也。周宣帝令命婦相見皆跪如男子之儀，不知婦人膝不跪地變爲今之拜者，起於何時。程泰之以爲始於武后，不知是否。」而《項氏家説》則云鄭氏注《周禮》「肅拜」云「若今婦人撎」。安世按：古之拜，如今之揖，折腰而已。介胄之士不拜，故以肅爲禮，以其不可以折腰也。然則儀式特斂手回身【二三】，微作曲勢爾。鄭氏之所謂撎，蓋如此，正今時婦人揖禮也。據鄭氏説，則婦人之拜，不過如此。或者乃謂自唐武氏始尊婦人不令拜伏，則妄誤之甚矣。周天元時，令婦人拜，特撎，作男子拜，則雖虜俗婦人亦不作男子之拜也【二四】。況古者男子之拜，按：自「拜特撎作男子拜」以下二十八字，原本脱去，今據《説郛》補。但如今人之揖，則婦人之拜，安得已如今之伏，大抵今之男子以古男子之拜爲揖，故其拜也，加之以伏跪爲稽顙之容。今之婦人，亦以古婦人之拜爲揖，故其拜也，加之以拳曲，作虛坐之勢，視古已加不得謂之減矣。

【二二】舅姑答婦拜者　「婦」原無，據《朱子語類》卷九十一補。

【二三】斂手回身　「回」，原作「向」，據涵芬樓《説郛》改。

【二四】虜俗婦人　「虜」，原作「世」，據涵芬樓《説郛》改。

《禮》所謂女拜尚右手者，特言斂手向右，如孔子「拱而尚右」之尚，非若今用手按膝作跪也。男之尚左亦然。古跪自是一禮，與拜與伏皆不相干。此論尤詳於諸書。疑跪拜之制，後周始變古，唐初或因之，武后乃復其舊。然王建《宮詞》云：「射生宮女宿紅妝，請得新弓各自張。臨上馬時齊賜酒，男兒跪拜謝君王。」「殿前鋪設兩邊樓，寒食宮人步打毬。一半走來爭跪拜，上棚先謝得頭籌」。建太和中爲陜州司馬，豈武后以後婦拜猶跪禮，特行於宮掖。《復齋漫録》謂後周制，令宮人廷拜爲男子拜，引建前一詩證之，《唐宮詞》無預後周故實也。

《禮》：「生男子設弧于門左，女子設帨于門右，三日始負子，男射女否。」如東魏高澄尚馮翊公主，生子三日，靜帝幸其第【二五】，錫錦綵。唐章敬吴后生代宗三日，玄宗臨澡之。王毛仲妻産子三日，玄宗命高力士贈酒饌金帛，授其兒五品官。姜蕚以公主子生三日，玄宗曰：「它物無以餉吾孫」，賜六品官，緋衣，銀魚。又，武后時拾遺張德生男三日，殺羊會同僚，補闕杜肅告其屠殺。楊太真以錦綉爲襁褓裹禄山，云貴妃三日洗兒也。皆以三日爲重。東坡《賀子由生孫》云：「昨聞萬里孫，已報三日浴【二六】。」今俗以三朝浴兒，殆古意也【二七】。晬，謂子生一歲，《顔氏家訓》：「江南風俗，兒生一期，爲製新衣，盥浴粧飾。男則用弓矢紙筆，女則用刀尺鍼縷，並加飲食之物，及珍寶物玩置之兒前【二八】，觀其發意所取，以驗貪廉愚智，名之爲試兒。親表聚集，致燕享焉。」《玉壺野史》記曹武

【二五】靜帝幸其第　「靜」原無，據涵芬樓《説郛》補。

【二六】已報三日浴　「報」，原作「振」，據涵芬樓《説郛》改。

【二七】殆古意也　「古」，涵芬樓《説郛》作「是」。

【二八】及珍寶物玩　「及」，原作「又」，據涵芬樓、委宛山堂《説郛》改。

惠王始生【二九】，周晬日，父母以百玩之具羅于席，觀其所取，武惠左手提戈，右手提俎豆，斯須取一印，無所視。曹，真定人，江南遺俗乃在此。今俗謂試周是也。惟世傳滿月，且文之爲彌月，指《詩》「誕彌厥月」言之。按毛氏曰：「誕，大也。彌，終也。」鄭氏曰：「終十月而生。」吕成公註：莆田鄭氏曰：彌，滿也。其義非謂兒生及月。《唐書》：高宗龍朔三年，子旭輪生，滿月，大赦。《北户録》云：嶺俗家富者，婦産三日，或足月，洗兒作團油飯，以煎魚、蝦、雞、鵝、猪、羊灌腸，蕉子、薑、桂、鹽、豉爲之。陸務觀謂此即東坡記盤游飯，語相近，必傳者之誤。其云足月，即滿月也。東坡又記閩人生子三朝浴兒時，家人及賓客皆戴葱錢，曰葱使兒聰明，錢使兒富大。要三日之禮，通古今遠近爲重爾。案：原本「晬謂子生一歲」至「致燕享焉」爲一條，「世傳滿月」至末爲一條。據《説郛》「晬謂子生一歲」上脱三十四句，「世傳滿月」上脱十二句，今據補入，仍合爲一條，以復其舊。

魏太武詔毁浮屠形像，誅天下沙門，而起天師道場，受寇謙之符籙，作静輪宫。唐武宗詔毁天下寺而建九天道場，受趙歸真等法籙。事固反于太盛，勢復激于一偏，宣和之事是已。魏正光以後，僧尼二百萬人，寺三萬餘區。唐會昌毁寺四千六百餘區，招提蘭若四萬餘區，歸俗僧尼二十六萬五百人，大秦穆護祆僧二千餘人【三〇】。周顯德寺院存者二千六百九十四，廢者三萬三百九十六，見僧四萬二千四百四十四，尼一萬八千七百五十六。元氏之僧尼止在江北，乃有此數，可以言最盛時矣。江氏《雜志》記景德中天下二萬五千

【二九】曹武惠王　「惠」原無，據涵芬樓、委宛山堂《説郛》補。

【三〇】大秦　「秦」，原作「素」，據《資治通鑑》卷二百四十八改。

寺。嘉祐間三萬九千寺，趙德麟載之《侯鯖録》。

《北史》所載元魏正始間，都城寺踰五百，占民居三之一。唐代宗以元載、王縉等勸事佛，由是深信，京畿良田美利多歸僧寺，或疑非其教所尚，不可知也。宋敏求《東京記》載，太平興國寺，故龍興寺，周顯德中廢爲倉。昌陵之初，主僧撾鼓求復其舊，遣中使持劍往視，其怖畏即斬之。至則神色自若，引頸就戮，遂詔復爲寺。彼能堅忍自强，震以刑威且無避，崇長之宜何如。蓋輕生死者，其師立教爲然，抑亦鮮矣。豈盡不可刦也【三一】。《漫録》記宣和六年義烏普門寺主僧飲酒食肉，爲知事毆奪，交訟于邑令，逐主僧，杖遣。知事猶訴不已，聞于外臺，付州欲治其事，二僧乃踰月不至。忽道録院下縣云：普門寺住持僧某奏，夜夢神人告普門山與金華洞天相連，乃高真會集之地，非汝等形服所宜，速聞朝廷，改宫易服。臣不憚遼遠，趨詣闕庭，願改宫額，度爲道士。得旨，寺改道宫。僧某還俗，姓毛名歸真，特授右街守闕。鑒義，林靈素里人也。又，政和七年詔，僧徒歸心道門者，聽詣輔正亭陳詞，即賜度牒，衣紫，長老僧官，别優賜視官品。使道流創爲之説求附於釋氏，勢之所從，視此足矣。張知甫《可書》記温公在政府，每過潞公，有門僧求換道流，因緩頰言之。温公愕然曰：「吾輩國之大臣，一言一行，四方風俗所繫。此僧既不終於釋，豈能終於道？來即誅之。」僧聞即遁。是可儆其徒之反覆，而政、宣大臣所不敢問也。

【三一】豈盡不可刦也　《守山閣叢書》作「蓋不可却也」。

卷二

予取愚公二人焉。列子曰：「太行、王屋二山，方七百里，高萬仞，本在冀州之南，河陽之北。北山愚公，年且九十，面山而居，懲山北之塞【一】，出入之迂，率子孫荷擔者三夫，叩石墾壤，箕畚運於渤海之尾，寒暑易節，始一反。河曲智叟笑而止之。愚公曰：『雖我之死，有子存焉，子又生孫，孫又生子，子子孫孫，無窮匱也。而山不加增，何若而不平。』操蛇之神懼其不已，告之於帝。帝命夸娥氏二子負二山，一厝朔東，一厝雍南。自此冀之南、漢之陰，無隴斷焉。」《説苑》曰：「齊桓公出獵，逐鹿而走，入山谷之中，見一老公而問之，曰：『是爲何谷？』對曰：『爲愚公之谷。』桓公曰：『何故？』對曰：『以臣名之。臣故畜牸牛，生子而大，賣之而買駒。少年曰「牛不能生馬」，遂持駒去。傍隣聞之，以臣爲愚，故名此谷爲愚公之谷。』桓公以告管仲，仲再拜曰：『此夷吾之愚也。使堯在上，咎繇爲理，安有取人之駒者乎。若有見暴如是叟者，又必不與也。公知獄訟之不正，故與之耳。請退而修政。』」夫不可改者山也，而山夷；不能動者君相也，而爲改聽。酈道元注：水出齊城西北【二】，歷愚山，東有愚公冢。時水又屈而逕杜山北，有愚公谷。此即《説苑》愚公。柳子厚以染溪爲愚，正因古有愚公谷，見詩序。

校勘記

【一】懲山北之塞　「塞」，原作「寒」，據《列子·湯問》改。

【二】齊城西北　「北」，原作「南」，據《守山閣叢書》本《水經注》卷二十六作「西北」，注曰：「『西』下近刻衍『南』字。」文淵閣《四庫全書》改。

楚元王敬禮申公等，以穆生不嗜酒爲設醴。及王戊即位，常設，後忘設焉。穆生退，曰：「可以逝矣。醴酒不設，王之意怠。不去，楚人將鉗我於市。」稱疾卧。申公、白生强起之，不可，遂去。

田單收即墨城中千餘牛，爲絳繒衣，畫五彩龍文，束兵刃於角，而灌脂束葦於尾，燒其端，鑿城數十穴，夜縱牛，壯士五千人隨其後。牛尾熱，怒奔燕軍，所觸盡死傷。事誠奇儁，或者疑之。即論數十穴，千餘牛豈不自相抵觸，能悉赴敵如人約束，單果神哉。此法乃有用之者。東漢楊璇爲零陵太守，蒼梧、桂陽賊攻郡縣，璇制馬車數十乘，以排囊盛石灰車上，繫布索於馬尾，又爲兵車，專彀弓弩，令馬車居前，順風鼓灰，賊不得視。因以火燒，布然馬驚，奔突賊陣，後車弓弩亂發，羣盜驚駭散，追斬無數。繫布馬尾，即束茅牛後，用於車戰而利，然無穴城之勞，故尤便歟。

公子虔告商君欲反。商君亡，至關下，欲舍客舍。客人不知是商君也，曰：「商君之法，舍人無驗者坐之。」商君喟然嘆曰：「嗟乎！爲法之弊，一至此哉。」桓蔚之敗，投牛牧寺，僧昌保藏之，劉毅殺昌。及劉毅被裕討，夜走投寺，寺僧曰：「昔亡師客桓蔚，爲劉衛軍所殺。今實不敢容異人。」毅嘆曰：「爲法自弊，一至於此。」蘇子由責雷州，不許占官舍，遂僦民屋，而章子厚以爲强奪民居，下郡按治。及子厚責雷州，亦問舍於民，民曰：「前蘇公來，爲章丞相幾破我家，今不可也。」當鞅輩快其令之行，指撝如意，假令知有後災，猶將不恤，正如索元禮鐵籠、周興火甕，不得辭矣。東坡云：「及其出亡而無所舍，然後知爲法之弊。夫豈獨鞅悔之，秦亦悔矣。」予謂鞅無及也，章子厚事尤似劉毅，獨不傳其悔與否爾。

張宣公論王陵、陳平、周勃處吕后時事，曰：「人臣之義，當以王陵爲正。」此程氏説，胡明仲既於《讀史管見》述之。予觀《晁氏客語》，「人臣事君當以王陵爲正」，或記先儒遺論也。

留侯晚謝病，吕后刼之，使畫保護太子之謀。淮陰侯遭誣，后與蕭相國謀，縛斬鍾室。彭越徙蜀，后誘致洛陽，併夷滅之。威震外廷，漸無帝矣。帝亦憒不能堪。后迎醫，即嫚罵不使治病。樊噲，吕氏壻，或云黨吕，即欲斬噲。后方偃然自專，問百歲後代蕭相國者，枚數而未肯休，豈窺帝腹心所托而將翦除之。帝崩，后不發喪，與審食其謀盡族諸將。毒機之發，不可禦矣。天祐漢祚，幸酈商有聞，危言動之，姦謀旋沮。否則，絳侯諸大臣且不自保，何能須臾爲漢計。他日，商令其子給吕禄解兵屬太尉，《史》云絳侯丞相使人刼之。由前事而言，商何必刼哉。余謂誅僇信、越時，后既包藏禍心，及謀族諸將，其迹始暴，酈將軍此事最有功於漢，當表出，第不知樊噲若在，欲不負漢，如健婦何。

文公與陳同父辯諸書大概，謂漢、唐之君或不能無暗合之時，全體只在利欲上。同甫力爭不已。按，五峯胡仁仲答樊茂實書云：「天理純而人欲消者，三代之興王是也。假天理以濟其人欲者，五霸是也。以人欲行而有暗與天理合者，自兩漢以至於五代之興王盛主是也。存一分之天理而居平世者，必不亡。行十分之人欲而當亂世者，必不存。」其説久已粲然。第文公於漢祖、唐宗外，未必例許以暗合也。同甫謂近世諸儒遂謂三代專以天理行，漢、唐專以人欲行，其間有與天理暗合者，亦能久長。是千五百年間，天地架漏過時，人心牽補度日，豈非若胡氏之説。固所不取。陳君舉又議暗合兩字如何斷，人決無全然不識偶然撞著之理，蓋將平朱、陳之爭而乃類向其説者。讀胡集，因記其略。

王子淵上《聖主得賢臣頌》曰：「何必偃仰屈伸若彭祖，呴噓呼吸如喬松，眇然絶俗離世哉。」史云上頗好神仙事，故褒對及之。以諫大夫使益州，求金馬碧雞之神，顧不可言耶。使不道病死，奚以復命？其進也，當先修武帝故事，講論六藝羣書，博盡奇異之好，遂以文章奏投左右，能寓辭諷勸，已甚賢於時人。況漢士大夫尤以過家爲榮，如嚴助、朱買臣皆會稽吴人，武帝問助居鄉里時，助對家貧爲友壻所辱，願爲會稽太守。帝又謂買臣富貴不歸故鄉，如衣繡夜行，拜會稽太守，諸常有恩者，皆報復焉。司馬長卿成都人，遣諭巴蜀，縣吏負弩先驅，蜀人以爲寵榮。子淵固蜀産，出處非必盡類長卿，想當銜命而歸，鄉邑誇羨，其得意何自，强其勿往哉。

漢朱博爲瑯琊太守，文學儒吏時有表記稱説云云，博見，謂曰：「如太守漢吏，奉三尺律令以從事，亡奈生所言聖人道何也！且持此道歸，堯、舜君出，爲陳説之。」晉庾翼少有經綸大略，杜乂、殷浩才名冠世，而翼弗之重也。每語人曰：「此輩宜束之高閣，以俟太平，然後議其任耳。」此皆玩侮之言。古人事君治民，皆法堯、舜，朱子元一健吏，安能知之？獨庾稚恭事有可論。人因他日殷深源北師無功，許以先知，且料其始之不取，察玄言之非實也。第又嘗請爲司馬軍司而不就，後復致書舉王夷甫責之，必强其出，誠未忍違時望耶。杜乂者，元凱之孫，有盛名，蔡司徒、王右軍咸稱之，位不過襲爵丞掾，莫詳其行事。稚恭持論，要是矯俗而已，非若漢太守以教習拜起嫚大儒耆老，尤不愛諸生，故作無顧忌語對儒吏，後世誦之，其自待當時無乃太薄矣【三】。

薛宣過彭城，子惠爲令，宣心知惠不能，留數日，終不問吏事。門下掾問宣不教戒惠之意，笑曰：「吏道以法令爲師，可問而知。及能與不能，自有資材，何可學也。」夫教者謂，謂不必教，不教者吏事，吏事何可不教。陳萬年善事人，賂遺外戚許史，其子咸抗直，刺譏近臣，乃晚賂陳湯，求入帝城，觸屏舊聞，終誤之歟。宣所至貶退稱進，號黑白分明。子爲縣，不過則已，既過之，況留連涉日，乃若有所避諱，何以出對掾。吏誠不可學，獨不可使去耶。予揣宣意，正視吏道爲易，而平居非無家庭習聞之詳，方且懵然莫悟，一旦進之涖官之地，望其悱發於父訓必不能也。爲令而始學吏，教亦晚矣。當時爲之，早議去就乃善爾。或言萬一宣子憤申咸議乃翁，至搶其面，父子坐累，疑不教之驗。將教之不善，寧勿教遂不教之善，可乎？然使宣第能教之以吏，其賢於教謂者幾希。蓋當時能以吏教

【三】自待當時　《守山閣叢書》作「當時自待」。

子多有人矣，無以是議宣也。

王莽聞城中饑饉，問中黄門王業。業領長安市買，乃以所賣粱飯肉羹持入，曰：「居民食咸如此。」唐玄宗憂雨傷稼穡，國忠取禾之善者獻曰：「雨雖多，不害稼也。」陝民訴旱，觀察使崔蕘指庭樹曰：「此尚有葉，何旱之有。」閭閻不通之情，若斯者衆。聞往時易楮幣以一寓三，或言民間患物踴，時相命以一券市飯，至則可十人食，遂詰言者之妄事。何必隱微而後難知也。

讓，美德也，而至不讓者隱焉，非讓之罪也。似乎讓者之非讓也。漢西都羣臣議王莽定策安宗廟，宜賜號安漢公，益户疇爵邑，莽稱疾固辭，言臣與孔光、王舜、甄豐、甄邯共定策，今願獨條光等賞功，寢置臣莽。於是詔以光爲太師，舜爲少保，皆益封萬户，豐廣陽侯，爲少傅，邯承陽侯。四人既受賞，莽尚未起。羣臣復上言，乃詔益封二萬八千户，爲太傅，號安漢公。莽爲惶恐不得已而受策，讓還益封，復建言宜立諸侯王後及高祖以來功臣子孫封侯賜爵邑。其爲謙恭，不既多乎。卧疾久之，逡巡受命。當時莽志寖露，事在篡國以前，是足欺世矣。後有郭威，得無彷彿其意。伐叛河中，策勳還朝，隱帝賜之金帛、衣服、玉帶、鞍馬，威辭曰：「臣受命期年，僅克一城，何功之有。將兵在外，凡鎮安京師，供億兵食，皆諸大臣居中者之功。臣安敢獨膺此賜，請偏賞之。」乃遍賜宰相、樞密、宣徽、三司、侍衛使九人，與威如一。帝欲獨賞威，辭曰：「運籌建策，出於廟堂。發兵饋糧，資於藩鎮。暴露戰鬬，在於將士。功獨歸臣，何以堪之。」加威兼侍中，史弘肇兼中書令，竇貞固司徒，蘇逢吉司空，蘇禹珪左僕射，楊邠右僕射。恐藩鎮觖望，又加高行周太師，安審琦太傅，符彦卿太保，劉崇、馮暉、李彝殷兼中書令，錢弘俶尚書令，馬希廣太尉，慕容彦超、劉銖、高保融兼侍中，孫方簡、劉贇同平章。時將帥以專功伐能爲累，以内外叶和爲難，威成功不居，雖古盛美無加也。不圖變起於中，乘危致篡，或追議其類莽矣。故胡氏評曰：「不待他日即位班賞，已收中外之心。方其赴鄴，言蘇逢吉、楊邠、史弘肇皆先帝舊臣，願推心任之。疆場之事，臣願竭愚駑。果非由締合之私，則以孔明之於禕、允自任哉。威之讓，或異於莽。莽飾名，威市恩。莽少待篡漢，威則漢不謀誅之，未決其反，猶有以自解耳。然賞賚徧及將相，耗費無名，尊官例加藩鎮，國典殄褻，假令發於真讓，亦何取也。況迹其心，未可知矣。近於讓者，惟元朔間衛青。以功拜大將軍，封其子伉等三人列侯，青謝曰：「皆諸校尉力戰之功也。臣青子在襁褓中，何敢受封。」武帝詔封公孫敖合騎侯，韓説龍額侯，公孫賀南窌侯，李蔡樂安侯，李朔涉軹侯，趙不虞隨成侯，公孫戎奴從平侯，李沮、李息、豆如意賜爵關内侯，皆以從大將軍有功者。青嘗謂人臣不敢專權，又謂人臣何敢招士。暮年權移客散，能以勳名終，而分功裨校，各按其實，非若泛覃恩澤者。青之讓人，知其近乎讓也。以讓爲不讓者，又莫如曹操。建安間方爲司空、冀州牧，遽下令曰：「吾起義兵誅暴亂，於今十九年。所征必克，豈吾功哉？乃賢士大夫之力也。天下雖未悉定，吾當要與賢士大夫共定之。而專其勞，吾何以安焉。」大封功臣二十餘人爲列侯，餘以次受封。《通鑑綱目》書曹操封功臣爲列侯。嗚呼，操，人臣也；列侯，漢爵也，其賞曹氏之私勞耶？以漢之功臣賞於曹氏，君命不足用耶？操之讓人，知其不讓者也。讓易知，讓以爲不讓易知，不讓似乎讓，獨難知。莽、威同似乎讓，而威難知於莽歟。

赤眉衆尚十餘萬人，光武陳兵雒水，令盆子君臣觀之，謂樊崇等曰：「得無悔降乎？朕今遣卿歸營勒兵，鳴鼓相攻，決其勝負，不欲强相服也。」徐宣等曰：「臣等得降，猶去虎口歸慈母，誠歡誠喜，無所恨也。」諸葛武侯生致孟獲，使觀營陣之間，曰：「此軍何如？」獲曰：「向者不知虛實，故敗。今蒙賜觀陣，若祇如此，即定易勝耳。」縱使更戰，七縱七禽而猶遣獲，獲止不去，曰：「公，天威也，南人不復反矣。」自世以詭詐爲兵，如拙於變者，幸敵之迷誤而取勝，不能使人心服，光武、武侯之所爲善服人者也。昔荀吴伐鼓，鼓人或請以城叛，弗許。使鼓人殺叛人而繕守備。圍三月，或請降。使其民見，曰：「猶有食色，姑修而城。」鼓人告食竭力盡而後取之。漢君臣其知此矣。

晉《陶淵明傳》：義熙末，召拜著作郎，不就，刺史王弘常造之，稱疾不見。弘每候之廬山，遣其故人齎酒，先於半路，若邂逅然，引酌池亭【四】，弘於是進謁，遂窮歡宴。潛無履，弘顧左右爲之造履，潛乃於座伸脚令度之。

相傳李林甫爲相，若嫉其人，即以倡鬼日除授，無得免禍。或疑宰相之所不樂，何必

【四】引酌池亭　「池」，《守山閣叢書》作「野」。

以凶日中之？予聞周史佚請擇日立叔虞，蕭相國擇良日拜韓信，東都建武間爲伏堪勅尚書擇拜吏日，豈惟示謹重之意，且欲保其終吉，事近厚矣。小人反是，無所不薄，安知不故求惡日哉。唐劉瑑自河東召還，宣宗視案上歷曰：「爲朕擇一令日。」瑑曰：「某日良。」帝曰：「卿可。」遂相大中。賢主之所爲幾乎古。

梁震，唐末登第。歸蜀過江陵，高季昌愛其才識，留之。欲奏爲判官，震恥之，不受辟署。終身止稱前進士。《大定録》云：震，開平元年侍郎于競下及第。李肇《國史補》：「得第，謂之前進士。」《摭言》又註：「韓中丞儀詩：『今日便稱前進士，如留春色與明年。』」按，此唐以來初擢第者，通稱前進士。《韓文公墓碑》云：「孤，前進士昶。」蓋文公長慶四年卒，昶方於是年李宗閔下擢進士第。後唐李龍少以文章知名，既貴，刻牙板，金字曰「前鄉貢進士」。雖表其榮名，亦唐制之餘也。

梁太祖問吴越進奏吏曰：「錢公有所好乎？」吏曰：「好玉帶、名馬。」太祖喜曰：「真英雄也。」乃以玉帶一匣、打毬御馬十匹賜之。

范文正公帥延安，夏人相戒：「今小范老子腹中自有數萬甲兵，不比大范老子可欺。」大范謂雍也。東坡以月石研屏獻子功中書，涵星研獻純父侍講，有詩云：「故將屏硯送兩范，要使珠璧棲窻欞。」大范忽長謡，語出月脅令人驚。小范當繼之，説破星心如雞鳴。」子功諱百禄，純父諸父行。乃有兩大小范也。子由賦毛國鎮生日詩云：「生日原同小趙公。」自注：「世謂叔平大趙，參政閱道小趙。」參政大小之稱，一時假爲差別，若華陽之范出於一門，猶漢上郡歌大小馮君與元憲兄弟呼大小宋是也。

温公爲張文潛言：「學者讀書，少能自第一卷讀至卷末，往往或從中，或從末，隨意讀起，又多不能終篇。光性最專，猶常患如此。從來惟見何涉學士案上惟置一書讀之，自首至尾，正錯校字，以至讀終，未終卷誓不他讀，此學者所難也。」張芸叟《答孫子發書》論《資治通鑑》，其略云：「温公嘗曰：吾作此書，惟王勝之曾閱之終篇，自餘君子求乞欲觀，讀未終已欠伸思睡矣。」温公所言學者之通患，盍以何學士、王勝之之事爲讀書法。

古人遇事，各從其分而應之，則無失中之患。司馬公辭宥密之命，與呂正獻公同居洛。正獻起知河陽，乞在京宫祠，裕陵大喜，遂召還。或疑二公出處優劣。程先生云：「呂公世臣也，不得不歸見上。司馬公諍臣也，不得不退處。」文潞公拜平章，伊川爲崇政殿説書，先生以師道自居，每講，色甚莊，泰陵畏之。潞公年九十，對上恭甚，進士唱名，侍立終日。或議先生之倨視潞公之恭爲未盡。先生曰：「潞公三朝大臣，事幼主不得不恭。吾以布衣爲上師傅，其敢不自重。」留丞相紹熙之末，自相位逃，趙忠定力贊内禪。或以二公處變不同問於范仲黼郎中。范曰：「趙丞相，同姓之卿也。留丞相，異姓之卿也。反覆之而不聽則去。」趙文昭語真文忠，當思所以謀當路者，毋徒議之而已。文忠曰：「公，宗臣，當思所以謀。德秀，特朝廷一議論文臣爾。」是數者，劑量所處，豈無醇疵，未可以輕議，抑知人之識，其分爲不易爾。

温公《嵩山題字》云：「登山有道，徐行則不困，措足於平穩之地則不跌，慎之哉。」又書曰：「光視地然後敢行，頓足然後敢立。」即題嵩山語而愈誠慤。蓋公一舉動，無時不存此意。康節稱君實脚踏實地人，公自以爲知言，信哉！

康節云：「君子落得做君子，小人枉做了小人。」張宣公稱下句極是，上句有利心，不若改云「君子本分做君子」。范忠宣公云：「以責人之心責己，恕己之心恕人。」文公稱上句自好，下句既不知自治其昏，而遂推以及人【五】，使亦如我之昏。若横渠云：「以愛己之心愛人則盡仁，以責人之心責己則盡道。」語便不同。予以是歎修辭之難。先儒立教，不敢秒忽放過，凡人可以易言哉。君子小人語，本劉高尚云。記宣公之論者，以爲康節語録傳訛，此其微爾。

司馬光爲《耆英會序》云：樂天在洛，與高年者八人游，時人慕之，圖傳於世。宋興，洛中諸公繼而爲之再矣。圖形普明僧舍，樂天之故第也。《筆談》亦謂樂天居洛與高年者八人游，謂之九老。洛中士大夫至今居者，繼而爲九老之會者再矣。今考修香山故事，惟至道初李文正公罷相後，以司空致仕，年七十七，思樂天洛中之會，適交游中有此數，欲繼其事爲宴集。故相宋惠安公、吴僧賛寧預焉。會蜀寇起而罷其事。當在京師至和間，杜正獻公亦已致仕，與凡老年得謝者爲五老會，其事又在南都，謂再會洛【六】，未能詳。

【五】而遂推　「遂」原作「迷」，據《守山閣叢書》改。

【六】謂再會洛　「會」，原作「爲」，據《守山閣叢書》改。

後是如米元章《九雋老會序》云：中散大夫河間公靖鎮吴，俗乃闢羣齋會九雋老，則其事在吴，名氏且未悉著。獨潞公以元豐五年尹洛爲耆年會，凡十三人，可以踐唐賢遺躅而過之矣。又元豐初，趙清獻守杭，趙康靖自南都來，年八十一，共游湖山，爲《二老圖》。清獻時七十一，程給事師孟守越，又減清獻一歲，嘗同唱和。清獻謝事過之，因增程公爲《三老圖》。盛哉，承平典型也。渡江以來，有若史忠定《六老圖》、周益公二老堂，會清時勝事，各擅一門，豈惟家庭之慶。又有劉汭者，寫益公與兄乘成居士必正、楊文節爲《三老圖》。平園，《誠齋集》有詩，亦廬陵佳話也。

王沂公以簡紙數軸送人，皆他人書簡後截下紙。晏元獻公凡書簡首尾空紙，皆手剪熨，置几案以備用。王文康公平生不以全幅紙作封皮，嘗戒其子弟。諸公皆身處貴盛，儉德若此。世俗費紙者何人，語以古事，未必不毁薄。梁東莞臧逢世就姊夫劉緩乞丐客刺書翰，末寫《漢書》，見《顔氏家訓》。

《復齋漫録》云：山谷謫涪州别駕，因自號涪翁。按《益部耆舊傳》，廣陵有老翁釣於涪水，自號涪翁。然則涪翁之稱，古有之矣。《苕溪漁隱》曰：《後漢·逸民傳》，初有父老，不知何出，常漁釣於涪水，人因號涪翁。復齋不取於此，乃取《益部耆舊傳》、《後漢·郭玉傳》語，謂涪翁之稱，古有之矣，不始於魯直也。《芥隱筆記》引援亦同。余記《唐書·陸龜蒙傳》，時謂江湖散人，或號天隨子、甫里先生，自比涪翁。注云：「巴西人居漢上者。」獨不用前二書爲證，當别有攷也。

陳福公在相位，欲營居第，視其圖以爲高，悉裁損之，制度甚庳。董役者云：「公門户不高大，無以容車馬。」公曰：「吾今日有閤者，一兩世後，吾門扉要使小姨嫗輩可開闔爾。」當與李文靖廳事僅容旋馬，俱爲美談，乃所以遺子孫也。《水心集·劉正字墓志》云：「居室尤陋，不改。予間過之，及門而下。建翁逡巡出迎中街，笑云：『自二父生，而四方之過莆者無不造於庭，蓋今之轎大於舊矣，乃世變也。』予亦笑曰：『轎雖大不數寸，公門扉無乃太狹乎，而不知變也。』」福公與劉皆莆人，土風殆近古。二父者，賓之夙、復之朔。建翁名起晦，復之子，潛夫尚書諸祖父。葉公之對，雖似謔，實賢其不變於俗也。或曰：乾、淳諸老，典型自別，不獨莆土風近古也，況福公賢相乎！

李仁甫侍郎，淳熙間因阜陵論先儒從祀當升黜去取，遂奏言：范仲淹佐仁宗謹庠序之教，始遍郡國立學，更取士法，以作新人才。歐陽修倡起古文，攘斥異端，視唐韓愈無媿。嘉祐、治平之間，人才特盛，修所長育成就，爲力居多。而司馬光及蘇軾風節彌高，其學術專務格君心，安百姓，其欲正人心，息邪説，距詖行，放淫辭，流離顛沛，之死靡憾，蓋似孟子。當安石萌芽，唯光、軾能逆折之，見於所述文字，不一而足。軾著《書傳》，與安石辯者凡十八九條，尤爲切近深遠，其用功不在決洪水、闢楊墨下。使其言早聽用，寧有靖康之禍？悉去王安石父子而取光、軾，斯爲允當，并及仲淹、修，亦無不可。又言：昨蒙聖諭，欲升光、軾配享於堂，輒疑陳瓘斥王安石逆像獻否【七】。聖諭謂若親酌獻，則塹遷其坐於他所，君臣之分終有未安，光、軾必不敢當。此禮只用世次先後【八】，使繼韓愈亦無降抑。按《道命録》、《雜記》等書，趙侍郎粹中乞去王雱，擇本朝名儒列於從祀，上論以范、司馬二文正，歐、蘇二文忠，李公以爲可，趙衛公主之。且謂范公自以功業名，歐公當時亦微有玷，不若止用馬、蘇而升於堂上。龔、李二參皆不以爲可。蓋躋祀堂上附舒王近，此固無怪，本以矯學術之弊，此揚彼抑，不擬承其太過者，尊尚之至則可見矣。讀《巽巖集》中疏，雖或推揚上意，其秉禮守正，善於立論也。時則周、程未暇議。端平間，李公之子季允樞密在從班奏，卓然爲學者所宗宜在從祀之列者十人，胡翼之、孫明復與邵、周、張、二程氏，而司馬、歐、蘇預焉，請下經筵秘書省國子監議，未詳後孰可否。迨淳祐，而周、張、程從祀。又咸淳，而司馬、邵氏始亦從祀。若范、歐、蘇，文章名節，世論道德性命，欲引而合之無由也。即李公所稱已於范、歐、蘇有所區別矣，亦各從其實歟。

謝上蔡之孫曰偕，其子無衣食，替人承符引養老母。黄子耕守天台，修郡志，訪求故家，得之，請見，抗賓主禮，給冠帶、田宅。楊龜山之家既賣其宅，四世孫子復病之，爭訴紛然。余景瞻守南劍，曰：「有司用交易法爾，安能空手以得。」自至郡，例卷百餘萬，謝不取，因贖以歸之，修補其漏闕，又職子復于學以廩之。見葉正則所爲《祠記》。吴明輔用此二事，跋樓大防參政《遺族孫帖》。故宗遺胄，忽焉淪墜，或不俟年數之遠。陸務觀顧

【七】輒疑陳瓘　「疑」，原作「以」，據《守山閣叢書》改。

【八】此禮只用世次先後　「禮」，原作「理」，據《守山閣叢書》改。

以宋廣平、沈義倫之後，涅爲卒，髡爲僧，不勝慨然。異時賢士大夫，每於此盡情而録後郵孤，具有故事。茂陵詔求伊川程氏後，池州申直下兩房子孫，曰觀之，曰源。於是觀之補不理選限登仕郎，充池州州學學賓，月廩給以奉祀。源赴吏部銓量，補迪功郎，漸遷二令監丞。時又命陸文安九淵之子特之、沈端憲焕之子省曾俱讀書秘省，實嘉定十六七年間。葉氏《聞見録》云：源鬻米都門外，有教以干當路者，著《道學正統圖》，以考亭之後，勦入當路姓名，遂授初品。而吴大禮紹定封事有云：「如程源、如沈省曾，不識一丁字，未三五年，與之貳郡【九】。乃布衣韋帶之士，勤苦燈窻，馳驅仕路，有二三十年不可得者。」張端義封事亦云：「秘書省讀書，朝廷異禮待天下遺逸之士。假借先儒之後，影射市井之徒，老成學者飲恥而没。」或謂指省曾輩也。表賢者後，盛時美意，猶不免於異論，事何者無弊。使世家果有如程氏子，拔之寒微，正未可議，抑處置在適中爾。

前輩有兩黄裳，皆爲端明殿學士。其一字冕仲，廷平人，元豐進士第一，崇寧禮部尚書。其一字文叔，蜀人，事茂陵潛邸爲翊善。劉潛夫作《衢州開化芹澗橋記》云：「端明演山黄公裳少過之，有『更高千萬丈，還我上頭行』之句，遂爲詩讖。」演山以德望重，朱文公見而屈膝，不專以科目重也。按文公《年譜》：乾道三年如長沙，訪張宣公，道昭武，謁黄端明，先之以書云，將頓首再拜于堂下，伏惟坐而受之，使得自進於門人弟子之列。此正黄通老尚書冕仲，亦紹興五年進士第一，以有官降居次官，亦端明殿學士。如謂演山則

【九】與之貳郡　「貳」，原作「式」，據《守山閣叢書》改。

冕仲是也，《繫年録》書建炎四年卒，文公似不及見，或劉别有考。蓋識前言往行，近推莆田大老，不容妄論也。

景定五年，明堂禮成，恭謝太乙宫，賜宴齋殿，教坊伶優舉經語以戲。刑部侍郎徐復引孔道輔使契丹責以文宣爲戲故事，請誡樂部無得以六經前賢爲戲。予讀東坡通守杭州寄吕微仲詩自注：「杭有伶人，善學吕，舉措酷似，别後常令作之以爲笑。」詩云：「楚相未亡談笑是，中郎不見典型存。」使事切矣，謹厚者顧疑焉。朱文公在講筵【一〇】，優人王喜時於上前效其行止進退以爲戲，用事者欲賞以閤門祗侯，上將從之，侍郎誦言將入諫，命乃寢。是不可不禁遏也，矧假爲燕笑之樂乎。

淳祐五年，兩浙運司物料官郭嘉卿，年六十五，請休致。特改京秩，賜號繼一處士，官其子自中，仍召對禁殿，以詩賜之，羣臣皆和，又御書扁其居曰沖庵。

端平臺諫吴叔永直院，與唐伯玉少卿帖云：「端平更化以來，上親擢臺諫者三，秀挺如舜俞，方毅如潁叔，端亮敢言如徐直翁、杜成己與季永弟，最後方德潤猶强人意。惟都運侃侃其直，誾誾其爭，乃能扶頹綱，起敝化，力爭是非於嘉熙初元，真得所謂諍臣七人矣。」舜俞，洪忠文也。潁叔，王忠文也，一字去非。直翁，徐忠簡也。成己，杜清獻也。季永，吴侍郎昌裔也。德潤，方忠惠大琮也。伯玉，唐少卿璘也。予所聞端平臺諫幾二十人矣。

【一〇】朱文公在講筵　「講」原無，據《守山閣叢書》補。

近時稱白石者【一一】，樂清錢文子文季，番陽姜夔堯章，三山黃景説巖老，各因其居號之爾。故堯章以謂居苕溪上與白石洞天爲隣，潘德久字之曰白石道人。詩云：「屋角紅梅樹【一二】，花前白石生。」或評樂天「黃醅酒」對「白侍郎」，陳去非「簡齋老」對「月桂花」，此祖其格者。然白石生見《神仙傳》中，黃丈人弟子也【一三】，至彭祖時已年二千餘歲，煮白石爲糧，因就白石山居，時號曰白石生。堯章稱此三字，蓋有據而後用。文季宗正，巖老大理，皆少卿，當嘉定間，姜止布衣。

東坡《松醪賦》。李仁甫侍郎舉賦中語，謂東坡蓋知之矣。又云：東坡既再責，親舊或勸益自儆戒，坡笑曰：「得非賜自盡乎？何至是。」顧謂叔黨曰：「吾甚喜《松醪賦》，盍秉燭，吾爲汝書此。倘一字誤，吾將死海上，不然，吾必生還。」叔黨苦諫，恐偏傍點畫偶有差訛，或兆憂耳。坡不聽，徑伸紙落筆，終篇無秋毫脱謬，父子相與粲然。《松醪賦》之讖渡海人知之，而未知其以驗生還也。

太史公推戾太子之生，在建元蚩尤竟天、命將出師之年。東坡推富鄭公之生，在景德始盟契丹之歲。人有關於世運之盛衰，其生也誠有所自矣，前輩肯爲臆説哉。

何子楚《春渚記聞》云：「陸農師左丞之父少師公規生七歲不能言。一日，忽書門間云：『昔年曾住海三山，日月宮中數往還。無事引他天女笑，謫來爲吏向人間。』自此能言語，後登進士第，官至卿監，壽八十而終。」余得其家《七歲吟叙》讀之，則其事實左丞之

【一一】近時稱白石者　「近」原無，據涵芬樓《説郛》補。
【一二】紅梅　原作「梅花」，據涵芬樓《説郛》改。
【一三】黃丈人　「丈」，原作「大」，據涵芬樓《説郛》改。

祖太傅軫字齊卿者也。序云：「祖父疾革，與諸兒方卧牀側，遽呼起，熟視之，曰：「汝能賦詩二聯以稱吾意乎？」公口占二韻立成，皆神仙語。祖父視詩大喜，曰：「瞑目無憾矣。」詩曰：「昔年曾住海三山，日月宮中屢往還。無事引他天女笑，謫來爲吏到人間。」故非世俗之語也。太傅，祥符進士，官吏部郎中、直史館，嘗守鄉郡，壽七十七。序又記其辟穀十年，鍊丹九轉，鶴去，青衣至，三日而化，事尤奇怪。豈以爲初年詩語之驗。然不謂始不能言，忽題壁間，且非左丞之父。左丞以國子博士、贈太尉珪字廉叔爲父也【一四】，無云公規少師者。紀述易謬如是。左丞之孫，是爲務觀待制。甫七歲，父少師指烏命賦詩，遽對曰：「窮達得非吾有命，吉凶誰謂汝前知。」事見《家語》。此少師，又永年之子京西轉運宰，字元鈞也【一五】。吾鄉陸氏最稱故家，詩禮之澤深矣。世以穎悟早聞於時，亦盛事也。

洪氏《四筆》云：「紹興十三年勅令所進者删定官潘良能季成、游操存誠、沈介得和、伯兄景伯，皆爲秘書省正字，同日供職。」少監秦伯陽言：「一旦四同舍，姓皆從水旁。熺有一句，願諸君對之。」即云：「潘游洪沈泛瀛洲。」坐客無能對者。因記得《筆談》所載元厚之絳少時夢人告異日當爲翰林院學士，須兄弟數人，同在禁林。厚之自思素無兄弟，疑爲不然。及元熙寧中除學士【一六】，同時相先後入院者韓維持國【一七】、陳繹和叔、鄧綰文約、楊繪元素，名皆從糸，始悟兄弟之説。欲用「絳繹繪維綰綸綍」爲對，然後暇攷之史

【一四】珪字廉叔　「字」，原作「自」，宋蘇頌《蘇魏公文集》卷五九《國子博士陸君墓誌銘》稱「國子博士山陰陸君，諱珪，字廉叔」。據改。

【一五】字元鈞也　疑有脱文。參見《宋史》卷三百四十三《陸佃傳》。

【一六】熙寧　「寧」，原無，據文意補。元絳除學士，參見《宋史》卷三百四十三《元絳傳》。

【一七】相先後　原無，據《容齋四筆》卷十四《潘游洪沈》補。

録，歲月可同否也。予觀《桐陰舊話》云：元章簡公厚之嘗夢兄弟三人同爲學士，然厚之終鮮兄弟，嘗疑之，及與宫師、楊元素同在翰院，故事具奏不出官姓，一日因簽奏事，乃恍然記昨夢，蓋三公名皆連絲旁也。宫師即持國。參之《筆談》，無陳、鄧二公。韓無咎記家世舊事，庶幾得實。《石林詩話》又云：元厚之知荆南，夢至仙府，三人者聯書名旁，有告之曰君三人蓋兄弟也，覺而思之，莫知所謂。未幾入爲學士，韓持國維、楊元素繪先已在院，一日書名三人名，皆從絞絲，始悟夢中兄弟之意。已而持國、元素外補，厚之尹京，後三年，復與元素還職，而鄧文約綰相繼爲直院，則三人之名又皆從絞絲。其事莫詳於此，然亦不著陳也。存中紀之《異事》之目，在當時傳聞，固應無差。景盧猶謂未攷史録，前賢考究，不肯草草多類此也。

王龜齡眘事記人説生前事，其略云：予少時有鄉僧，每見必曰：「此郎嚴伯威後身也。」予訪諸叔父寶印大師，叔父曰：「嚴闍黎，汝祖母賈之兄也。博學工詩文，戒行修飭，汝父母昔以無子爲憂，政和壬辰正月吾師卒，汝祖夢吾師至，集衆花結成一大毬，遺汝祖曰：『君家求此久矣，吾是以來。』是月，汝母有娠。吾師眉濃黑而垂，目深而神藏，兒時能誦千言，喜作詩，人以汝眉目及趣好類之，故云。」又《種蔬詩》云：「前身老闍黎，蔬氣端未除。」詳著《梅溪集》。古昔此事良多。陳氏《捫蝨新話》歷數房琯爲永禪師，婁師德爲遠法師。張文定公游滁州瑯琊山寺，得《楞伽經偈》而悟前生。東坡游杭州壽星寺，入門便悟曾到。《春渚記聞》又以坡前身五祖戒和尚。見於魯直涪陵刻石所記，往往於釋氏輪迴，本其家法爾。坡詩自謂「前生我已到杭州，到處長如到舊游」。李之儀云：東坡平日自謂淵明後身，晚和《歸去來辭》始載此語，要是胸中自負如此。魯直爲千載人百世士之評，的矣。周益公《奏事録》記汪聖錫端明云：幼年初讀陳無己集，有《代人乞郡劄子》，一見便疑爲代傅堯俞作。後閲傳集，果然。乃知宿世讀書之説可信。聖錫疑無己後身也。賢哲曠世而脗合，豈亦其志自許三生之前，不可盡知也。李翺謂退之長讀書，能記它生之所習，或若識環之類耶。

《李氏雜記》云：乾道末，孝宗夢人告云：欲恢復中原，非王淮不可。於是季海方再入爲少常，遂除正字，歷内外制，不二年而執政，即至左揆。凡在二府十有四年，一朝大臣所未有也。余觀《王魯公行狀》，其初，紹興二十八年，自密院編修遷校書郎，未嘗除正字，及居諫省，以憂去。乾道三年，自福建轉運再入秘書爲少監，出守江州。八年，自浙西提點刑獄，三入朝爲太常少卿兼内外制，由西掖遷學士。淳熙三年冬，拜樞密，遂秉政。第自少常執政，亦涉四年，且非再入。記録易訛如此。婁彦發議張全直參政謚，謂高宗有不盡用之歎。閲十五年，王淮時在諫垣，上指一宰輔以形貌肖公【一八】，歎賞莫及。後以語阜陵，淮卒正鼎席。既以賦形偶類，簡思陵之知，復緣夢寐致阜陵注倚之重。果若前二説，天幸可數遇邪？

【一八】一宰輔　「一」，原作「以」，據《守山閣叢書》改。

校勘記

卷三

杜詩結語多用「安得」二字。《洗兵馬》云：「安得壯士挽天河，淨洗甲兵長不用。」《石筍行》云：「安得壯士提天綱，再平水土犀奔茫。」蓋全法《大風歌》「安得猛士兮守四方」，豈小力量敢道哉。不惟此爾。《遣興》云：「安得廉頗將，三軍同晏眠。」《喜雨》云：「安得鞭雷公，滂沱洗吴越。」《大麥行》云：「安得如鳥有羽翼，託身白雲還故鄉。」《光禄阪行》云：「安得更似開元中，道路只今多擁隔。」《茅屋爲秋風所破歌》云：「安得大厦千萬間，大庇天下寒士俱歡顔。」《王兵馬使二角鷹》云：「安得爾輩開其羣，驅出六合梟鸞分。」《晚登瀼上堂》云：「安得隨鳥翔，迫此懼將恐。」《晝夢》云：「安得務農息戰鬭，普天無吏横索錢。」《早秋苦熱》云：「安得赤脚踏層冰。」《後苦寒》云：「安得春泥補地裂。」《同谷縣歌》云：「安得送我置汝傍。」多壯語也。

曾見詩話稱陳無己詩「寒巷聞驚犬，隣家有夜歸」，較之劉長卿「柴門聞犬吠，風雪夜歸人」，本非蹈襲。

鄭毅夫草富相制，有詩云：「中使傳宣内翰家，君王令草侍中麻。紫泥金印封題了，紅燭才燒一寸花。」近趙汝談詩：「宫井城鴉欲動時，春猿夢斷《北山移》。攬衣擬草《歸田賦》，猶是金蓮燭半枝。」鄭矜敏捷，趙乃思退，辭致各清麗。《侯鯖録》記鄭俠上書事作，悉治平時往還厚善者。俠家搜得晏叔原與俠詩云：「春風自是人間客，主張繁華得幾時。」裕陵稱之，即令釋出。余聞劉潛夫端明少年《落梅詩》云：「東風謬掌花權柄，却忌孤高不主張。」遂得罪。比興似不相遠，所遭乃自兩途也。

陶詩「結廬在人境，而無車馬喧」，少陵《東樓》詩「雖有車馬客，而無人世喧」，就古語一轉，正使事之法。如《莊子》外篇「忘足屨之適也，忘要帶之適也」。東坡《九日》云：「要適忘帶，足適忘屨。」却乍讀似與《莊子》意別，亦是不爲古事所使也。

荆公詩多舉貞觀，蓋追懷盛時，託興前代，使後來讀之。如少陵「武德開元際，蒼生豈重攀」，可悲矣。《歎息行》云：「官驅羣囚入市門，妻子慟哭白日昏。市人相與説囚事，破家刼錢何處村。朝廷法令亦寬大，汝罪當死誰爲寃。路傍年少歎惜汝，貞觀元元之子孫。」《河北民》云：「河北民，生近二邊長苦辛。家家養子學耕織，輸與官家事戎狄。今年大旱千里赤，州縣仍催給河役。老少相攜來就南，南人豐年自無食。悲愁白日天地昏，路傍過者無顏色。汝生不及貞觀中，斗粟數錢無兵戎。」傷今思古之義具焉。又其詩曰：「歡樂欲與少年期，人生百歲常苦遲。白頭富貴何所用，氣力但爲憂勤衰。願爲五陵輕薄兒，生在貞觀、開元時。鬭雞走馬過一生，天地安危兩不知。」此意雖寓，辭若少過矣。使生太平盛世，得爲謹厚君子，顧不可樂哉。比見石九成文詩云：「忽思往事三代前，今有罪者亦可憐。」與《歎息行》意近。《荆溪集》中有云：「嗟汝建隆元元之子孫。」爲紹定己丑秋天台水災而作，亦用荆公語，其聲愈悲矣。

李伯玉縝，漢老參政之子，號萬如居士。有《梅花百咏》。後，莆田林子真同子常合賦梅十絶句，劉潛夫端明喜其有志，爲和韻至十疊。或以伯玉詩呈劉公，公擬異日當效李體，別課百首，不果作，二林遂成《百梅卷》。劉公題其後，有云：「和篇疊疊逼衰陳，肯犯齊、梁一點塵。」一時騷人名士，相踵用韻。劉公亦云：或搢紳先生，或江湖社友，體製各異。出而用世者其言瀏麗，處而求志者其言高雅。余什襲至今，集中可見者，蓋以賦詩答詞押韻用事。黄户曹祖潤和在諸人後，無一句一字相犯，特記其警策，終云「小哉荀令香三日，甚矣桓公臭萬年」之句，雖老夫亦避三舍。户曹之族父珩亦繼作，則以其首首不相犯，句句皆自鍛，若萃衆長倩他手而成，亦摘奇記之。清江咨龍、東隴徐用虎【二】，晚和者，謂篇篇有新意，若自倡首，別爲義疏。劉公復有答以詩者，併舉其槩。於林知録仲嘉云：「直須着意描香影，和靖宗人合詠梅。」於吴堯云：「即今同社餘千首，當日孤山止一聯。」於趙志仁監簿仲白之子時願云：「詩至山中不可加，郎君吟筆又名家。」山中，仲白別號。於何謙云：「字字追還水部公，篇篇壓倒後村翁。」於方司法元吉云：「處士骨寒誰得髓，老夫鼻塞尚聞香。請君摘出驚人句，玉篴横吹入樂章。」於方監鎮楷云：「百首

【二】龍東　原無，據《永樂大典》卷八二二《愛日齋叢抄》「清漳江咨龍、東隴徐用虎，晚和者，謂篇篇有新意」補。

初成六十餘，朝塗莫改費居諸。」於王教景長云：「盤屈高才入短章，卷中字字挾冰霜。直探寶藏珠盈掬，倒瀉金莖露浣腸。」於三山林天麒云：「不敢袖歸防雹取，殷勤反璧錦奚囊。」於方至貢元云：「貧兒籬下看花窠，曾見千枝玉雪麼。畫得逃禪三昧少，詩如無住一聯多。」於方蒙制幹云：「出香影外别商量，盡擷精英發祕藏。難把微酸諧衆口，只消一白賽宫妝。」於陳珽判官云：「抹黛村眉嫌醜怪，約黄宫額費妝塗。」於袁卿相子云：「百篇端可補《詩》亡。」於總管陳汝一云：「和者肩摩似堵墻，君侯殿後獨軒昂。」集中不著酬答而嘗和韻者，當復幾人矣。梅絶句以十計，維揚公濟蟠通守錢塘賦此，東坡和之。再，劍南詩亦兩賦。十十而百，李氏之後，莆田唱酬爲盛。

讀東坡詩：「天形倚一笠，地勢轉兩輪。五霸之所建，毫端棲一塵。功名半幅紙，兒女浪苦辛。」所見者真超然萬有之表。較韓詩：「下視禹九州，一塵集毫端。遨嬉未云幾，下已億萬年。問有夸奪子，萬墳壓其巔。」此更壯偉矣。又如「我行西北隅，如渡月半弓。登高望中原，但見積水空」。又「我觀大瀛海，巨浸與天永。九州居其間，無異蛇盤鏡。空水兩無質，相照但耿耿」。此老眼目如許廣大，收拾句語中，決非小力量也。少陵《登慈恩寺塔》：「俯視但一氣，焉能辨皇州。」亦此類歐陽公《玩月》云：「天形積輕清，水德本虚靜。雲收風波止，始見天水性。澄光與粹容，上下相涵映。乃於其兩間，皎皎掛寒鏡。」却是先得東坡《鑒空閣詩》意度。

張季長繽《賦梅》自序云：「余往歲和任子淵《梅花詩》，有云：『夢隨影瘦溪横月，詩與香深竹擁門。』子淵喜曰：『新語也。』又和張惠之詩云：『有月嬋娟來伴住，無人寂寞爲誰香。』薛元發屢相歎，曰：『清語也。』後在雙峯，戲和陳齊正詩云：『醉餘釵擁横枝睡，夢破香隨淺笑來。』查元章偶見之，笑曰：『韻語也。』舉酒相飲。今十數年矣。子淵、元發、元章皆下世，念之悵然。久不復爲梅賦詩，徘徊月庭，雙樹盛開，幽香襲人，偶成一章，刻琢之詞，不能復爲子淵、元發所稱，而綺靡之習，亦不能復爲元章所笑，老懷真如止水也。」詩曰：「向來懶不賦梅詩，禪榻忘機鬢已絲。月户忽逢雙玉立，春風又見一年期。樓高縹緲明霜影，竹冷横斜浸雪枝。尚笑閒塵除未盡，暗香猶着夢魂知。」今《劍南集》有《次韻張季長梅詩》：「倚橋臨水似催詩，戲伴鵝黄上柳絲。萬里西湖驚目斷，二年東閣憶幽期。插瓶直欲連全樹，簪帽憑誰揀好枝。一味淒涼君勿嘆，平生初不願春知。」務觀在蜀，與張厚善，暮年猶懷之不已，間寓於篇什。起修史時，且欲引類，不果。或云：李季章參政，其壻也。

「褰衣步月踏花影，炯如流水涵青蘋。」坡詩也。「寒藤老木被光景，深山大澤皆龍蛇。」魯直詩也。古今描寫月物影，有此入神之筆。

陸務觀詩：「鴨緑桑乾盡漢天，傳烽自合過祁連。功名在子何殊我，惟恨無人快着鞭。」用此視世間事，稍恢廓矣。文公答陳同父逢時報主之説，有云：「就其不遇，獨善其身，以明大義於天下，使天下之學者，皆知吾道之正而守之，以待上之使令，是乃所以報不報之恩者，亦豈必進焉而撫世哉。」佛者之言曰：「將此身心奉塵刹，是則名爲報佛恩。」而杜子美亦云：「四隣耒耜出，何必吾家操。」此言皆有味也。今觀陸詩，用意不大相遠。《書》曰：「人之有技，若己有之。」推此心庶幾焉。「功名在子，何異我躬」，東坡詩話亦有此語。

林肅翁序《樂軒詩筌》，末云：「師學之傳，豈直以詩；　詩又不傳，學則誰知？　後千年無人，已而已而；　後千年有人，留以待之，奈何。　噫。」是摹擬舒元輿之作耶？　蓋元輿《玉篆銘》曰：「斯去千年，冰生唐時。冰復去矣，後來者誰。　後千年無人，義止於斯。嗚呼主人，爲吾寶之。」洪景盧所謂有不可名言之妙者。　感今懷古，此意多矣。　東方朔云「往者不可及兮，來者不可待」，嚴忌云「往者不可攀援兮，來者不可與期」，王文公《歷山賦》云「曷而亡乎我之思，今孰見兮我之悲。　嗚呼已矣兮，來者爲誰」，不若柳子厚詩「誰爲後來者，當與此心期」，猶有以啟來世無窮之思，否則，夫子何以謂「焉知來者之不如今也」。

昌黎《詠筍》：「成行齊婢僕，環立比兒孫。」欒城：「凌霜自得良朋友，過雨時添好子孫。」亦謂筍也。《周禮・大司樂》「孫竹之管」，《注》云：「竹枝根之末生者。」《疏》言：「若子孫然。」荆公「籬落生孫竹」，正用此。　東坡「檳榔生子竹生孫」自注：「海南勒竹，每節生枝，如竹竿大，蓋竹孫也。」則別一種竹。《題竹閣》「蒼然猶是種時孫」，是以竹之後出者爲孫。又謂「兒子森森如立竹」，此因子孫之盛比竹也。

退之：「猛虎雖云惡，亦皆有匹儕。羣行深谷間，百獸望風低。身食黄熊父，子食赤豹麛。擇肉於熊豹，肯視狐與狸。」此言虎恃儔類之盛，百獸畏服，因得逞其大毒，微細不足充吞噬。「正晝當谷眠，眼有百步威。自矜無當對，氣性縱以乖。朝怒殺其子，暮還食其妃。匹儕四散走，猛虎還孤栖。」此言虎恃其威力以毒儔類，至於孤危，先食熊豹之父子，而終自食其妃與子，凶禍之應也。「狐鳴門四旁，烏鵲從噪之。出逐猴入居，虎不知所歸。誰云猛虎惡，中路正悲啼。豹來銜其尾，熊來攫其頤。」此言虎已失儔類，狐鳴鵲噪，而猴入穴可食，熊豹亦得搏噬之，但能悲啼而已，向之暴惡安在哉。以「猛虎雖云惡」起至此云「誰云猛虎惡，威力不足恃」，如是「猛虎死不辭，但慚前所爲。虎坐無助死，況如汝細微」，此終言虎之惡極矣。失其儔類，取死宜也。當其縱暴，何有於物，一旦索然，求免無所，彼惡之不及虎也，可以孤立自肆哉。「故當結以信，親當結以私，親故且不保，人誰信汝爲」。此又言人於所厚者薄，無所不薄，實致禍之道。虎坐失其儔類，遂以殺身，人苟棄其親故，烏能自存？始云「亦皆有匹儕」，中云「匹儕四散走」，末云「虎坐無助死」，一篇照應處，義主風刺。謂爲李宗閔作，或辨其非是。胡邦衡有詩云：「夜讀文公《猛虎》詩，云何虎死忽悲啼。人生未省向來事，虎死方羞前所爲。昨日猶能食熊豹，今朝無計奈狐狸。我曾道汝不了事，唤作癡兒果是癡。」必有爲而述此。如少陵詩：「猛虎憑其威，往往遭急縛。雷吼徒咆哮，枝撑已在脚。忽看皮寢處，無復睛閃爍。人有甚於斯，足以勸元惡。」韓詩詳著寡助之禍，杜詩直寓失勢之戒，當互觀以爲世勸。

《夢溪筆談》記商洛間兵官賦詩云：「人生心無累，何必買山錢。」遂投檄去。頗類坡詞：「不如歸去，二頃良田無覓處；　歸去來兮，待有良田是幾時？」近如徐淵子詩乃云：「俸餘宜辦買山錢，却買端州古硯甎。依舊被渠驅使在，買山之事定何年？」

荆公《兼并》一詩，其議設青苗法奪富民之利，實本於此。其詩云：「三代子百姓，公私無異財。人主擅操柄，如天之斗魁。賦予皆自我，兼并乃奸回。奸回法有誅，勢亦無自來。俗吏不知方，掊克乃爲材。俗儒不知變，兼并可無摧。利孔至百出，小人私闔開。有司與之爭，民愈可憐哉。」是其意雖主抑兼并，而又不欲官爭民利。如《寓言》詩：「婚喪孰不供，貸錢免爾縈。耕收孰不給，傾粟助之生。物贏我收之，物窘出使營。後世不務此，區區挫兼并。」此正公所主新法，而乃以挫兼并爲非。二篇首尾已似異。又《發廪》詩云：「先王有經制，頒賚上所行。後世不復古，貧窮兼主并。非民獨如此，爲國賴以成。築臺尊寡婦，入粟至公卿。我嘗不忍此，願見井地平。」要其立法豈樂於病民，特欲自上制其貧富，使之稍均，豪强無以擅威福耳。古制甚難復而易敝，徒爲感世變者深嘗也。又如《酬王詹叔奉使江南訪茶法利害》詩：「豈嘗權其子，而爲民父母。」《收鹽》詩：「一民之生重天下，君子忍與爭秋毫。」意尤惻然者。或謂張景温権解鹽之法，公卒主之，顧不計民情何如哉，前輩論之悉矣。公詩云：「書生若信書，世事仍臆度。當時一快意，事過有餘怍。」吁，書何罪也！柳子厚云：「信書成自誤，經事漸知非。」更嘗之餘，能發此意即善矣。

昌黎《楚昭王廟》詩：「丘園滿目衣冠盡，城闕連雲草木荒。猶有國人懷舊德，一間茅屋祭昭王。」感慨深矣。蘇泠然洞《金陵》【二】詩：「龍光寺裏只孤僧，玄武湖如掌樣平。更上鷄籠山上望，一間茅屋晉諸陵。」末語慘然類韓公。

少陵《除架》、《廢畦》詩各存興寄，《除架》有功成者退之意。而「秋蟲」、「莫雀」，則不悟盛衰者也。《廢畦》有物窮則剥之意。而「悲君白玉槃」謂時過則賤可貴，盛時一失爲足惜也，注詩别有取義。

「半山便遣能參透，猶有唐人是一關」，誠齋楊廷秀詩也。一關，殆言一膜之隔未盡透徹者。又有《送彭元忠》詩：「學者初學陳後山，霜皮晚盡山谷寒。近來别具一隻眼，要踏唐人最上關。」此殆楊廷秀學詩法，故數以爲喻。文公報鞏仲至帖云：「來喻所云『漱六藝之芳潤，以求真澹』，此極至之論，然恐亦須先識得古今體製雅俗向背，仍更洗滌得盡腸胃間夙生葷血脂膏，然後此語方有所措。如其未然，竊恐穢濁爲主，芳潤入不得也。」近世詩人，正緣不曾透得此關，而規規於近局，故其所就皆不滿人意。此之云關，當異乎楊之説，正爲學詩者設。如半山之視唐人，真論向上一關爾。

【二】蘇泠然　「泠」，原作「冷」，據《直齋書録解題》卷二十蘇洞《泠然齋集》十二卷改。

《宛陵集》中《賦石昌言白鶻圖》詩：「雙睛射空眼角聳，筋爪入節鞲絛垂。翅排霜刀毛綴甲，雪色愁突秋雲披。當時始得不知價，朝發海東夕九疑。世爲奇俊玩不足，奪質移神歸畫師。畫師黄筌出西蜀，成都范尹能其知。范云筌筆不敢次，自養鷹鶻觀所宜。毰毛植立各有態，剜奇剔怪乃肯爲。尋常飼鷹多捕鼠，捕鼠往往驅其兒。其兒長大好飛走，其孫賣鼠迭又衰。范君語此亦有味，欲戒近皆習無他移。」此即事垂戒，異夫品藻丹青之作。題下自注：「得黄筌事於景仁。」按，《東齋記事》：「黄筌、黄居寀、居寶【三】，蜀之名畫手也。尤善爲毛翎。其家多養鷹鶻，觀其神俊，以模寫之，故得其真。後子孫有棄其畫業而事田獵飛放者。既多養鷹鶻，則買鼠以飼之。又其後世有捕鼠爲業者。其所置習，不可不慎。人家置博奕之具者，子孫無不爲博奕。藏書者，子孫無不讀書。置習豈可以不慎哉！予嘗爲梅聖俞言，聖俞作詩以紀其事。」蓋即前詩也。蜀公晚年得謝，始追述館閣以來故事，遂亦具載，當以爲宛陵詩箋。

詩之六言，古今獨少，洪氏云編唐人絶句七言七千五百首，五言二千五百首，合爲萬首，而六言不滿四十，信乎其難也。後村劉氏選唐宋以來絶句，至《續選》始入六言，其叙云：「六言尤難工，柳子厚高才，集中僅得一篇。惟王右丞、皇甫補闕所作妙絶今古，學者所未講也。使後世崇尚六言，自予始，不亦可乎。」又云：「六言如王介甫、沈存中、黄魯直之作，流麗似唐人，而妙巧過之。後有深於詩者，必曰翁之言然。」又云：「野處編六

【三】居寶 《守山閣叢書》無。

言，終唐三百年止得三十餘篇。予於本朝得七十篇，倍於唐矣。」今後村集中多六言，事偶尤精，近代詩家所難也。蕭氏《文選》叙有云：「自炎漢中葉，厥途漸異，退傅有在鄒之作，降將著《河梁》之篇，四言五言，區以別矣。又少則三字，多則九言，各體互興，分鑣並驅。」又云：「三言八字之文。」注者謂韋孟傅楚元王孫戊，作四言詩諷王自此始。李陵降匈奴，蘇武別河梁上，作五言詩自此始。三字起夏侯湛，九言出高貴鄉公，三言謂漢武《秋風辭》，八字謂魏文帝《樂府詩》，獨不著古有六言、七言者。項平父説詩句，二言至八言，以「我姑酌彼金罍」爲六言。按，《文章緣起》又始於漢大司農谷永。予觀嵇叔夜有六言詩十首，視唐人體製固先矣。

東坡賦柱杖，必以聲言之。如《柳真齡鐵柱杖》云「忽聞鏗然爪甲聲」。又《絶句》：「莫嫌犖确山頭路，自愛鏗然曳杖聲。」《和文與可洋州園林》：「橋下龜魚無數在，識君柱杖過橋聲。」少陵《桃枝竹杖引》固已云「出入爪甲鏗有聲」，於鐵杖尤佳。

少陵「斯須九重真龍出，一洗萬古凡馬空」。退之《送温處士赴河陽軍序》解得空字明白。序云：「伯樂一過冀北之野而馬羣遂空。夫冀北馬多於天下，伯樂雖善知馬，安得空其羣邪？解之者曰：吾所謂空，非無馬也，無良馬也，便如少陵《天育驃騎歌》『如今豈無腰褭與驊騮，時無王良、伯樂死即休。』在退之《襍説》云：『世有伯樂，然後有千里馬；千里馬常有，而伯樂不常有，故雖有名馬衹辱於奴隸之手，駢死於槽櫪之間，不以千里稱也。』」是非少陵句箋釋乎。

魯直《過家》詩：「繫船三百里，去夢無一寸。」當用范《史》楊倫語。倫爲將軍梁商長史，諫諍不合，出補常山王傅，病不之官。詔書催發，倫曰：「有留死一尺，無北行一寸。」《三國志》「《司馬法》『將軍死綏』」。《注》：王沈《魏書》云：「綏，却也。有前一尺，無却一寸。」梁馬仙琕曰：「有留死一尺，無却生一寸。」今蜀本黄詩外集註於此句略之。昔賢著作，非必有意古事，自爾語合，箋釋者揣度，不流於鑿則簡矣，故難。

陳去非云：「忽有好詩生眼底，安排句法已難尋。」吕居仁云：「忽見雲天有新語，不如風雨對殘書。」靜中置心，真與見聞無毫膜隔礙，始得此妙。

吕文靖《題天花寺》云：「賀家湖上天花寺，一一軒窻向水開。不用閉門防俗客，愛閒能有幾人來。」曾文清《題意大師房》云：「頭白高僧心已灰，石菖蒲長水蕉閻。莊嚴茗事鑪煙起，不用關防俗子來。」兩詩韻同意亦合。視荆公「我亦暮年專一壑，每逢車馬便驚猜」，氣象廣窄可見。

《潁川集》《吴沖卿夫人秦國挽詩》有云【四】：「見夫成相業，聽子得忠臣」，自注：「夫人長子起居昔將論事，以南遷之憂訪於夫人【五】，夫人以當官許焉。」《吕紫微詩話》以爲孔毅甫學士建中靖國間作，以「見夫」爲「贊夫」。亦云其子傳正安詩，紹聖初以左史權中書舍人，欲論事，懼親老未敢。夫人聞之，促其子論列，由此遂貶，夫人不以爲恨。復註

【四】潁川集　「潁」，原作「穎」，據蘇轍《欒城集·後集》卷三《吴沖卿夫人秦國挽詞二首》、蘇轍晚居潁川改。

【五】訪於夫人　「訪」，原作「汎」，據蘇轍《欒城集·後集》卷三《吴沖卿夫人秦國挽詞二首》改。

詩乃蘇子由作，蓋誤指爲穀甫矣。按，紹聖初，子由以策題引喻失當罷政，吳權中書舍人命詞有「文學風節，天下所聞」及「原誠終是愛君」之語【六】，罷起居郎。又以爲給舍附呂汲公與子由，謫監光州鹽酒税，再竄連州。初，章惇復官，將召用，吳不書黄。惇既相，必追仇也。然去國本坐行子由責詞。蘇公註將論事，或槩言立朝時，《詩話》遂證其由此遷謫也。昔梅聖俞《挽齊國長公主》云：「每令夫結友，不爲子求郎。」論使事之工，則此勝。

李商隱詩：「夕陽無限好，只是近黄昏。」足以戒盛滿而意似迫促。程子云：「未須愁日暮，天際是輕陰。」悠然無盡之味，詩家未能及。

陳無己《放歌行》，魯直以爲顧影徘徊，衒耀太甚。予謂「不惜捲簾通一顧，怕君着眼未分明」，誠太衒耀。「説與旁人須早計，隨時梳洗莫傾城」，亦既感悔矣。老杜「不嫁惜娉婷」五字，無己衍其詞也。《後村詩話》云：世稱朱慶餘「粧罷低聲問夫婿，畫眉深淺入時無」之句，却不入選，豈嫌其自鬻耶？無己措意偶類此。用魯直法評唐人，故亦通。

皇甫冉云：「借問承恩者，雙蛾幾許長」，語獨含蓄。

「誰能更學孩童戲，尋逐春風捉柳花」，樂天《放柳枝》答劉夢得詩也。誠齋楊氏乃有「日長睡起無情思，閒看兒童捉柳花」之句，得非默閲世變，中有感傷。此靜中見動意。

《王直方詩話》：東坡平日最愛樂天之爲人，故有詩云：「我甚似樂天，但無素與蠻。」又，「我似樂天君記取，華顛賞遍洛陽春」。又，「它時要指洛陽人，知是香山老居

【六】原誠終是愛君　「誠」，原作「情」，據《九朝編年備要》卷二十四改。

士」。又，「定似香山老居士，世緣終淺道根深」。而坡在錢塘與樂天所留歲月略相似。其句云「在郡依然六百日」者是也。洪氏《三筆》論蘇公謫黄州，始稱東坡居士，其意蓋專慕白樂天。白公有《東坡種花》詩，《步東坡》詩，《别東坡花樹》詩，皆爲忠州刺史時作。蘇公在黄正與白公忠州相似。因憶蘇詩《贈寫真李道士》云「知是香山老居士」。《贈善相陳傑》云「我似樂天君記取」。《送程懿叔》云「我甚似樂天」。《入侍邇英》云「定似香山老居士」，而跋云：「樂天自江州司馬除忠州刺史，旋以主客郎中知制誥，遂拜中書舍人。某雖不敢自比，然謫居黄州，起知文登，召爲儀曹，遂忝侍從，出處老少，大略相似，庶幾復享晚節閒適之樂焉。」《去杭州》云「出處依稀似樂天，敢將衰朽較前賢」，序曰：「平生自覺出處老少粗似樂天，才名相遠，而安分寡求，亦庶幾焉。」則東坡之名，非偶爾暗合也。益公《雜誌》亦稱蘇公不輕許可，獨敬愛樂天，屢形詩篇，蓋其文章皆主辭達，而忠厚好施，剛直盡言，與人有情，於物無著，大略相似。謫居黄州，始號東坡，其原必起於樂天忠州之作。予因諸詩之作而攷之，東坡之慕樂天似不盡始黄州。《弔海月辨師》云：「樂天不是蓬萊客，憑仗西方作主人。」倅杭時作，已有慕白之意矣。《坡詩註》：盧子《逸史》：會昌元年，有南客飄至大山，有人引至一處，見道士坐大殿，曰：「此蓬萊山也。」宫内院宇數十，而一院扃鎖，曰此白樂天宫。樂天在中國未來耳。樂天聞之，遂作《答客説》詩：「海山不是吾歸處，歸則應歸兜率天。」又，《與果上人》詩：「不須惆悵從師去，先請西方作主人。」觀引用此事，知其已慕白也。守膠西，《和張子野竹閣見憶》云：「柏堂南畔竹如雲，此閣何人是主人？　但遣先生披鶴氅，不須更畫樂天真。」或謂此自屬之子野。元祐經筵，賜御書樂天《紫微花絶句》，又不獨公以此自擬也。記韓魏公醉白堂，以所得之厚薄深淺、孰有孰無較勳名富樂之不同，而以忠言嘉謨効於當時，文采表於後世，死生窮達不易其操，道德高於古人爲同。迨其自處，則謂才名相遠，不敢自比，而以由謫籍起爲守登、侍從，庶幾出處老少、晚節閒適、安分寡求爲同。若樂天聲伎之奉，固蘇公所無，坡後賦朝雲「不似楊枝別樂天」，豈誠過之，戲言也。況已云「但無素與蠻」矣。子由暮年賦詩，亦謂「時人莫作樂天看，燕望端能畢此身」，自注：「樂天居洛陽日，正與予年相若，非齋居道場，輒攜酒尋花，游賞泉石，略無暇日。予性拙且懶，杜門養病已僅十年，樂天未必能爾也。」或當日又以樂天稱子由，香山一老而兩蘇公共之。子由《讀白集五絶句》極論所處同異，今盡抄其詩云：「樂天夢得老相從，洛下詩流得二雄。自笑索居朋友絶，偶然得句共誰同？」「樂天得法老凝師，後院猶存楊柳枝。春盡絮飛餘一念，我今無累百無思。」「樂天投老刺杭蘇，溪石胎禽載舳艫。我昔不爲二千石，四方異物固應無。」「樂天引洛注池塘，畫舫飛橋映緑楊。漢水隔城來不得，不辭策杖看湖光。」「樂天種竹自成園，我亦墻陰數百竿。不共伊家鬭多少，也能不畏雪霜寒。」

徐師川《題雙廟》云：「向使不死賊，未必世能容。」樓大防評：「不惟自巡、遠以來未有此論，蓋隱寄永懷之痛。」黄魯直亟稱之。師川乃德占禧之子。德占以給事中計議邊事，没於兵。吕居仁亦有《雙廟詩》云：「念公不量勢力微，本自不辱國士知。大厦又非一木支，何必如此感慨爲。往昔開元全盛時，公胡不念魴魚歸。亦不往弔湘江纍，死後聲名何足奇。」其論稍異，識者當別會意。

陳同甫治園池，爲柏屋三間，名曰抱膝齋。葉正則爲作《抱膝吟二首》，其一云：「昔人但抱膝，將軍擁和鑾。徒知許國易，未信藏身難。功雖愆歲晚，譽已塞區間。今人但抱膝，流俗忌長歎。儒書所不傳，羣士欲焚刪。譏訶致囚箠，一飯不得安。珠玉無先容，松柏有後艱。内窺深深息，仰視冥冥翰。勿要兩髀消，且令四體胖。徘徊重徘徊，夜雪埋前山。」其二云：「音駭則難聽，問駭則難答。我欲終言之，復恐來噂沓。培風鵬未高，弱水海不納。匹夫負獨志，經史玫離合。手捩二千年，柔條起衰颯。念烈倘天回，意大須事匝。偶然不施用，甘盡齋中榻。寧爲楚人弓，亡失任挽踏。莫作隋侯珠，彈射墜埃壒。」陳君舉有《寄題抱膝齋》詩：「稻粱不難謀，軒冕亦易得。胡爲抱膝翁，惻惻復惻惻。秋風墮碧梧，鳳鳥去無跡。愁吟草際蛩，兒女淚盈臆。忽然一長嘯，孤響起空寂。令人識雅頌，一唱三歎息。室廬在路傍，耕鑿在民籍。行人聽笑語，稚子共眠食。讀書果何罪，鬚髮又半白。此意太勞勞，此身長抑抑。抱膝且不可，出門更何適。但勿問門外，蓬蒿若干尺。」同甫復因書求題詠于文公，有云：「正則爲作《抱膝吟二首》，君舉作一首，詞語甚工，然猶説長説短，説人説我，未能盡暢抱膝之意也。同床各作夢，周公且不能學得，何必一一論到孔明哉。亮又自不會吟得，使此耿耿者無以自發。祕書高情傑句，横出一世，爲亮作兩吟，其一爲和平之音，其一爲悲歌慷慨之音，使坐此屋而歌以自適，亦如常對晤也。去僕已別賚五日糧，今在彼候五七日不妨，千萬便爲一作。」文公辭之，曰：「《抱膝》詩，以數日修整破屋，扶傾補敗，蕞冗細碎，不勝其勞，無長者池臺之勝，而有其擾，以此不暇致思。留此人等候數日，竟不能成。且令空回，伺旦夕有意思却爲作，附便以往也。二公詩皆甚高，而正則摹寫尤工，卒章致意尤篤，令人歎息。所惜不曾向頂門上下一針，猶落第二義也。」又因書促之，云：「許作《抱膝吟》，須如前書得兩篇可長諷詠者，不必論到孔明抱膝長嘯。各家園池自有各家景致，但要得語言氣味深長耳。」又辭之，云：「《抱膝吟》亦未遑致思，兼是前論未定，恐未必能發明賢者之用心，又成虚設。若於此不疑，則前所云者便是一篇不押韻無音律底好詩，自不須更作也。」蓋是時問答「義利」、「王伯」之論，意已寖異，故云前論未定。他日求之不已，其書有云：「連書求作《抱膝吟》，非求祕書粧撰而排連也，只欲眼前寫景色，道今昔之變，一爲和平之音，一爲慷慨悲歌，以娱其索居野處耳。信手直寫，便自抑揚頓挫，何必過於思慮以相玩哉。去奴留待幾日儘不妨，願試作意而爲之。」則又辭之，曰：「《抱膝吟》久做不成，蓋不合先寄陳、葉二詩來，田地都被占，却教人無下手處也。況今病思如此，是安能復有好語，道得老兄意中事耶。」其後猶徵促甚力，而文公答語有云：「《抱膝》之約，非敢食言，正爲前此所論未定，不容草草下語，須伺他時，相逢彈指，無言可説方敢通個消息。但恐彼時又不須更作這般閒言語耳。」自淳熙乙巳有請，迨紹熙癸丑幾十年，訖不許。如晚諸陸務觀《老學菴銘》，亦不復肯作，先儒語默間，各有劑量也。

淵明五子儼、俟、份、佚、佟。《責子》詩曰：「白髮被兩鬢，肌膚不復實。雖有五男兒，總不好紙筆。阿舒已二八，懶惰固無匹。阿宣行志學，而不好文術。雍端年十三，不識六與七。通子垂九齡，但覓梨與栗。天運苟如此，且進杯中物。」黄魯直云：「觀淵明此詩，想見其人慈祥戲謔可觀也。俗人便謂淵明諸子皆不肖，而愁嘆見於詩爾。」又云：「杜子美詩『有子賢與愚，何其挂懷抱。』子美困頓於三川，蓋爲不知者詬病，又往往譏議宗文、宗武失學，故聊解嘲。其詩名曰《遣興》，可解也。俗人便爲譏病淵明，所謂癡人前不得説夢也。」按東坡詩云：「我笑陶淵明，種秫二頃半。婦言既不用，還有責子歎。」蘇公肯亦效癡人説夢耶？予謂淵明《和郭主簿》詩：「弱子戲我前，學語未成音。此事真復樂，聊用忘華簪。」時當初有儼也。又詩《命子》：「嗟予寡陋，瞻望弗及。顧慚華鬢，負影隻立。三千之罪，無後爲急，我誠念哉，呱聞爾泣。卜云嘉日，占亦良時。名汝曰儼，字汝求思。温恭朝夕，念兹在兹。尚想孔伋，庶其企而。厲夜生子，遽而求火。凡百有心，奚特于我。既見其生，實欲其可。人亦有言，斯情無假。日居月諸，漸免於孩。福不虚生，禍亦易來。夙興夜寐，願爾斯才。爾之不才，亦已焉哉。」蓋所謂阿舒者先長而名之，末語正近責子意，其成否則天也。此所以爲淵明之達。在彭澤，送一力助其子薪水之勞。與儼等書有云：「吾年過五十，少而窮苦，每以家敝，東西游走。性剛才拙，與物多忤，自量爲己，必貽俗患。僶俛辭世，使汝等幼而飢寒。汝輩稚小家貧，每役薪水之勞，何時可免。念之在心，若何可言。」則知儼輩固能服勞家事，特學業未可知爾。觀遣力給其子，則云：「此亦人子也，可善遇之。」戒儼等同居同財，則云「汝等雖不同生，當思四海皆兄弟之義」，豈任其自爲賢愚者。《責子》詩聊洗人間譽子癖，少陵、東坡亦戲言之，非不知淵明也。

元稹《過華清宫》詩：「白頭宫女在，閒坐説玄宗。」退之《過連昌宫》詩：「宫前遺老來相問，今是開元幾葉孫。」各有意味。劍南詩中亦云：「舍北老人同甲子，相逢揮淚説高皇。」

《雉帶箭》詩：「原頭火燒靜兀兀，野雉畏鷹出復没。將軍欲以巧伏人，盤馬彎弓惜不發。地形漸窄觀者多，雉驚弓滿勁箭加。衝人決起百餘尺，紅翎白鏃相傾斜。將軍仰笑將吏賀，五色離披馬前墮。」先儒云：此寫物之妙，令讀者如當時周旋其間以爲快。或評《汴泗交流》詩，鋪叙擊毬之狀同。

楊廷秀《木犀》詩：「系從犀首名干木，派别黄金字子金。」後《鶴山集》亦賦此花云：「虎頭點點開金粟，犀首纍纍佩印章。明月上時疑白傅，清風席處越黄香。」集古人姓字爲對偶。又自注：顧虎頭善畫金粟，用之正佳。「犀首」配「虎頭」愈工，而誠齋詩句殆爲花補傳也。

近時《江湖詩選》有可山林洪詩：「湖邊楊柳色如金，幾日不來成緑陰。」人多傳誦。却似梅宛陵「不上樓來今幾日，滿城多少柳絲黄。」《鼂氏客話》記歐公云：「非聖俞不能到。」《劒南藁》中《聞蛙》詩：「雖成兩部樂，恨失一編書。」與魯直「幾兩屐」、「五車書」詠物之工略同機杼，識者但評其高下爾。

少陵《羌村》第三詩：「羣雞正亂叫，客至雞鬭爭。驅雞上樹木，始聞扣柴荆。父老四五人，問我久遠行。手中各有攜，傾榼濁復清。苦辭酒味薄，黍地無人耕。兵革既未息，兒童盡東征。請爲父老歌，艱難愧深情。歌罷仰天歎，四座淚縱横。」又《贈衛八處士》詩：「人生不相見，動如參與商。今夕復何夕，共此燈燭光。少壯能幾時，鬢髮各已蒼。訪舊半爲鬼，驚呼熱中腸。焉知二十載，重上君子堂。昔别君未婚，兒女忽成行。怡然敬父執，問我來何方。問答未及已，兒女羅酒漿。夜雨剪春韭，新炊間黄粱。主稱會面難，一舉累十觴。十觴亦不醉，感子故意長。明日隔山岳，世事兩茫茫。」艱難之時，道情離合，莫詳於二詩。一爲客至而作，一爲訪舊而作。謂步驟有相合處，乃其次也。《羌村》詩或以之比淵明《飲酒詩》中語，然如「清晨聞扣門，倒裳往自開。問子爲誰與，田父有好懷。壺漿遠見候，疑我與時垂。」其爲閒暇，非少陵所能得者。

玉川子《月蝕》詩，四方五星以及蚩尤枉矢，辭而責之，不若《詩·大東》後二章，歷舉牛女天畢，東啟明，西長庚，南箕，北斗，以寓歎恨之情。古人造作，各存法度，攷索具見，今但訝其怪放而已。退之《三星行》却正用《大東》語。

東坡初在杭賦吉祥寺謂「人老簪花不自羞，花應羞上老人頭」後【七】，在膠西《答陳述古絶句》乃「城西亦有紅千葉，人老簪花却自羞」，距在杭時五六年，意態遽不同，遂反前詩言之，未必不感吉祥舊游也。

退之自云：「今日無端讀書史，智慧只足勞精神。」荆公遂謂：「力去陳言夸末俗，可憐無補費精神。」不知先已悔之矣。又直用退之「可憐無益費精神，有似黄金擲虚牝」之句。退之此語，爲崔立之作，蓋譏其投贈之多，非若前《感春》詩中十四字乃欺己也。劉彦冲亦云：「文章固自有機杼，戲事豈足勞心神。」

《西清詩話》記二詩。其一：方澤《阻風絶句》云：「江上春風留客舟，無窮歸思滿東流。與君盡日閒臨水，貪看飛花忘却愁。」謂其人不以文藝名世，而詩語驚人如此。予記劍南《採蓮絶句》云：「雲散青天掛玉鈎，石城艇子近新秋。霧鬟風鬢歸來晚，忘却荷花記得愁。」方詩先出，末句一轉偶同，各以意勝。「折得荷花渾忘却，空將荷葉蓋頭歸」，見唐絶句。

【七】花應羞上老人頭　「羞」，原作「休」，據蘇軾《蘇軾集》卷三《吉祥寺賞牡丹》改。

老杜《古柏行》，劉平國嘗評之云：「落落盤踞雖得地，冥冥孤高多烈風。扶持自是神明力，正直元歸造化功。我踞得其地，烈風雖多亦何畏。藉曰天之杌我，神明固亦扶持之，然所以可扶持者，則亦以元來根本有此正直爾。今此古柏稟於天者既異，凡物又踞得其地，其視鸞鳳、鴟鴞也，螻蟻、蛟龍也，等是巢穴中一物，其去其來，於我何擇，亦於我何有。子美末章『苦心豈免容螻蟻，香葉終經宿鸞鳳』之句，似未免小心計較，竊恐不足以見古柏之大。」予詳其義，若謂其心堅苦，未免受小人之侵陵，雖不遇，而流芳餘蔭猶爲善類之所依歸也。據是言之，何病乎樹之大而疑其計較，苟以鸞鳳、鴟鴞、螻蟻、蛟龍，皆巢穴中一物，任其去來爲大，則一無揀擇，寧不失斷制之義，而有類乎兼愛。趙注以螻蟻喻小人是矣。又以公自況，終接鴛鸞之侶釋下句，理未通。且分此爲三節：自「孔明廟前有老柏」，指夔州孔明廟之柏；自「憶昨路繞錦城東」，追言成都先主廟之柏；自「大厦如傾要梁棟」，摠言兩處之柏起意，以嗟大材之人，且自況其身。今就其説，則此因夔州之柏而思成都之廟，前云「君臣已與時際會」，故應之「先主武侯同閟宫，古祠喬木視其存」也。想孔明之遇合，見其大也。興大才之不用，以彼遇合，而重不用之恨；由其不用，而後知如蜀君臣際會之盛難得也。「志士幽人莫怨嗟」，不哀不怨，尤古詩法。李方叔云：「或謂子美作此詩，備詩家衆體，非獨形容一時君臣相遇之盛，亦所以自況，而又以惘其所值之時不如古也。」

東坡《秋懷》詩：「苦熱念秋風，常恐來無時。及兹遂凛凛，又作徂年悲。」即補《洞仙歌》結語。荆公有云：「少年不知秋，喜聞西風生。老大多感傷，畏此蟋蟀鳴。」又少陵「老去悲秋」之意。而又一詩云：「少年見青春，萬物皆嫵媚。一從鬢上白，百不見可喜。」述壯老異情處猶前詩也。

俗言宰相客位可納凉，以炎暑有所不避也。余義夫帥蜀《題客次春帖》云：「老子也曾來伺候，諸公聊復忍須臾。」上句因采《盤谷序》語。下句晉人事，又本東坡《客位假寐》詩：「謁入不得去，兀坐如枯株。豈惟主忘客，今我亦忘吾。同僚不解事，愠色見髯鬚。雖無性命憂，且復忍須臾。」謝太傅與王坦之共詣郗超，日晏未得前，坦之欲去，太傅曰：「獨不能爲性命忍須臾耶？」坡又略轉其意用之。時方通守錢塘，是嚴事上官，賢達不廢也【八】。岐伯論候氣曰：「如待所貴，不知日暮。」自古人情不相遠。

【八】賢達不廢也　「也」，原作「邊」，據《守山閣叢書》改。

卷四

少陵云：「集賢學士如堵墻，觀我落筆中書堂。」又云：「脱帽露頂王公前，揮毫落紙如雲烟。」又云：「詩家筆勢君不嫌，詞翰升堂爲君掃。」當稠人廣衆，揮寫翰墨，固以爲難也。劉季高語人：「予無他長，頗能對客發書。」草聖飛動，觀者必謂敏手，是亦自負所長耶？昔王正甫、石才翁對韓公草書，公言：「二子一似向馬行頭吹笛。」座客皆不曉，東坡爲解云：「若非妙手，不能向馬行頭吹也。」事著《雜説》。韓公或是韓魏公。馬行在汴京舊城東北隅，蓋鬻販百賈所會也。

《浣花集》絶句：「西望長安白日遥，半年無事駐蘭橈。欲將張翰秋江雨，畫作屏風寄鮑昭。」高續古舉此詩末兩句云：「是多少情思也，亦見此老好尚不羣爾。」

「五更三點入鵷行」，少陵詩也。高氏《緯略》論五夜以爲獨更點之制，無所著。見韓愈詩「雞三號，更五點」，李郢詩「二十五點秋聲長」，李商隱詩「玉壺傳點咽銅龍」，唯此三詩言點。杜詩人皆能誦，乃不及之。陳無己云：「殘點連聲殺五更。」任淵注乃引韓詩及劉夢得詩云「郡樓殘點聲」。

少陵謁玄元皇帝廟有吴道子畫圖，賦詩曰：「畫手看前輩，吴生遠擅場。」黄魯直舉此，以爲古人於能事不特求誇時輩，要須于前輩中擅場耳。王定國謫全過戎，出文字數十篇。魯直曰：「若欲過今人則可矣，若必欲過古人，宜盡燒之，更讀書一年。」與洪駒父書云：「學問文章如甥，才氣筆力當求配于古人，勿以賢于流俗遂自足也。」又云：「望甥不以今所能者驕人，而思不如舜、禹、顔淵。」此老警策後進，必使師古，其言多推孝友忠信爲根柢，專門名師善誨人者不能加也。退之有答李翊書云：「不知生之志，蘄勝于人而取于人耶？將蘄至于古之立言者也？蘄勝于人而取于人，則固勝于人而可取于人矣。將蘄至于古之立言者，則無望其速成，無誘于勢利，養其根而竢其實，加其膏而希其光。根之茂者其實遂，膏之沃者其光煜，仁義之人，其言藹如也。」正魯直此意，所謂「若欲過今人則可矣」是也。世以今人自足者，宜有所儆哉！

退之以攘斥佛老自任，凡送僧詩俱謔浪不少假，乃疑其晚喜大顛。于神仙事尤不肯信，如《謝自然》詩：「秦皇雖篤好，漢武洪其源。自從二主來，此禍竟連連。」《桃源圖》詩：「神仙有無何渺茫，桃源之説誠荒唐。」《誰氏子》詩：「神仙雖然有傳説，知者盡知其妄矣。」《華山女》詩：「仙梯難攀俗緣重，浪憑青鳥通丁寧。」《記夢》詩：「我能屈曲自世間，安能從汝巢神山【二】。」意向可見。乃謂姪孫韓湘獻花爲藍關之讖，公嘆異之，動輒得謗信矣。

漢昭烈閉門將人種蕪菁，曹操使人窺之，昭烈謂關、張曰：「吾豈種菜者乎？曹公

【二】巢神山　「山」，原作「仙」，據《守山閣叢書》改。

必有疑意，不可復留。」輕騎夜去往小沛，收合餘衆。劉黑闥屏居漳南，竇氏故將謀起兵，往詣之。黑闥方種蔬，即殺種牛，與之共飯食定計。區區灌畦之力，作此狡獪。黑闥後乃追悔，謂幸在家鉏菜，爲高雅賢輩所誤。彼自號漢東王，不得擬昭烈漢中之盛，當其再仆而再起，河北震撼，唐且應接不暇，亦已壯矣。劍南詩中「憑誰爲向曹瞞道，徹底無能合種蔬」，變化昭烈事用之，意高。

高續古《都下絶句》：「柳生春思拂京華，不管閒人也憶家。添盡好香那睡得，月痕如水浸梨花。」此段風致，便是荆公「春色惱人眠不得，月移花影上闌干」也。《緯略》引秦嘉《答婦徐淑書》曰：「令種好香四種，各一斤，可以去穢。」謂如杜詩但用妙香耳。「好香」二字，未經人用也。予謂今人讀過詩人「好香」字，安知昔人特採生語爲工，因抄《緯略》以証。然亦有用之者，目前可記則王建詩云：「内人恐要秋衣著，不住熏籠换好香。」

甲子、庚申對。「年長每勞推甲子，夜寒初共守庚申」。見《丁卯集》。《後村詩話》稱：徐寅詩「豐年甲子春無雨，良夜庚申夏足眠」之句，律切。然劍南詩云「處處喜晴看甲子，家家築室趁庚申」，「積雨恐防春甲子，燈昏懶守夜庚申」，《苕溪漁隱》云：「雨天逢甲子，夜坐守庚申。」

眉山劉微之巨教授郡城之西壽昌院，從游至百人。蘇明允命東坡兄弟師之，時尚幼。微之《賦鷺鶿》詩末云：「漁人忽驚起，雪片逐風斜。」坡從旁曰：「先生詩佳矣，竊疑斷章無歸宿，曷若『雪片落蒹葭』乎。」微之曰：「吾非若師也。」坡兄弟應制科，微之贈詩，有曰：「驚人事業傳三館，動地文章震九州。老夫欲別無他祝，只願雙封萬户侯。」自是三蘇名著天下，而微之竟不第，郡三公以遺逸舉，不應，鄉人但呼爲孝廉。其卒也，范蜀公弔以詩，曰「案前曾立二賢良」。今《潁濱集》中《送家安國》詩：「城西社下老劉君【二】，春服舞雩今幾人。」自注：「微之先生門人，惟僕與子瞻兄復禮與退翁兄皆仕耳」，正謂此。東坡云：「吾八歲入小學，以道士張易簡爲師，童子幾百人，師獨稱吾與陳太初。」予歎劉孝廉、張道士爲童子師，有二蘇者出焉，雖若没世隱約，氏名訖不泯。坡晚在海南作《衆妙堂記》，謂夢見張道士如平昔，而直云「眉山道士張易簡教小學常百人，予幼時亦與焉」，以其師也，則名之似過，或欲傳其人，故名。

《記》：「祭天地之牛，角繭栗。」左氏《外傳》：楚觀射父曰「郊禘不過繭栗」。《史》、《漢書》志：「天地牲，角繭栗。」顔師古《註》：「牛角之形或如繭，或如栗，言其小。」于《郊祀志》始著其義。《西京雜記》：惠莊聞朱雲折五鹿充宗之角，歎息曰：「栗犢反能爾耶。」栗喻小而不謂其角，或非本此。舞陰大姓李氏擁城不下，更始徵趙憙，憙年未二十，既見，更始笑曰：「繭栗犢豈能負重致遠乎？」除爲郎中，行偏將軍，使詣舞陰而李氏降。范《史》注：「犢角如繭栗，言小也。」則惠莊長安一儒生，亦祖古語耳。晉王濬《表》：「繭栗之質，當豹狼之路」，以自喻微弱也。坡詩云：「耆年日凋喪，但有犢角

【二】城西社下老劉君　「社」，原作「杜」，據蘇轍《欒城集》卷十五《送家安國赴成都教授三絶》改。

栗。」魯直云「紅藥枝頭初繭栗」。于是朱新仲紀繭栗，言小也，頭成繭栗。高續古《賦紅樂》詞云「紅翻繭栗梢頭遍」。姜堯章《芍藥》詞亦云「正繭栗梢頭弄詩句」，取譬花之含蕊爲工。魯直《食筍》詩「繭栗戴地翻」，用之于笋尤切。

東坡詩以「雞頭鶻」對「牛尾狸」，此出梅聖俞詩「沙水馬蹄鼈，雪天牛尾狸」。

薛昂《和君臣慶會閣》詩有云：「逢時可謂真千載，拜賜應須更萬回。」時號薛萬回。昂，大觀左丞，政和門下侍郎，詩爲蔡元長作。

吕居仁《符離行》：「符離之民難與居，五年坐此如囚拘。比屋生涯但剽刼，諸生學問只鄉閭。南隣經年不相見，北隣雖見復麄踈。穿衣小袖走塵土，也復生貎施衿裾。對此自然憂悶滿，疾病日益何由除。君不見圖經所記又可哀，此州自古無賢才。」人謂即少陵《最能行》也。少陵詩云：「峽中大夫絶輕死，少在公門多在水。富豪有錢駕大舸，貧窮取給行艓子。小兒學問只《論語》，大兒結束隨商旅。欹帆側柂入波濤，撇旋稍濆無險阻。朝發白帝暮江陵，頃來目擊信有徵。瞿塘漫天虎須怒，歸州長年行最能。此鄉之人氣量窄，誤競南風疎北客。若道土無英俊才，何得山有屈原宅？」吕詩貶之殆甚，少陵猶若隱惜也。張文潛《齊安行》云：「黄州楚國分三户，葛蔓爲城當樓櫓。江邊市井數十家，城中平田無一步。土岡瘦竹青復黄，引水種稻官街旁。客檣朝集暮四散，夷言啁哳來湖湘。使君麗譙塗堊赭，門狹不能行兩馬。滿城蛙噪亂更聲，谷風穀穀黄犢鳴【三】。最

【三】谷風穀穀黄犢鳴　「谷」，原作「欲」，據張耒《柯山集》卷四《齊安行》改。

愁三伏熱如甑，北客十人八九病。百年生死向中州，千金莫作齊安游」。此專刺土風之陋，未及其人，然符離之作亦流類也。

東坡《和陶》詩：「吾琴豈得已，昭氏有成虧。」涉歷之久，固有所悔矣。晚從海上還，賦《瓶笙》云：「瓶中宫商自相賡，昭文無虧亦無成。」及此而謂無虧成，由其在我者莫之加損也。

陸放翁《劍南詩集》中有《送兄仲高造朝》一首，云：「兄去游東閣，才堪直北扉。莫憂持橐晚，姑記乞身歸。道義無今古，功名有是非。臨分出苦語，不敢計從違。」規儆之意，不迫不迂，最可誦也。仲高，諱升之，爲諸王宫教授。告李莊簡家私史，擢宗正丞。秦檜死，前誣訐之黨悉投竄，仲高亦坐累，徙雷州。務觀後爲記復菴，有云：「方爲童子時，仲高文章、議論，已稱成材，一時名公卿皆慕與之交，諸老生不敢少之，皆謂仲高仕進且一日千里，自從官御史，識者惟恐其不得如仲高者爲之。及其丞大宗正，出使一道，在他人亦足稱美仕，至仲高則謂之蹉跌不偶可也。顧曾不暖席，遂遭口語，南遷萬里，凡七易寒暑不得内徙。與仲高親厚者，每相與宴游，輒南望歎息出涕，因罷酒去，如是數矣。然客自海上來，言仲高初不以遷謫瘴癘動其心，方與學佛者游，落其浮華，以反本根，非復昔日仲高矣。聞者皆悵然，自以爲不足測斯人之淺深也。」末又云：「馳騁于得喪之場，出入于憂樂之域，而自得者乃如此。」大抵善爲隱蓄，而抑揚寄于言表，況其以兄弟爲之，豈不費回護。前詩之直，後記之婉，俱有味。仲高既廢，自言客臨安，遇一老婦，蓬首垢面丐于市，泣愬云：「官人曾闻秦妙觀否？妾即是也」。仲高言已，淚落盈襟。王仲信謂其愴晚節流落不偶，特相似耳。妙觀，宣和名娼。見《玉照志》。

《李文公集》有《拜禹言》，据其叙，谓之歌。其詞則云：「惟天地之無窮兮，哀生人之常勤。往者吾未及兮，來者吾弗聞。已而已而。」乃盡用屈子《遠游》篇中語，第改「長勤」爲「常勤」，而終之以楚接輿所歌，豈感歎之深，不待自爲之辭，特採古語詠歌之。後人遇千百事蹟，容易作得不少玩習之意。晁氏固已有考于此，列之《變騷序》，以爲《拜禹言》者，李翺之所作也。蓋從本集云。

蘇門陳無己，清苦之士，亦有長短句，且言他文未能及人，獨于詞自謂不減秦七、黄九、文潛。乃又自謂不善倚聲製曲，而致意古樂府，有所矯耶。其説云：「予自幼童好作文字，于它文常爲之，雖不工，要亦能措詞。至于倚聲製曲，力欲爲之，不能出一語。《傳》稱禆諶謀于國則否，謀于野則獲，杜南陽以爲性質之蔽。」夫詩，曲類也。善爲詩而不能製曲，豈謀野蔽耶。今吴氏《漫録》載文潛《少年游》、《秋蘂香》二詞殊婉媚，不在元祐諸公下【四】，或附託以傳者。集中有謂曲亦詩而已，不師近體也。方氏《年譜》疑此爲《代道卿贈人》三詩，趙德麟以《鷓鴣天》歌之。若文潛此類詩，固不減詞家情致。方氏又謂其少年多艷詞，詞或文辭之詞。詩，樂府之寓情者，故云艷詞，不必證其不能製曲之説。

【四】元祐諸公下　「祐」，原作「始」，《能改齋漫録》卷二《張文潛詞》作「元祐諸公皆有樂府，唯張僅見此二詞，味其句意，不在諸公下矣」。據改。

近世葉正則集中存《和李季章參政》一曲，亦云素不曉度曲，故所次者一篇而止。文人能靳爲之，流俗强所短于無益者何哉！朱文公《游衡岳回道中雪梅》二闋，懷張宣公作，既又書一絶云：「久惡繁哇混太和，云何今日自吟哦。世間萬事皆如此，兩葉行將用斧柯。」且題云：「自是不復作也」。

陳無咎《題趙國》一詞，曠達可喜。予記其文云：「一年一度春來，何時是了。花落花開渾是夢，只解把人引調。可憐浮世，等閒過日，却不識緑水青山，四時都好。遇筆題詩，逢人飲酒，世間萬事看盡多多少少。怎得似羽扇綸巾，雲屏烟障，幾曾受此兒煩惱。便乘風歸去小蓬萊，聽門外猿啼鶴嘯。」無咎號龍壇居士，越人目之爲仙，其詞氣頗不凡俗也。

淵明《贈長沙公族祖詩序》云：「長沙公，于余爲族祖，同出大司馬，昭穆既遠，以爲路人。」蘇老泉遂發爲《族譜引》云：「無服則親盡，親盡則情盡，情盡則喜不慶，憂不弔。喜不慶，憂不弔，則途人也。吾所與相視如途人者，其初兄弟也，兄弟其初一人之身也。悲夫！一人之身，分而至于途人，吾譜之所以作也。」淵明二十餘字不爲少，明允宛轉大篇不爲有餘。或引詩以評之，詩云：「同源分流，人易世疎，慨然寤歎，念兹厥初。」殆不若《詩序》合于途人之喻尤切。

曾子固《南齊書目録叙》：「昔者唐、虞有神明之性、微妙之德。使由之者不能知，使知之者不能名，以爲治天下之本。號令之所布，法令之所設，其言至約，其體至備，以爲治天下之具。而爲二《典》者推而明之，所記者豈獨其迹耶？并與其深微之意而傳之，使誦其説者，如出乎其時；求其指者，如即乎其人。則方是之時，豈特任政者天下之士哉！蓋執簡操筆而隨者，亦皆聖人之徒也。夫自三代以後，爲史者如遷之文，不可不謂儁偉拔出之才、非常之士也，然不足以發難顯之情。蓋聖賢之高致，遷、固有不能達其情而見之于後者矣。遷之得失如此，況其他耶？」李文叔《書戰國策後》：「《戰國策》所載，皆縱横捭闔譎誑相軋傾奪之説也。人讀之，則必尚其説之工，而忘其事之陋者。文辭之勝，移之而已。且壽考安樂、富貴尊榮、顯名愛好，便利得意者，天下之所欲也。然激而射之，或將以致人之憂。死亡憂患、貧賤苦辱、棄損亡利失意者，天下之所惡也。然動而竭之，或將以導人之樂。至于以卑求小、以高求大、縱之以陽、閉之以陰，無非微妙難知之情，雖辯士抵掌而論之，猶恐不白，今寓之文字不過一二言，語未必及而意已隱然見乎其中，使秦、漢而後，復有爲是説者必無能載之者矣。雖然，此豈獨人力哉。蓋自堯、舜、夏、商積制作，以至于周，而文物大備，及周衰凌遲，然所從來既遠，浮而散之，鍾于談舌而著于言語。此莊周、屈原、孫武、韓非、商鞅與夫儀、秦之徒，雖不深祖吾聖人之道，而所著文辭，駸駸乎上薄《六經》而下絶來世者，豈數人之力哉。」二序述古文記事之妙，其説精矣。以書之二《典》，能傳二帝之深微。蓋爲史者亦聖人之徒。列國之策士，能發人疾隱，由三代文物未盡。議諭高遠、玩文詞者可知叙述之難工，而繫乎世變矣。

昌黎訟風伯，以旱故爾。皇甫持正讓風，其意則謂昨自南昌迄建康，路長而疾，今由建康抵家，終不百里，疑風之喜怒而以淹留讓之，辭義不襲其師。他日，東坡《僧伽塔》詩云：「去得順風來者怨」。荆公亦云：「人生萬事反覆多，道路後先能幾何」之句，于風伯掃空恩怨矣。陳無己云：「歷歷數過帆，當途氣如虎。快意亦適然，淹泊豈吾取。」此可以忘情于遲速者歟。陸務觀記采石大江所見云：「有兩大舟東下者，阻風泊浦漵，見之大怒，頓足詬罵不已。舟人不答，但撫掌大笑，鳴鼓愈厲，作得意之狀。江行淹速，常也。得風者矜而阻風者怒，可謂兩失。世事蓋多類此，記之以寓一笑。」斯言尤足爲世儆也。

古人述作命意，率有依據而發，不得訾襲也。諸家論文已備著其說。偶讀退之《上宰相書》三篇，論周公爲輔相急于見賢，一食三吐哺，一沐三握髮。以聖人之才，憑叔父之親，其所輔理承化之功又盡章章若是，所求進見之士豈復賢于周公，而求之如此其急？故頌成王之德，而稱周公之功，至終篇諷時相無周公之治效而不下士。此書蓋頗類後漢高彪語。彪欲從馬融訪大義，融疾，不獲見。彪遺書曰：「承問問風，從來有年。故不待介者而謁大君子之門，冀一見龍光以叙腹心之願。不圖遭疾，幽閉莫啓。昔周公旦，父文兄武，九命作相，以尹華夏，猶揮沐吐餐，垂接白屋，故問道以隆，天下歸德。公今養痾傲士，固其宜也【五】。」退之文辭足以暢其情，未必取則于此。在昔稱周公于規諷無有訝其

【五】固其宜也　「固」，原作「故」，據《守山閣叢書》改。

過，後世欲相諛悦，亦稱周公，則人疑之矣。

洪氏評：「歐公《醉翁亭記》、東坡《酒經》，皆以也字爲絶句。歐用二十一也字，坡用十六也字。歐記人人能讀，至于《酒經》，知之者蓋無幾。每一也上必押韻，暗寓于賦，而讀之者不覺其激昂淵妙，殊非世間筆墨所能形容」。余記王性之云：「古人多此體，如《左傳》『秦用孟明，是以能覇也。』此段凡十也字。其後韓文公《潮州祭神文》終篇皆也字。不知歐陽公用柳開仲塗體。開代臧丙作《和州團練使李守節墓誌銘》，又作父監察御史夢奇《誌》文，終篇用也字。李《誌》也字十五，末云『摭辭而書石者，侯之館客臧丙夢壽也』。」性之以歐公全用此體。又觀王荆公爲《葛源墓誌》，始終用也字三十，末亦云「論次其所得于良嗣，而爲之銘者，臨川王安石也。」鞏氏謂全學《醉翁亭記》，用之墓文則新，是未知前有柳體也。韓《祭神文》亦于也字上寓韻，則《酒經》又其取法者【六】。朱新仲評《醉翁亭記》終始用也字結句，議者或紛紛，不知古有此例。《易・雜卦》一篇，終始用也字。《莊子・大宗師》「自不自適其適」至「皆物之情」皆用也字，以是知前輩文格不可妄議。項平父評《醉翁亭記》、《蘇氏族譜序》皆法《公羊》、《穀梁傳》。蓋蘇明允序族譜，亦用也字十九。及曾子開作《從兄墓表》，又用也字十七。追論本始，古而《易》，後而三傳、《莊子》，又近而韓氏讫柳仲塗以降，歐、王、蘇、曾各爲祖述，要知前古文體已備，雖有作者不能不同也。又董弅《閒燕常談》記：世傳歐陽公作《醉翁亭記》成，以示尹師魯，自謂

【六】又其取法　「又」，原作「文」，據涵芬樓《説郛》改。

古無此體。師魯曰：「古已有之。」公愕然。師魯起取《周易・雜卦》以示公，公無語，果如其説。朱新仲爲書評董氏，兼舉其家世遺論云。《亭記》本韓文公《潮州祭大湖神文》，但隱括位置，又加典麗也。王性之槩及韓文而謂歐實從柳，此復云宗韓，或疑歐公果自負作古者歟。

歐公作《蘇子美文集序》云：「子美之齒少於予，而予學古文反在其後。天聖之間，予舉進士于有司，見時學者務以言語聲偶摘裂，號爲時文，以相誇尚，而子美獨與其兄才翁及穆參軍伯長作爲古歌詩雜文。」其推讓人如此。或者猶議公作《尹師魯墓誌》，自論云：「始則前有穆修、鄭條輩，及有宋先達甚多，不敢斷自師魯始也。」夫既不自尊于子美，奚獨靳于師魯哉。陳氏《新話》辨其事，已贅叙子美者可見也。韓魏公作《師魯墓表》，直云天聖初公獨與穆參軍力以古文爲主，次得歐陽永叔以雄辭鼓動之，于是文風一變，似著其實矣。觀者益有疑于公，然而知古文淵源，宜莫如公。子美亦穆參軍輩行，非公不能知也。古文不自師魯始，公豈惡出其下而諱之，不没其實而已。世俗之見，好以胸臆强古人之同，制論易刻，況其《記舊本韓文》已云：「舉進士及第，官于洛陽，而尹師魯之徒皆在，遂相與作爲古文。」是公自謂學古文在子美後，師魯則相與作之，未嘗求居其上也。相與作之而云自師魯始，則亦當自公始，公不敢也。魏公雖首稱尹、穆，其詞固存輕重，要不失爲推尚之至也。

文公《石鼓書院記》："「前代庠序之教不修，士病無所于學，往往相與擇勝地，立精舍，以爲羣居講習之所，而爲政者乃或就而褒美之，若此山，若嶽麓，若白鹿洞之類是也。」成公記白鹿書院云："「國初，斯民新脱五季鋒鏑之厄，學者尚寡，海内向平，文風日起。儒先往往依山林，即閒曠以講授，大率多至數十百人。嵩陽、嶽麓、睢陽及是洞爲尤著，天下所謂四書院者也。」范氏《驂鸞録》云："「始諸郡未命教時，天下有書院四，徂徠、金山、嶽麓、石鼓」，獨不及白鹿。疑白鹿書院以淳熙六年重建，范至能乾道九年過湖湘【七】，白鹿名未稱著。魏華父樞密云："「廬山、嵩嶽、衡麓、睢陽各有書院。自太平興國訖大中祥符，錫之榮號，被以詔墨。」其指四書院名，與《白鹿記》合。江南書院凡三。白鹿乃唐李渤隱居之地，南唐給田，選通經者講授。太平興國初，知江州周述請賜《九經》，至五年，洞主明起爲蔡州褒信縣主簿，以田入官，由是而廢。石鼓乃唐元和間州人李寬所爲，國初賜額，以徙爲州學而廢。惟嶽麓自開寶中，知潭州朱洞建，咸平四年李允則請賜書，祥符八年賜額，天聖八年漕臣黄總請授山長進士孫胄官，紹興初始以兵火廢。秦檜當國，胡明仲因書請興復舊區，重賜院額。乾道初，劉共父樞密先建，至淳熙六年文公始建白鹿，十二年潘德夫畤始建石鼓，皆因其舊復之。三先生之文，各記其成。厥後諸儒過化之地，或生賢之鄉，莫不建立書院，表其舊傳與三書院並著。如二浙則平江之學道、和靖，鎮江之濂溪、淮海，湖之安定，建德之釣臺，紹興之稽山，婺之麗澤，台之上蔡，衢之明正。

【七】乾道九年　「九」，原作「六」，范成大《驂鸞録》稱於乾道九年二月十四日至「衡州謁石鼓書院」，據改。

江東則建康之明道、南軒，徽之紫陽，太平之天門，信之象山、宗文，隆興之景濂，江之濂溪、景星，袁之南軒，吉之鷺洲、龍溪，撫之臨汝，建昌之盱江，湖則襄之清湘，道之濂溪、西山，鄂之南陽、竹林。閩則建寧之建安，漳之龍巖，興化之涵江。廣則靜江之宣城。不能悉記。此皆選長廩士，次于學。又有雖已創始，未果請于上者昔。洪景盧論州郡書院，但及白鹿、應天、嶽麓。謂：「慶曆中，詔諸路州郡皆立學設官教授，則所謂書院者，當合而爲一。嶽麓、白鹿復營之，各自養士，其所廩給禮貌，乃過于郡庠。近者巴州亦創置，是爲一邦而兩學矣。太學、辟雍并置【八】，尚且不可，是于義爲不然也。」此論殆亦未廣。參以古庠塾之制，較之釋老塔廟之盛，良不爲過。然或學校廢壞，長吏漫不省寧，從傍築書堂、精舍，求其教養之實，復有未盡，第若飾耳目而已，其獘久則爲妄庸者之資，視乾、淳初意遠矣。白鹿夫子廟欲塑像，文公曰：「州縣學是天子所立，既元用像不可更，書院自不宜如此。見先儒建置，本不欲與學並也。」胡明仲白秦丞相求爲嶽麓山長依州縣監當，官給廩禄學舍，諸生不樂近城市而願居山間者皆聽之。文公亦告時相，請得充備白鹿洞主，與學徒讀書講道于其間，稍廩給如祠官。且言與其使之崇奉異教之香火，無事以坐食，不若修祖宗之令典，以文學禮義爲官而食其食。異時所在書院，間以大官兼山主，而吏部用資格注山長，安知先儒所不能得者也。

嘉定間，真希元草詔招諭淮東、湖南、江西羣盜，體雖偶儷，辭極坦明，以之宣布，能不

【八】并置　原無，據《能改齋漫録》卷五《州郡書院》補。

感動。其文有云:「頃緣誤國之臣,妄動開邊之釁。科役煩重,人不聊生。旱蝗頻仍,吏弗加恤。使吾赤子多轉徙以無依,而彼奸民因誘怵而爲盜。静言致寇,敢昧責躬。」又云:「言念脅從之衆,豈皆好亂之氓。弄潢池之兵,諒非爾志;烈昆岡之火,亦豈予心。與其假息以偷生,孰若轉禍而爲福。在昔乾道、淳熙之際,有若李金、陳峒之徒,雖暫結于峰屯,卒莫逃于鯨戮。自有宇宙,至于今日,未聞盜賊得以全軀。」至紹定間,盜起汀、邵,公貽部使者書,言乞黄榜宥徒黨,使自縛其酋,且謂曩歲在禁林,曾被旨草撫諭淮東、湖南、江西盜賊詔,或謂詔辭甚文,豈賊人所能曉。曷若明降黄榜,使讀者皆知逆順、禍福之爲愈乎。其説甚當,恨不以告之廟朝。蓋猶因或者之論,以前詔爲慊。公書又云:「但要歷落分明,聞者皆曉,又須誠意激切,可以感人。此等文字,要當守兩語以爲法度。」公當時爲招撫司,作《諭賊文》在集中,文皆四言,如云:「白頭之賊,自古所無。力能拔山,終亦誅鉏。作賊爲逆,殺賊爲忠。反掌之間,禍福不同。」豈不誠實分明激切,稱其言哉。

筮仕箴。周益公送子綸通判撫州爲十箴:「莅官以勤,持身以廉,事上以敬,接物以謙,待人以恕,責己以嚴,得衆以寬,養知以恬,戒謹以獨,詢謀以僉。箴規語汝,夙夜式瞻。」楊廷秀《送周彦敷》詩,所謂「慈訓二六句,寒窻三十春」是也。彭子壽送子欽監興化涵頭鹽場,作《初箴》:「處事必公,舉職必勤,御吏以正,撫民以誠,仁以事大,和以接人,惟儉與廉,治家及身。」子壽名龜年,慶元初名侍從,謚忠肅。有《家庭帖》誨其子居官之政，至爲詳密。此近代先正之家訓傳于文字者，非私言也。真希元參政帥長沙，以廉、仁、公、勤四言勉僚吏。晚再守泉南，又繹四者之義加詳。王寔之邁以南外宗教爲之箴。《律己以廉》曰：「惟士之廉，猶女之潔。苟一毫之點污，爲終身之玷缺。毋謂暗室，昭昭四知。汝不自愛，心之神明其可欺。黄金五六駝，胡椒八百斛。生不足以爲榮，千載之後有餘戮。彼美君子，一鶴一琴。望之凛然，清風古今。」《撫民以仁》曰：「古者于民，饑渴猶己。心誠求之，如保赤子。於戲，入室笑語，飲醲嚙肥。出行敲朴，曾痛癢之不知。人心不仁，一至于斯。淑問之澤，百世猶祀。酷吏之後，今其餘幾？誰甘小人而不爲君子。」《存心以公》曰：「厚姻婭，近小人，尹氏所以不平于秉鈞；開誠心，布公道，武侯所以獨優于王佐。故曰：本心日月，利欲食之。大道康莊，偏見窒之。聽信偏則枉直而惠姦，喜怒偏則賞僭而刑濫。惟公生明，偏則傷闇。」《莅事以勤》曰：「爾服之華，爾饌之豐。凡縷絲而顆粟，皆民力乎爾供。仕焉而曠厥官，食焉而怠其事，稍有人心，胡不自愧。昔者君子，靡素其飱。炎汗浹背，日不辭艱。警枕計功，夜不遑安。誰爲我師，一范一韓。」初，真公有言，「廉者士之美節，士之不廉，猶女之不潔。不潔之女，雖功容絶人，不足自贖。不廉之士，縱有他美，何足道哉」。又謂：「况爲命吏，所受者朝廷之爵位，所享者下民之膏脂。一或不勤，則職業隳弛。豈不上辜朝寄，而下負民望乎？」寔之概用公文告之詞，及得于游從者，以成四箴。先是，趙福公已有廉、勤、公、恕四説遺親戚之筮仕者。

端平二年春，王寔之少卿自南外睦宗院教授都堂審察。及召試學士，策以楮幣，寔之對策之末有云：「執事排闢國拓地之議是也，而迂正心誠意之言，則過矣。」《後村集》有《少卿王公墓誌》云：「發策者，趙公汝談也。讀之聳然，改去正心誠意等字。」予見《南塘遺稿》，策題云：「搢紳先生方且雍雍然、峩峩然，交誦致知格物之微言，深責攘夷闢土之偉畫，此愚心所竊怪而絶不喻者也。」又讀刻本《乙未館職策》，有曰：「執事發策，無取于開邊拓地之畫，忠于謀國，誰曰不然。而致知格物誠意正心之言，乃以迂目之，此又愚之所深未喻也。《大學》一書，生財發身之仁，以義爲利之義，必懇懇言之，曾謂正心誠意之無與于財乎！今天下之所尊敬，以爲從事于此者，亦既擢用略盡。引君子之類易，服小人之心難。往來君子小人之間，得以相與。竊議曰：儒術行則天下富，今術行矣，而蕭條市井，氣象荒落，富之效何在？有德進則朝廷尊，今德進矣，而外敵鴟張，叛卒蠭起，尊之勢何？如君子之類雖進，而其道未行；小人之迹雖屏，而其難使屈服也。」與劉集稍異。因詳著之。《策問》遺正心誠意字，或出删本。時真希元參預，既進《大學衍義》，更化諸賢，方受人責備，趙公辭旨若有所在，寔之不得不折衷如此。昔陳同父書云：「今日之儒，自以爲得正心誠意之學者，皆風痺不知癢痛之人也。舉一世安于君父之讐，而方且低頭拱手以談性命，不知何者爲性命乎。今日之才，自以爲有富國强兵之術者，狂惑以肆叫呼之人也。不以暇時講究立國之本末，而乃揚眉伸氣以論富强，不知何者爲富强乎。」

其書快人意，其言亦略驗。後數十年言之，則所謂儒者才者固宜自量也。而必罪儒與才，未可也。且當時同父獨欲用度外之士，不知果有以賢于二者否耶？

卷五

樓暘叔云：從來人説莊周盡是寓言，却不曾深攷，如堯讓許由，依舊是有此人。蓋申、呂、許、甫皆四岳之後，許由亦其一也。以當時咨四岳觀之，則堯有讓四岳之事，但周之言不無文飾過當處。此論有鄱陽湯君錫，亦云堯始讓四岳，四岳舉舜，乃讓於舜。《左傳》曰：夫許，太岳之後。杜註云【一】：堯、四岳。則太岳非由乎？後人遂有洗耳之説。劉潛之舉湯論，謂許由事不見於經，故揚雄以爲疑。誠齋云：「子雲到老不曉事，不信人間有許由。」雖沉着痛快，終未有以折衷。此獨援引切而説不鑿。予知劉公偶不記，暘叔亦已言之。在《左氏外傳》「齊、許、申、呂由太姜」，解謂四國皆姜姓，四岳之後，太姜之家。《高士傳》：「堯召許由爲九州長。」豈即四岳之任歟。湯名師中，嘉定進士，伯紀端明之父。與暘叔時相後先，識見高，考論自然符合也。

《子華子》之書，其辭多見於《吕覽》，而高誘曰「古之體道人也」，今即其書證之，或大同而小異，意者咸陽諸客雜採以成書，故不無損益也。如《貴生篇》云：「子華子曰：全生爲上，虧生次之，死次之，迫生爲下。故所謂尊生者，全生之謂。所謂全生者，六欲皆得其宜也。所謂虧生者，六欲分得其宜也。虧生則於其尊之者薄矣，其虧彌甚者，其尊彌

校勘記

【一】杜註　「註」，原作「詩」，據《守山閣叢書》改。

薄。所謂死者，無有所以知復其未生也。所謂迫生者，六欲莫得其宜也，皆獲其所甚惡者，服是也，辱是也。辱莫大于不義，故不義迫生也，而迫生非獨不義也，故曰迫生不若死。奚以知其然也？耳聞所惡，不若無聞。目見所惡，不若無見。故雷則掩耳，電則掩目，此其比也。凡六欲者，皆知其所甚惡【二】，而必不得免，不若無有所以知。無有所以知者，死之謂也。故迫生不若死。嗜肉者，非腐鼠之謂也。嗜酒者，非敗酒之謂也。尊生者，非迫生之謂也。」今其書曰：「全生爲上，虧生者次之，死次之，迫斯下矣。所謂全生者，六欲皆得其宜也。所謂虧生者，六欲分得其宜也。夫虧生則於其所尊者薄矣，其虧彌甚，則其尊彌薄。所謂死者，無有所知而復其未生也。所謂迫生者，六欲莫得其宜也，皆獲其所甚惡者也。辱莫大於不義。不義者，迫生也。故曰迫生不如死。人之常情，耳聞而目見也。耳聞所甚惡，不如無聞。目見所甚不欲，不如無見。是以迅雷則揜耳，恐故也。所貴乎嗜粱肉者，非腐鼠之謂也。所貴乎飲醪醴者，非敗酒之謂也。所謂乎尊生者，非迫生之謂也。夫迫生之人，鞠窮而歸，故曰迫斯爲下矣。」《先己篇》云：「子華子曰：丘陵成，而穴者安矣。大水深淵成，而魚鼈安矣。松柏成，而塗之人已蔭矣。」今其書曰：「夫丘陵崇而穴成於上，狐狸藏矣。溪谷深而淵成於下，魚鼈安矣。松柏茂而蔭成於林，塗之人則蔭矣。」此子華子對趙簡子招之之辭也。《誣徒篇》云：「子華子曰：王者樂其所以王，亡者亦樂其所以亡。故烹獸不足以盡獸，嗜其脯則幾矣。然則王者有嗜

【二】皆知其所甚惡　「皆」，原作「莫」，據《吕氏春秋·貴生》改。

乎理義也【三】，亡者亦有嗜乎暴慢也。所嗜不同，故其禍福亦不同。」此與其書合。《明理篇》云：「子華子曰：夫亂世之民，長短頡㰲百疾，民多疾癘，道多褓襁，盲禿傴尪，萬怪皆生。」今其書曰：「末世之俗則不然。煩稱文辭，而實不効。知譎相誑，而情不應。蓋嘗先霜霰以戒裘鑪，機括存乎中，而羣有詐心者族攻之。於是以父哭其子，兄喪其弟，長短頡㰲，百疾俱作，時方疫癘，道有繦負，盲禿狂傴，萬怪以生。所以然者，氣之所感故也。」《知度篇》云：「子華子曰：厚而不博，敬守一事。正性是喜，羣衆不周。而務成一能，盡能既成，四夷乃平。唯彼天符，不周而周。此神農之所以長，而堯、舜之所以章也。人主自智而愚人，自巧而拙人。若此，則愚拙者請矣，巧智者詔矣。詔多則請者愈多矣，請者愈多且無不請也。主雖巧智，未無不知也。以未無不知應無不請，其道固窮。爲人主而數窮於其下，將何以君人乎！窮而不知爲窮，其患又將反以自多，是之謂重塞之主，無存國矣。故有道之主因而不爲，責而不詔，去想去意，靜虛以待，不伐之言，不奪之事，督名審實，官使自司，以不知爲道，以奈何爲實。堯曰若何而爲及日月之所燭，舜曰若何而服四荒之外，禹曰若何而治青北化九陽奇怪之所際。」今其書曰：「道之爲治，厚而不博。敬守其一，正性内足。羣衆不周，而務成一能，盡能既成，四境以平。唯彼天符，不周而同。此神農氏之所以長也【四】，堯、舜氏之所以章也，夏后氏之所以勤也。夫人主自智而愚人，自巧而拙人。若此，則愚拙者請矣，巧智者詔矣。詔多則請者加多矣，請者加多，則是

【三】嗜乎理義　「理」，原作「禮」，據《吕氏春秋·誣徒》改。

【四】神農氏　「氏」，原無，據《守山閣叢書》補。

無不請也。主雖巧智，未無不知也。以未無不知應無不請，其道固窮。爲人主而數窮於其下，將何以君人乎！窮而不知其窮，又將自以爲多矣，是之謂重塞之國。上有諱言之君，下有苟且之俗，其禍起於願治也。夫有欲爲願治之心，而獲重塞之禍，是以臣愚以爲國不足爲也，事不足治也。昔有道之世，因而不爲，責而不詔，去想去意，靜虛以待，不伐之言，不奪之事，循名覈實，官庀其司，以不知爲道，以奈何爲實。神農曰若何而和萬物調三光，堯曰若何而爲日月之所燭，舜曰若何而服四荒之外，禹曰若何而治青北九陽奇怪之所際。是此王者天下以爲功，後世以爲能。」此子華子對齊景公問爲國者也。其有不著子華子者，如《盡數篇》云：「流水不腐，户樞不螻【五】，動也。」今其書曰：「流水之不腐，以其逝故也。户樞之不螻【六】，以其運故也。」皆論養生，而其書則以醫法言之。如《誣徒篇》云：「人之情愛同於己者，譽同于己者，助同於己者。」此篇於前，子華子曰：「王者樂其所以王。」以下凡二百餘言而後及此，豈皆子華子之言。今其書謂：「子華子聞晏子辭賞而言之。」其下復曰：「愛之反則憎，必有所在矣。助之反則擠，必有所在矣。譽之反則毁，必有所歸矣。」如《淫辭篇》云：「宋有澄子者，亡緇衣，求之塗。見婦人衣緇衣，援而弗舍，欲取其衣，曰：『今者我亡緇衣。』婦人曰：『公雖亡緇衣，此實吾所自爲也。』澄子曰：『子不如速與我衣。昔我所亡者紡緇也，今子之衣禪緇也，以禪緇當紡緇，子豈不得哉？』」今其書曰：「宋有澄子者，亡其緇衣，順塗以求之。見婦人衣緇焉，援之而弗舍，曰：『而以是償我

【五】户樞不螻　「螻」，原作「蠹」，據《吕氏春秋·盡數》改。

【六】户樞之不螻　「螻」，原作「蠹」，據《吕氏春秋·盡數》改。

矣。』婦人曰：『公雖亡緇衣，然此吾所自爲者也。』澄子曰：『而弗如速以償我矣。我昔所亡者紡緇也，今子之所衣者禪緇也，以禪緇而當我之紡緇也，而豈有所不得哉？』」其下始舉子華子曰：「夫利之滑心也，幸於得而已矣，忘其所以爲質者矣，幸於得而亡其所以爲質，夫何憚而不爲之哉。今世之人，求其不爲澄子者或寡矣。」如《察傳篇》云：「宋之丁氏家無井，而出溉汲，常一人居外。及其家，穿井告人曰：『吾穿井得一人。』有聞而傳之者，丁氏穿井得一人，國人道之，聞之於宋君。宋君令人問之於丁氏，丁氏對曰：『得一人之使，非得一人于井中也。』求能之若此，不若無聞也。」今其書曰：「昔宋有丁氏家，故無井而出溉汲焉。常一日而一人居外，懲其如是也，鳩功而穿井於庭，家相與語曰：『今吾家得一人矣。』有聞而傳之者，曰丁氏穿井而得一人也，國人更相道之，語徹於宋君。宋君召其人而質之，丁氏對曰：『自臣穿井，家獲一人之力，非得一人於井中也。』」此以對公仲承問黃帝鑄鼎乘雲事。故其下云：「是故黃帝之鑄神鼎，是井中人之譬也。知者正之，是宋君召其人而質之之譬也。」予概此數條，比而讀之，若古有是書矣。見於《呂氏》，乃或煩簡不盡合，又時混其辭有不繫以子華子曰者何也？獨《審爲篇》云：「韓、魏相與爭侵地。子華子見昭釐侯，昭釐侯有憂色。子華子曰：『今使天下書銘於君之前，書之曰，左手攫之則右手廢，右手攫之則左手廢，然而攫之必有天下，君將攫之乎？亡其不與？』昭釐侯曰：『寡人不攫也。』子華子曰：『甚善。自是觀之，兩臂重於天下也。身又重於兩臂。韓之輕于天下遠，今之所爭者，其輕於韓又遠，君固愁身傷生以憂之，臧不得也。』昭釐侯曰：『善教寡人者衆矣，未嘗得聞此言也。』子華子可謂知輕重矣。知輕重，故論不過。」此亦見《莊子・讓王篇》。其書乃無之叙者，固疑漆園取古之道者寓言，然而《吕氏》記之矣。《吕氏》亦以寓言記之，則凡記子華子曰多寓言矣。又考其書，見齊景公與晏子問對，趙簡子又嘗招之，所謂劉向《序》亦云爲趙簡子家臣，而莊生、《吕氏》復有見韓昭釐侯之事。高誘曰：昭釐，侯謚也【七】。韓武子五世之孫，昭侯之子。《史記・世家》：武子之虔爲景侯，初分晉爲諸侯。傳烈侯、文侯、哀侯、懿侯，而後爲昭侯。《國策》云：「申不害與昭釐侯執圭而見梁君」，以申不害爲臣。則此昭釐侯即昭侯也。《竹書紀年》：「鄭釐侯來朝。」《索隱》謂韓昭侯也。昭侯實哀侯之孫，去武子六世，與高誘注異。其距齊景公之卒百三十三年，晏子之卒百四十二年，趙簡子之卒百十七年。推簡子同時，乃甚懸絶。《吕氏》于其書見齊景公、趙簡子等語，俱不著，謂爲見昭釐侯，可也。其書獨不著韓侯事，謂爲齊景公、趙簡子時亦可也。第合二書以論世次，莫能定也。如以孔子傾蓋事定之，則見昭侯者非也，而其書且有疑焉。晁氏《讀書志》謂觀其文辭，近世依托爲之者，多用《字説》，殆元豐以後舉子所爲，且以其書有秦襄公、趙簡子，相去幾二百年，牴牾類此。予所讀本，雖載其適秦，不言襄公也，豈或者疑而略之歟？朱文公曰：其詞故爲艱澁，而理實淺近，其體務爲高古，而氣實輕浮，其理多取佛老醫卜之言，其語多用《左傳》、班史中字，

【七】侯謚也　「侯」，原作「後」，據《守山閣叢書》、《吕氏春秋》卷二一高誘註改。

其粉飾塗澤，俯仰態度，但如近年後生巧於模擬變撰者所爲，不惟決非先秦古書，亦非百十年前文字也。祇因《家語》等書有孔子與程子傾蓋而語一事，而不見其所語者爲何説，故好事者妄意此人既爲先聖所與，必是當時賢者，可以假托惑世，遂造此書傅合之，必一能文之士所作。其言精麗，如論《河圖》之二與四，抱九而上，躋六與八，蹈一而下沈，五居中，據三持七，巧亦甚矣。唯其甚巧，所以知其非古書也。又以《洛書》爲《河圖》，亦仍劉牧之謬，尤足以見其爲近世之作。或云王銍性之、姚寬令威多作贋書，二人皆居越中，恐出其手，然又恐非其所能及。今未暇詳論其言之得失，但觀其書數篇，與前後三序皆一手文字。前一篇託爲劉向而不類向它書，後二篇，無名氏、歲月，而皆託爲之號，若世之匿名書者。其首篇風輪水樞之云，正是並緣釋氏之説。其卒章宗君二祥蒲璧等事，皆剽剟他書，傅會其説。其自序出處，又與《孔蘽子》載子順事略相似。又言有大造於趙宗者，即指程嬰而言。以《左傳》考之，趙朔既死，其家内亂，朔之諸弟或放或死，而朔之妻乃晉君之女，故武從其母，畜於公宫，安得所謂大夫屠岸賈者興兵以滅趙氏，而嬰與杵臼以死衛之云哉。且其曰有大造者，又用吕相絶秦語，其不足信明甚。而近世老成該洽之士亦或信之，至引其説以自證其姓氏之所從出，則似誣其祖矣。文公審爲僞書，因會稽官書刻本欲疑王、姚所作，不知紹興間晁氏先已疑元豐舉子矣。由乾、淳視之，豈非百年文字賴晁説而稍古，王、姚免作僞之譏。惟葉正則推信以爲真，與孔子同時，可與《六經》並考，且云其書甚古，而文與今人相近。論者謂正則既知之矣，或古有其書，亡之，後人摘其存於吕氏者，特爲此詳略也。予將以吕氏書證之曰：彼誠出于近代，又何先見於此也，則昭釐侯之事與吕氏異，復有疑焉，況久逸於古史而始傳哉。

「辛相安和殷生無恙」，右軍帖中語。東坡《題潭帖》云：「辛相當是簡文帝，殷則長源也耶。」黄伯思《刊誤》：或云《辛相安和帖》乃郄愔書，謂辛相簡文作相王時也，殷生者，殷浩也。然此或是書郄愔帖語耳，而結字實近世人僞作。愔書自與逸少早年抗行，而此帖了無晉韻，其非審矣。余讀劉潛夫詩「厭倦今書尺，時將晉帖看。殷生與辛相，一體問平安」。但云晉帖，則右軍、郄愔不必論發揚帖中意有味也。

東坡謫海外，用鷄距筆。黄魯直崇寧二年十一月謫宜州爲資源書卷，用三錢買鷄毛筆書兩帖，風流特相宜。王涯藏前世名書畫，甘露之禍，爲人破垣，剔取奩軸金玉而棄書畫于道。温韜發昭陵所藏書畫，亦剔取裝軸金玉而棄之。頃貴人家廢楮斷幅，散售于外，或毁滅爲飛塵，蓋有錦褾玉軸見累者。昭陵地下之藏尚當流落人間。史稱王涯秘固重複不可窺，果安在哉！　智力不足預於人事者多矣。

《元和聖德》詩云「以紅帕首」，注者引《實録》曰：「禹會塗山之夕，大風雷震，有甲步卒千餘人，其不被甲者以紅綃帕抹其額，自此遂爲軍容之服。」又退之《送幽州李端公序》，「紅帕首」「帕」一作「抹」。《送鄭權尚書序》「帕首韡袴」，蓋屢用之。陸氏《筆記》

舉《孫策傳》，張津嘗著絳帕頭。帕頭者，巾幘之類，猶今言幞頭也。韓文公云「以紅帕首」已爲失之，東坡云「絳帕蒙頭讀道書」，增一「蒙」字，尤誤。務觀固不引塗山事，注韓文者亦不援孫策語。然李、鄭二序，皆連帕首鞾袴，取義爲幞頭，正合。范《史》云：向栩者，性卓絶不倫【八】。讀《老子》，狀如學道，好被髮，著絳綃頭。李賢注：《説文》：綃，生絲也。案，此字當作「幧」，其字從巾。《古詩》云：「少年見羅敷，脱巾著幧頭。」已上《史》注【九】。紅綃頭，或即紅綃帕。予謂孫伯符所稱南陽張津爲交州刺史，著絳帕頭，鼓琴燒香，讀邪俗道書，或由東都之季，習妖妄者輒以爲首飾，栩其類也。韓詩帕爲虚字，坡詩帕爲實字，因文著字爲蒙，所用本別，俱不免陸氏之疑。唐婁師德使吐蕃，諭國威信，虜爲畏悦。後募猛士討吐蕃，乃自奮戴紅抹頭來應詔。此近塗山軍容之遺制，雖不敢以釋帕首，其云戴紅抹額，抑亦帕首巾幘之物爾。

徐鉉隨後主歸朝，見士大夫寒日多披毛衫，大笑之。語人曰：「中朝自兵亂之後，其風未改，荷氈被毳，實繁有徒，深可駭也。」一日，入朝，遥見其子壻吴淑亦被毛裘歸，召而責之曰：「吴郎士流，安得效此？」淑對曰：「晨興霜重苦寒，然朝中服之者甚衆。」鉉曰：「士君子之有操執者，亦未嘗服。」蓋自謂也。新平之行，豳土寒冽，門人鄭文寶適掌轉運，迎鉉于途，解所服褐裘以獻鉉，終却之。遂爲寒氣所傷，下痢卒。楊文公記其事，鉉之志可悲矣。然鉉仕中朝，而中朝之士咸服之矣。張文潛云：「鉉之爲此言，是不甘爲

【八】卓絶不倫　「絶」，涵芬樓《説郛》作「詭」。

【九】已上史注　涵芬樓《説郛》作小字註。

亡國之俘，爲醜言以薄中朝士大夫耳。不然，豈不讀《毛詩》也。《豳》詩曰：『無衣無褐』，鄭玄注：褐，毛布也。非今段子乎？則其來自三代也。古人衣裘，并皮衣之爲裘，取毛織之爲褐，理何爽乎？」文潛如此言之，想同時中州人士不平於鉉尤甚矣。近惟程泰之尚書斷之曰：「古固以狐羔麛爲裘，聖人服之矣。若謂古人不以織毛之衣襲朝服者，則今貂蟬亦古乎？若謂古人堅毅，死且不易，如是人多矣。」即其論厚于文潛，而鉉之志可悲已夫。

韓持國不服涼衫，不變於今。邵堯夫不服深衣，不變于古。《江鄰幾雜誌》：「秘書丞宋飛卿云：士大夫著毛衫，已爲徐常侍所譏。近年内臣或班行，製褐紬爲涼衫，漸及士大夫，俄而兩府亦服之。今正郎署中免靴者服之尤衆，持國輩非之，不肯服。」又云：「涼衫以褐紬爲之，以代毳袍。韓持國云：始於内臣班行，漸及士人，今兩府亦然。獨不肯服。」《儀禮》：「婦人衣上之服制，如明衣，謂之景。景，明也。所以禦塵垢而爲光明也。則涼衫亦所以護朝服，雖出近俗，不可謂之無稽。」又《桐陰舊話》：京師朝例，公服乘馬，因中官及班行製褐紬爲衫者，施于公服之上，號涼衫，既而雖二府亦服之。然士大夫至有幞首涼衫而下不衣公服者。宫師見之，獨不肯服，以初無此製及指揮所許也。今則遍于天下，間用爲弔服。紹興末，暫罷紫衫，至以涼衫謁見，尤無謂爾。李氏《雜記》又謂乾道李獻之學士言，會聚之際，顔色可憎，今上奉兩宫，宜服紫衫爲便。阜陵之喪，趙忠定公始令羣臣服白涼衫，純素，已異汴都褐紬之制，顔色故爲可憎。況沈氏《筆談》已謂近歲京師士人朝服乘馬，以黲衣蒙之，謂之涼衫。亦古之遺法，《儀禮》朝服加景是也，但不知古人制度章色如何耳。按此云黲衣，非今涼衫明矣。

淳熙二年冬，程尚書大昌以大蓬西掖假大宗伯，押伴北使赤岸御筵服重金。周益公有詩云：「五日尹京非細事，四時仕宦固多般」，自注：泰之今春服緑，夏間階緋，今借金紫，真傳游藝也。按游藝在唐迎合武后，朞年歷衣青緑朱紫，時人謂之四時仕宦以此。方擬出於雅謔，故不以爲嫌也。

有黄生名充者，初冬無衣。陳無己贈背子，堅不受。于是以朱氏所贐二疋寄之，有詩云：「割白鷺股何足難，食鸕鷀肉未爲失。」

宋建隆初，王師下湖南，澧鄂之民素不識駱駝，村落婦人詫觀，稱爲山王。拜求福祐者，拾其遺糞，穿繫頸上，用禳兵疫。

齊王肅歸魏，初不食羊肉酪漿，常食鯽魚羹，渴飲茗汁。高帝曰：「羊肉何如魚羹，茗汁何如酪漿。」肅曰：「羊，陸産之最。魚，水族之長。羊比齊、魯大邦，魚比邾、莒小國。惟酪不中，與茗爲奴。」彭城王勰曰：「卿不重齊、魯大邦，而愛邾、莒小國。」明日爲設邾、莒之會，亦有酪奴，因呼茗爲酪奴。

河南《聞見録》：富鄭公與康節食筍。康節曰：「食笋甚美。」公曰：「未有如堂中骨頭之美也。」康節曰：「野人林下食筍三十年，未嘗爲人所奪。公今日可食堂中骨頭乎？」公笑而止。

「曾歸堂」，喬益公之扁也。

魏華父樞密題扁榜，必繫某堂某齋字。《答袁廣微》云：「靜壽更當增一堂字，方爲穩實。蓋去堂字，特數十年間事爾。」《答黄子才》云：「古人庵觀堂室之名，必有一實字。」《答彭運幹》云：「敬亭當有亭字，審思榜之書室，亦當有齋軒館室之類一字。」先是周益公亦云：凡亭堂臺榭牌額單用所立之名，而不書亭堂之類，始於湖上僧舍，中官流入禁中，往往倣之。今無間賢愚，例從之矣。設若一字名如怡亭、快閣之類，又當如何？予觀教僧寮室直題二字，或始此歟。

陸務觀云：「《楚詞》所謂桂，數見於唐人詩句及圖畫間，今不復見矣。屬山僧野人試求之」，賦絶句云：「丹葩緑葉鬱團團，消得姮娥種廣寒。行盡天涯年八十，至今未得一枝看。」又别記其説云：「桂花已春芳，其色丹，亦或紫。《南部新書》云錢塘靈隱山多有之，香紫可愛，白樂天謂之紫楊華。今不復見，雖問靈隱山僧，亦莫知矣，往往妄指木犀爲之。草木顯晦亦有時如此，可付一嘆。」諸老品題芳卉多矣，少問及此，或指木犀之紅者爲桂而已。李衛公《平泉草木記》中列桂之品三：其一紅桂樹，云此樹白花紅心，因以爲號。其一月桂，云出蔣山，淺黄色。其一山桂，云此花紫色，英蘂繁縟。三者未詳孰是。

《爾雅》：梫，木桂。郭景純注：白華不言丹紫也，如《選》詩「秋風生桂枝」，亦鮮言春也。孫少魏《東皋雜録》【一〇】：自邵州至全州，道傍多叢桂，冬初花發，芬馥特異，俗謂之九里香，又謂之木犀，以其文理黑而潤，殊類犀角也。此謂冬初花發，固由土氣有異，以桂與木犀一種，相傳久矣。陸氏之説，孤而不章。草木之顯晦，感慨所託何已哉。余不足以知之，以俟博識。

《捫蝨新話》云：北人不識梅，南人不識雪。蓋梅至北方則變而成杏。今江、湖、二浙四五月之間，梅欲黄落而雨，謂之梅雨。轉淮而北，則杏亦雨。地氣然也。語曰：南人不識雪，向道似楊花。然南方楊實無花，以此知北人不但不識梅，而且無梅雨；南人不但不識雪，則亦不識楊花矣。予謂荆公詩「北人初未識，渾作杏花看」，堪對南人不識雪之語。按錢昭度詩：「南人如問雪，向道是楊花。」恐《新話》所引即是。洪氏《四筆》記遼僧云：南人不信北人有千人之帳，北人不信南人有萬斛之舟。蓋土俗然也。《法苑珠林》云：吴人身在江南，不信有千人氈帳，及來河北，不信有二萬斛船。遼僧之談合此。今觀《法苑珠林》語，見於《顔氏家訓》，皆同。吁，世以耳目臆度天下事，有遺論矣。

《事林廣記》考論寓錢之始，云今楮鏹也。《唐書·王璵傳》曰：「玄宗時，璵爲祠祭使，專以祠解中帝意，有所禳祓，大抵類巫覡【一一】。漢以來，葬者皆有瘞錢，後世里俗稍以紙寓錢爲鬼事，至是璵乃用之。」則是喪祭之焚紙錢，起于漢世之瘞錢也。其禱神而用

【一〇】孫少魏　「魏」，原作「媿」，據宋許翰《襄陵文集》卷十一《朝奉大夫充右文殿修撰孫公墓誌銘》改。

【一一】抵類　原作「斥數」，據涵芬樓《説郛》改。

寓錢，則自王璵始耳。《法苑珠林》云：「紙錢起於殷長史也。」按此，則里俗以紙寓錢，璵始用之，非刱于璵矣。朱文公云：「紙錢起玄宗時王璵。蓋古人以玉幣，後來易以錢。玄宗惑於王璵之術，而鬼神事繁，無許多錢來埋，得璵作紙錢易之。文字便是難理會。且如唐《禮書》載范傳正言，唯顔魯公、張司業家祭不用紙錢，案：《説郛》此下複出「易之文字便是難理會且如唐」十二字。據《語録》删。故衣冠效之。而國初言禮者錯看，遂作紙衣冠，而不用紙錢，不知衣冠紙錢有何間別。」近世戴氏《鼠璞》云：「《法苑珠林》載紙錢起于殷長史，《唐·王璵傳》載漢末皆有瘞錢，後里俗稍易以紙錢，王璵乃用於祭祠。今儒家以爲釋氏法，於喪祭皆屏去。予謂不然，之死而致死之不仁，之生而致生之不知，謂之明器，神明之也。漢之瘞錢，近於之死而致生，以紙寓錢亦明器也。與塗車、芻靈何以異。俗謂果資於冥塗，則可笑。」是説雖異，亦有文公紙衣冠何別之意【一二】。吕南仲有《錢鄧公不燒楮鏹頌》【一三】，有云：「古用幣以禮神祇，後之罪士爲多，則假之以請禳禱祈，假之不已，則翻楮代焉而弗支。是故罪者滿世而莫救其非。」大抵深惡夫寓錢以徼福也。予觀洪慶善《杜詩辨証》載文宗《備問》云：「南齊廢帝東昏侯好鬼神之術，剪紙爲錢，以代束帛，至唐盛行其事【一四】，云有益幽冥。」又牛僧孺云：「楮錢，唐初剪紙爲之。」此足以補《事林廣記》之未及。按：自《事林廣記》考論寓錢之始以下小條，皆見於陶宗儀《説郛》，而原本脱去，今據補録於後。

陳無已云：世人以痴爲九百，謂其精神不足也。項平甫《家説》云：「汪司業

【一二】何别之意　「意」，涵芬樓《説郛》作「疑」。

【一三】吕南仲　「仲」，涵芬樓《説郛》作「公」。

【一四】至唐盛行其事　「唐」，涵芬樓《説郛》作「唐淳風」。

言【一五】，九百，草書喬字也。」朱彧《可談》云：「青州王大夫爲詞鄙俚，每投獻，當路以爲笑具。季父爲青録，王亦與詩。它日季父見其子，謝之。其子曰：大人九百亂道，玷瀆高明。蓋俗謂神氣不足者九百，豈以一千即足數邪。」以草書釋之【一六】，不若陳、朱之説通。予讀張平子《西京賦》云：《小説》九百，本自虞初，注者謂《小説》九百篇，本虞初著【一七】。又曰九百四十三篇，言九百，舉大數也。《漢志》云：「小説家者流，蓋出於稗官，街談巷語，道聽途説者之所造也。」如淳曰：「街談巷説，其細碎之言也。」俗豈云九百，或取喻細碎之爲者。俚語本于史録，固有矣，故謾記之。東坡作文字中，有一條以彭祖八百歲，其婦哭之【一八】，以九百者尚在。李方叔問東坡曰：「俗語以憨癡駘騃爲九百，豈可筆之文字間乎？」坡曰：「子未知所據耳。張平子《西京賦》云：『乃有秘書，《小説》九百。』蓋稗官《小説》，凡九百四十三篇，皆巫醫厭祝及里巷之所傳言，集爲是書。西漢虞初，洛陽人，以其書事漢武帝，出入騎從，衣黄衣，號黄衣使者。其説亦號九百，吾言豈無據也。」方叔後讀《文選》，見其事具《文選註》，始嘆曰：「坡翁於世間書，何往不精通邪？」近見《雜説》載此，乃知前輩攷証無所不至。

舊製，駕頭未詳所始，相傳更一朝即加覆黄帽一重【一九】。孔氏《談苑》云：「駕頭者，祖宗即位時所坐也。相傳寶之。」《夢溪筆談》云：「正衙法座，香木爲之，加金飾，四足墮角，其前小偃，織藤冒之。每車騎出幸，則使老内人馬上抱之，謂之駕頭。」《江鄰幾

【一五】汪司業言　「汪」，原作「註」，據涵芬樓《説郛》改。

【一六】草書釋之　「草」，原無，據涵芬樓《説郛》補。

【一七】本虞初著　「本」，原無，據涵芬樓《説郛》補。

【一八】其婦哭之　「婦」，原作「父」，據涵芬樓《説郛》改。

【一九】黄帽　「帽」，涵芬樓《説郛》作「帕」。

雜志》云：韓持國問李端明：駕頭何物？曰：諸座之一【二〇】。原父訪王原叔，原叔云：「此坐傳四世矣。」放翁《筆記》云：「駕頭，舊以一老宦者抱綉裹杌子於馬上，高廟時亦然。今乃代以閤門官，不知自何年始。」參諸紀載，疑渡江後杌子已非法座故物，乘輿所至，百官道次班迎，惟望駕頭致敬而已。

《史》姚氏註、《楚漢春秋》，高祖封許負爲鳴雌亭侯。是知婦人亦有封邑。班《志》：漢從秦制，爵二十級，十九關内侯，二十徹侯，亭侯未詳也。范《志》謂列侯所食縣爲侯國，承秦爵二十等爲徹侯，大者食縣，小者食鄉亭。豈亭侯者以十里一亭之地封焉。或已自漢初有之。婦人封邑。班《書》云：「高后嘗以蕭相國夫人同爲酇侯。按，司馬氏《表》：孝惠三年，哀侯禄元年。高后二年，懿侯同元年。班《志》：孝惠六年，哀侯禄薨。高后二年，封何夫人禄母同爲侯。二《表》所紀異，《索隱》又疑其事非。予謂吕后欲王吕氏【二一】，先封高帝功臣。欲立吕氏，先封孝惠後宫子，四年封吕頦爲臨光侯【二二】，亦先封功臣妻矣。自許負之封及酇侯夫人，疑先漢婦人封邑之始。

上梁文。吴氏《漫録》攷其所始，云：「後魏温子昇有《閶闔門上梁祝文》，云：『惟王建國，配彼太微。大君有命，高門啟扉。良辰是簡，枚卜無違。雕梁乃駕，綺翼斯飛。八龍杳杳，九重巍巍。居辰納祜，就日垂衣。一人有慶，四海爰歸。』」乃知上梁有祝文矣。第不若今時有詩語也。樓大防參政又考「兒郎偉」始於方言，其説云：「上梁文必言

【二〇】諸座之一　涵芬樓《説郛》後有小字註「經仁王」三字。

【二一】欲王吕氏　「王」，原作「侯」，據涵芬樓《説郛》改。

【二二】臨光侯　「侯」，涵芬樓《説郛》作「王」。

兒郎偉，或以爲唯諾之唯，或以爲奇偉之偉，皆未安。在勅局時，見元豐中獲盜推賞，刑部例皆即元案，不改俗語。有陳棘云：『我部領你懣廝遂去深州。』邊吉云：『我隨你懣去。』懣，本音悶，俗音門，猶言輩也。獨秦州李德一案云『自家偉不如今夜云』，余啞然笑曰：『得之矣。』所謂兒郎偉者，猶言兒郎懣，蓋呼而告之，此關中方言也。上梁有文尚矣，唐都長安循襲之。以語尤延之諸公，皆以爲前未聞，或有云用相兒之偉者，殆誤矣。」樓公攷證如此。予記《吕氏春秋》曰【二三】：「今舉大木者【二四】，前呼與謣，後亦應之。」高誘註爲舉重勸力之歌聲也。「與謣」，註或作「邪謣」。《淮南子》曰：「邪許」，豈偉，亦古者舉木隱和之音。

《顏氏家訓》言：江南風俗，二親若在，每至生日常有酒食之事。無教之徒，雖已孤露【二五】，其日皆爲供頓酣暢聲樂，不知有所感傷。程氏云：人無父母，生日當倍悲傷，更安忍置食張樂以爲樂？若具慶者可矣。此同《顏訓》之意，固不論在上者也【二六】。然如梁元帝當載誕之辰，輒齋素講經。唐太宗謂長孫無忌曰：「今日是朕生日【二七】，世俗皆爲懽樂，在朕翻爲感傷。今君臨天下，富有四海，而欲承顏膝下，永不可得。此子路有負米之恨也。《詩》云：『哀哀父母，生我劬勞。』奈何以劬勞之日更爲宴樂乎？」泣數行下，羣臣皆流涕。則前世人主，未以生日爲重。而慶賀成俗已久矣。《漫録》又記：唐中宗以降誕日宴侍臣内戚，與學士聯句。人主生日樂宴爲壽，殆始見此時，固莫盛于明皇

【二三】吕氏春秋曰　「曰」，原作「月」，據涵芬樓《説郛》改。

【二四】今舉大木者　「今」，原作「令」，據涵芬樓《説郛》改。

【二五】雖已孤露　「已」，原作「以」，據涵芬樓《説郛》改。

【二六】者也　原作「也者」，據涵芬樓《説郛》乙。

【二七】今日　二字原無，據涵芬樓《説郛》補。

也。按唐開元十七年八月，上以生日宴百官於花萼樓下，左丞相乾曜【二八】、右丞相説帥百官上表，請以每歲八月初五日爲千秋節，布於天下，咸寧宴樂，休假三日【二九】。此置節之始。十九年，以千秋節降死罪、流以下原之，此恩赦之始。二十四年八月千秋節，羣臣皆獻寶鏡，張九齡獻《千秋金鏡録》。至代宗大曆元年十月，上生日，諸道節度獻金帛、器服、珍玩、駿馬，此受貢之始。德宗以誕日，歲詔佛老者大論麟德殿，并詔給事中徐岱等講説，此説法之始。穆宗長慶元年詔：「七月六日是朕載誕之辰，其日百僚、命婦宜於光順門進名參賀，朕於門内與百僚相見【三〇】。」雖嘗勅停【三一】，尋復行之。此進名受賀之始。長慶四年，敬宗初立，徐、泗觀察使王智興以上生日，請於泗州置戒壇度僧尼資福，此度僧之始。文宗開成二年詔：「朕之生辰，不欲屠宰，用表好生，非是信尚空門，將希无妄之福。自今宴會蔬食，任陳脯醢，永爲常例。」此禁屠宰之始。紀節以來，襲爲大典，雖本自開元，而明皇久以生日爲重矣。王皇后寵衰，泣曰：「三郎獨記不得阿忠脱紫半臂换一斗麵爲生日湯餅耶？」蓋舊事也。明皇不惟自壽，每自讓皇帝憲皇后生日【三二】，必幸其宅，移時宴樂。惠宣太子業被疾，明皇自視會既愈，幸其第，置酒賦詩，爲初生歡。此愷悌之至情。天寶十四年六月一日，貴妃楊氏生日，幸華清宫，於長生殿奏新曲，會南海進荔枝，因名《荔枝香》。天寶十載正月，安禄山生日，賜衣服、玩器、酒饌。以宫妾、蕃將亦用此。朱新仲云：唐人生日，多具湯餅。引夢得《送張盥》詩【三三】：「爾生始懸弧，邀我作

【二八】乾曜　原作「源曜」，實爲左相源乾曜之誤，據《資治通鑑》卷二百十三開元十七年條改。

【二九】休假三日　「假」，原作「暇」，據涵芬樓《説郛》改。

【三〇】朕於門内　「於」，原無，據涵芬樓《説郛》補。

【三一】雖嘗勅停　「嘗」，原作「書」，據涵芬樓《説郛》改。

【三二】皇后　原無，據涵芬樓《説郛》補。

【三三】張盥　「盥」，原作「與」，涵芬樓《説郛》作「興」，均誤。據《劉賓客文集》卷二十八《送張盥赴舉》改。

上賓。引箸舉湯餅，祝賜天麒麟。」此當謂初生時。少陵自有宗武詩也。《雲溪友議》載：西川韋相公皋，因作生日，節鎮皆貢珍奇，獨東川盧八座送一歌姬爲饋。

林謙之詩：「驚起何波理殘夢」，自註：「述夢中所見何使君，蜀人以波呼之，猶丈人也。」范氏《吴船録》記嘉州王波渡云：「蜀中稱尊老者爲波，祖及外祖皆曰波【三四】。又有所謂天波、月波、日波、雷波者，皆尊之之稱【三五】。此王波蓋王老或王翁也。宋景文嘗辨之，謂當作皤字。魯直貶涪州别駕，自號涪皤，或其俗云。」按景文所記云：蜀人謂老爲皤，音波，取皤皤黄髮義。後有賊王小皤作亂，今國史乃作小波，非是。蓋淳化三年青城民王小波爲亂。史云小波，范雖引宋説，亦從土名之舊。以「波」記。放翁記乃作王小皤【三六】。

張文昌祭韓吏部詩：「公疾浸日加，孺人視藥湯。」以爲姬妾，則前云「乃出二侍女【三七】，合彈琵琶、箏」，已有侍女矣。以爲妻，則皇甫湜撰《神道碑》云夫人高平郡君【三八】，此不稱夫人。退之曾云「已呼孺人戛鳴瑟」。豈以言内子邪？説詩者韓詩「孺人」對「穉子」，自杜詩「老妻」「穉子」句中來。儲光羲云：「孺人善逢迎，穉子解趨走。」又出於江淹《恨賦》：「左對孺人，顧弄穉子。」凡皆竝指妻、子。唐棣王琰有二孺人爭寵，蓋親王有孺人二人云。唐制，按《曲禮》「天子之妃曰后，諸侯曰夫人，大夫妻曰孺人，士曰婦人，庶人曰妻」，則孺人不得以爲妾。張文昌或取此。宣和罷縣君，改孺人爲第八等。

【三四】祖及外祖皆曰波　七字原無，據涵芬樓《説郛》補。

【三五】皆尊之之稱　原脱一「之」字，據涵芬樓《説郛》補。

【三六】原脱五十六字，據涵芬樓《説郛》補。

【三七】前云乃出　「前」「出」原無，據涵芬樓《説郛》補。

【三八】高平郡君　「君」原無，據涵芬樓《説郛》補。

揚州天長道中有古冢，土人呼爲琉璃王冢。馬氏《嬾真子録》辨爲漢廣陵王胥謚厲，後人誤謂「劉厲」爲「琉璃」爾。長安董仲舒墓，門人至皆下馬，謂之下馬陵，訛呼爲「蝦蟆陵」。

相人之法古矣，而物無不可相。史云黄魯直、陳君夫相馬，留長孺相彘，滎陽褚氏相牛。《吕覽》又記古有善相馬者，寒風能相口齒，麻衣相頰子，女厲相目，衛忌相髭，許鄙相尻，投伐褐相胸脇【三九】，管青相膹肕，陳悲相股脚，秦牙相前，君贊相後。於羣獸焉【四〇】，人可知矣。《昭德讀書志》：伯樂《相馬經》、浮邱伯《相鶴經》、甯戚《相牛經》。鄭氏《通志》又加以周穆王《相馬經》、諸葛穎【四一】、徐成《相馬經》、高堂隆《相牛經》【四二】。淮南八公《相鵠經》、《相鴨經》、《相鷄經》、《相鵝經》，抑皆古事也。不惟是也，凡物皆然。故自西都《藝文》之目，已著相人、相寶劒刀、相六畜。班孟堅謂相人及六畜，骨法之度數，器物之形容，以求其聲氣貴賤吉凶，要其術如是而已。世代相傳，當有存者。陳氏《書曰》：《相貝經》，未詳何書。《緯略》云：師曠有《禽經》，浮邱伯有《鶴經》，雖六畜，亦有《牛經》、《馬經》、《狗經》，下至蟲魚，有《龜經》、《魚經》。唯朱仲所傳《貝經》奇怪，豈即《相貝經》歟？或述其名數而謂相也。《緯略》又舉東方朔《相笏經》、袁天綱、郭先《相笏經》、陳混常《相笏經》，古《相手板經》亦驗人禍福也，齊綦母稱之【四三】。在州時有一手板【四四】，相者云富貴。又，吴氏《漫録》引陸長源《辨疑志》

【三九】投伐褐相胸脇　「伐」，原作「代」，據涵芬樓《説郛》改。

【四〇】於羣獸焉　「於」，原作「與」，據涵芬樓《説郛》改。疑「獸」後脱「詳」字。

【四一】諸葛穎　「穎」，原作「潁」，據涵芬樓《説郛》改。

【四二】高堂隆　「隆」，原作「降」，據涵芬樓《説郛》改。

【四三】齊綦母稱之　「稱」，涵芬樓《説郛》作「珍」。

【四四】在州時　「州」，涵芬樓《説郛》作「西州」。

載【四五】：唐天寶中，有李旺稱善相笏，驗之以事，卒皆無驗，以爲不可槩論。遂記開寶末聶長史相長水丘鑾三笏【四六】：一王侯笏，生人不敢秉，一宰相笏，一卿監笏，亦爲節度而作。其後，一歸錢武肅祠堂，一歸沈相，一歸錢昭晏，以衛尉卿守滑州。真廟朝，老道士爲沈良擇笏云：「此借緋笏，兼是虔【四七】、吉州通判。」沈時除吉州通判，借緋。又云：「候罷任，別爲揀朝官笏。」期明年六月，沈果以是時卒。由前一事，則貴賤在笏；由後一事，則吉凶在人。《漫録》云：館中有陳混常《相笏經》，其説推本管輅、李淳風之言。又常氏《相板印法》、魏程伯《相印法》【四八】，蓋相笏之類，而有相字法者，術亦傳也。

【四五】辨疑志　「疑」原無，據涵芬樓《説郛》補。

【四六】聶長史相長水丘鑾三笏　「聶」「長」原無，「丘」，原作「立」，據涵芬樓《説郛》補。

【四七】兼是虔　「虔」原無，據涵芬樓《説郛》補。

【四八】魏程伯　涵芬樓《説郛》作「伯程」。

李南紀編韓吏部文，爲之序，稱隴西李漢，然則壻也。朱文公早以父韋齋吏部治命，學于草堂劉公致中之門，劉以息女歸焉。晚述墓表，但書門人。于是黄長卿狀文公言行，亦祖此例。或者師友之分，義重于婚姻之故。

附：佚文

茉莉花，見于《南方艸木狀》，云：「耶悉茗花、茉莉花，皆胡人自西國移植于南海，南人憐其芳香，競植之。《南越行紀》云：南越之境，五穀無味，百花不香，此花特芳香者，緣自胡國移至，不隨水土而變。」茉莉花似薔薇之白者，香愈于耶悉茗。予詳此花由西國而南産久矣，乃復越南海而北，蓋尤盛于宣和。李仁父侍郎詩序云：末利、素馨，皆嶺外海瀕物，自宣和名益著。《艮嶽記》：「即姑蘇、武林、明、越之壤，荆、楚、江湘、南粤之野，移枇杷、橙、柚、橘、柑、榔、栝、荔枝之木，金蛾、玉羞、虎耳、鳳尾、素馨、渠那、末利、含笑之草，不以土地之殊，風氣之異，悉生成長養于雕闌曲檻。」又吕居仁舍人詩序所記召伯洛中逢御前綱載茉莉花甚衆，正自東南輦致也。今花獨吴越溉植，猶甚艱，而乃遠致梁苑，人力果足以强之歟。不惟此爾，《洛陽名園記》亦云遠方奇卉如紫欄、抹厲、璚花、山茶之儔，號爲難植，獨植之洛陽，輒與其土無異，則此花先入洛中矣。末利花之名，王龜齡詹事題爲没利花，又名抹利花，且自註其詩曰：「抹利見佛經，名義未究。或云没者無也，謂聞此花香，令人覺悟，而好利之心没，故前作没利，此作抹利，兩存之。」考之他書，惟陳君舉《蘭花供》詩亦云「没利從旁粲然笑」，二公同永嘉人。洪景盧《素馨花賦》：「紛末麗兮，已老非待。」「利」「麗」之音近，當有所依據。《名園記》又書爲抹厲，亦姑寓其所稱，音義未詳也。

《詩》：「有扁斯石，履之卑兮。」毛氏曰：「扁，乘石貌。王乘車履石。」《禮·夏官·隸僕》：「王行，洗乘石。」鄭司農謂乘石，所登上車之石。唐李景讓清素寡欲，門無雜賓，李琢罷浙西，以同里訪之，避不見。及去，命劚其扁石。釋之者曰：上馬石，古作扁。舉《白華》「有扁斯石」，升車石也。

《易》：「師貞，丈人，吉。」王輔嗣註：嚴莊之稱也。《論語》「子路遇丈人以杖荷蓧」，包氏註：丈人，老人也。《莊子》漢陰丈人、痀瘻丈人、臧丈人，其實皆老人之稱也。故《史記》曰：魏唐睢年九十餘，至秦，秦王曰：「丈人芒然。」《吴越春秋》：子胥奔吴，至江，有漁父渡之，視之有飢色，乃曰：「子俟我此樹下，爲子取餉。」漁父去後，子胥疑之，潛身深葦中。有頃，父來，求之不見，歌而呼之，曰「蘆中人」，乃出應。漁父曰：「吾見子有飢色，爲子取餉，子何嫌哉？」子胥曰：「性命屬天，今屬丈人，豈敢有嫌哉。」胥解百金之劍以與漁父，辭不受。子胥曰：「請丈人姓字。」漁父曰：「何用姓字爲。子爲蘆中人，吾爲漁丈人，富貴莫相忘也。」《史記》：高漸離匿作于宋子，家丈人召使前擊筑。《索隱》：劉氏云：「謂主人翁也。」韋昭云：「古者名男子爲丈夫，尊婦嫗爲丈人【一】，故《漢書·宣元六王傳》所云丈人，謂淮陽憲王外王母，即張博母也。故古詩云：『三日斷五疋，丈人故言遲』是也。」此《索隱》中語。予所見《漢》傳自云丈人，未詳他本。又魏教曰大人之家，豈先言大人而後改丈乎。《漢書》以大人爲丈人。又記且鞮侯單于乃自謂「我兒子，安敢望漢天子！我丈人行」。師古註：「丈人，尊老之稱也。」又疏廣子孫竊謂其昆弟老人廣所愛信者曰，宜從丈人所，勸説君買田宅。師古註：「丈人，嚴莊之稱也。故親而老者皆稱焉。」魏高貴鄉公名裴秀爲儒林丈人。宋王瑩遷義興太守代謝超宗，超宗求瑩父懋書，屬瑩求一吏，曰：「丈人一旨，如湯澆雪耳。」齊張克與王儉書：「丈人道佐蒼生。」梁張纘從兄謐聿，並不問學。太子戲纘曰：「丈人謐聿皆何在。」北齊盧詢祖對邢劭曰：「見丈人蒼蒼在鬢，差以自安。」唐沈傳師舉進士，許孟容曰：「我故人子，何不過我。」傳師曰：「聞之丈人，脱中第，則累公君舉矣，故不敢進者。」信知古昔以丈人稱于尊老。前後史録所載，如此類者，不可悉數。《蜀志·先主傳》：「獻帝舅車騎將軍董承。」裴松之云：「按董承，漢靈帝母董太后之父，于獻帝爲丈人。蓋古無丈人之稱于婦翁，故謂之舅。」松之宋人，南方或已有此稱矣。宋文帝以弓琴賜蕭思話曰：「丈人頃何所作，事務之下，故以琴書爲娱耳。此琴云是舊物，并往桑弓一張，丈人無所辭也。」又以

【一】尊婦嫗爲丈人　「婦」原作「父」，據《史記》卷八十六《刺客列傳》《索隱》改。

去雍州，倩府軍身九人，文帝戲之曰：「丈人終不爲田父于閭里，何憂無人使邪。」豈以思話孝懿后家而尊稱之。《顔氏家訓》云：吾嘗問周弘讓曰：「父母中外娣妹，何以稱之？」周曰：「亦呼爲丈人。」自古未見丈人之稱施于婦人也。吾親表所行，若父屬者爲某姓姑，母屬者爲某姓姨，中外丈人之父猥俗呼爲丈，母士大夫謂之王母、謝母，而陸機集有《與長沙顧母書》，乃其從叔母也。又云：「四海之人，結爲兄弟，亦何容易，必有志均義敵，令終如始，方可議之一爾。之後命子拜伏，呼爲丈人，申父友之敬，身事彼親，亦宜加禮。」又云：「古樂府歌詞，先述三子，次及三婦，是對舅姑之稱。」其末云：「丈人且安坐，調絃渠未央。」丈人亦尊老人，目今世俗，猶呼其祖考爲先亡丈人。又疑「丈」當爲「大」。北間風俗，婦呼舅爲大人公。「丈」之與「大」，易爲誤耳。之推自梁入高齊，去元嘉時，何止百年，乃不用裴松之之説，或南北俗異，然已有丈母之稱。韋昭吴人，謂古以丈人尊父嫗，之推之説合矣。吴氏《漫録》引《蜀志》註，論丈人之義本于《易》，以妻父爲丈人。又本漢匈奴語，松之安得云古無之。今詳顔註，實不及婚姻之故，以兒子自居，正以尊老事漢主耳。《叢書》云：今人謂丈人爲太山。或謂太山有丈人峯，故云。據《酉陽雜俎》載，唐東封，以張説爲封禪使。反，三公以下，皆轉一品。説以鄭堉鑑官九品，因説遷五品緋。玄宗怪而問之，鑑不能對。黄幡綽曰：「泰山之力也。」與前説不同。後山送外舅詩：「丈人東南來。」註謂丈人俗以爲婦翁之稱。然字則遠矣，而不考所自。僕觀《三國志註》，松之，宋元嘉人，呼婦翁爲丈人，已見此時。蘇鶚《演義》云：開元中，封東嶽，後各賜大臣子弟章服官爵。張燕公乞與女壻，時人因謂爲泰山緋。自此，遂目丈人爲泰山。又道門中有泰山丈人，是唐人多用稱婦翁，且引而爲泰山之號。《猗覺寮雜記》云：「《爾雅》『妻之父爲外舅，母爲外姑』，今無此稱，皆曰丈人、丈母。柳子厚有祭楊詹事丈人、獨孤氏丈母，則知唐已如此。」予今取柳集考之。《祭楊憑詹事文》云，子壻昭祭于丈人之靈。亦有《祭獨孤氏丈母文》。而與楊京兆憑已云「再拜書丈人座前」，與憑之子誨之書，亦云「必有大恩澤，丈人之寃聞于朝」。謂婦翁爲丈人，既可證矣。而《寄許京兆孟容書》云：「此皆丈人所見，不敢與他人道。」《答周君巢書》云：「丈人用文雅，從知己。」又云：「今丈人乃盛譽山澤之臞者。」又云：「往時京城西與丈人言者，愚不能改，亦欲丈人往時所執。」此豈皆稱婦翁耶。他若《送蔡秀才下第歸覲叙》云：「丈人牧人南邦，君展覲承顔。」本以稱人之父，抑施于前輩行皆可。即韓文公誌馬暢夫人盧氏，謂長子殿中丞繼祖曰吾父惟韓丈人視諸孤是也。任子淵註後山詩云：「丈人俗以爲婦翁之稱，然字則遠矣。若杜詩，使之不一。如『甚愧丈人厚』、『甚愧丈人真』、『丈人試静聽』、『丈人且安坐』之類，縷縷見之。大抵亦尊者之稱也。」至如《吴越春秋》載伍子胥曰：「性命屬天，今屬丈人。」而古詩與梁張率所謂「丈人且安坐，調絃未遽央」「丈人幸無遽，神鳳且來儀」，則又非淺淺者所到。此句雖屬婦翁，因摘其字併論之。予讀杜詩「丈人且安坐，體辨渭與涇」，「丈人屋上烏，烏好人亦好」、「丈人試靜聽」、「甚愧丈人厚」、「甚知丈人真」、「吾非丈人特」、「丈人文力猶强健」、「丈人藉才地」、「丈人叨禮數」，此語時見句中。以稱薛十二丈判官、射洪李四丈、韋左丞、鄭八丈、盧五丈參謀、韋大夫諸人。《潼關吏》詩：「丈人視要處。」註者謂托關吏呼公之語，是誠通用于尊者。若「松下丈人巾屨同」，特賦畫中老人。又詩題云，《奉寄河南韋丈人》，《李鄠縣丈人》，與單稱丈者當同。他如「丞相中郎丈人行」，「王孫丈人行」，正用《漢書》語。《别李義山》詩：「丈人嗣王業，之子白玉温。道國繼德業，請從丈人論。」「丈人領宗卿，肅穆古制敦。」趙彦材註：丈人言李義山之父，正以稱人所尊，若柳侯序中也。邵堯夫之父天容，名古，自號伊川丈人。陳叔易恬隱嵩山，自號澗上丈人。魏道輔泰自號漢上丈人。猶今自稱老人之類。唐陸龜蒙亦號江上丈人。劉玄佐在夷門，韓滉將入相，玄佐拜呼爲兄，滉曰：「既爲兄弟，未申敬丈母，不敢入驛。」玄佐母聞之，驚喜出謝。事見《柳氏家訓》。是稱于中外丈人之婦，至唐猶然。楊於陵爲韓滉壻，同年進士章八元恃才浮傲，滉械繫之。於陵曰：「告丈人，乞其生。」亦見《柳氏家訓》，是稱于妻之父，唐人皆然，不特柳子厚嘗用之。

古者先生之稱多矣。《論語》：「先生饌。」馬融曰：「先生，父兄。」則父兄可以言先生。《士冠禮》：「贄見于鄉大夫、鄉先生。」鄭氏註：「鄉先生，鄉中老人，爲卿大夫致仕者。」《鄉飲酒禮》：「主人説先生而謀賓介。」註謂：「先生，鄉中致仕者。」《鄉射禮》：

「徵唯所欲，以告于鄉先生、君子。」註謂：「鄉先生，鄉大夫致仕者。君子，有大德行不仕者。」則必鄉之致仕者可以言先生。《曲禮》：「從于先生，不越路而與人言。」鄭氏註：「先生，老人教學者。」孔氏曰：「先生，師也。謂師爲先生，言彼先已而生，其德多厚也。自稱爲弟子，言己則尊師如父兄也。」崔靈恩云：「凡言先生，謂年德俱高，又教道于幼者。」則師可以言先生。《論語》：「見其與先生並行也。」包氏曰：「先生，成人也。」予疑此以童子而言其年長者歟。宋牼將之楚，孟子遇于石丘，曰：「先生將何之？」趙氏註：「學士年長者，故謂之先生。」大率加于老成，合先生之義。雖鄭康成言致仕者必曰鄉中老人，而《冠義》之註亦同曰鄉老而致仕者。然馬氏《禮解》以爲齒長而有德之稱，正猶崔靈恩「年德俱高」之説。如是而後稱之受之，皆無愧其稱于師者。樂正子曰：「先生何爲出此言也？」樂正子，孟子門人。曾子居武城，左右曰：「待先生如此其忠且敬也。」《正義》謂左右之大夫。朱文公以左右爲曾子門人是也。况沈猶行者，註云曾子弟子，其言「從先生者七十人」，稱其師也。叔孫通弟子諸生，皆以此事通。唐皇甫湜爲昌黎碑銘亦然。昌黎送密序，謂己爲先生，以密太學生，昌黎領袖學館，有師生之分。《進學解》自爲國子先生，而稱施先生者，以太學博士；稱陽先生者，以國子司業。少陵《醉時歌贈鄭虔》亦稱先生者，以虔爲廣文館學士，皆有師道也。如燕處士田光先生，齊魯仲連先生，稷下先生，角里先生，必皆年德之可稱者。平原君稱毛遂毛先生，齊傳舍長稱馮驩先生，而燕易王之稱蘇秦，昭王之稱范雎，齊、梁之君之稱淳于髡，韓信之稱酈食其，豈姑以禮游客云爾。北海王先生者，一文學卒史，太守乃爲跪拜，其稱先生，固所尊矣。至于扁鵲，醫也，號君稱之。唐舉、蒯通以相人術也，蔡澤、韓信稱之。司馬季主，卜也，宋忠、賈誼稱之。東郭先生，方士也，衛青稱之。或古才智之士，託于方術，其必有可尊也。唐舉又還以稱蔡澤，交相推尚，何以爲尊，漸已近乎後世之弊。漢王召讓陳平，而云先生，時平疑未老，讓之也，猶以此稱。東方朔爲郎，其同爲郎者謂「人皆以先生爲狂」，譏之也，亦以此稱。秦、漢間，其名稍輕矣。范雎且自謂張禄先生，以隱姓氏。而晉淵明之五柳，南齊臧榮緒之被褐，唐王無功之五斗，樂天之醉吟，魯望之甫里，又皆寓其自號者歟。韓文于此不輕用，特以尊師儒，而《行難》之稱陸先生參與《送石洪處士序》稱石先生，當是以先輩尊之，洪又退居不仕者。同時送温造纔稱生。《史》索隱曰：「生者，自漢以來皆號生，亦先生者，以自呼之耳。」則洪、造無高下也。孟東野之貞曜，吴筠之宗元，私謚而尊以先生也。漢法真則衆號之曰元德先生，非謚也。梁陶弘景之貞白，唐司馬承禎之貞一，潘師正之體玄，皆賜謚稱先生也。東都之初，陳圖南以隱者賜希夷號，其間方外士多賜焉。相承已久。惟儒者如康節、安定、泰山、徂徠，固得稱之。况自文潞公表程純公墓爲明道先生，濂溪諸賢皆有師之道也，雖元老大臣不能比其尊稱也。非若近世用于謬敬、加于勢位之徒。劉器之諫議呼司馬公則曰老先生，以師禮事也。陳瑩中諫議《答陸伯思書》有云：

「來書以先生二字見與，非瓘所敢當。欲因循不言，意終不安，今試爲左右言之。孔子答子夏之問，有先生、弟子之語。先生，指父兄也。孔子乃萬世聖賢之父，孟子亦百世學者之兄，父其父、兄其兄者，皆子弟也。子又有子弟，故堯、舜、文、武之道傳傳而不息，然則人倫之所恃以明者，由教倫尚在故耳。古者，父子不責善而教，謂所教爲弟子，謂教之者爲先生。先生，父兄如也。此名豈可以假人哉。輕以假人，而使當之者無以自安，非所以處人也。孔子曰：後生可畏，四十五十而無聞焉，斯亦不足畏也已。瓘行年五十有六矣，去死不遠，而其昏未明，尚有愧于後生，況敢當先生之名乎。」朱新仲《答張安國書》亦云：「辱遠教，爲禮甚過，然有不敢當者，先生對後生之言也。本于孔，漢人亦用，未嘗專以目人曰某先生。其後乃以命道人、高士，至唐則爲封爵、私謚如貞曜云者。弟子于師稱先生，可也；門生于座主稱先生，亦可也。若薦舉，于舉將稱先生已無理矣，行之已久，不怪也。若無是三者，遽當此名，其可哉。公爲天子侍從，而謙遜自居是也。然予人以無實之名，則謙爲過矣。翌于門下，視三者無一焉，懼而辭者，恐有識者笑其不當也。近世風俗，又有不宜，妄加人曰丈是也。非父母之執友，鄉里之先進，同僚之尊長，舉不可稱。乃有年高一倍，六七十白鬚老人，見鄉里晚進，同寮子孫，一切丈之，彼晚進偃然不問，蓋不知丈云者，丈于我之稱也。翌于尊君有從游之舊，而年又老大，丈云則宜，使翌可當而人不笑，如何。」以了翁之風節，瀠山之文學，受人先生之稱何慊，而辭謝若不勝，餘人宜如何哉。稱謂少過，則人且笑，乾、淳猶有古風矣。富鄭公以丈事范文正公。而洪景盧記曾吉甫在館中，以字呼同舍。同舍相約，曾公前輩可尊，是宜曰丈，餘人自今各以字行。稱丈之尊若此，世俗亦不可不知也。

韓擒虎自涼州總管召還。忽有人驚走，至其家，曰：「我欲謁王。」左右問曰：「何王也？」答曰：「閻羅王。」子弟欲撻之。擒虎止之，曰：「生爲上柱國，死作閻羅王，斯亦足矣。」因寢疾卒。歐公《集古録》因舊碑不著，疑史之妄。唐嚴安之爲京兆尹，以强明稱，吏民畏之。一日，見一神，鞬櫜致禮甚恭，曰：「武道將軍拜謁。今奉天符，迎公爲閻羅王，替韓王。」安之是日卒。明皇追封平等王。其事寢怪。熙寧間，王介出守湖州。荆公贈詩，所謂「吴興太守美如何」者。介知譏己，以破題爲十篇，有云「生若不爲上柱國，死時猶合代閻羅。」荆公笑曰：「閻羅見闕，請速赴任。」此借以寓嘲謔耳。獨寇萊公事，出于《翰府名談》。萊公南遷，再移光州【二】，妾蒨桃泣曰：「妾前世師事仙人爲俠，今將别去，公當爲地下主者閻浮提王也。」不久亦亡。有王克勤，見公曹州境上，擁驢北去，後騎曰閻浮提王交政也。果爲閻羅王矣。《談藪》云：丁謂當國，逐李、寇二公，欲殺不可。既南貶，而文定復相。相傳忠愍爲閻羅王，世謂死活不得。王性之記一事略同，云：熙寧末，修兩朝史，蒲宗孟、曾肇諸人作史官，宗孟分寇忠愍、丁晉公傳，詆寇爲多，而于丁甚爲明白其事。蓋肇之祖致堯，晉公所引，肇助宗孟修之。會子固召還，肇以呈子固，子固笑

【二】光州　按，《宋史》卷二百八十一作「崖州」。

曰：「我聞萊公死作閻羅王，你自看取。」予謂如包孝肅尹開封，京師爲之語曰：「關節不到，有閻羅包老。」孝壽尹開封，亦號李閻羅。特喻其剛嚴，即史云「咸稱神明」之義。至于忠烈貫天地而不朽，使神果聰明正直之謂，是事不可徵歟。近時乃以喻嬖倖，閻羅之名始褻。淳熙之董璉、寶祐之宋臣是也。張彦文大經，位中執法，劾璉暴横，至自比閻羅，阜陵感悟，即日竄之遠方。宋臣亦嘗暫徙安吉云。

猶、豫，謂獸也。《曲禮》：「使民決嫌疑，定猶豫。」孔氏曰：「《説文》云皆獸名。猶，玃屬；與，象屬。二獸進退多疑，人多疑惑者似之，故謂之猶與。」按《説文》，與，從舁。與，尹汝反。或古字借用。《史·高后紀》「計猶豫」。《班書·高后紀》「猶豫未決」。索隱曰：「猶，鄰音，以獸反。與，音預，又作豫。崔浩云：猶，猨類也。幻鼻，長尾，性多疑。又《説文》云：猶，獸名，多疑，故比之也。按，狐性亦多疑，度冰而聽水聲，故云狐疑也。今解者又引《老子》，且按狐聽水，而此云冬涉川，則猶與是狐類不疑。若畏四鄰，則猶定是獸，自不保同類。又云畏四鄰也。」《爾雅》曰：「猶，如麂，善登木。」此獸性多疑慮，常居山中，忽聞有聲，即恐有人且來害之。每豫上樹，久之無人，然後敢下，須臾又上，如此非一，故不決者稱猶豫焉。一曰隴西謂犬子爲猶，犬隨人行，每豫在前待人，不得，又來迎候，故云猶豫也。《史》《漢》註釋備矣。今考《説文》猶，玃屬；豫，象之大者。徐鍇釋：「不害于物，故言豫。」《離騷》：「心猶豫而狐疑，欲自適而不可。」王逸解殊備。若謂並狐疑爲文，則猶、狐皆獸，《漢》注正合。《顔氏家訓》：「《禮記》云『定猶豫，決嫌疑』，《離騷》曰『心猶豫而狐疑』，先儒未有釋者。案，《尸子》曰『五丈犬爲猶』，《説文》云隴西謂犬子爲猶。吾以爲人將犬行，犬好豫在人前待人，不得，又來迎候，如此往還，至于終日，斯乃豫之所以爲未定也。故稱猶豫。或以《爾雅》曰：『猶，如麂，善登木。』猶，獸名也。既聞人聲，乃豫緣木，如此上下，故稱猶豫。」斯皆《漢》註所本。嘗讀《老子》：「豫兮若冬涉川，猶兮若畏四鄰，儼兮其若容，渙兮若冰將釋，敦兮其若樸，曠兮其若谷，渾兮其若濁。意猶爲獸之名，豫爲獸之態。則七者何乃並著，通以爲猶豫爲獸，則儼、渙而下復奚取喻。況已每句釋上一字，古註謂：「舉事輒加重慎。豫豫兮若冬涉川，心難之也。其進退猶猶如拘制，若人犯法，畏四鄰之知也。」不如蘇氏解曰：「戒而後動曰豫，其所欲爲，猶迫而後應。豫兮若冬涉川，逡巡如不得已也。疑而不行曰猶，其所不欲，遲而難之，猶然如畏四鄰之見也。」猶豫取義，粲然而見矣。必以爲獸，則當合《老子》而言。《史》述蒯通語：「猛虎之猶豫，不若蜂蠆之致螫。騏驥之跼躅，不如駑馬之安步。」此以喻猛虎，又與跼躅對言，若非專泥于獸之多疑，而固主乎遲緩，即《老子》「冬涉川」「畏四鄰」之義，而不謂獸也。《爾雅》「猶，如麂」，《漢》註「如麐」，《説文》「麂」亦作「麐」。《酉陽雜俎》：「梁黄門侍郎明少遐曰：狐性多疑，鼬性多預。狐疑、猶預，因此而傳耳。魏使崔劼曰：狐疑鼬預，可謂獸之一短也。」鼬，《説文》羊狩反。以上涵芬樓鉛印本《説郛》卷十七

圖書在版編目(CIP)數據

全宋筆記. 第8編. 5 / 上海師範大學古籍整理研究所編.— 鄭州 : 大象出版社, 2017. 6
ISBN 978-7-5347-9277-9

Ⅰ.①全… Ⅱ.①上… Ⅲ.①中國歷史—史料—宋代
Ⅳ. ①K244. 066

中國版本圖書館 CIP 數據核字(2017)第130187號

全宋筆記 第八編 五

出版人 王劉純
特約編輯 陳 新
責任編輯 郭一凡
整體設計 張 勝
出版發行 大象出版社
鄭州市開元路16號(450044)
製 版 上海杰申電腦排版有限公司
印 刷 北京匯林印務有限公司
版 次 2017年7月第1版2017年7月第1次印刷
開 本 640mm×960mm 1/16 28.5印張
字 數 344千字
印 數 1—3000册
定 價 68.00元